浙江越秀外国语学院汉语国际教育专业
学生海外汉语教学实践与语言学研究成果选

国际汉语教学与汉语研究实践报告

朱文斌 刘家思 姜兴鲁 主编

浙江工商大学出版社
ZHEJIANG GONGSHANG UNIVERSITY PRESS
·杭州·

图书在版编目(CIP)数据

国际汉语教学与汉语研究实践报告 / 朱文斌，刘家思，姜兴鲁主编. — 杭州：浙江工商大学出版社，2020.7

ISBN 978-7-5178-3863-0

Ⅰ. ①国… Ⅱ. ①朱… ②刘… ③姜… Ⅲ. ①汉语—对外汉语教学—教学研究 Ⅳ. ①H195.3

中国版本图书馆 CIP 数据核字(2020)第 083073 号

国际汉语教学与汉语研究实践报告

GUOJI HANYU JIAOXUE YU HANYU YANJIU SHIJIAN BAOGAO

朱文斌　刘家思　姜兴鲁 主编

责任编辑　张晶晶
封面设计　林朦朦
责任印制　包建辉
出版发行　浙江工商大学出版社
（杭州市教工路 198 号　邮政编码 310012）
（E-mail:zjgsupress@163.com）
（网址:http://www.zjgsupress.com）
电话:0571-88904980,88831806(传真)
排　　版　杭州朝曦图文设计有限公司
印　　刷　杭州宏雅印刷有限公司
开　　本　710mm×1000mm　1/16
印　　张　32
字　　数　524 千
版 印 次　2020 年 7 月第 1 版　2020 年 7 月第 1 次印刷
书　　号　ISBN 978-7-5178-3863-0
定　　价　99.80 元

教育部2019年度省级一流本科专业建设点浙江越秀外国语学院汉语国际教育专业（教高厅函〔2019〕46号）建设成果

浙江省高等教育“十三五”第二批教学改革研究项目“外语院校以中华优秀传统文化育人铸魂的教学改革与实践”（编号jg20190507）研究成果

绍兴市2019年普通高校重点学科浙江越秀外国语学院中国语言文学学科（编号SXSXK201903）建设成果

绍兴市2019年普通高校重点专业浙江越秀外国语学院汉语国际教育专业（编号SXSZY201920）建设成果

绍兴市2019年高等教育教学改革课题“‘双一流’背景下汉语国际教育专业‘汉语+’人才培养改革与实践研究”（编号SXSJG201920）研究成果

浙江越秀外国语学院中国语言文学学科专业建设丛书编委会

前　言

汉语国际教育专业，前身是对外汉语专业，是伴随着我国对外开放事业的发展而产生的一个新兴专业。改革开放以来，我国的经济发展取得了巨大成就，综合国力、国际地位、国际影响力不断提高。随着中国“硬实力”的不断提升，党中央越来越重视“软实力”的发展。胡锦涛同志在2011年7月1日庆祝中国共产党成立90周年大会上指出：“要着眼于推动中华文化走向世界，形成与我国国际地位相称的文化软实力，提高中华文化的国际影响力。”习近平同志在2014年11月28日召开的中央外事工作会议上指出：“要提升我国软实力，讲好中国故事，做好对外宣传。”中国文化在世界大舞台上逐步绽放光彩，吸引了世界人民的目光。孔子学院便是中华文化逐步走向世界的优秀平台。全球首家孔子学院于2004年11月21日在韩国首尔成立，截至2017年12月31日，全球146个国家(地区)建立了525所孔子学院和1113个孔子课堂。孔子学院成为汉语教学推广与中国文化传播的全球品牌和平台。目前，仍有70多个国家200多所大学正在积极申办孔子学院。现在，全世界以汉语作为外语学习的人数已经超过1亿，每年约需要2万名对外汉语教师。然而目前，汉语国际教育人才培养的规模与当前蓬勃发展的汉语国际教育事业的人才需求极不相称，全球汉语国际教育教师的强劲需求给汉语国际教育专业带来了前所未有的机遇和挑战。因此，复合型、应用型的汉语国际教育师资培养，将成为我国推广汉语、传播中华文化、提升中国“软实力”乃至在国际上的话语权的关键。

在这样的时代背景下，浙江越秀外国语学院于2004年创办汉语(对外汉语)专业，2005年招收留学生，2008年在汉语专业的基础上创建对外汉语教学本科专业。该专业作为我校第一批升本的专业之一，在浙江省本科第二批次招生，2009 年被评为校级特色专业。2013 年，根据《教育部普通高等学校本科专业目录(2012 年)》和《普通高等学校本科专业设置管理规定》，原“对外汉语”“中国语言文化”和“中国学”专业合称为“汉语国际教育”专业，越秀对外汉语专业也更名为汉语国际教育专业，所在学科——“中国语言文学”被评为校级重点学科。从 2014 年起，该专业教师先后在绍兴文理学院、浙江师范大学、浙江科技学院、喀什大学等高校联合培养硕士研究生。2016 年，该专业被学校确定为申报硕士授予权单位的首批专业点，创建了省内高校第一个跨境线上教学实践中心。2018 年，该专业确定为校级应用型专业“扶持”专业，汉语国际教育实验教学中心被评为绍兴市实验教学示范中心，该专业的文学学科在中国管理科学院的《中国大学评价研究报告》中被评为“中国民办大学文学学科第一名”。2019 年，文学学科蝉联“中国民办大学文学学科第一名”；10 月，该专业被评为绍兴市重点专业，中国语言文学学科被评为绍兴市重点学科；12 月，该专业被教育部批准为省级一流专业。

经过 16 年的发展，汉语国际教育专业在省内具有较大影响。该专业建设了一支力量雄厚的师资队伍——现有专业教师 23 人，其中：教授 6 名，副教授 10 名，讲师 7 人；具有博士学位的教师 20 名，占 87%；具有海外学习和工作经历的教师 17 人，占 74%。该专业按照“德才兼备，道技并重，中外融通”的理念培养人才，以汉语及其文学文化为主体，侧重文化，强化外语(小语种)，突出实践，形成了“汉语＋”人才培养的独特方案，在四元融合中创新了汉语国际教育专业的人才培养模式。

汉语国际教育专业突出应用型特色，十分重视实践教学，注重培养学生的实践能力和创新素质。该专业坚持“做好校内实践，做实市内实践，做活国内实践，做强国外实践”的原则，将第一、第二、第三课堂结合起来，积极建构立体多维的实践网络，先后建立起海内外实践基地 50 余家，形成了基于校内互联网平台——跨境线上实践教学中心、留学生教育和学科竞赛及职业考证等开展的校内教学实践，基于市内中小学开展的教学实践，基于产学结合而开展的国内网络汉语教学实践，基于国际合作和小语种教学而开展的国别化教学实践等“四维协同”的实践教学体系，不仅线下教学实践与线上教学实践齐动，而且国内实践与国外实践协同，显示了线上实践充分、国别化实践扎实的鲜明特色。该专业的实践教学学分占总学分数的25%，包括第一课堂（课内实验教学、集中性实践教学）、第二课堂（课外留学生语伴及各类学科竞赛）、第三课堂（校外及海外学习实践基地）三个方面。该专业不仅通过校内外留学生助教、语伴、事务助理和跨境线上汉语教学中心开展对外汉语教学实训和跨文化交流实践，并且依托绍兴地方文化特色，结合地域文学、书法文化、黄酒文化、戏剧文化、大禹文化开展中国传统文化教育实践，又与湖北工业大学汉语国际教育专业、浙江师范大学汉语国际教育学院、浙江农林大学国际学院等学校专业，以及许多行政事业单位、涉外教育机构建立了实习基地，定期派遣该专业学生前往实习；而且先后与泰国、马来西亚、印度尼西亚、哈萨克斯坦、韩国、日本等地20余所高校和中小学建立了合作关系，建立了各类专业实习基地和中外文化交流平台。这些举措都有效促进了中外学生互动共进，提高了学生对外汉语教学技能。

第一课堂包括实验教学和集中性实践教学环节，普通话训练、中华书法、中华手工、中华戏曲、中华武术、对外汉语教学实践、对外汉语教学设计与技能训练、留学生语伴与助教等课程的开设，既考虑了汉语国际教育专业教学能力的培养，也兼顾了就业——国家汉办教师外派、学生考取教师资格证等就业需求。此外，还有网上对外汉语教育实践。该专业与哈兔中文网络学院、厦门中学西渐信息科技有限公司的汉语国际教育专业1V1教学平台、米果果现代产业园区等企业建立了合作伙伴关系，建立了跨文化教学实践与文化交流实践平台，在网上进行国际汉语教学实践。目前，“汉语国际教育实验教学中心”申请绍兴市本科院校实验教学示范中心已获得立项。该中心依托汉语国际教育专业培养目标，努力构筑“专业能力、创新能力、综合职业能力”三大实践教学平台，形成旨在培养学生“专业技能、创新能力、外语技能”和“人文素养、艺术素养、职业素养”的一体化实验教学体系。中心能够满足汉语、英语和小语种的多语实验教学，通过线上线下实验教学相结合，培养学生多种才能，包括口语表达、书画、手工制作、戏剧等。四年一贯、相互衔接的合理的实验教学体系，使得各门实验课程相互衔接、四年不断线。学生通过基础性实验课程、综合性实验课程、模块化实验课程群的实验教学，最终成为全面掌握汉语国际教育专业技能的应用型人才。此外，多媒体和网络技术的充分运用，在线实验课程的开设，可以将实验中心打造成一个国际化的教学平台，能同时满足境内外合作高校的使用，有利于培养应用型汉语国际教育人才，更好地满足新形势下汉语国际教育专业的就业需求。

第二课堂包括留学生语伴及各类学科竞赛。该专业充分利用留学生教育这一平台，按照“留学生事务助理—留学生语伴—留学生课程助教”三个层次，将学生推向对外汉语教学和跨文化交流的前沿阵地，使学生得到扎实的训练。此外，该专业还组织学生参加各类竞赛。近几年来，学生在全国大学生英语竞赛中获得了一等奖2项、二等奖4项、三等奖4项；在浙江省大学生挑战杯大赛、浙江省汉语口语大赛、浙江省英语口语大赛等竞赛中获得一、二、三等奖13项；在绍兴市汉语口语大赛、绍兴市英语口语大赛等竞赛中获得二、三等奖8项。

第三课堂包括国内外高校的实习与交流。该专业与泰国、马来西亚、印度尼西亚、哈萨克斯坦、韩国、日本等地20余所高校和中小学建立了合作关系。例如在泰国尖竹汶府艺术学院、泰国华侨崇圣大学、泰国川登喜大学、马来西亚苏丹依德理斯教育大学、马来西亚拉曼大学、印度尼西亚三宝垄金融大学、哈萨克斯坦国立师范大学及泰国尖竹汶府中小学学校联盟8所学校等大、中、小学校建立了实习基地，加强了该专业师生与国外大学的互访与交换学习。每年分期分批派出学生实习，每一批学生在国外实习两个月。实习时，该专业派出带队老师跟踪指导，外国实习单位也为实习生配备指导教师。同时，该专业还组织学生分批赴新西兰、德国、美国，以及中国台湾地区访学交流、带薪实习，开展志愿教学等活动。这些活动使学生得到充分的实训，开拓了学生的视野，培养了学生的外语应用能力、专业实践能力、就业创业能力、职业发展能力和社会适应能力，为学生走出国境教学做了充分的训练和准备。

实践证明，多年来实施的汉语国际教育专业本科人才培养模式改革是成功的，“汉语＋”的人才培养方案是切实有效的。这不仅夯实了第一层面的汉语言文化专业基础知识，而且增强了第二层面海外和网络化的汉语教学实践能力，并且提高了外语运用和跨文化交流的能力，还提高了学生的创新能力，收到了较好的效果，显示出鲜明的特色。

为了简略展示汉语国际教育专业学生的实践创新能力，特此选编了该专业部分学生在国外汉语教学实习和毕业时汉语研究的学习成果。其中，第一部分选取的是学生赴泰国尖竹汶府艺术学院和中小学学校联盟8所学校实习的实践报告。第二部分选取的是学生赴马来西亚苏丹依德理斯教育大学和当地3所华人学校龙邦华文小学、重新华文小学、公教中学的教学实习报告。这些实践报告，有代表性地记录了该专业学生海外实习汉语教学及其生活的情况，对海外实习基地的建设和汉语教学实习工作具有积极的作用。第三部分选择的是汉语国际教育专业本科学生研究汉语的部分毕业论文。这些成果，虽然比较粗稚，不够成熟，但这是学生教学实践和创新研究的真实面貌，反映了其努力学习的良好成效，显示了他们专业训练的基本状况，也是他们走向未来的重要基石。

目 录

第一部分　泰国汉语教学实习报告

第二部分　马来西亚实习报告

第三部分　优秀本科论文选

第 一 部 分

泰国汉语教学实习报告

泰国实习报告概述

周　莹

根据浙江越秀中文学院汉语言文学专业"汉语＋"人才培养方案和泰国实习基地的安排，2019 年 5 月 31 日—7 月 15 日，中文学院派遣 15 名学生赴泰国尖竹汶 8 所学校进行为期 45 天的教学实习。在中、泰双方的共同努力下，本次实习任务顺利完成，并取得了圆满的结果。为了更好地推进本专业的海外实习工作，现对本次实习做一个简要的总结。

一、要求明确，准备充分

每次派遣学生赴海外实习，学院和汉语国际教育系都非常重视，积极组织，明确目的，做好各项准备工作。中文学院本次派学生赴泰国实习，以进一步贯彻落实中文学院汉语国际教育专业"汉语＋"人才培养方案，履行与泰国尖竹汶学校联盟实习基地的合作协议，延续巩固双方合作关系，锻炼学生赴海外开展汉语教学和传播中华文化的实际能力，实现汉语国际教育专业人才培养为目标。首先让学生明确自己的实习任务：(1)浙江越秀中文学院 15 名学生到泰国尖竹汶 8 所学校进行正式汉语教学，完成该校的教学计划；(2)在教学实践中检验考察中文学院为泰方编写的《小学生汉语》教材，并给予反馈；(3)传播中华优秀传统文化。为此，我们对学生提出了明确要求，并进行了充分的准备。

1. 开设泰语强化班，使学生能够走进泰国社会中。为了增强学生赴海外实习的实战能力，我们开展了小语种强化学习班。本次赴泰国实习的学生都参加了泰语学习活动，掌握了在泰国交际的基本知识与能力。

2. 开设国别化教学技能培训，让学生有针对性地进行教学准备。为了本次泰国实习，我们针对泰国的实际开设了教学培训，为泰国实习做了有关的教学准备，还撰写了初步的教案，制作了PPT和教具。这些准备为学生顺利完成教学任务起了很大的作用。

3. 充分做好预案，为顺利实施本次实习做好准备。实践经验告诉我们，无论是正式赴海外汉语教学，还是去海外开展专业实习，都会受到各种因素的制约。因此我们事先应认真做好预案，积极准备。本次学生赴泰国之前，也发生了一些意想不到的插曲。在签证时，学生需要临时改办非移民ED签证，导致一系列文件需要重新准备。当时事情比较麻烦，而且拖延了原定的赴泰时间。但是，在中文学院领导坚持不懈地推进下，在各位同学的积极准备下，我们最终顺利拿到签证所需的邀请书，还争取到了更多的赴泰国实习名额，使这次赴泰国实习得以成行。

学生们在自己的实习报告中，多次表达了对学院和指导教师的感激之情。徐娟说："看着中文学院和泰方学校所拟订的协议草案上所规定的时间日益逼近，而签证的各项事宜还在缓慢推进，时间的紧迫感和违约可能性之大所产生的内疚感油然而生。但是这种状况在院长的坚持下，通过学院和我们的共同努力终于得到了改善，当所有人都朝着一个目标不断努力，互帮互助和互相谅解之后，一切的问题都迎刃而解了。这时，我真切且充分地感受到，当我们进入一个团队时，所有的事都不再是你一个人的事，所有的困难也不会只是你一个人的困难，只有大家都拧成一股绳，我们才能更快地解决这个问题。"

孙梦洁说："在去泰国之前，我们碰到了很多困难，幸好在学校和各位老师的帮助下，困难能够一一解决。在这里，我们非常感谢学校和老师的辛苦付出。"

黄钰婷说："很感谢杨锋老师，总是给我们一波又一波的厨房惊喜，让我们在泰国还可以吃到祖国的味道；很感谢隔壁的老师，每天给我们送来一波又一波的水果惊喜；很感谢在一起生活的七个小伙伴，我们互帮互助……"

王籽苹说："非常感谢我们学院的老师及学校的老师，无论是前期的准备安排，还是后期进行教学时对我们的关心牵挂，都是我们能在泰国一直坚定不移地进行教学的动力和信念。谢谢老师们的付出！特别感谢我们的带队老师杨老师，在泰国为期将近两个月的实习中，一直耐心地帮助我们解决工作上和生活中的一些问题和挫折，竭尽全力地帮助我们。谢谢老师们！没有你们的付出，就没有我们这个项目的成功，谢谢！"

其他同学的实习总结中也都有类似的表达。

二、泰方热情合作，实习顺利有序

这次实习，得到了泰国尖竹汶府学校联盟的大力支持。泰方对我们非常友好和热情，也是这次实习能够圆满完成任务的重要原因。

(一)在生活上泰方对我们热情照顾

泰方的热情在我们教师和学生踏入泰国那一刻，我们就感受到了。当杨老师带着15名学生从萧山机场飞到曼谷廊曼机场时，尖竹汶府学校联盟的三位校长已经开着大巴在机场等待我们，这使我们师生非常高兴和感动。学生们到达尖竹汶府学校联盟总部学校以后，泰方举行了欢迎晚宴，盛情款待我们师生，每一所有接待学生任务的学校都尽量给我们安排了最好的住宿。

我们有三个学生在Wattabsai学校居住和进行教学，泰国电费比较贵，一般教师住处是没有空调的。但是Wattabsai学校特地在我们学生住处安装了空调。在Wattabsai学校实习的三个学生中，其中只有一个男生，原先公用的卫生间不方便，校长立刻装修了一个新的卫生间。校长和老师们还送来水桶、大米、鸡蛋及一些生活必需品，并特地安排了一位女老师重点照顾帮助我们实习的学生。

尖竹汶第二公立学校的副校长，在周末的时候，专程开车带在该校实习的学生去观赏游玩瀑布、蓝庙、海滩和最美公路，并带学生品尝了当地特色午餐。

Watsalaeng学校校长给住在该校的学生送了食用油和各种泰国水果，还带学生去芭提雅游玩。

实习期间，学生每天都能享用学校提供的免费午餐，另外每天还能得到200泰铢的生活费。

(二)在教学上泰方给予我们信任和帮助

每所泰方学校在教学上都给予我校实习生绝对的信任和尊重，完全不干涉实习学生的教学安排，这让我们的学生反而更慎重更努力地搞好教学。

上汉语课的时候，每所学校都有泰国教师协助管理课堂秩序。尤其可贵的是，一些校长和教师还给我们的学生传授了管理学生、教育学生的知识和方法。朱丹飞同学在 Ban Khlong Lao 学校遇到教学困惑时，该校校长曾专门安慰鼓励朱丹飞，传授了很多具体经验，并特别强调教学中要注意儿童心理："Remember：while they are playing，they are learning。"

泰方完全的信任和真诚的帮助，让本次所有赴泰国实习的学生得到了很好的实习环境；学生们也不负众望，很好地完成了预定的实习任务。所有的学校都对我们实习生给予好评，实习期满离开学校的时候，泰方的教师和学生们都对我们的学生依依不舍，赠送我们学生各种礼品，一再表示欢迎他们再去该校。

三、学生教学非常认真，实习任务圆满完成

我们这次实习是在泰国尖竹汶，也翻译为庄他武里。尖竹汶府联盟学校是以幼儿园、小学教育、中学教育体系为主的教育集团，其中最新加入了一所艺术高等院校。本次有 8 所学校接受了我们的实习学生，具体任务和学生分配如表 1-1 所示。

表 1-1　实习学校具体人员分配表

学　校	实习生
Watsalaeng 学校	俞靓沁、王籽苹、俞喆
Wattongtour 学校	徐娟
Watpluang 学校	黄钰婷
Watkating 学校	严海霞
Chanthaburi College of Dramatic Arts 学校	钱梦佳、方蕊
Tesaban Muang Chanthaburi 2 学校	严依凡、丁捷
Ban Khlong Lao 学校	朱丹飞、杨佳辉
Wattabsai 学校	葛红、孙梦洁、翁晨浩

由于完全是抽签分配，徐娟、黄钰婷、严海霞三名女生每人独自承担了一所学校的全部汉语教学任务，但她们完全没有犹豫，当场接受了任务，随该校校长赴任；而且在之后的教学工作中，她们也做出了出色的成绩。其中严海

霞还是一个比较腼腆内向的女生，平常在课堂上回答老师问题的时候都很羞怯，这次被抽到独立负责一所学校的汉语教学工作，她能勇敢地接受，并很好地完成了教学任务，值得点赞。

从同学们的赴泰实习报告来看，同学们在本次实习中都得到了锻炼和提高。

（一）学会研究教学对象，设置教学内容

这次赴泰国实习，面对的教授对象从幼儿园孩子到初中学生。我们的实习学生没有不负责任地照搬统一的教学内容和教学方法，而是在开始教学工作之前，都认真做了调查研究，考察泰国学生的汉语基础和学习能力等，然后针对性地设计自己的教学内容和教学方法。

徐娟在 Wattongtour 学校承担从幼儿园到小学六年级的汉语课教学，她针对不同层次的学生做了不同的安排。她对幼儿园孩子的教学目标就是让孩子会说一些简单的词汇，这些词汇要贴近生活，而且要比较形象。水果、动物、身体部位和一些自然界的事物就成了她的主要教学内容。而对于小学生，除了一些日常生活词汇，她还要教授一些简单的日常交流的句子，简单的汉字书写也会增添学生对汉语学习的热情。

翁晨浩在 Wattabsai 学校负责小学四至六年级的汉语课程教学，他根据不同年级学生的接受能力，在四年级着重口语教学，基本不教汉字；五、六年级则除了口语以外，适当教授汉字。他发现 Wattabsai 学校六年级学生特别喜欢抄笔记，教完记汉字以后，他每次课都有意识地留出十分钟时间给学生抄笔记。

黄钰婷独自承担 Watpluang 学校一至六年级的汉语课程教学，她研究发现，泰国一、二年级学生在学校里学习知识并不是主要目的，他们的任务是学习好习惯，于是黄钰婷就使一、二年级的课堂变得轻松化，通过儿歌和图画教授简单汉语。三、四年级学生接受能力很强，黄钰婷就适当增加课堂内容，如词语搭配、简单句等。五、六年级学生喜欢写字，她就在讲课前适当教导学生书写汉字，等学生写完了再开始正常上课。

孙梦洁在 Wattabsai 学校，她认为幼儿园小朋友应该学的主要还是怎么读，能根据图片说出中文就可以了，不要求他们识字，所以她的课堂就以会说为主。同时她还注意了不同班级、不同年龄孩子的学习内容安排和教学方

式:幼儿园二年级学习“你好”、“老师”、数字“1,2,3”,幼儿园三年级除了学习“你好”、“老师”、数字“1,2,3”以外,还要学习各种颜色。幼儿园孩子年龄小,没有学过中文,所以在上课的时候,孙梦洁会放慢进度,让每一个学生都可以参与到课堂的游戏里面去,并且敲章表示鼓励。

尽管这次实习每个同学都负责很多层次不同的班级,但大家都没有一成不变地敷衍了事,而是都做到了具体对象具体对待。翁晨浩、徐娟、俞靓沁还特别设计了学习结束的测验,完整地完成了一个正规的教学流程。对此,泰方学校都给予我们实习学生很高的评价。

(二)针对学生心理设计教学活动

这次实习面对的是幼儿、小学生和初中生,其中大部分是幼儿和小学生,他们年龄小,学习能力、自我控制能力都不太成熟。如何对这样的学生进行汉语教学,之前本科课程学习中没有专门讲过,但大家通过相互讨论和自我琢磨,运用学过的对外汉语教学理论及教育学、心理学等有关知识,设计出了针对幼儿、小学生和初中生的不同教学方法和教学活动,这应该是本次实习中学生最大的收获之一。

俞喆在 Watsalaeng 学校任教小学二年级,她要求学生每天都要学习一个单词,并通过小黑板让学生在所有老师和同学面前朗读和解读,并带领同学一起朗读学习,这对于每一个上台的学生来说都是挑战和提升能力的机会。学生们都很积极,轮到上台的学生事前都会向老师请教做好准备。虽然有些学生会因为紧张而在台上忘词,但是大部分学生都能勇敢地用汉语完整而又正确地说完,这大大提高了他们学习汉语的积极性。

王籽苹在 Watsalaeng 学校教学中设计了多种方法。例如,关于“吃、喝+食物”的搭配学习,她将各类食物饮品图片贴在白板上,将“吃、喝”写在另一侧,由学生上来进行连线。还有,将学过的图片放到地上或者贴在白板上,教师说中文,让他们拍打相对应的图片,看谁拍得快。或是请两名同学上来,分别给他们一张图片,反着放,当数到三的时候两个人一起把图片反过来,看谁先说出对方图片上相对应的中文。她这些教学课堂活动在教学中都取得了很好的效果。

钱梦佳在 Chanthaburi College of Dramatic Arts 学校实习,面对的是艺

术学校的附属初中学生。因为学艺术的女生比较多，而且初中生心理与小学生不同，处于比较拘谨害羞的心理阶段，学生不愿意主动上台操练对话。钱梦佳设计了击鼓传花游戏，在活跃的气氛中，轮到操练的学生相对就会自然一些，大家也更有兴趣。

俞靓沁在 Watsalaeng 学校采用情景法来进行教学。设置的课文多为对话的课文，练习对话时，教师先带读一遍，然后让学生互相提问、再到讲台上展示。然后 A、B 双方角色互换，进行多次练习。在认读生词的时候，让学生以竞赛的方式进行认读。学生分组抢答。

此外，黄钰婷运用了你快我快、涂画水果等教学游戏；杨佳辉对于量词"口"的解释，以及利用中泰双语的数字表进行教学；孙梦洁运用跳卡片、选颜色、贴五官等办法活跃学习气氛；徐娟采取了开火车和分组计分竞赛的方式；葛红用了家人头像与汉字游戏；翁晨浩设计了国旗站队；还有很多同学都使用了分组竞赛，让先学会的学生帮助还没学会的学生，等等。总之，我们的实习学生充分表现出了极大的创造力。

(三)积极参加泰国学校的各种活动

赴泰国实习的学生不但完成了自己的汉语教学任务，还都积极参加了所在学校的各种活动，如迎新仪式、拜师节活动、国王生日庆典活动、家长会等。

黄钰婷跟随 Watpluang 学校的学生到海边参加了为期三天的实践活动，接受公益教育，观察海边风物，在寺庙聆听讲学等，亲身感受了泰国学校的教育思想和教育方式，有了很大的收获。

严依凡接受了尖竹汶第二公立学校的任务：辅导学生参加关于国王推动泰国 4.0 计划的中文演讲比赛。这是一个大型的比赛，有十多所学校参加。严依凡首先修改完善了演讲稿。由于演讲稿是从泰文翻译过来的，所以有许多的语法错误和用词不当。严依凡不断地和这里的老师沟通，从中得知每句话的大致含义，然后进行修改。演讲稿修改完成之后，严依凡又和泰方的老师一起辅导学生进行演讲，教学生正确发音和背诵，一遍一遍进行纠正。在严依凡和泰方老师的努力下，尖竹汶第二公立学校小学组选手顺利完成演讲，没有发生忘词、吐字不清等现象，初中组选手更是取得了第二名的好成绩！

(四)介绍传播中国文化

汉教专业的培养目标是培养出能面向国际全方位进行汉语和汉语所代表的中华文化传播交流的人才。我们的学生去泰国实习,不仅仅是教汉语,也同样肩负着传播中华文化的责任。在这方面,我们的学生也做了不少工作。

俞靓沁在上课之前,都会准备一些关于中国文化的视频。她选择了学生比较感兴趣的《中国唱诗班》系列动画,以及介绍中国过年习俗的《元日》视频、介绍中国人含蓄性格的《相思》、介绍端午节的视频等,在学习动物词汇的时候,还播放了《功夫熊猫》的片段。

朱丹飞自己准备了有关杭州的图片和视频,专门向 Ban Khlong Lao 学校的学生介绍了杭州风景。他说,这个世界很大,我想让他们对外面的世界产生兴趣,让他们知道我从小长大的国度大概是个什么样的地方。我能从他们的眼神中读出许多的好奇,也有人流露出向往的目光。

钱梦佳在 Chanthaburi College of Dramatic Arts 学校成功进行了一次古诗《静夜思》大班教学。面对三个班的学生,她仔细讲解了古诗《静夜思》,教学生认读和朗诵。尽管泰国天气炎热,她上课的地点食堂还没有风扇,但学生们对钱梦佳讲的古典诗歌非常感兴趣,大家很认真地学会了这首诗。钱梦佳说,当最后学生集体背诵《静夜思》的时候,她感到非常骄傲。

实习的其他同学,也都通过儿歌、视频、图片、中国结等形式向泰国学生展示了中国古老的文明,以及传统工艺和当代中国的发展现状。

(五)运用第二语言教学理论对语素教学进行印证和研究

对外汉语教学是一种语言教学,最终还是需落实在语言上。语言是由语素构成的,语素教学是语言教学的基础。这次实习,同学们都有意识地注意了汉语语言要素的特点,在教学中观察发现了第二语言教学理论中讲过的语言干扰、语言偏误等问题,并尽力做了分析。

1. 语音教学问题

很多同学观察到,泰国学生学习汉语语音时存在负迁移问题,因为汉语某些语音在泰语里没有,泰国学生很自然地就会沿用他们习惯的泰语语音的发音部位和发音方法来发音，于是就出现了发音不准确的问题。这恰恰印证了语言教学理论中提到的，语音是语言的物质外壳，语音教学是对外汉语教学的首要问题。

而且同学们还仔细观察分辨了泰国学生的语音问题，并从声母、韵母、声调方面指出了泰国学生的语音问题。

韵母方面，朱丹飞、俞喆、俞靓沁、钱梦佳等都指出，泰国学生对汉语韵母 ü 很难掌握，凡有 ü 的音节都读不好。这是泰国学生最明显的一个语音难题。孙梦洁还提到，学生对韵母 uo，e 也感到困难。朱丹飞提到，学生很难发好卷舌韵母 er。

声母方面，朱丹飞、俞靓沁、孙梦洁等都发现，泰国学生对汉语声母 z，c，s，zh，ch，sh，f，h，j，q，x 也普遍感到困难，不能区分 f/h，s/sh 等。

朱丹飞提到，泰国学生经常把阴平 55 发成去声 51。钱梦佳也指出，泰国学生对汉语第三声的发音掌握不好。

葛红、钱梦佳对语音问题做了比较详细的分析。葛红发现泰国学生对声母 j，q，x，z，c，r，zh，ch，sh，g，h 的偏误要高一些，j，q，x 这三个声母在泰文中没有对应的发音，所以受到母语负迁移的影响，学生有时会寻找相近的音来代替，并且对于“送气音”这一概念他们也很难掌握。“r”经常与“l”和“y”产生混淆，正如“认真”，学生初读很容易读成“len zhen”。平舌音与卷舌音也是学生学习语音过程中的一大难点。韵母中，对于圆唇元音“ü”，学生的发音经常介于“i”与“ü”之间，如“下雨”，他们会发成“xia yiu”，经常不自觉地就将舌位后移。造成他们汉语语音偏误的原因有很多，其中母语负迁移的影响较大。

2.词语教学问题

同学们也对词语教学和语流教学有所体会和思考。不少同学提到，在对话中学习词语比单独学习词语要好，学生更喜欢和容易接受句子和对话。这恰恰就是直接法、听说法、视听法的教学思想——强调在语流中学习和句型的操练。

钱梦佳认为，在对话中学习词语比单独学习词语要好，学生更喜欢和容易接受句子和对话。有时候出现生词卡时，学生会不知道这个生词的读音而随便乱猜，但是在读课文的时候就可以很顺利地把课文全部而且正确地读完。钱梦佳对此做了探讨，指出原因可能有：(1)课文比生词更加直接，在语境中学生可以把课文记忆得更加深刻，在语流中学习，强调句型的操练，学生掌握句子的程度就更加深入；(2)学生在记忆课文时会采用背诵的方法，可以通过前一句联想到后一句；(3)课堂操练的时候会更加注重句子的练习，学生上台展示对话可以帮助他们掌握课文内容。

3. 汉字教学问题

关于汉字教学。很多同学都提到，高年级泰国学生还是很喜欢写汉字的，还能自觉抄写黑板和教材。但也提到，泰国有很多学生是用左手写字，因此在书写顺序上就会出现错误。泰文书写的笔画和我们中文的笔画不太相同，他们不熟悉汉字结构，写字时常常会缺笔少画。

葛红认为，汉字结构复杂，学生不了解汉字形体，很容易就会出现将一个完整的汉字拆分成几部分书写的情况，这在她所任教的一至三年级学生中，都是常有的现象。她建议，因为汉字书写环节较为枯燥，教师可以适当变化练习的形式，除了汉字描红练习以外，还可以安排学生制作汉字卡片，以竞赛的方式完成汉字书写等。

钱梦佳等同学也对汉字教学提出了自己的看法。

四、总　结

本次赴泰国实习，涉及学校之多，汉语教学时间之长、课时之多，面对学生之多，都超过了以往的海外实习。实习同学的所作所为，也得到泰国学校的高度肯定，这使今后继续合作更有可能。

这次实习之所以取得这么大的成功，有如下几个原因：

1. 学校和学院的领导得力，始终坚持不懈地推进和全方位地设计管理。带队教师不辞辛劳。学院领导及各有关教师在实习微信群里持续不断地给以鼓励和指导。

2. 泰国方面的热情合作。由于中泰经济、文化等往来日益频繁，学习汉语在泰国已成共识。尖竹汶因为远离曼谷，缺乏汉语教师。因此对与越秀合作抱着极大的期望和热情。

3. 我们这次选派的 15 名学生都是各方面条件比较好、能力比较强的学生。从学生的实习总结看，没有一个人提到生活的不习惯和生活困难之类，这也是让人意外的。事实证明，越秀的学生并不是娇气、贪图享乐之辈。15 名学生全都很热情很主动地投入自己承担的教学工作，积极想办法开展教学。正是因为同学们的优秀表现，使泰方对与我们合作更有信心。

4.越秀的学生英语水平比较高，这一直是越秀的特点。本次实习，同学们的英语能力起了很大作用。每一个实习学生都能运用英语进行日常交往，与所在学校校长、教师交流。黄钰婷、朱丹飞等也都在实习总结中提到他们用英语与所在学校校长交流、向校长请教事情。能够用语言沟通，就减少了身在异国的恐惧感、孤独感，这也是我们这次实习成功的一个重要原因。

以上是关于本次实习的基本情况总结，主要依据是大家的个人实习报告。

实习结束了，大家又回到熟悉的校园，继续未完的学业。相信这次实习一定会给大家带来深远的影响，感谢大家为这次实习所做的付出。谢谢大家！

克服困难,适应环境,用实践检验课堂知识

——葛红赴泰实习报告

葛　红

一、实习目的

通过本次实习,把在学校课堂上所学习的对外汉语教学知识和实践相结合,初步掌握对外汉语的教学方法与技能。

二、实习时间

2019 年 5 月 30 日—7 月 12 日。

三、实习地点

泰国尖竹汶府 Wattabsai 学校。

四、实习对象

小学一至三年级学生。

五、实习内容

如今,随着中国国际地位的不断提高和国际文化的交流发展,汉语也日渐成为国际化交流中不可或缺的一种语言。世界上想学汉语的人越来越多,

会说汉语的人也越来越多，为了适应并满足这一形势的发展需要，每年我国都有大量的汉语教师与汉语志愿者被派到世界的各个角落，肩负起传播中华文化的使命。我曾经以为这对我来讲也是一件较为遥远的事，如今从泰国回来，却发现当我选择了汉语国际教育这个专业，它早已经触手可及了。

这一切最早要从《中文学院关于选拔优秀学生赴海外实习的通知》这份文件谈起。为了积极响应国家《推动共建“一带一路”愿景与行动》的文件精神，推动沿线各国建立教育双边合作机制，博采众长，吸取他国教学优秀经验，拓宽学生的国际视野，提高办学水平，给共建“一带一路”教育行动助力，我们学校积极落实人才培养方案的相关要求，开展学生的集中教学实践，增强学生的实践动手能力，致力于培养应用型、高水平的国际化人才。在我们中文学院各位领导、老师多方努力争取后，日前学校已在泰国建立起了海外实践基地，准备在 2019 年 5 月将第一批选拔出来的学生送往泰国进行为期一月有余的海外实习教学。

我认识到这对于我们这个专业的学生来说是一次难能可贵的机会，只有在实地深入地参与过对外汉语教学后，才能更了解这个专业，更了解从事这个职业需要具备什么，将要面对什么。经过选拔，最终我有幸成为第一批赴泰国进行教学实践的其中一员。随后经过为期半个月的相关培训，在出发前夕，学院领导与老师特地为我们举办了出征仪式，浩浩荡荡一行人带着对未知的期待于 5 月 30 日终于踏上了泰国的土地，彼时一阵热风袭来，一切都很新鲜。

泰国方面对这次的教学合作也非常重视，联盟学校的校长和几所学校的老师都特地赶来机场迎接我们，我们要前往实习的地方是泰国东部的尖竹汶府。这是一座千年古城，位于泰柬边境上，府内有森林、山地和海洋，自然条件优越，农林植被发达，同时它也是泰国著名的“榴梿之乡、宝石之都”。到了那里你就会发现，这称呼可谓名副其实。经过四小时多的车程，我们到达了联盟学校的校长所任教的学校——Watsalaeng school。我们亲切地称呼它为旺财学校。此时已经夜幕垂下，大家只稍作了解便分了住宿睡下；而当时的大家都还不知道，明天又将会发生什么。

第二天，所有学校的校长都来到总部学校，我们一行人在做过简单的自我介绍后，便通过抽签方式被分配到了联盟下的各所学校。接下去的日子，我们都将各自在所任教的学校度过。我不知道去其他学校的同学有何种感想，那时抽到了 Wattabsai 学校的我也只是笑笑，现在想来自己是何其幸运，和另外两名同学一起，我们当天下午就被接到了学校熟悉环境与住所。这所位于半山腰的学校就在泰国的高速路边，左右皆是警察局与医院，可见也算是地处繁华了。学校就靠着山，抬头入眼的便是厚实的云、湛蓝的天，你以为早在祖国就看够了蓝天白云，到了这里就又觉得新鲜。因我们到来这一天是周五，所以没有匆忙地安排课程，只是让大家串班与各位老师和孩子打了个照面，接下去两天是周末，校长安排了一位留校的英语老师陪同我们去市里采购所需物品。坐上了学校门口的绿皮公交，感受着一路“突突突”的马达声，说实话，这真的是我见过的最简陋的公交车，没有座位的人甚至会挂在车门上，看得人心惊胆战，但我却也入乡随俗地开心。车上的人对我们都有一些好奇，我们区别于他们的唯一一个特点也只能是肤色，许是常年日照且户外劳作的原因，他们大多都皮肤黝黑。而那好奇的目光也不曾夹有恶意，因为空间有限，大家都紧紧挨坐在一起，男士会为女士让座，大家虽陌生，我却也觉得自己那一刻不是个外乡人。回去时，校长驱车来接，并叮嘱我们有什么需要的都可以和他提，他们都会照顾我们，尽量满足我们的要求。也正如他们所说，第二日一早校长便送来了食用油、鸡蛋等一些食宿用品。接下去的生活里，我们也无时无刻不受到当地老师的关照，外出时我们三个几乎搭遍了所有老师的便车。原本以为多少会存在的文化冲突，在 Wattabsai 学校甚至可以说荡然无存。

解决了饮食起居的问题，接下去仔细聊一聊在 Wattabsai 实习过程中存在并发现的一些教学现象。学校分为幼儿园和小学一至六年级两个阶段，每个阶段都是小班化教学，每个班都几乎不超过 35 人。分到 Wattabsai 学校的加上我一共有 3 名同学，我负责一至三年级的对外汉语教学，一年级 3 个班级，二年级 3 个班级，三年级 4 个班级，每个班级每星期一节汉语课，课时一小时。使用的是我们中文学院老师自编的教材《小学生汉语 1》。下面我将我任教时所发现的一些情况作为案例总结呈现，期望能使之后赴泰的同学了解得更直观清晰。

案例 1:学生没有教材

第一次上课，你可能会发现一个比较棘手的问题，那就是学生没有教材。而高年级的教室没有配备多媒体，如果每一次上课都要给学生复印教材的话，那么对于纸张的需求还是很大的，所以学生在没有教材的情况下，唯一能看到并接触到的就是老师的板书。面对这样的一个教学环境时，教师就要学会如何制定教学策略，在学生没有教材的情况下，根据每个年级、每个班的不同水平去制定对应的教学大纲与教学内容。对于有必要的内容可以打印出来分发给学生，但也应合理地选择，避免教学资源的浪费。学生因为没有教材，通常都是愣着听老师讲。在第一节课老师就应该将指令传达给学生，在上课的时候需要学生各自准备一本练习本，来记录老师的教学内容，以便课后进行温习。

案例 2:课堂秩序混乱

这是每个班级几乎都存在的一个现象，泰国的学生在上课时区别于中国学生，他们非常活泼，甚至活泼到让你“头疼”的地步。擅自离开座位，互相打闹，一厢情愿地和老师玩捉迷藏都是家常便饭。其实，由于教育方式的不同，泰国的孩子天性本就好动，且又是低年级段的学生，注意力非常容易分散，这个时候就需要老师有出色的课堂控制能力，但是你不能采用暴力或者怒斥，否则反而会抑制他们学习汉语的热情。在教学过程中，老师要学着用学生喜欢的方式去贯穿课堂，有选择性地准备教学内容，游戏在泰国汉语教学中便是不能缺少的一个手段，无论多调皮的孩子都会乐意参与到你的游戏中。有的时候，课堂上甚至还会存在出勤率只有一半的情况，因为泰国学校的活动比较多，这些缺课的学生便会因为参加活动而影响学习；但是老师不能因为只有少数学生便放弃教学，可以调整教学方案并设计一些自我训练的作业给未能参与到课堂中的学生。

案例 3:面对不同的学生

每个班级都有着吵闹的小恶魔，也有非常乖巧的小天使。当你面对他们时，首先不要将他们区分，要知道小恶魔也有变成小天使的时候。在课堂进行过程中，你会发现，制造课堂混乱的学生往往对学习汉语缺乏兴趣，老师需要设计更多能够吸引他们的教学环节，让他们参与进来，并且让他们渐渐地感受到学习汉语过程中的乐趣与成就感，激发他们更多的学习动力。在学生参与进课堂中时，要真诚地对他们进行赞扬，适当地进行鼓励与奖励可以引导他们、激发他们。在课堂上对他们布置教学任务，如果只有极少数的学生回应，老师便可以在全班面前请这几名同学开展教学任务，在完成的同时对他们进行表扬，并可看情况给予一定的小奖励，这样的行为能够激励其他学生也参与到课堂中来，赢得小礼品并想要获得老师的认可。所以老师在教学时充当着很多种角色，首先你要做的便是掌握每个学生的学习状态，积极地引导他们，充当他们的朋友，让他们感受到你的真诚与爱。

案例 4:语言不通

语言不通可以说是我这次实习中较为遗憾的事，泰国虽然从孩子很小时就有开设英语课程，但是低年级段的孩子也基本上不会说。虽然我们在教学时都有一位本土老师陪同帮助管理课堂秩序，以及配合汉语老师的一些指令，但是也有个别本土老师无法用英语进行交流，这时候如果老师不会一些学生的基本母语，单靠课堂指令语和一些体态语言，便存在一定的局限，可能导致无法进行一些有特点的游戏，甚至课堂的正常交流都无法进行。在这样语言不通的情况下，教学效果就会大打折扣。所以汉语教师至少应该学习一些学生的基本母语，能够保障课堂顺利进行下去。有的时候，如果该节课没有英语老师的帮助，我会将一些重点内容事先让本土老师帮助翻译好，再在有必要时进行展示，同时在上课前将这节课需要掌握的一些基本泰语学习一遍，也能够很有效地在课上帮助学生理解教学内容。如果直接使用目的语教学，即汉语教汉语，对于我所教的低年级段学生而言，其实在理解上存在一定的难度。所以对于我们而言，在没有任何中介语可用，所教授对象汉语又处于零基础阶段时，汉语教师学习一些学生的母语是非常有必要的，这对于往后课堂顺利地开展和师生互动交流都有很大的帮助。

以上这些都是我们一开始教学就会面临的问题，所以如果等到正式进入教学再做调整也许会手忙脚乱，教师需要提早做好心理准备与应对措施。下面我来说说学生在学习汉语过程中存在的现象，以及自己的一些解决对策。

案例 5:书写汉字

在教学过程中，我发现泰国低年级段学生对于书写汉字存在相当大的困难，很容易就会出现缺失笔画或是添加笔画的情况，学生熟悉了字母文字，但是对汉字笔画的了解却知之甚少，在依样画葫芦的过程中，经常出现笔顺错乱的现象。并且由于汉字结构复杂，学生不了解汉字形体，很容易就会出现将一个完整的汉字拆分成几部分书写的情况，这在我所任教的一至三年级中，都是常有的现象。泰文作为一种拼音文字，和英语相近，但汉字则不同，现今使用的简体汉字是用笔画和偏旁部首组成的方块字，它展示的是汉语中的音节和语素。两种文字实则分属于不同的语言文字系统，所以对于泰国初学汉语的学生而言，不可避免地就会受到母语书写习惯的干扰。这时候教师需要注意在选择汉字教学内容时要科学合理，尽量选择常用字，在教学过程中结合一定的语境让学生来掌握汉字的用法。如，在教授“八”这个数字的汉语书写方式时，经常有学生书写成“人”，这时候教师在讲解时就要通过例子让学生将这两个汉字有所区分。因为汉字书写环节较为枯燥，教师可以适当变化练习的形式，除了汉字描红练习以外，还可以安排学生制作汉字卡片，以竞赛的方式完成汉字书写等。

案例 6:汉语语音、声调偏误

语音是第二语言学习者学习汉语的基础，同时也是汉语学习的一大难点。在一至三年级的汉语教学过程中，我发现泰国学生对声母 j，q，x，z，c，r，zh，ch，sh，g 的偏误要高一些。j，q，x 这三个声母在泰文中没有对应的发音，所以受到母语负迁移的影响，学生就自然而然会寻找相近的音来代替，并且对于“送气音”这一概念他们也是很难掌握。“r”经常与“l”和“y”产生混淆，比如“认真”，学生初读很容易读成“len zhen”。平舌音与翘舌音的区分，平舌音与卷舌音都是学生在学习语音过程中的一大难点。韵母中，对于圆唇元音“ü”，学生学习的发音经常介于“i”与“ü”之间，如“下雨”，他们会发成“xià yiu”，不自觉地就将舌位后移。造成他们汉语语音偏误也有很多方面原因，其中，我想受到母语负迁移的影响比较大，对于初学汉语的小学生而言，他们学习的理解能力较弱，对于新接收的知识会尝试将它与泰语语音系统相联系，从而找到相似音，便于记住。但实际上两者还是有一定的差异，这就造成了语音的偏误。

另外学生还受到学习环境的影响。在我们所任教的学校，只有 3 位实习汉语老师，其他都是泰国本土老师，所以在他们陪同上课的过程中，有时候也不免会出现好心办了坏事的情况。为了帮助学生记忆，有时候本土老师也会用泰语对汉字进行注音，而在泰国老师本身自己发音也存在一定问题的情况下，学生的偏误现象便很难得到纠正。

所以在低年级段教授语音的过程中，教师应当将趣味教学运用到课堂中去。比如在教授声母“j”与“q”时，教师可以先准备动物小鸡的图片，带动学生做肢体动作引导出声母“j”；在教“q”时，教师可以呈现有7只小鸡的画面，让学生数数一共有几只，通过“7”引出“q”。设计一些趣味的教学环节，让学生参与到游戏中来，不但可以调动课堂气氛，也能够激发学生学习的主动性。

这一次我们的实习时间非常短暂，但是学习语音是一个漫长的过程，我所了解的也还不是很全面，只能从一些上课时比较频繁出现的情况着手，以期给接下来进行汉语教学的同学一点参考。另外，在泰国任教时，还有一些文化差异也是需要我们注意的。

案例7:中泰文化差异

在泰国的学校里，你会看到每位本土老师的标配——“教棍”，在平时管教过程中，也是直接招呼上手，在中国我们可能将其视为体罚，但是在泰国，他们认为这是对学生负责任的一种表现。当然泰国的本土老师自然不会无缘无故动辄上手，只有在学生犯错误时才会这样做。有时当我在上课，底下学生又非常吵闹不听话时，班上的小班长就会拿来“教尺”，示意我可以管教他们，可以看出学生对此也是颇为习惯；但请注意，我们汉语老师可不要这样做。虽然武力解决是比较快速直接的办法，但是在中国，我们教师不能体罚学生，即使我们身处泰国，也要以这样的教师准则来要求自己。并且，在泰国人心目中，头是非常神圣的，即使面前的小孩非常可爱，对于摸头他也可能是忌讳的。脚对于他们而言就没这么神圣，所以如果你用脚指物或指人，都是非常不礼貌的行为。另外，泰国人也非常忌讳用左手接递物品的，所以接递物品时都应该用右手，以示敬意。

如果在外乘坐交通工具遇到僧侣，女子是不可以与僧侣相邻而坐的，这也是非常重要的一点。所以作为志愿者准备出国前，对于目的国的一些风俗忌讳也需要做适当的了解，以免届时产生不必要的误会。

这次的赴泰实习总结，我主要从汉语课堂上存在的一些现状、汉语教学过程中存在的问题，以及日常生活中的跨文化差异三个方面做出分析并提出一些自己的解决方法。也希望能够为未来赴泰的同学提供一些有益的帮助。

泰国是一个人民都非常热情的国家，而我们此次所前往的尖竹汶府虽然很多人在去之前闻所未闻，但是当我们离开时大家却也都怅然不舍。我们在这里得到了很多当地人的帮助，看着孩子在我面前欢快跳跃，刚见面我就已经担心离别。如果你问我这次的赴泰之行什么最让我印象深刻，我会回答说在 Wattabsai 的每一天。当我成为一个平凡角色，在裹着青柠味的晚风中，送别一个个归家的孩子，现在想来，每一天都不曾荒度。

提高课堂趣味性，增强课堂实践性

——俞靓沁赴泰实习报告

俞靓沁

一、实习目的

通过本次实习，把在学校课堂上所学习的对外汉语教学知识与实践相结合，初步掌握对外汉语的教学方法与技能。

二、实习时间

2019 年 5 月 30 日—7 月 12 日。

三、实习地点

泰国尖竹汶府 Watsalaeng 学校。

四、实习对象

幼儿园以及小学三至六年级学生。

五、实习内容

近年来，随着中国经济实力的不断增强、国际地位的不断提高，中国的影响力不断增强，学习汉语的人数也在持续增加。很大一部分人认识到学习汉语能带来很多收获，因此一些人选择到中国进行留学。比如在我们学校留学生教育学院中学习的就有近300名留学生。有一些人选择在自己的国家通过教育机构来学习汉语。还有一些学校认识到学习汉语的重要性，因此在学校中开设汉语课程。其中汉语在泰国的推广发展极为迅速。在我所实习的泰国尖竹汶府Watsalaeng学校中，汉语已经成为一门学生必修课程。同时对汉语教师的专业素质要求也越来越高。对我来说，这是一个很大的挑战，这与我平时接触到的中国学生课堂、留学生课堂有很大的不同。在平时课堂训练时，我面对的是中国学生，他们是有汉语基础的，因此我们的上课用语是比较难的；而在泰国我面对的学生，他们的汉语是零基础的，最多只学会了“你好，再见，谢谢”。对于他们而言，“我叫××”都是一个新的知识点。相较于国内留学生的自觉学习而言，我面对的是小学生和幼儿，他们的心智还未成熟，学习并接受新事物需要兴趣来支撑。因此在每一节课之前，我都会想通过何种方式增加趣味性来完成课程教学。

(一)行前准备

我为什么选择去泰国，首先当然是因为我学习了三年的专业知识，我想要得到一个实践的机会，同时也能感受一下泰国的风土人情。其次，我想要明确自己是否适合这个职业。由于我们是第一批出发去泰国实习的学生，所以很多东西需要我们自己去准备，需要自己去摸索。比如行前的资料，面签流程、行前物品准备、泰语学习、备课等。在出发之前的一个月里，我们基本上没有自由时间，双休日需要上课、星期三星期五也要上课。当然也不得不承认这集中培训的时间为我们去泰国教学做了很好的准备。而我在这一段时间中经历了从兴奋到不耐烦到想要放弃最后到坚持的过程。庆幸自己坚持了下来，也很感谢所有老师的坚持和付出。

(二)学校概况及学生情况

Watsalaeng学校位于泰国尖竹汶府，校长叫旺财。旺财校长也是本次联盟学校的校长。学校有师生300多名，其中幼儿园学生有100人左右，小学学生有180人左右。我所教授的是三至六年级的学生及幼儿园2、3班幼儿。我所教授的小学4个年级每个年级均为30人左右，幼儿班每个班为30人左右。我每天早上7:30—9:00在幼儿园上课。小学汉语课程按照课程表进行。每个教室都有电脑、电视，都可以播放PPT，但是屏幕很小。上课的时候电脑只能作为辅助，并且有些教室的电视是在教室的后面。因此我在上课的时候必须以板书为主。课程表如图1-1所示。

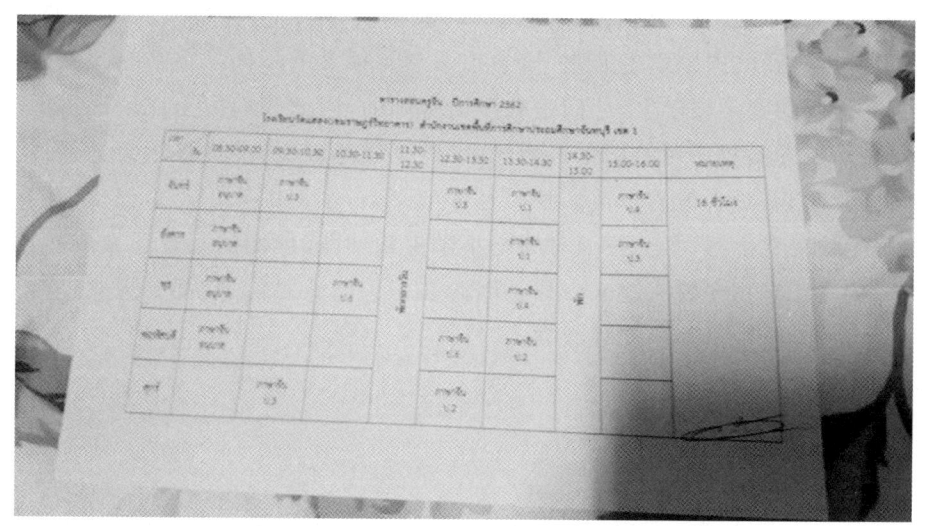

图1-1 课程表

(三)教学过程

在正式教学之前，我向老师们询问了学生的情况。我初步了解到，我们已经是第三批来教学的实习生了，小学生们已经有了一年的基础。因此，我在准备第一节课内容的时候，准备了介绍中国的视频及拼音视频。通过第一节课了解了学生们的情况。幼儿班是零基础，而幼儿班不需要很系统地学习拼音，我决定让幼儿园的学生们在游戏中学习汉语。

我的第一节课是五年级的课，但是五年级的学生汉语基础很差，并且课堂纪律不是很好。他们上课常常会开小差、聊天，他们只会说“老师你好，谢谢老师，老师再见”。同时我也了解到，学生们的拼音基础很差，他们同时学习汉语拼音和英语，常常会被英语的读音所干扰。我在播放视频的时候，学生有很大的兴趣。因此第一节课，我选择通过拼音歌来复习拼音，同时改变授课计划。接下去的每一个班都有着同样的问题，拼音基础差，汉语相当于零基础。我翻阅了前面实习同学的教学内容，发现之前的教学内容过多过难，教学进度过快，没有注重拼音教学可能是导致学生没有学进去的原因之一。同时我也开始思考，要通过怎样的教学方式增加趣味性和实用性，帮助学生将所学到的知识运用到日常生活中。在第一个星期的教学过程中，我还遇到了一个很大的难题，上课的时候学生没有课本。因此，我将计划要上的内容用彩色图片的形式打印在了一张纸上。根据不同年级的接受能力来调整上课速度及上课难度。我把每节课学习的生词和内容，以及课后小练习都安排在了一张纸上，如图 1-2 所示。

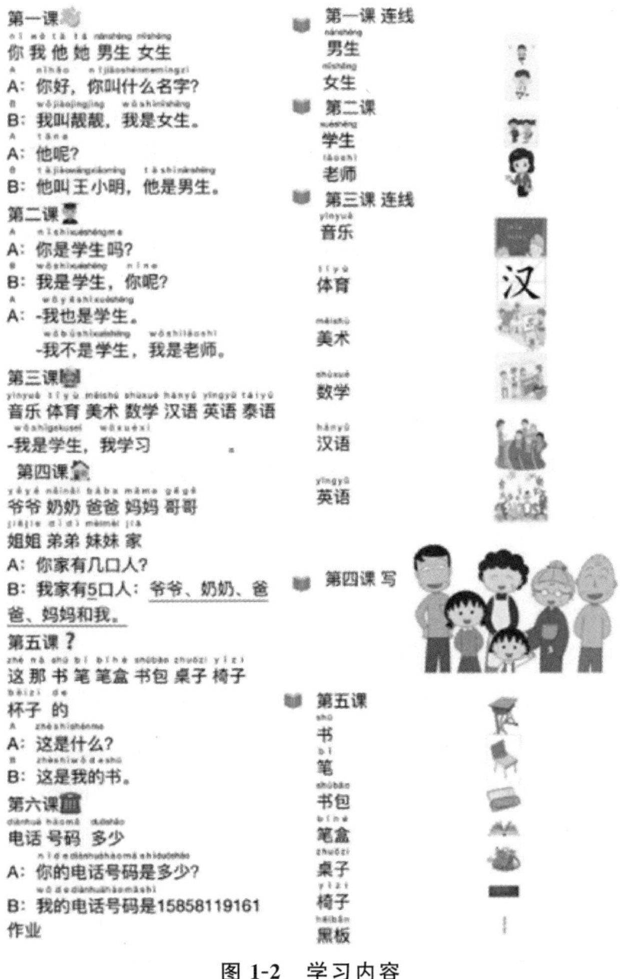
第一课
你 我 他 她 男生 女生
A：你好，你叫什么名字？
B：我叫靓靓，我是女生。
A：他呢？
B：他叫王小明，他是男生。
第二课
A：你是学生吗？
B：我是学生，你呢？
A：-我也是学生。
-我不是学生，我是老师。
第三课
音乐 体育 美术 数学 汉语 英语 泰语
-我是学生，我学习
第四课
爷爷 奶奶 爸爸 妈妈 哥哥
姐姐 弟弟 妹妹 家
A：你家有几口人？
B：我家有5口人：爷爷、奶奶、爸爸、妈妈和我。
第五课？
这 那 书 笔 笔盒 书包 桌子 椅子
杯子 的
A：这是什么？
B：这是我的书。
第六课
电话 号码 多少
A：你的电话号码是多少？
B：我的电话号码是15858119161
作业

第一课 连线
男生
女生
第二课
学生
老师
第三课 连线
音乐
体育
美术
数学
汉语
英语
第四课 写
第五课
书
笔
书包
笔盒
桌子
椅子
黑板

图 1-2　学习内容

(四)课堂趣味性

增加课堂的趣味性需要从多方面入手,比如课堂环境的趣味性、教学内容的趣味性、教学方法的趣味性。由于泰国学校上课是没有下课时间的,学生的自由时间较少,因此我在教学环境这方面没有做太大的改动。在教学内容和教学方法上,我花了一些心思在其中。

首先是教学内容方面。

幼儿园:主要培养他们学习汉语的兴趣,因此我选择以词汇为主来教学,并选择他们比较熟悉的词语。泰国处于热带地区,因此颜色比较丰富,水果种类比较多,并且在第一节课的时候,我参观了他们的教室,他们教室中有很多教具、益智类的游戏,关于颜色的教具比较丰富。因此我选择的教学内容也是他们所熟悉的。我选择的教学内容以颜色、动物、水果、家庭、数字为主。选了一个句型"我喜欢×××,我爱×××"。学生在学习词语的时候可以练习句子,也可以和父母交流,如"我爱爸爸妈妈!"这让家长也比较开心。学生每天学习任务不重,但是要时常复习。

小学:小学生的内容主要按照课本进行。学生之前学过星期、数字和颜色,但是由于很久没有练习,容易遗忘。因此内容主要以自我介绍为主线。学习了"打招呼、我是学生,我学习(课程名称),我家有几口人,他们是×××。我的电话号码是×××。我喜欢(植物、动物)。这是(五官、学习用品)"。这也是他们可以直接接触到的内容,对实物进行认读,上课时比较有趣味性。

同时这是最基本的句型,学生们学习起来比较容易,容易获得满足感,从而有更多的动力去学习新的知识。

教学方法方面的趣味性是最能带动学生学习的。在国内上课的时候,老师常常告诉我们要注重上课的新意和趣味性,但是以往老师给我们上课时很少有丰富的课堂活动。在中国的课堂上,学生为了分数而努力学习,老师们常常会说:"你们爱学不学,又不是给我学的。"但是在泰国的课堂上,学生学习汉语没有分数要求,真的可以说是"爱学不学"。因此,为了提高学生们学习汉语的兴趣,在教学过程中,我们不仅需要采用多种教学工具,如PPT、视频、音乐、教具等,还需要想尽方法来使学生参与到课堂中,集中注意力学习知识，并且要提高开口率。

在每一节课，我都根据每个班的人数来对学生进行分组。三年级分为4组，每组6人。四年级分成5组，每组为6人。五年级分为5组，每组5—6人。六年级分为5组，每组5—6人。每一组的平均水平都差不多，每一次问答或者活动我都采用了积分的方式。下课之后，分数最多的一组，可以获得小糖果。

上课动作：在学习生词的时候，我会采用手势的方法，面朝学生，手和头会配合声调，做相应的动作。外国人学习汉语，声调对于他们来说是很困难的。但声调是学习汉语的基础，如果声调没有学好，说起话来就会“洋腔洋调”。因此在学汉语之初声调的纠正是非常重要的。除了纠正他们的读音以外，手势动作可以帮助学生集中注意力。除了集体认读之外，我还随机点名来让学生们认读。这个方式在每一个班都有很好的反响。

练习形式：采用情景法来进行教学。设置的课文多为对话的课文，练习对话时，我先带读一遍，然后再让学生们互相提问，再到讲台上展示。然后我会随机抽两名同学进行对话，A、B双方角色互换，多次练习。在认读生词的时候，我都会准备图片。除了普通的认读方式之外，我还会以竞赛的方式来进行认读教学。比如，在学习“这是什么”这一课的时候，我会选择两名同学代表各自的队伍，进行抢答比赛，谁比较快对的比较多，加分就越多。

视频：在上课之前，我都会准备一些关于中国文化的视频。在选择视频的过程中，我选择了学生比较感兴趣的动画片一类。《中国唱诗班》系列动画，我播放了《元日》介绍中国的过年文化，《相思》介绍了中国人含蓄的性格。在上动物一课的时候，我播放了《功夫熊猫》的片段，结合上课游戏一起进行。在端午节的时候，我播放了关于端午节文化的一段视频。

游戏：在“打招呼”这一节课中，我采用的游戏是“介绍我自己，他是我的朋友”，游戏规则是这样的：“A：你好，我叫A，我是男生。”“B：你好，他叫A，他是男生。我叫B，我是女生。”“C：他叫A，他是男生。她叫B，她是女生。我叫C，我是男生。”以此类推。这个游戏每个学生都可以参与进来，并且还能帮助他们锻炼记忆能力：要记住前面人的名字，并且还要用学过的句型进行回答。这个游戏可以看出学生接受能力的强弱。比如在三年级，这个游戏进行起来比较困难，学生们常常会重复老师说的话，也需要老师指引；同时三年级的学生不是特别活泼，班主任很严格，一直在班级中管纪律。四年级的班风很好，上课也很有纪律，也有学得比较好的学生，我们花了半小时的时间，所有同学都练习了口语，课堂效果很好。我每周上的第一节课是五年级的，学生们很调皮，有点自由散漫，班主任不管。当我在提问一个学生的时候，其他学生会有窃窃私语的情况。于是，我把上课纪律也放在积分部分中，五年级完成这个游戏花了 40 分钟左右。六年级的学生接受能力是最好的，也是上课最积极的，但是由于上课上到一半，旺财校长通知中国老师开会，因此这个游戏进行了一半。这个游戏也有缺点，就是花费时间比较长，说过了的学生容易开小差。

在学“家庭”那一课的时候，玩了萝卜蹲的游戏，我准备了卡片，让学生们抽选，全班一起读，然后我将卡片收回，让学生们自己记住。前几轮速度是比较慢的，这样有利于学生练习口音，后面的几轮速度是比较快的，练习学生们的反应能力。同时我要求在最开始的时候，不可以只盯着一个人，不可以只讲自己熟悉的，这样才能达到多练习的作用。

在上电话号码一课的时候，采用了击鼓传花及数字抱团的游戏。我用我的手机壳作为“花”，老师在黑板上打节奏，声音停止的时候，手上拿着手机壳的学生就要回答老师的问题。老师的问题从简单到复杂，如：这是几？你的电话号码是多少？学生们之前学过数字，但是他们只会从一数到十，如果选择中间的数字，他们就需要从头开始数。因此这个游戏的随机性让他们始终集中精力，反复练习，熟能生巧。数字抱团游戏，每个班花了 10 分钟左右进行游戏，老师喊出的数字是几，学生们就抱团几个人，这也是用于锻炼学生的数字反应能力的。这个游戏解释起来比较麻烦，因此，我在网上先找了游戏的动画版解释说明。学生们熟悉了游戏规则之后玩得比较开心。但是五年级的同学当天课堂纪律非常不好，花了 20 分钟在课堂纪律上，玩游戏的时候也无法安静下来。

“动物”那一课，我选择了你比我猜的游戏、看动画片找动物的游戏。泰国小朋友的表演欲望很强，上课的积极性都很高，不管是在幼儿班也好还是在小学也好。这个游戏，可以激发学生们的求知欲。我设置的图片有的是上课已经教过的，还有一些是学生们自己提出想学习的。有些学生还会自己表演一些动物，然后自己找图片给我看。在本节课前，我播放了《功夫熊猫》导入本节课内容，然后又放了《功夫熊猫 2》，里面有很多动物，我让学生们仔细观察，说出动画片里出现的动物。

在学习"五官"一课的时候,我选择了贴鼻子的游戏。首先让学生学习了上下左右,向前、向后、向左、向右。在游戏之前和学生们讲好规则,不可以用泰语,只可以使用汉语。学生们为了更好地指挥和听从指挥,想要说好上下左右的欲望就更加强烈了。小学生们玩这个游戏是戴上自制眼罩的。

教具:在上课过程中运用最多的教具是卡片。卡片认读的时候,可以很直观地观察到这是什么,并且卡片可以作为游戏的道具。

在幼儿园上课的时候,除了运用卡片之外,还常常以小黑板作为教具。幼儿园的小朋友们对颜色比较敏感。幼儿园的黑板比较小,但是可以正常地进行绘画。

(五)期末考试

幼儿园没有设置期末考试。小学的期末考试题型基本一样,考试题目包括拼音、数字、写汉字及口语考试:自我介绍和直接提问。书面考试我设置的时间是30分钟,口语考试每个人在3分钟以内。三年级的提问部分以单个拼音为主;四年级是词组拼音的认读;五年级是以学过的动物为主;六年级以学习用品、文具为主。考卷见附页。

(六)文化差异

泰国的课堂是比较放松的,并且泰国的老师常常会拿着教鞭假装生气,学生们习以为常,总以为老师在跟他们开玩笑。当我很严肃地告诉他们上课需要安静、认真时,他们嬉笑如故。我坐在教室的后面自顾自批改作业的时候,学生们才意识到老师生气了,应该注意课堂纪律。

泰国每节课之间是没有休息时间的,中午也没有午休时间。我花了一个星期的时间去适应泰国的上课时间要求。万幸我的课时并没有很满,我有时间去备课。

泰国的食物让我用一个字形容就是"怪"。到了泰国最难习惯的方面应该就是泰国的食物了。我们每天中午和泰国老师一起吃午餐。泰国的每一道菜都是酸辣甜的味道,一股无法言喻的味道,于是我们每天晚上便会下厨犒劳辛苦一天的自己。在Watsalaeng学校我们只看到了一个做饭的阿姨,洗碗、打扫食堂都是由学生们来完成。有时候学生甚至下午的第一节课不上也会在那边打扫卫生。整所学校的教师也很少，加上中文教师，总共十四位正式教师。他们的低年级（一、二年级）每个年级总共只有一位教师，教授所有主要科目。在我小学的时候，虽然学校里的数学老师会兼任一下体育老师，但是从来没有数学老师兼任语文老师的。这可能也是文化的差异吧。

这一次经验让我把所有学到的理论知识都用在了实践上，特别是老师常在课堂上说的，对外汉语教学切忌课堂用语难。在国内的课堂上，包括与留学生交流的时候，我都觉得我的用语已经非常简单了；但是到了泰国才知道，原来我的课堂用语还是非常难的。这也让我感觉到，我的专业知识还不够完备，对外汉语教师这个职业是困难的、光荣的，并不像我们看到的那样光鲜亮丽，身上有着传播中国文化的责任感。每一位选择这个行业的前辈都是值得被人尊敬的。

另附三至五年级阶段性测试卷如下。

2019 年 6 月至 7 月 Watsalaeng 小学三年级阶段性测试卷

出卷人:俞靓沁　时间:30 分钟　总分:100 分

姓名:________　成绩:________

一、选择你听到的拼音(18 分)เลือกหนึ่งที่เหมาะสม

1. A. zh	B. ch	2. A. e	B. i
3. A. ai	B. ao	4. A. b	B. p
5. A. qiǎng	B. qián	6. A. ang	B. an

二、圈出你听到的数字(18 分)วงกลมตัวเลขที่คุณได้ยิน

1. 5	6	7	8	2. 6	4	1	9
3. 7	8	5	3	4. 2	9	7	8
5. 0	9	8	7	6. 5	4	3	0

三、图片连线(14 分)เชื่อมต่อรูปภาพ

nán shēng	nǚ shēng	lǎo shī	shū	bǐ	shū bāo	zhuō zi	yǐ zi
男生	女生	老师	书	笔	书包	桌子	椅子

四、口语部分(50 分)แบบทดสอบการพูด

1. 自我介绍。แนะนำตัวเอง

2. 这是什么? นี่อะไรน่

2019 年 6 月至 7 月 Watsalaeng 小学四年级阶段性测试卷

出卷人:俞靓沁　时间:30 分钟　总分:100 分

姓名:________　成绩:________

一、选择你听到的拼音(18 分)เลือกหนึ่งที่เหมาะสม

1. A. ri	B. zhi	2. A. yuan	B. yue
3. A. p	B. b	4. A. qiáo	B. piào
5. A. qiǎng	B. qián	6. A. dà xiàng	B. dà xiān

二、写出你听到的数字(18 分)วงกลมตัวเลขที่คุณได้ยิน

1.	2.
3.	4.
5.	6.

三、图片连线(14 分)เชื่อมต่อรูปภาพ

hàn yǔ	nǚ shēng	dà xiàng	lǎo shī	měi shù	yīn yuè	māo	zhuō zi	yǐ zi
汉语	女生	大象	老师	美术	音乐	猫	桌子	椅子

四、口语部分(50 分)แบบทดสอบการพูด

自我介绍。แนะนำตัวเอง

2019 年 6 月至 7 月 Watsalaeng 小学五年级阶段性测试卷

出卷人：俞靓沁　时间：30 分钟　总分：100 分

姓名：________　成绩：________

一、选择你听到的拼音（18 分）เลือกหนึ่งที่เหมาะสม

1. A. nǐ hǎo　　B. nì háo　　2. A. zǎo　　B. zhǎo

3. A. yuán　　B. yuè　　4. A. qiáo　　B. piào

5. A. qiǎng　　B. qián　　6. A. dà xiàng　　B. dà xiān

二、写出你听到的数字（18 分）วงกลมตัวเลขที่คุณได้ยิน

1.　　2.

3.　　4.

5.　　6.

三、图片连线（14 分）เชื่อมต่อรูปภาพ

hàn yǔ	nǚ shēng	lǎo shī	měi shù	yīn yuè	shū bāo	zhuō zi	yǐ zi
汉语	女生	老师	美术	音乐	书包	桌子	椅子

四、口语部分（50 分）แบบทดสอบการพูด

1. 自我介绍。แนะนำตัวเอง

2. 这是什么？นี่อะไรน่ะ?

因材施教，在反思总结中提高课堂教学效果

——徐娟赴泰实习报告

徐　娟

一、实习目的

通过本次实习，将所学的对外汉语教学理论应用到对外汉语教学实践中，并在实践中发现泰国学生学习汉语时会遇到哪些问题，在教学中会出现什么问题，并思考和制订相应的解决方案。通过实习，初步掌握对外汉语教学实践的教学方法和技巧。

二、实习时间

2019年5月30日—7月12日。

三、实习地点

泰国尖竹汶府Wattongtour学校。

四、实习对象

幼儿园以及小学一至六年级学生。

五、实习内容

近年来，随着中国的不断发展，中国经济实力不断提升，中国的国际影响力也越来越大。这些变化也让越来越多的外国人对中国产生了浓厚的兴趣，学习汉语也成为外国人了解中国的一个重要方式，因此对外汉语教学也逐渐成为一个“小热门”。作为汉语国际教育的学生，除了学好相关的专业知识外，如何将对外汉语的理论与实践相结合也是一个非常重要的问题，而这次的实习正好给了我一个锻炼的机会。

从最开始的实习报名，到后来的培训、在多方咨询之后办理相关的出国事宜，再到之后正式开始对外汉语教学实习的工作，虽然真正的实习时间只有一个半月，过程中有抱怨，也想过退缩，但最终还是坚持下来了，而且也得到了许多意想不到的收获。在这次实习中，我获得的不止是一次宝贵的对外汉语教学实践的经验，也收获了友谊，了解了泰国小学的教学模式，更直观地体会了中国文化和泰国文化的异同。下面我将对这次的实习工作进行一个总体阐述。

（一）实习前的准备阶段（4—5 月）

在实习人员正式选拔确定之后，中文学院在实习正式开始前给我们进行了一次比较速成性的实习培训，主要培训的内容是泰语中的一些日常用语、一些与泰国文化相关的知识教授和对外汉语教学实践方面的一些辅导。这中间还穿插了一些出国实习所需办理的签证类型、办理签证所需材料、出国机票、保险、外币兑换等方面的交流。

其实对我而言，这整个的实习工作中，最容易让人产生倦怠感的是实习前期的准备阶段。这期间的情绪变化大致可以分为这样三阶段：

1. 惊喜阶段。刚开始，报名参加这个实习项目我其实还是犹豫的。对于一个大三快要结束的学生来说，我清楚地知道自己的大学时光即将进入尾声，接下来的时间安排对于以后的生活和工作方向都会有一定程度的影响。而当我做出这个选择的时候，考研的念头就已经淡化了，我希望能考出一个教师编制，从事教育工作。但我却一直没有足够的自信，对自己能否很好地担任教师这个职位表示怀疑。所以，当我得知自己被选上这次实习项目的时候，我感到十分惊喜，这个结果也让我对自己有了一些信心。

2.烦闷阶段。被选上是一件好事，参加实习培训也给自己之后对外汉语教学工作的顺利进行增加了一些底气。但是作业的接踵而至、孤独感的繁衍和出国各项烦琐的事宜，让我的烦闷感倍增，我开始抱怨，也生出了退缩的念头。事实上，我在报名之前就已经考虑过之后会遇见的种种困难，也在心里做了一些自我建树，但当一切问题不断逼近时，还是会不由自主地产生怯懦情绪。

3.坚定阶段。烦闷所引起的退缩感很难消除，但其实这种感觉的延续主要还是因为项目进度的缓慢。看着中文学院和泰方学校所拟订的协议草案上所规定的时间日益逼近、而签证的各项事宜还在缓慢推进，时间的紧迫感和违约可能性之大所产生的内疚感就油然而生。但是这种状况在院长的坚持下，通过学院和我们的共同努力终于得到了改善，当所有人都朝着一个目标不断努力，互帮互助和互相谅解之后一切的问题都迎刃而解了。这时，我真切且充分地感受到，当我们进入一个团队时，所有的事都不再是你一个人的事，所有的困难也不会只是你一个人的困难，只有大家都拧成一股绳，我们才能更快地解决这个问题。

而实习前进行的培训也起到了一些积极的作用。首先，是泰语的一些日常用语和教学所需用语的学习。在泰国老师的教学下，我们不但学到了一些基础的泰语，还了解了一些泰国文化，也对泰国人的友好形象有了初步印象，同时也更加坚定了通过对外汉语教学促进中泰友好文化交流的信念。然后就是对外汉语教学实践的训练，主要就是关于教学内容和教学活动的思考和教学课件的制作。两人一组对教案和PPT进行了制作，在和队友的合作中我又学会了许多新的教学活动，也学会了如何更好地进行教学互动。

第一次办签证，第一次学习泰语，第一次出国……这次的实习在准备之时就让我体验了许多的第一次，15个人的实习队伍也在不断地磨合中逐渐成型。

(二)实习阶段(5—7月)

参与正式对外汉语教学实习是从2019年5月31日开始，至2019年7月12日完成所有实习任务并完成工作交接。这次的实习，我们团队共有15名实习生和1位带队老师。

15个人分别对接了8所不同的学校进行对外汉语教学，不同的学校教学的对象不同、教学要求也不同。8所学校涵盖了幼儿园、小学、初中、高中、大学，每所学校所需汉语教师的数量也各不相同，我们通过抽签的方式分配到了不同的学校。我被分配到了Wattongtour学校，成为这所学校的第一个汉语教师。

图1-3　实习学生留影

1. 实习学校介绍

Wattongtour学校是位于泰国尖竹汶府的一所公立学校，包含了幼儿园和小学，学校建在寺庙区内，共有学生237人，教师18人。

(1)学校的学生及年级分布情况

学校共有9个班，幼儿园有3个班，分别为幼儿园1、幼儿园2和幼儿园3，一至六年级各有1个班。各班级人数如表1-2所示。

表1-3　Wattongtour学校各班级人数表

班级	学生人数	班级固定教师人数
幼儿园1	40	3
幼儿园2	26	2
幼儿园3	26	1
一年级	24	1
二年级	27	1
三年级	14	1

续 表

班级	学生人数	班级固定教师人数
四年级	35	1
五年级	20	1
六年级	25	1

各个班的人数差别还是很大的。这所学校的性质有点类似于中国的乡村小学，学校的学生都来自学校周边的居民，他们都就近入学。和中国相类似的是，学校的幼儿园是需要学费的，而一至六年级学生应该和中国公立小学生一样，只需交一些餐费和学杂费。学校的教师分配其实也和中国的幼儿园及小学教育相类似，幼儿园一至三班也就相当于中国幼儿教育中的小班、中班和大班。而表中提到的固定教师也就相当于各个班的班主任，幼儿园的教师主要负责看护学生，也会教授一些简单的知识，组织一些活动；一至六年级的班主任主要负责管理班级和进行一些学科教学。班主任在没有其他学科教学时，一般都是要坐班的，每个班级都有一张属于班主任的办公桌。

(2)学校的学科及教师情况

Wattongtour 学校的学科设置和中国公立小学的学科设置十分相似，而且泰国的小学教师也和中国的小学教师一样，有些教师是参与很多学科的教学的。Wattongtour 学校教学学科及其对应教师数量如表 1-3 所示。

表 1-3 Wattongtour 学校教学学科及其对应教师人数表

学 科	教师人数
泰语(Thai language)	5
数学(mathematics)	4
科学(science)	1
社会研究(social studies)	2
历史(history)	4
卫生(healthy and hygiene)	1
艺术(art)	1
英语(English)	1
家庭经济和技术(home economic and technology)	1

相较于中国的乡村公立小学教育课程，泰国的联盟小学教育课程内容侧重点有所不同。总体而言，泰国的小学课程涉及的内容更丰富一些，特别是在社会、历史等方面，作为一个超过 90％的民众信奉佛教且拥有王室的国家，他们对于人文方面的教育力度还是非常大的。泰国实行 12 年义务教育制，而在小学 6 年的义务教育中，泰国教师的教育观念和中国教师还是存在很多不同的，他们更乐意让学生进行一种实践性的自主学习，但很奇怪的是，泰国老师在让学生进行自主探索性学习的同时，也进行着“教棒式”的教育。在这种教育形式之下，泰国的小学生显得既顽皮好动又礼貌规矩。

(3)学校的总体布局

Wattongtour 学校主要包括有 3 个区域：教学区、活动区和寺庙区。

教学区有 4 个建筑，两个一层的白色方形建筑，一个是幼儿园一班独栋的教学楼，学生的所有活动都在这栋房子里进行，学生和老师进入这个教学楼都需要脱鞋子；一个是学校的图书馆，大部分的藏书都是泰语版的，馆内安置了小桌子，也有办公区域，学生和老师进入时都需要脱鞋子。

还有两幢两层式的长排教学楼。其中一幢(教学楼 1 号)的一楼是校长及老师的办公室、运动器材室和四年级的教室，楼梯口有一个小厕所。二楼有一个电脑教室，一个活动室，还有六年级和五年级的教室。还有一幢(教学楼 2 号)的一楼有一个类似医务室的休息室，实验室、幼儿园 2 班、幼儿园 3 班的教室，还有一个道具室，楼梯口也有一个卫生间。二楼是一个活动室，还有一至三年级的教室。

他们的教室地板都是木质的，学生进教室上课时需要脱鞋子，老师上课时可以脱鞋子也可以不脱。泰国教室内的整体布局与中国的教室十分相似，都有课桌椅、讲台、电脑、黑板(但这所学校用的是白板)，还装有一个液晶电视(用于播放 PPT 等教学课件)。但和中国不太一样的是，他们的教室大部分没有讲台，老师和学生之间没有讲台的间隔，这为学生和老师之间的教学活动交流留出了更多的空间。

活动区包含了操场、食堂和公共卫生间等。操场在教学楼的前面，学生在操场上进行的活动除了体育老师组织的以外，最多的就是踢足球。而食堂则安于两幢两层的教学楼之间，厨房在小房子里，餐桌在外有次序地排列，食堂中还有一个演讲台。除了厨房以外，食堂区域都是四面通风的，没有墙。食堂的卫生都是由学生自己进行打扫，不管是地面垃圾的清扫、桌椅的摆放，还是餐具的清洗都由学生自己完成。不同于中国，泰国的学校卫生间不设在教学楼中，而是独立开来设立了一个公共卫生间，而卫生间的打扫也是学生负责的。

还有寺庙区。其实学校本身就建在寺庙区里面，因此寺庙所占区域远大于学校区域。寺庙区除了一些佛像建筑外，还有用于文物储藏、僧人居住的建筑，还有一个空旷的大殿，学校进行一些大型活动时会在这里举行。虽然寺庙与学校教学应该没有太大的关联，但泰国的老师和学生的教学活动还是会被一些宗教观念影响。

(4)学校的日常活动

泰国小学的升国旗仪式每天早上都要进行。每天中午 12:30—13:30 学校都会有老师在教学楼 2 号的一楼大厅组织一些集体活动，活动内容不定，但一至六年级的学生都要到场，幼儿园的学生则在这段时间里进行午睡。每天下午放学前后，艺术老师会在教学楼 2 号的一楼大厅教授艺术队的学生演奏泰国的民族乐器。

图 1-4 Wattongtour 学校学生演奏泰国民族乐器现场

2. 实习中的教学实践情况

实习中教学工作内容的具体安排，是在 5 月 31 日与 Wattongtour 学校的 Ratchanee 校长商讨后正式确定的。在安排课程表的同时，也交流了上班接送的事宜。刚开始交流时十分困难,但在翻译软件的帮助下我们的交流大体还是顺畅的。Ratchanee校长对汉语教学的要求,主要还是希望我能侧重于汉语口语方面的教学。

表1-4　课程表

时间／星期	8:30—9:30	9:30—10:30	10:30—11:30	11:30—12:30	12:30—13:30	13:30—14:30	14:30—15:30
星期一		二年级				一年级	
星期二	幼儿园1	幼儿园2				三年级	
星期三	五年级	幼儿园3		午餐时间			
星期四	四年级	幼儿园2					四年级
星期五	六年级	幼儿园3					

每个星期12节课,每堂课1小时。除了进行汉语的课堂教学,还要对每堂汉语课进行教学记录。由于授课班级较多容易遗忘,因此教学记录的工作正好可以帮助我们进行教学回顾,并且更具方向性地进行有效的汉语教学活动。

泰国对教师的着装上有一些规定,主要以有领上衣、长裙、皮鞋为正装。特别巧的是,在我们实习的前两个星期,正好处于泰国某个王室的丧期,所以规定教师必须统一穿黑色上衣,直至丧期结束。

由于教学对象的年龄不同,接受程度也不同,而且都没有接受过汉语教学,所以每堂课要根据不同的教学反馈,对教学内容和教学活动进行适当的调整;再加上自己对泰语还是生疏的,因此对第一堂课尤为看重。

虽然来之前,我就已经根据中文学院老师自己编写的教材《小学生汉语1》进行了PPT的制作,也备好了一些常用的生词卡片,但第一堂课要教的是幼儿园1班,而且教学的时长1小时,所以又在第一课《你好》的教学中添加了听《你好歌》和水果认读的内容。

总体看来,第一课的汉语教学是比较成功的。第一次对外汉语教学还是用到了一些简单的泰语词汇。课堂活动的顺利进行除了个人的教学内容和教学活动的多样化之外,还要感谢泰国老师的帮助。在每个班进行的第一堂汉语教学,每个班的班主任都在班中进行了协助。不管是在教学内容的传达,还是在课堂秩序的管理上,她们都给我这个新老师提供了很大的帮助。

图 1-5　幼儿园 2 班第一堂汉语课教学现场

面对幼儿园的学生和小学的学生，我制定的教学目标是不一样的。对于幼儿园的学生而言，他们对母语的接受都还不全，要想做到让他们说一口流利的日常中文是十分困难的。因此我对他们的教学所定的教学目标就是让他们会说一些简单的词汇，这些词汇要贴近生活，且要比较形象。因此水果、动物、身体部位和一些自然界的事物就成了我的主要教学内容。幼儿园的小朋友比较喜欢玩，注意力集中比较困难，所以一些简单的汉语儿歌的教学也可以调动一下课堂气氛。而对于小学生来说，他们已经有一定的成句的能力了，所以除了幼儿园教授的一些日常生活词汇以外，还要教授一些简单的日常交流的句子。当然也可以进行一些简单的汉语儿歌教学，以增添汉语课堂的趣味性，简单的汉字书写也会增添学生对汉语学习的热情。

在这次对外汉语教学实习过程中，我十分真切地感受到，不同的班级，不同的教学活动，不同的教学状态，不同的教学对象，不同的教学方式，不同的教学内容，都会给学生对教学内容的接受程度带来一定的影响。

幼儿园的孩子，可以分为三类：一类是自己顾自己玩的，不愿意开口说话；一类是看心情的，时而开口互动，时而自说自话；还有一类就是踊跃参加各项教学活动的，愿意开口说汉语的。这种情况在小学一、二年级也会出现。在教学内容的推进和教学活动的开展之后，上述情况得到了一定的改善。改善这种情况的最好方法，其实是进行游戏性质的教学互动，并对他们的互动进行称赞。而最简单的方法就是教他们唱儿歌，泰国的学生绝大部分都很喜欢音乐，方便记忆，这个方法对幼儿园的小朋友十分有效。

画图画其实也是一个比较好的教学活动，在对幼儿园3班的画画式汉语教学实践中，我发现这个教学活动还是很受小朋友喜爱的。在教完各个水果、动物的词汇之后，带着他们一起画出相应的物品，会在一定程度上加深他们对这个词汇的记忆，同时也可以学习一些简单的汉字书写，让他们快乐轻松地学习汉语。

游戏在幼儿园和小学的汉语教学中起到很大的作用，“开火车”“认得快”“贴鼻子”“连一连”“配配对”“传声筒”“钻山洞”等游戏，都是在教学实践中不断更新出来的，不管是哪个班级的学生，在游戏环节都会格外兴奋，注意力也会更加集中。适当的奖励会产生更好的课堂反馈，但是一旦奖励方式不太正确，也会引起课堂秩序的混乱。

图1-6　幼儿园3班汉语课教学现场

在词汇的学习上，我采取的方式是反复领读和游戏性地认读。通过实践，我发现学生在跟读后对词汇的记忆效果，不如通过有竞争性的游戏认读记忆效果好。“分组计分”“开火车”“认得快”等游戏都促进了学生对课堂内容的接受。词汇教学如果只是进行一味地重复，会引起学生的厌烦心理；而且也会挫伤学生学习汉语的自信心。在词汇教学中，运用带相应图的生词卡片，有利于学生对生词意思的理解，也会吸引一些学生的注意力。句子教学是最困难的，由于我的泰语水平不够，学生的英语水平也不高，句子所表示的汉语意思就很难通过语言进行有效地传达。在这种情况之下，想要让学生尽快理解句子的意思，需要在教授句式的同时，做一些必要的肢体动作，以便学生理解。可以的话用一些英语向班主任解释，然后由班主任进行意思的传达。最好就是找几个可能已经理解句意的学生上台，引导他们进行这些句子的对话练习，让他们逐渐对这些句子有清晰的了解。之后再找一些学生进行对话练习，不断引导他们说出正确的句子，同时纠正一些词的发音，在他们完成对话后给予鼓励。

发音方面，在教学过程中我发现泰国学生发 zh,ch,sh,r 这些卷舌音很困难，还时常把 g 和 h,b 和 p,l 和 n 的音弄混。这和泰语的发音习惯有一定的关联。

汉字书写方面，由于我的汉字写得也不够工整，再加上泰语书写方式的影响，学生对于汉语是方块字的概念还不够清楚，经常会出现字被拆分和直线变弯曲的现象，这些现象在低年级段的学生中更容易出现，高年级段学生的模仿能力较强。

我在实习的最后一星期，对小学生进行了汉语的阶段性测试，以验收自己一个多月来对外汉语教学实习的成果。一、二年级，只进行口语测试（包括词汇认读和自我介绍两部分）；而三至六年级则进行笔试和口试，笔试有听力、连线、填空三部分，口试还是用所学句式进行自我介绍。总的看来，教学成果最显著的是六年级的学生，他们虽然课少，但是对教学内容的接受快，一节课可以上完两节课的内容，而且他们学习汉语的积极性高。幼儿园 3 班、三年级、四年级、五年级的教学成果也比较好，这也是和课程数目、班级人数、学生积极性、学生接受能力等有关，也和试题的难易程度、考试形式有一定的关系。由于是第一次出试卷，三至六年级的试卷也在实际操作和与队友讨论之后不断进行了改进。这是我第一次真正意义上感受到老师出试卷的不易。

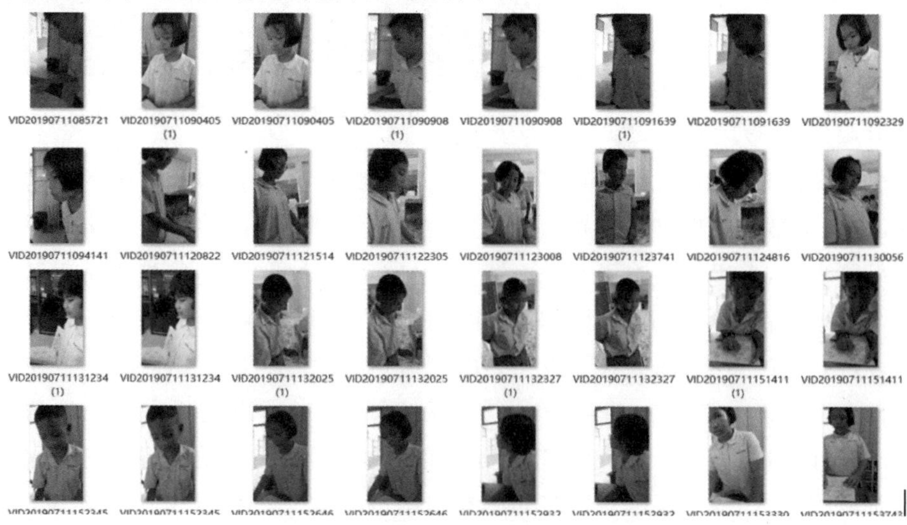

图 1-7　部分学生汉语口语考试视频截图

3.实习反思

回顾自己这一个半月的教学,有进步也有不足。

好的是,在实习期间,通过和队员的讨论,以及自己的思考,我逐渐挖掘出了以前没有想到过的教学活动,并且在实践中不断改进游戏的操作模式,让学生更快乐地进行汉语学习。除了课堂教学以外,还考虑到了教学内容的巩固和反馈等工作。在教学和生活中,以真诚和友好获得了许多泰国学生和老师的喜爱。通过汉语教学,我们传递出了中国人民和谐友好的形象,也通过汉语教学,让泰国的老师和学生都更加了解中国。

不足的方面是,在教学的过程中,有些课堂活动进行得过于死板,造成学生的学习积极性不高。另外,在课堂秩序的管理方面还有待提高。有些时候在教学内容的安排上不太合理,特别是"水果"和"动物"这两课,安排教授的词汇太多,造成学生难以吸收。拼音和汉字书写的教学太过仓促。在一些情况下,很难顾及每一个学生,有可能形成顾此失彼的情况,进而影响部分学生的学习积极性。

(三)实习感想

这次的实习工作给我带来了一些全新的体验,除了专业技能的提升,还让我收获了珍贵的友谊,让我看到了许多新鲜事物,拓宽了自己的思维,也改变了我对泰国的印象。

原以为泰国很危险,但其实泰国人都有着自己的生活节奏,在庄他武里的实习生活宁静、平和,同时也存在着几分新奇。庄他武里的天都是阴晴不定的,这会儿还顶着一个大太阳,下一秒大雨就骤然而下。水果是这里最常见的了,榴梿、红毛丹、山竹、蛇皮果、龙宫果等各式各样。而这里的食物主要以甜、辣为主,以酸为辅,冬阴功就是最好的代表。这里的甜点也是各式各样的,又甜又咸,大多都加了椰子的成分。但这里也有让人害怕的东西——各式各样的虫子,有些时候会让人头皮发麻。在一个半月的锻炼下,我看到这些虫子还是会发虚。

在教学和观察泰国老师教学的过程中,我真的感受到了教学不可能就只用一种方法。泰国老师的一些教具制作十分复杂,过程十分烦琐,但他们却做得特别认真。队友说这些操作太麻烦,但从这些麻烦的操作中我也感受到老师对教学认真的态度。相比于我，泰国老师对动手能力更加看重，他们为学生举办了各种实践活动，让他们能学会一技之长。

泰国的节日和假期都特别多，学校的知识学习好像也不是什么至关重要的事，他们更注重进行一些社会活动，拜师礼、禁毒日、布施等活动都办得有模有样。

通过这次实习我还感受到了，对外汉语教学其实不单单是一种输出，还是一种互相交流，我们通过课堂教授他们汉语，也传递出了中国文化，而我们也会在生活中，更真实地体会到泰国文化。语言是一座桥梁，可以连接各个地方。

我渐渐感受到了对外汉语教师，是一个文化桥梁的角色。想要更好地促进文化间的交流，首先要有一个文化包容的心。作为老师，充实的汉语知识储备和专业的对外汉语教学能力是必要条件。就对外汉语老师来说，“如何将汉语教得有趣?”就是一个时时都要思考的问题。我们要不断创造新的教学方式，不断吸纳新的教学方法，才能做到不断推出新的教学成果。而这里的教学成果，不是简单地体现在学生的汉语水平上，而是包含了教学对象对汉文化的认同度而这些认同度，是可以与他们本国的文化互容的。作为对外汉语老师，也要了解这个文化互容的部分，这样才真正起到文化交流的作用。

对外汉语教学工作是一个需要不断探索、不断创新的工作。面对不同的教学对象、教学环境、教学要求、教学阶段和课程安排，需要有不同的教学方法、教学内容和教学活动。面对初学汉语的幼儿园和小学的泰国学生，对外汉语教学的方式和方法都需要探索和创新。

我现在对对外汉语教学的理解还不够深，但我相信之后通过更多理论和实践的锻炼，会有更多新的发现。在许许多多对外汉语教学工作的参与者的努力下，对外汉语教学形式会不断地推陈出新，教学内容会愈加丰富，教学对象也会越来越广。在文化的不断交流中，中国文化也会变得更具包容性。

寓教于乐，教学相长

——丁捷赴泰实习报告

丁　捷

一、实习目的

通过本次实习，把在学校课堂上学习的对外汉语教学知识和实践相结合，初步掌握对外汉语的教学方法与技能。

二、实习时间

2019 年 5 月 30 日—7 月 12 日。

三、实习地点

泰国尖竹汶府 Tesaban Muang Chanthaburi 2 学校。

四、实习对象

初中一至三年级学生。

五、实习内容

2019 年 5 月至 6 月，我们 15 名同学在指导教师杨锋老师的带队下，到泰国参加越秀外国语学院中国语言文化学院组织的对外汉语实习活动。如果你问我，做过最有意义的事情是什么？就是眼前这件。坐标东南亚，落地尖竹汶。盛夏光年，融入这里的校园，融入这里的文化，和这里的学生来一场浪潮的追逐。在这里，没有空调，没有电脑，没有投影仪。有的是当地人的热情淳朴，有的是孩子们的真诚刻苦，孩子们渴望求知的眼神像宝石一样散发着光芒。他们说当老师很辛苦，我却在这里摆脱了钢筋混凝土的沉重压力；他们说当老师很无聊，我却在这里感受到了脱离网络世界后真正的充实。生活中有太多自以为是的听说，你经历过的才是真的。这是我人生意义中第一次真正地走上三尺讲台，学生口中的“老师”来到我的耳边，我的眼眶竟然湿润了。角色互换了以后，我才明白当老师的用心良苦！感谢曾经关照我的每一位老师，谢谢你们。从 Watsalaeng 到 Chanthaburi 2，随处可见灿烂的笑容，睁开眼睛就能望见蓝天白云，美丽的奇遇由此开始。

（一）初识泰国

2019 年 5 月 30 日正午，我们抵达泰国的机场。一出机场就被迎面扑来的热风惊得怔住了，习惯了国内空气的我，没有想到空气可以热到这样的程度，似乎要把人融化掉。泰国的气候从此便在我心中留下了不可磨灭的印象。泰方学校的校长和领导早已在机场准备接机，素不相识的脸上满挂着真挚朴实的笑容，并为我们准备了豪华大巴和矿泉水。去学校的途中，路两边正生长的树木郁郁葱葱。五颜六色的广告牌，天马行空。夜色降临，我们终于抵达了第一站尖竹汶——Watsalaeng 学校。这所学校的校长有个非常接地气的中文名：旺财。校长自费为我们准备了丰盛的海鲜晚餐，还有当地的特色水果山竹、红毛丹。

（二）开学典礼，开学第一课《你好》

6 月 1 日通过抓阄，我们 15 人分配到 8 所不同的学校，主要任务就是协助搭档老师上课。我和严依凡被分配到尖竹汶第二公立学校，让我为之震撼的是，这所学校的建筑几乎都是粉色的，在绵柔的白云和透彻的蓝天衬托下，整座校园显得十分的美好。孩子们在绿茵场上尽情地奔跑，放声欢笑，满足了我对童真和活力的无限想象。这所学校设有幼儿园、小学、初中，而我负责的是初中部分的汉语教学。当天，学校举行了开学典礼。开学典礼的活动非常丰富，升旗仪式结束后，有的学生就趴在礼堂的地上绘制梦想中的校园，学校的乐团在礼堂角落不间断地激情地敲打乐器，老师带领着学生玩袋鼠蹦、水球快跑等各种有趣的团体游戏。这样别开生面的开学典礼给我留下了深刻的印象。下午第一堂课是我对外汉语教学实习中真正意义上的第一堂课。我所在的这所学校的学生从未学习过汉语，可以说他们的汉语水平基本为零；但是几乎每一个学生都会冲过来和你说一句"你好！"，再给你一个灿烂的笑容。于是，第一堂课就由《你好》展开。当我走进教室时，先是惊异了一下。所有学生进入教学楼都要脱鞋，经过老师旁边时都要礼貌地鞠躬行礼。教室不大，一般就容纳二十来个学生。教室里没有空调，也没有投影，教室打扫得非常干净，可以说是一尘不染。第一次跟着搭档老师上课的时候，就深刻地体会到泰国与中国中学课堂的差异。泰国学校课堂气氛很活跃，也很轻松，让学生在一个没有压力的环境下学习知识。

(三)第一个周末

6 月 2 日是我和室友在 Chanthaburi 2 学校度过的第一个周末，我们搭上了"突突车"前往尖竹汶的建筑坐标，泰国最大的天主教堂——圣母玛利亚教堂。这个天主教教堂叫作 Cathedral of the Immaculate Conception。教堂采用典型的法国中世纪教堂样式设计，外观与内部装饰都非常精美，各种原木、玻璃组合色彩斑斓的内饰。在教堂正中央，一座镶有 20 多万颗宝石的圣母玛利亚雕像熠熠生辉。

(四)难搞的"笔画名称"

6 月 5 日在给学生安排的读写课中，我惊奇地发现有几名学生非常有天赋，没有汉字基础的学生能把汉字书写得如此工整。泰文的字母不同于汉字，书写泰文就像画画一样，多是自下往上由弧线、圆圈连贯而成。因此泰国学生学习汉字书写时没有"笔画""笔顺"的概念。课堂中，总有学生扭着身体写汉字，甚至将练习本横过来。书写"横"时从右至左，书写"竖"时从下至上……总之，如果让一名没有完全掌握汉字书写规则的学生写汉字，就相当于是让他们“画”汉字了。每每看到学生这样书写汉字，我都哭笑不得，好在泰国学生的学习态度非常端正，上交的作业也十分认真，即使是“画”汉字，他们也会将田字格填得满满当当地交上来。我觉得汉字的书写是泰国学生学习汉语的一大难关，攻克这一难关一定要做到多重复，多练习，牢牢掌握汉字书写规则、笔顺、笔画这些基本的要领。作为对外汉语老师，在教学过程中要在第一时间指出学生的书写错误，及时纠错，要让学生在书写汉字的初期就懂得汉字书写规范，养成良好的习惯。当然，扎实的专业知识是提高教学工作水平的坚实基础，在学校学习专业知识时，可能觉得枯燥乏味，但当我真正走上讲台时，我才发现专业知识是多么重要。只有老师自己真正地学好了，学生才能够学好。

（五）家长会

泰国的学生特别热爱劳动。6 月 9 日这天，学生早早地来到学校自发在礼堂打扫卫生、布置场地。家长会是全校家长集合在学校礼堂由学校组织召开的一个会议。7:30 起，家长们陆陆续续地来到了礼堂。开会前的等待期间，我发现极少数的家长会偶尔拿出手机看一会儿。他们多是愉快地和邻座的家长闲聊几句。

（六）“早上好”

每个星期我有 18 节课，每天早上 7:30 我和严依凡就到初中部教学楼一层报到。这一层有一列列长条座椅和桌子。教师们平时就在这里用餐。学生们也在这里用餐。学校有个小卖部，老师和学生们都是自己买东西来吃。这里的口味偏重，不是特别辣就是特别甜。我和严依凡早上一般就在 711 买一点面包和牛奶，泰国本土的老师早上就开始吃米饭和烤猪肉。8:00 将学生带到集合地点排队站好，如果是雨天就到礼堂集合，一般的天气都是在操场上。他们先是唱国歌升国旗。接着是唱校歌，敬礼和祷告。然后还要唱庄他武里的府歌和颂歌，最后是静默听老师说一些日常注意的事情。这个仪式在上课期间每天都有，而国内的中小学一般只会在星期一举行升旗仪式。我发现了非常值得我们学习的一点，早会期间，三名学生代表出列，一名学生选择一门语言的一个生词展开“每日一词”，如：一名学生代表说“早上好”，下面几千名学生和老师跟读“早上好”。我觉得这样做既鼓励了学生学习外语时能够多开口，也调动了他们学习外语的积极性。泰国多数学校早已普及三语教学（泰语、英语、汉语）。

我所实习的学校是一所开放性的学校，学校大门永远敞开着；但从未有学生旷课，也不会有外界的社会人士来打扰课堂。即使中午休息时间，学生也不回家吃饭、睡午觉。他们的精力十分充沛，稍有休息时间他们就会跑到操场上顶着大太阳踢足球。在中国的学校，从幼儿园到大学，每一堂课前、课后都会有铃声提醒，但是泰国尖竹汶第二公立学校并没有设立课铃，我不知道泰国的其他学校是否也是如此。这也体现了泰方老师的认真严谨，他们严守时间，讲究诚信。上午上完四节课，12:00 下课去吃饭。吃完中饭，12:40 才会有一个铃声集合学生到教学楼一层排队打坐，静默。下午 1:00 上课。每节课 50 分钟。并不是每节课都有下课，而是两节课后才有 10 分钟休息时间。上课铃响的时候，再到早上集中升国旗的地方排队，由科任老师带他们回教室上课。下午最后一节课在 15:40，在最后一节课上，任课老师会带领学生念经诵佛。佛教是泰国代代相承的传统宗教，也是泰国人的生活重心，泰国 95%以上的人都信奉佛教。

（七）名字卡片

6 月 11 日。与我一起合作的泰国本土老师 mita，我称她方姐。方姐曾作为交换生在中国天津念过一年中文，有着多年的汉语教学经验，于 5 月初开学时从尖竹汶府上另一所学校——东瀛小学调到尖竹汶第二公立学校，做汉语教师。在我一个多月的实习教学中，方姐给了我极大的帮助。在泰国学生开始接触汉语时，给学生取一个中文名，可以大大增加学生学习汉语的兴趣。在取名环节我是这样做的：让方姐发音学生的泰文名，以此固定学生的中文姓氏，再取上足够的中文名字，注上拼音打印出来剪成小纸条，男、女分开让学生依次抽取。例如一名叫“yang”的女生，抽到的名字是“紫”，那这名学生会拿到“杨”+“紫”的纸条。我和方姐分别给学生抽取名字，并教他们在练习本上写下自己的名字并练习，学生抽到名字后教师提问课文内容“你叫什么名字？”，让学生学会运用“我叫××”。学生们个个都非常踊跃地提问老师：“我的名字该怎么念？”“我的名字是什么意思？”课后让学生回家和父母一同制作名字卡片，我事先做了一个自己的名字卡片作为示范，告诉学生们在卡片上写好自己的中文名、注上拼音还可以加一些图案。说到作业布置，我发现一个有意思的情况，泰国老师很少布置课外作业，一般都是让学生当堂完成。他们也很少用作业本，都是老师自己出习题，然后由学校教务处打印出一个年级的作业给学生做。每次作业都是一张纸。作业布置也很有意思，有要学习掌握的知识，还有一些需要涂色的图案。每到做这样的作业，学生都很活跃。虽然这样的作业相比国内的厚重练习题简单了许多，但是我觉得这样的学习才称得上真正的“趣味学习”。让学生们在学习中寻找快乐，在玩味中不断探索学习，这样才不会丢失学习的趣味，这样才能越学越深，越学越好。我布置的“名字卡片”让学生带回家和家长一起完成，这样做还能让家长和孩子在学习时培养感情，家长也能在第一时间就接收到孩子的学习成果并帮助他们进步。当我收到这份作业时，我无比惊喜。单是从一张卡片上就能看出每一名同学的用心。这更加深了我对对外汉语教学的热爱。

(八)“JJ”市场

6月15日。JJ市场是我每周个末必定要打卡的地方。这里有一个RUBINSON大型购物中心，满足了我日常购物需求。紧挨着的是泰国特色集市，集市有好几个足球场那么大，顶上搭着大棚，在里面待着并不凉快，里面售卖各种当地小吃，还有服装，价格很低廉，一大份海鲜炒饭约合人民币8元钱，衣服几乎都是从义乌小商品市场往年的库存批发过来的。

(九)伤感的晚霞

6月20日，孤单的人喜欢看日落。我看过四十四次日落，从来没有一次能比得上这次。

(十)Soonthornphu Day& 国际禁毒日

6月26日早上，全校师生统一着白色上衣，走出校门敲锣打鼓游街宣传禁毒，返校后学生们换上华美的泰服载歌载舞，下午还有一系列由学生自发组织的活动来纪念著名的泰国诗人 Soonthornphu。这样的一天着实比春游纯玩、拍照片有意义多了。

(十一)泰国教师节

6 月 27 日,学校举行了教师节,这是我人生中真正意义上过的第一个教师节,无言的感动。泰国的教师节时间固定在每年 6 月的星期四,学校可以根据实际情况选择四个星期四的其中一个。学生在这个日子里手编花环,唱颂歌,对老师行跪拜礼。泰国最早的教师源自泰国佛寺,僧侣进而成为最受尊崇的教师。而泰国自古代即有宫廷、学校、庙宇三种教育体系,因此不论是皇室、僧侣或学校教师的地位都非常崇高。

(十二)“聪明”学生

6 月 28 日,我接到泰方学校通知要在小学和初中各选一名学生去罗勇府参加中文演讲比赛。比赛的题目非常难,是关于泰国九世王推出的 4.0 政策。小学由严依凡负责,初中由我负责。我从初中部挑选了一名平时上课发音比较标准的学生。这名学生叫作林雅婷。在学习汉语的过程中,由于有些音在泰语中不存在,例如,汉语的声母 zh,ch,sh,r,q,复韵母 ue,ie 和声调,泰国学生在学习时,发音就成为另一大难关。在汉语中,有 13 种标点符号,但是泰语并没有标点符号。因此,连字成句就成为学习的第三大难关。其实,无论学习哪种语言都不是件容易的事,学习汉语更是如此。那么在教授泰国学生学习汉语发音时,就要做好打攻坚战的耐心和决心。语音的学习是一个长期而漫长的过程。从我们对汉、泰两种语言语音系统的对比中可以看出,两种语音系统都相对复杂。那么在教授泰国学生学习汉语的过程中,如果可以引导学生知道汉语和泰语的异同,他们就可以发现和解决汉语学习中遇到的一些问题,也将更容易掌握汉语。我有幸遇到的这名学生林雅婷,她的发音与中国人相近。关于平翘舌部分的发音稍讲几次她就能够掌握了。只是还有好些发音,她不理解,发得不准。比如:“q”读作“x”,“强大”读作“xiang da”。还有一大问题就是,由于没有汉字基础,林雅婷并不能理解演讲内容的含义,读起来也只能就着拼音逐字逐字地读。第一次朗读时,短短的几百字,竟用了十来分钟,读完全篇她已经满头大汗。我要求她每天放学后抽出30分钟来我办公室报到,我会针对这篇演讲内容对她进行辅导。对于背诵这一块我下了好大功夫。林雅婷没有办法理解文章意思,短短的半个多月筹备时间,光靠记忆拼音背诵全篇是几乎不可能的事情。于是,方姐给演讲稿加注了泰文,即便是这样,因为文章难度较大,对于林雅婷来说也是生涩难懂。在我学习英语的过程中,也总遇到要英文写作的情况。在学习初期,英语老师会给我们列举范文、常用句式、高频词汇让我们加以运用。我也是照葫芦画瓢,指出了演讲稿中的常用句式和难点、重点词汇对林雅婷进行着重讲解。幸运的是,我的学生在这次东部罗勇府学生学术中文演讲比赛中获得第二名的好成绩,并取得了参加罗勇府中文演讲比赛的机会。比赛方还为指导老师颁发了奖状,我感到非常荣幸。

(十三)活动课

7月5日,每星期都会有一节活动课,初中三个年级一起上每个星期五的最后一堂课,根据学生的兴趣爱好,老师会组织很多不同的兴趣小组,有汉语,有绘画,有民族乐器,有足球,有英语,等等。对比中国学生,泰国学生的活动课比较多,也比较丰富。学校还会组织学生外出实践,由老师负责带学生坐大巴到外面去实践。汉语活动课上,我准备了丝袜花、画脸谱、剪纸这些代表中国传统文化的活动,学生们很喜欢。活动对于学生来说既轻松又有趣,最主要的是他们能在实践中学习到书本上所学不到的知识。

(十四)暗藏在老街的世界宝石交易市场

7月6日,漫步在尖竹汶河旁,两岸的哥特式教堂与富有年代感的建筑相互争辉,老屋临水而建,小洋楼别具风情,斜阳垂下的老街上不再人群涌动,在久经风霜的斑驳门窗前,人们只是自在静默。沿着小巷穿行,如果你听到一阵繁华,看到阳光下折射出的光芒,那便是来到了宝石市场。尖竹汶在世界宝石市场上占据着一席之地,故而这里也是许多旅游观光者与宝石爱好者的必经之地。宝石之城不是浪得虚名,作为世界上有名的宝石之都,泰国尖竹汶最早出产红、蓝宝石,在红、蓝宝石开采枯竭后,延续下了宝石加工产业,成为亚洲乃至世界闻名的宝石加工交易中心。

这里像是一块地球送给我们的彩色宝石。这一个多月里，我在昆可拉巴恩红树林与萤火虫共舞，我在昆威曼海滩漫步椰林，我在这座月亮小城感受人间温暖，又仿佛误入天堂，而最美好的是我一路遇见每一个可爱的学生、每一个善良的人。可追求热爱的路上也不全是美好，而这些失去的、错过的、遗憾的都会成为我往后勇敢和坚强的基石！

熟悉·适应·提高·完善

——方蕊赴泰实习报告

方 蕊

一、实习目的

通过本次实习，把在学校课堂上学习的对外汉语教学知识与实践相结合，初步掌握对外汉语的教学方法与技能。

二、实习时间

2019年5月30日—7月12日。

三、实习地点

泰国尖竹汶府Chanthaburi College of Dramatic and Arts学校。

四、实习对象

初中至大学学生。

五、实习内容

一个半月的赴泰对外汉语教学实习转瞬即逝，自己还没有来得及和遇见的每一个泰国学生好好地告别，就结束了这次的实习。虽然，这次的实习时间并不长,但带给我的收获却是无法计量的。

首先,这是我第一次对外汉语教学的经历。所以,去之前准备的时候,我就有一点蒙,感觉自己好像无从下手。但是,学校领导及负责这次实习项目的老师们都十分细心,为我们各个方面都考虑得非常周到。从一开始的办理护照、签证和买机票,基本日常泰语的短期学习,以及到泰国以后如何更好地进行汉语教学,甚至于连我们去了泰国以后的衣食住行都提前和我们做了详细的介绍,再三叮嘱我们要照顾好自己,注意安全。

尽管,我们在办理签证的时候,没有想象中的那么顺利,从一开始的以为办理旅游签就可以了,但因为我们到泰国的目的是去那边的学校教授汉语,不是旅游,所以,就需要办理非移民 ED 签,这相对而言就比较麻烦。可是,学校的领导及老师非常负责,特地联系了大使馆及相关的机构(人员),详细地询问了办理这种签证需要准备哪些东西和怎么去办理的每一个步骤,然后,老师特别抽了时间为我们进行了集中讲解,细心地一步步地告诉我们应该如何准确地去办理,为我们提前避免了很多会出现的错误。因此,我们后来办理签证的时候,虽然比预期略多了一点麻烦,但因为老师们十分地负责,竭尽所能地为我们做好各种各样的准备,所以还算比较顺利。

此外,学校还特地为我们聘请了泰语老师,为我们去那边教汉语做准备。记得泰语老师上第一节课的时候,先给我们每个人取了一个泰语名字,而且我们的泰语名字都是拥有一定含义的,或隐含我们自己的汉语名字的意义,或包含寓意非常好的泰语含义,或代表着我们自己很喜欢的某种事物,等等。然后接下去的泰语培训课,老师按照她的教学计划,教授了我们如何用泰语去打招呼和询问对方的名字,怎么去购买东西,如何问路,等等,为我们去泰国以后的衣食住行各个方面都做了培训。还有,泰语老师还特地为我们具体地介绍了泰国老师在教学过程中的服饰要求,以及言行举止和其他注意点。所以,这次的泰语课培训,让我们提前了解了很多泰国的风俗习惯。

我们去之前,还特别用心做的准备就是如何具体实施教学,包括教案的备写,教具的准备,教课的具体展开。每一个方面都有专业老师为我们一一地做指导。

5 月 30 日,我们踏上了准备已久的赴泰征途。一大早就从学校出发去萧山机场,到了晚上 7 点的时候,我们终于到达了在脑海中预想过无数遍的泰国学校。因为到的那天有点晚,所以,我们吃好泰方为我们准备的丰盛的晚餐后,就休息了。第二天,我们便分开去了各自要实习教学的学校,真正开始了我们的汉语教学工作。

(一)教学篇

第一堂课的时候,我原本以为自己会非常紧张,然后可能会出现一些无法提前准备好的尴尬场面,比如说我与泰国学生之间语言无法正常沟通,出现学生听不懂我教授的汉语知识,就不愿意听我上课的情况;或者看我长得也还比较学生气,就觉得我没有那个能力教好他们汉语;或者泰国学生上课的时候,比较活跃,然后就没有人会跟着我的上课节奏来好好听课。然而,实际上自己上第一堂课的时候,从踏进教室的那一刻起,我就进入了老师——这个预演过很多次的角色,先前的不安、担心、忐忑都被忘到了脑后,脑海里只剩下提前准备好的教学内容。第一堂课,我教的是初中班的学生,他们每一个人看见我的时候,都带着最纯真的笑容,然后非常整齐地站起来向我问好。“老师好”这个词自己在过去的十几年学习生涯中,已经说了数不清的次数;第一次这么正式地听别人对我说,在那一刻,自己突然体会到了作为一名老师的使命感。

第一堂课,一开始自然是我先向所有的学生做一个简短的自我介绍。因为我去的那所学校是第一次有老师来教授汉语,所以我就临时采用了前几天准备好的教学计划:先询问每一个学生的泰语名字,然后一个接着一个地给他(她)们取汉语名字。当时备课的时候,我就特地准备了两份教案,以防意外情况的出现。这份教案的设计目的是按顺序挨个询问每个泰国学生的泰语名字,便于每个学生都有机会做个简单的自我介绍,同时也可以拉近我与他们每个人的距离,给他们一种亲切感,为接下来的教学做好铺垫。

此外,我想让他们每个人都感受到自己在老师的心中都是一样受关注的。和我一起的还有一个同行的小伙伴,当时泰方学校告诉我们两个人可以一起给每个班上课,所以,我们两个人就提前商量好轮着来上课,这样可以让我们自己有更好的状态去教每个学生。因而,当我在黑板上写下每个学生的名字的同时,另一个老师就相应地给每个学生在他们的作业本上写下来,这样可以避免他们忘记。在取好每个学生的名字之后,我就带领大家一起读他们的名字,再按顺序叫每个人的中文名字,让听到的学生举手示意,这样既可以让每个人记住自己的名字，同时也能让同学之间互相记住彼此的名字，可以互相叫对方的中文名字，实现学以致用。

因为中文是一种语言，对于泰国学生而言，是一门外语，是母语之外的外来语。所以，创造更多的用汉语交流的语境是非常重要的，语言的学习不同于其他学科，它最重要的学习方法是在现实环境下尽可能多地通过口头说话的形式来实现进步。

第一节课取好名字之后，在接下去的教学中，我分别教了他们：

1.第一次见面的问候对话："你好，你叫什么名字？""你好，我叫×××。""他（她）叫什么名字？""他（她）叫×××。"以及生词：你好、再见、名字、早上好、下午好、晚上好。

2.你是学生吗？"你好，你是学生吗？""我是学生，你呢？""我也是学生。我学习×××。"学习新词：学生、学习、汉语、泰语、英语、数学、音乐。

3.我是庄他武里的学生。"你好，我叫×××（名字）。我是×××（学校名称）的学生，我学习×××（课程名字）。"

4.背诵古诗《静夜思》。每个班都一起学习了这首古诗，是因为泰方的老师希望我们能在最后两三星期的时候，可以教学生一些不同形式的中国文化知识，让他们感受更多的中国文化。所以，我们就决定教一首古诗。古诗选择的时候，我们考虑的是：古诗的篇幅要相对简短一点，然后包含的内容要尽量贴近实际生活。所以，就选了这首《静夜思》。

5.学生用中文自我介绍，作为最后的教学总结。最后一节课，我们没有进行其他新课的内容教学，就以让学生用学过的中文进行自我介绍，老师录视频的形式来结束。

六个星期的汉语教学中，我发现泰方的学生在学习中与我们国内的学生还是有一些差别的。因而，在这个过程中，我碰到了下列教学上的问题。

1. 第一堂课教完"你好，你叫什么名字？我叫×××"这个简短的见面问候的对话之后，第二堂课，我上新课之前，在复习上节课的内容时，就发现泰方的学生在区别"你叫"与"我叫"这两个人称代词上有点困难。往往该用"你叫"的时候，他们都是说的"我叫"，两者完全混淆用反。

当时面对这种情况的时候，我就选择了最简单的方法——肢体动作解释来加深同学们的印象，尽量避免这种情况的频繁出现。即当要说"我叫"的时候，就用手指向自己，说"你叫"的时候，就指向学生。在肢体语言的辅助下，我再让泰方学生加以多次练习以后，他们逐渐明白了人称代词“你”和“我”的区别。

2. 泰方的学生对于中文数字从一到十的读音是完全没有问题的，而且很多学生给我的感觉是以前就会读。所以，我一开始带他们读十个汉字的时候，他们就自发地连着读了。但是，他们不会书写这十个数字的中文笔画。因此，在让他们学写这些汉字的过程中，就有各种各样的笔画先后顺序不对的现象出现。

对于这个问题，当时我也有好好考虑其中的缘由，毕竟这十个中文汉字的笔画都是比较简单的，再往后的汉字就会日益复杂化。如果我不清楚学生出现这种情况的原因，那么在接下来的汉字书写教学上，就会不那么顺利。后来我通过与泰方学生的交流及自己的观察，找到了原因，一方面是这所学校的泰方学生中文是零基础的，从没有过书写汉字的经验，所以他们学习书写汉字会相对更加的困难；另一方面，泰方的学生很多都是左手写字的，握笔的姿势不是那么的正确，写起汉字来也就会更吃力了。

3. 泰方学生在学习汉语的过程中，还有一个比较明显的问题：汉字的平、翘舌的发音不怎么会区别。就“你好”和“您好”来说，他们大部分的学生读起来都是“你好”，完全没有区别开来。而且，我当时纠正他们的发音的时候，一开始，他们就是不懂两者的不同，就还是一样地读。因为他们也没有学过音标这些知识点，我就真的有点难以解释，后来索性就让学生直接仔细观察我读这两个词的时候嘴型的区别，模仿我的发音。实践证明，这个方法还是可行的。泰方学生通过观察我的嘴型的区别，很快就领悟到了两者的不同，学的就快了很多。

(二)活动篇

第一天去庄他武里戏剧艺术学院，我和同行的另一个小伙伴就跟着校长去现场看了一场电视节目的录制。这是我第一次如此近距离地看到电视节目的录制，全程都一直好奇地观望着。因为当时是庄他武里戏剧艺术学院的学生表演才艺的节目录制，所以学生们都换上了具有泰国当地特色的服饰，老师及领导都穿着正装，还有很多拍摄录制的非常专业的工作人员。而且，我从那场录制中，发现泰国人做事还是很注重细节的。因为我记得当时他们在每个节目表演正式开始录制之前，都一定会先进行一遍预拍，然后才会拍最后的正式版本。工作人员会一一去关注每个人的位置与面部表情，把这些细节十分仔细地处理到最好的状态。

拜师节——我在泰方学校参加的第二个大型活动。这个节日，在泰国的学校里，是非常受重视的。我所在的庄他武里戏剧艺术学院为了庆祝拜师节，那一个星期就基本没有上课，前面三天就是学生在不停地排练要表演的节目和布置场地，还有学生们要亲手做捧花。

泰国的拜师节其实就等同于我们中国的教师节，只是我们中国的教师节没有这么隆重，仪式感也没有这么强。国内的教师节，老师会收到来自学生们的话语祝福，可学校并不会举办这么盛大的庆典。但是，泰国学校的拜师节会提早好几天就开始准备，然后，学生们会亲手做捧花送给老师，以此来表达自己对老师的爱戴。然后，学校还会在当天举办一场挺盛大的庆祝活动，学生可借此机会来表达自己对老师的感谢。

守夏节——这是给我留下印象最深的一次泰国活动。男扮女装、T 台走秀、出街游行……满满当当的一天活动。守夏节让我再一次体会到了与中国完全不一样的民俗文化。首先，上午半天，我们是在学校观看学生们的时装走秀比赛，让我最为震惊的是男生的男扮女装，丝毫没有违和感，而且男生穿着十几厘米的高跟鞋也依旧表现得很自然，轻松地走着 T 台步，完美地展现着身上的服饰，真的是让人叹为观止呀。下午的时候，学生们从街上游行般地去寺庙里施斋，给僧侣们送去一些日用品，然后祭拜庙里的佛像，表达着自己的虔诚。

（三）生活篇

我在泰国教学的这段时间里，除去教学过程，还从生活的点点滴滴中，感受到了泰国当地的风土人情。首先，当地人们的热情待客是你随时随地都能感受到的，不论是学校里的泰国老师，还是超市里的工作人员，甚至于路上遇到的行人，他们都会回你一个最灿烂的笑脸，表达着他们的热情。

此外，泰国的礼仪也是特别值得称赞的一个方面。尤其他们的学生对老师格外尊重，不管是有什么事情来找老师，都要行跪拜礼。还有老师进教学区不需要脱鞋，餐厅也会为老师特别准备地方等，这些细节无不透露着对老师的尊重和爱戴。

四十多天的相处，从一开始的陌生到后来的熟悉，到了最后分别时，我真的非常舍不得每一个泰国的学生，真的很感谢每一位泰方老师的照顾。同时，我也真的非常感谢学校提供的这次实习机会，让我体会到了不一样的风土人情，锻炼了自己各个方面的能力，增长了自己的人生经历，我又成长了不少。

从知识教学到文化传播

——黄钰婷赴泰实习报告

黄钰婷

一、实习目的

通过本次实习，把理论知识转化为实际操作，将平日里所学习到的知识运用到真正的教学中，初步掌握对外汉语的教学方法与技能。

二、实习时间

2019 年 5 月 30 日—7 月 12 日。

三、实习地点

泰国尖竹汶 Watpluang 学校。

四、学习对象

小学一至六年级学生。

五、实习内容

年初看到这个项目报名通知的时候，我就毫不犹豫地递交了报名表。对于去泰国实习，我很激动，对于以一个对外汉语教师的身份去泰国，我更是满怀期待。于是，我很认真地准备了面试、签证材料、教学课件、教具等，希望做到万无一失，但真实情况是状况百出，但惊喜连连，这个项目给了我人生中从未有过的体验。

作为一名汉语国际教育的学生，去泰国实习是一个十分难得的机会。将汉语推向世界，有利于中国发展的国际环境，有利于中国自身的文化安全，有利于增强民族凝聚力与文化影响力。作为一个中国人，我们当然对中华民族的语言与文化感到自豪，我们也希望汉语可以成为国际交往语言。我也不例外，对赴泰教学十分激动，对每一项教学任务严肃谨慎，希望自己可以为汉语的推广出一份绵薄之力。

初到泰国，我们 15 个学生加上杨老师都受到了泰方超高待遇。旺财校长、瓦特校长等几位联盟学校的校长亲自来接我们，这足以说明了他们对我们的重视。我们几名同学都热情高涨，五小时的大巴车程也并不觉得漫长。到了 Watsalaeng(旺财校长的学校)，校方为我们准备了丰盛的晚宴，红毛丹、山竹等诸多水果，当下我就深刻感受到泰国真的是一个水果天堂，泰国人民十分热情。在一切都很美好的情况下，我迎来了第一晚的失眠。我为第二天学校的分配感到紧张，为住宿的分配感到不安，为明日就开始的教学工作感到手足无措……学校的分配是抽签决定的，泰方十分地公正公平，抽签纸上是我们看不懂的泰文，住宿跟随学校走，很简单的流程，很公正的方法，但这并没有减少我的不安与紧张。

我实习的学校是 Watpluang 学校，就我一个汉语老师，但我住在 Watsalaeng，与其他五名同学一起住，每天上下班都会有老师来接我……知道这些情况后，我沉浸在就我一个汉语老师的悲伤中，但当我还没反应过来，我便被校长带去了他的学校。泰国的交通道路跟国内是相反的，泰国的天空格外的蓝，路上有很多皮卡车，一些当地的情况在我眼前一幕幕闪过。我很庆幸，自己被分到了这么一个美丽的地方实习教学，每天都可以看到最接地气的泰国生活，感受当地人民的日出而作、日落而息。我相信一切都是最好的安排。我的身边是位当地的泰国校长，他几乎不会英文，我们交流全程都靠谷歌翻译。但校长是位很好的人，他带我参观了学校，给我介绍了学校里的每一位老师，还特别让我认识了他的两条狗。在唯一一位会英文的老师的介绍下，我知道了 Watpluang 学校建造于 1938 年 8 月 28 日，第一位校长是位牧师，名叫 Bishop。目前，学校有 234 名学生、18 位老师，占地 12 平方千米，现任校长是

Somnuig。学校的前边是庙，很大的一座庙，里面有和尚住着。学校含有幼儿园跟小学。幼儿园在西边，小学在东边，整个小学的学校是由两间办公室，六间教室，一间电脑室，一间科学实验室，一间图书馆组成。说实话，我第一反应是诧异，这个学校也太小了，跟我们国内的小学简直没法比，整个小学只有200多名学生，十几位老师，几步路就可以把整个学校走完，这真的太不可思议了。此外，我又很希望自己可以在短短四十几天多教给他们几句汉语，希望自己的教学可以为这些学生带来一丝丝的帮助，哪怕是提高了学习汉语的兴趣我都很满足。

一下午的熟悉新环境，我深切地感受到了泰国人民的朴实。他们对待狗像是自己的朋友，会跟狗打招呼，会给狗一只电扇为它带去一丝凉意。这里的同学们看上去似乎都略黑，眼睛大大的，睫毛长长的，偶尔有些头发卷卷的，他们看到我很热情，都会挥挥手对我说“老师，你好”，有些学生还上来牵我的手，牵一下就放开，然后害羞地转过去，真的特别可爱。这是个美好的下午，一切都充满了新鲜感。也是在这个充满了魔力的下午，我碰上了学校的家长会，200多个家长坐在一起，听校长讲话，介绍学生们的情况，毫无疑问，也要听我的自我介绍。学校的英文老师简单教了我几句泰文的自我介绍，我带着一口蹩脚的泰文走上了讲台，并开始了我的介绍，中间我没有慌张，反而觉得很刺激。对200多个家长讲一些我的爱好、我的情况，让他们多多了解我，多多了解中国人，我觉得是一件很有意义的事，当下唯一遗憾的是自己学习的不够多，准备的不够充分，泰语水平有限，只能讲一些基础的词汇和句子。在一天的最后，校长为我送来了200泰铢，作为我今天的工资，我特别兴奋。在泰国的第一天，就拿到了工资，但这也意味着我的实习教学正式开始。

幸运的是，由于泰国王室生日，我们有个3天小长假，这可以给一切都茫然的我们一个缓冲期。在这3天的小长假里，我们对一切充满了好奇。邻居老师开车带我们去了附近的超市，我们买了些生活用品及粮食；带我们去了路边吃当地面条，泰国的面条甜得发齁；带我们去村口小店，这个小店成为我们之后四十几天的零食支柱……很感谢杨锋老师，总是给我们一波又一波的厨房惊喜，让我们在泰国还可以享受到祖国的味道；很感谢隔壁的邻居老师，每天给我们送来一波又一波的水果惊喜；很感谢在一起生活的7个小伙伴，我们互帮互助……接下去的4天工作日里，最紧张的无疑就是第一堂课了，没有翻译老师，没有帮助开电脑放PPT的老师，我只能拿出准备好的教具，给每个学生都准备了一张彩色卡纸，在课上首先给他们取了中文名字。为了防止我自己记混，我一个人取名字，登记名字，让同学们说“你好，我是×××”。总之，手忙脚乱。但好在学校给了我很大自由发挥的空间，没有老师来约束我，也没有老师会要求我什么，教学内容随我决定，教学方式也随我决定。慢慢地发现一切都没有想象中的难，有些事难真的难在了开头，上手了自然而然地就会得心应手。

几天的教学下来，我们回到住的地方，茶余饭后都在讨论各所学校的情况，分享一些自己的所见所闻或者是觉得不可思议的事情。我发现，每所小学的教学情况都差不多，学生的汉语基础并不是很好，同学们只会说“你好，老师，谢谢，再见”等这些简单词语，一些教学设备设施各所学校也都差不多。了解了基本的情况后，对接下来的教学我就有了大致的方向。我认为一小时的课堂里，首先开头的复习很重要，小学生本身记忆力不强，又贪玩，每堂课的前情回顾是必不可少的。然后新课传授有趣味很重要，一般小学生对于新知识是充满好奇的，我传授的内容大致分为水果、五官、动物、课程、颜色、星期、数字等。接下来就是游戏了，没有 PPT 的我，只能通过手机电脑等有限的设备来播放音频，那么让同学们印象深刻的只有游戏了。一开始对于游戏的设计我是没把握的，我设计的击鼓传花、知识大 PK、萝卜蹲等这些游戏实施起来实在是太困难了。学生们对于我演示的内容看不懂，语言不通是最大的阻碍，于是我知道一定要把游戏简单化，但具体怎么操作我毫无头绪。我便在课后去观察了其他老师的上课方式，在他们传授新知识的时候，我在一旁看他们是怎么做的，看着看着就来了点灵感。我也学着当地老师的样子，叫同学们到黑板上写字画东西连线等，让他们分组进行 PK，变着花样地读，进行你画我猜等一些游戏。最后便是总结，一般到了课堂的最后同学们都期待着下课，心思会有所松懈，这个时候把整堂课的内容都回顾一遍有助于防止他们思绪乱飞。

慢慢地，有了一些上课经验以后，我自己归纳了下各个年级的接受能力，个性及班级的特点。比如：一、二年级，他们在学校里学习知识并不是主要的，他们的任务是学习好习惯。课上注意纪律这些对他们来说很重要。于是我就把我的课堂变得轻松化，我会教他们唱《两只老虎》，会让他们画画。三、四年级，他们就比较吵闹了。给他们上课的时候我恨不得带个话筒，实在是太吵了，但我发现他们很怕班主任，于是我“治理”他们的办法就是把他们的班主任搬出来，屡试不爽。另外，我发现他们的接受能力很快，一个知识点没讲几遍他们就记住了，那么针对这一现象，我就可以把课堂内容适当多加点，词语学习可以搭配简单句来使用，效果很好。五、六年级，他们喜欢写字，我的板书都会全部抄下来，但有时候他们内容还没记住，就全部在抄写板书，这样效果其实不好。于是我就在教学的时候先留出 5 至 10 分钟时间给他们抄写板书，还可以着重教几个简单字的书写，等他们写完了再开始进行正常上课。这样下来，最后我发现他们手上都有我们学习过的内容，有些同学生怕自己忘记，还会在中文的旁边写上泰文帮助记忆。总之，我认为在实际的教学生活中，中国与泰国有很大的不一样。例如：在中国，教师是不会打学生的，但在泰国，教师会拿出教鞭打极度不听话的孩子；泰国的课一节一个小时且中间没有下课时间，但学生们自由活动课较多；泰国是个注重礼仪的国家，学生经过老师身边，都会微微蹲下然后向前走，在早晨会向老师敬礼表示问候，包括老师们之间一天的第一句话肯定是“萨瓦迪卡”……

感受了泰国的教学之后，很幸运的是，我碰上了当地学校的几个重大活动，近距离感受了泰国文化。活动一：6 月 13 日教师节活动。泰国也有教师节，我是通过在别的学校教书的同学才知道的，原以为我的学校没有的。直到这天下午，我坐在位子上，突然一群看着不是我们学校的学生进来，拿着一盆花，跪下。我一开始很慌张，怎么突然来了一群外校的人二话不说上来就跪下，这是要干吗？心里 100 个疑问，但我还是微笑着接受了他们的跪拜，这是当地的礼仪，我肯定得尊重。后来才知道，他们是已经毕业了的学生，特意在教师节这天来看望曾经的老师。我一下就明白了，教师这个职业在每个地方都是神圣的、受人尊敬的。

活动二：6 月 20 日艺术学院校长为我们举办了一个欢迎会。我们到了他们的学校，泰国学生为我们表演了 3 个节目，一个是中外友谊和平相处的节目，3 名泰国人跟 3 名“中国人”拿着鲜花在互相跳舞，意味着中泰友谊长久，美好。第二个是武术，几名泰国小伙子拿着杆子斧子在“打架”，场面十分有趣。泰国人对中国的武术一直充满好奇，武术是中国的一个象征，李小龙是举世闻名的一个人物。在泰国，我很明显地感觉到武术的魅力，我的校长多次问我会不会武术，想要看一套正宗的中国功夫。最后一个是找人的故事，两位泰国有名的象征人物，他们在互相寻找着彼此，泰方也让我们切身感受到泰国的文化。艺术学院选取的三个节目都十分的具有意义，一个代表中国，一个代表泰国，一个代表中泰友谊共存，简直是一场视觉盛宴。为了表示我们的诚意，我们15名学生演唱了一首《朋友》，我们也希望中泰友谊长存，朋友一生一起走……

活动三：6月27日，禁毒日活动。这算是个十分大型的活动了，在26日下午，同学们就开始在自己的班级里设计花盆，用于27日上午献给和尚。我也像个小学生一样十分好奇，每个班都去转了一遍。同学们一看到我，每个人都会问我："老师，水吗？"我都会竖起大拇指真心说一句"水！"然后同学们心满意足地低下头继续设计花盆，可见这个活动对同学们来说是十分令人开心的。每个班级都在制作美丽的花盆，有糖果的，有鲜花的，有树枝的……款式多样，十分美丽。27日上午，学校请了一位和尚来主持，每个学生都要对和尚跪拜，然后再对老师进行跪拜。这个时候我已经很淡定了，我知道这是一种礼仪，一种泰国学生对老师尊敬的礼仪，于是我也学着跟别的老师一样，当他们跪下来的时候，我摸摸他们的头发和背部表示对他们的关心，然后再扶他们起来。到了中午，班级里在化妆。我真是丈二和尚摸不着头脑，又奇怪又期待，禁毒就禁毒，怎么老师们一下子忙碌起来都在教室里给学生化妆呢？话不多说，我也加入了化妆行列。我心想，平日里自己拾掇拾掇瞎琢磨的化妆水平居然在泰国派上了用场，真的开心极了。忙好了以后，我发现这是场Cosplay Show，有扮演国王的，公主的，埃及艳后的，人妖的，和尚的，等等。他们都有个隆重的出场，同学们响起一阵一阵的掌声时就意味着他们要跳舞了。台下的同学们也都跟着音乐节奏跳舞，以扮演者为首带动气氛，每名同学都兴致勃勃，脸上笑得跟朵儿花似的。最后是一系列的游戏，有你画我猜啊，绕口令啊，等等，活动胜利者还有小奖品可以领取，这是禁毒的一天，是同学们欢乐的一天。泰国真的是一个迷人的国家，这样的禁毒日真的意义非凡，同学们既知道了毒品的危害，又让同学们在欢乐中体会节日的真谛。

活动四：7月3—5日社会实践。三、四、五、六年级的同学去海边的一个庙里参加为期三天的社会实践，同学们一个个拖着行李箱，穿着统一的服装，带着微笑出发去海边。在那里，有和尚住持，带领着他们学知识，学本领，还组织看公益片，看电影等，活动丰富，趣味十足。我也很开心地参加了此次社会实践，跟着老师去了市场买海鲜，一起席地而坐吃冬阴功，一起看了大海，参观了最美公路等。

活动五：十分感谢旺财校长为我们安排的两次旅游——芭提雅跟曼谷，感谢杨锋老师的统筹规划与带队引导。在同学们的积极参与下，我们在7月6日去了芭提雅，感受了热门景点；在7月12日去了曼谷，感受了泰国的都市。

在为期45天的泰国实习中，我参加的不只是一个个的活动，更重要的是参与了当地的生活，以一名泰国老师的身份感受其中。我很荣幸也很珍惜，自己能有这样的机会体验从未有过的生活。还记得在学校的最后一天，校长告诉同学们我要离开了的时候，我问同学们你们会想我吗，他们说“会”时我的心满意足；还记得校长贴心地给我准备了一份礼物，说是Watpluang的心意，他还说希望下次我还来，带着我的儿子丈夫时我的欢欣鼓舞；还记得学校老师知道我要走了以后，给我送来了一个个的拥抱，说会想我时我的难舍难分……之后我把我教学的内容总结交给校长，我有点鼻酸，好像这真的意味着结束了。我去班级里送礼物拍照留念的时候，同学们对我不舍，抱我的时候，我感动得落泪。我诧异6个星期居然结束得这么快，我诧异6个星期我们之间的感情居然这么深刻了，我诧异我的离开会使那么多的学生不舍……

但实习总会结束，我们只能欣然接受每一次的分离。在这45天里，我收获了很多，不仅仅是从未有过的体验，更珍贵的我觉得是友谊，我与泰国学生、老师之间的友谊。在此次实习中，我看到了泰方对中国文化的热忱，看到学生们对中国语言强烈的求知欲，这更加让我觉得汉语国际教育这个专业的重要性、意义性。最后，祝愿我的学生未来可期，中泰友谊长存。以下是几张活动照片，如图1-8至1-11所示。

图1-8　教师节活动

图1-9　我跟校长的合影

图 1-10　禁毒日活动现场

图 1-11　Cosplay 活动现场

知不足而自反，知困而自强

——钱梦佳赴泰实习报告

钱梦佳

一、实习目的

通过本次实习，将自己掌握的对外汉语教学方法和相关知识与实践结合起来，初步掌握对外汉语的教学方法与技能。

二、实习时间

2019 年 5 月 30 日—7 月 12 日。

三、实习地点

Chanthaburi College of Dramatic and Arts 学校。

四、实习对象

初中生、高中生、大学生。

五、实习内容

时间转瞬即逝，在 Chanthaburi College of Dramatic and Arts 为期 6 个星期的实习生活很快就结束了。在这短短的一个半月的教学生活中，我初次体会到了为人师表的酸甜苦辣。虽然我的教学能力有限，教学经验也很不足，但是我尽自己最大的能力来认真对待每一节课，也在这次教学实践活动中收获了很多。现将我的教学实习工作总结如下。

Chanthaburi College of Dramatic and Arts 是一所集初中、高中和大学为一体的艺术类学校，学校现有 62 位教师和 586 名学生。学校以泰式舞蹈、泰式武术、美术等艺术类课程为主，辅以英语、数学、科学、哲学等课程来进行教学，致力于将学生培养成德智体美全面发展的综合性人才。这次汉语教学是学校第一次安排汉语课程，虽然有个别学生之前已经学习过一点汉语，但是大部分学生都是零基础，并且学生的英文也不是很好，所以上课难度较大，有时低年级学生不太理解时，还需要借助翻译器来解释上课内容。

本次汉语教学共完成 6 个课时，虽然因为活动或者是假期的冲突，个别班级的上课进度不太统一，但是学生基本上学会了“你好，你叫什么名字？”“你好，我叫……，你呢？”“我叫……”“他（她）叫什么名字？”“他（她）叫……”“你是学生吗？”“我是学生，你呢？”“我也是学生”等对话，学会了“你好，我叫……我是泰国人，我是庄他武里戏剧艺术学院的学生，我学习汉语”的自我介绍，认识、会读，并会模仿书写 30 多个生词。学生学会并且能够背诵中国经典古诗《静夜思》。

第一天走进教室，有点忐忑地开始自我介绍，原本以为学生们会对我这个来教汉语的老师不是很感兴趣，但没想到大家都特别欢迎我，还亲手做了小礼物送给我。给每个学生取完中文名字，上课就正式开始了，大家都非常配合我，而且学习掌握的速度特别快，学生们高涨的学习热情一下子就把我紧张的情绪给缓解了。之后再到别的班级上课就不那么紧张了。

我一般上课前会复习一下上节课所学习的内容，采用学生开火车的方式或者是全班一起读的方式，看一下大家的掌握情况，并把一些读音不标准的字词再纠正一下。之后会教授新课的生词，再把生词扩展成句子，并且会让学生写一写新学的生词，之后再复习一遍生词，如果学生都会读了那么就学习课文，如果学生的读音还不够准确，就带领他们反复练习几遍，直到他们可以独立并且标准地读完所有生词之后再进行课文教学。

在我 6 个星期所上的所有课程中，6 月 5 日下午的那节课是我上得特别感动的。那天，因为有三个班级一起上课，人数比较多，原本是安排在学校的礼堂上课的，但是因为场地冲突，就临时换在食堂上课了。那天天气超级热，食堂也没有风扇，但是学生们都听得特别认真，完全没有因为条件的艰苦而失去学习的热情。因为没有黑板，也没有别的教学工具，所以我就教他们背了一首中国经典的古诗《静夜思》，从一个字一个字地教，再到一整句诗，然后把两句诗连起来教，最终把整首诗全部教完。看着学生们带着求知的渴望，认真学习的劲头，我被他们深深地感动了。他们从来没有接触过一点汉语，到最后能流利地背完一整首诗，真的特别为他们骄傲。

在实习教学的后半段，泰方老师要求我们每天在他们的晨会之后教学生一句常用语，让学生可以掌握更多的汉语，在教常用语的时候，虽然可能只是简短的几个字，但对他们来说却是可以在日常生活中经常使用的，而且在教常用语的时候，很多泰国的老师也会跟着一起学习，看着他们也为掌握了一句新的汉语而高兴，自己也是蛮有成就感的。同时我们也在星期一和星期五早上 7 点在校门和泰国老师一起问候学生，虽然要早起而且天气很炎热，但是听着学生们亲切地说“你好！”“老师好！”“早上好！”，就觉得这些辛苦都不算什么了；而且泰国的老师和学生都特别有礼貌，见到我们的时候都会很热情地说“你好”，这一点就一下子拉近了我们和泰国学校老师、学生之间的距离。

在这 6 个星期的教学过程中，我发现学生在学习声调、拼音、汉字书写等方面会存在一些困难，如：

（一）拼音的声调方面。在学生学习生词时我发现，学生声调发音不够标准，第三声的发音对他们来说有一些困难，发汉语一声的时候声调音高不够，不能达到普通话第一声的调值。学生学习拼音出现问题的原因可能有：1. 学生是零基础学习汉语，而且汉语不仅是一种有声调的语言，且它的声调调值高低分明，每个声调都有特点，要掌握好汉语的四声就比较难；2. 学生因为是在泰国学习汉语，在自己的母语环境里学习，受到母语的影响很大，在短时间内掌握汉语需要克服母语根深蒂固的影响。比如，在学习“妈妈”这个词语的时候，因为泰国的方便面的写法和“妈妈”一词的拼音相同，但是声调不同，学生很容易就会把自己原本语境中第三声的读法带入“妈妈”这一词中，这其实是不正确的，这个时候对他们的新的词语学习就会产生影响，而且在记忆这个词语的时候很容易记成第三声。所以在面对学生声调方面出现问题时，首先就是带他们反复练习，当有一些词的声调他们很难读准时，我就会借助左手比画声调，让学生看懂这个发音的过程，从而更好地掌握生词的声调。

（二）声母方面。学生在学习时发现，他们读“f”和“h”的时候区别度不是很大，而且发音有一些含糊，不够干脆，读平、翘舌音“z”和“zh”，“c”和“ch”时，有的时候发音也不够标准。造成这几个声母发音不够标准的原因可能有：1. 在泰语的发音中是没有“z”“zh”“c”“ch”的发音的，而且这几个的发音位置从舌尖到舌面变换，这对学生的学习造成一定的难度；2. 本次汉语教学并没有以拼音教学为主，学生在声母方面没有进行很系统的学习，所以在这几个声母发音方面会有一些问题；3. 有时候学生在学习汉语时会标注泰语来帮助记忆，这导致学生对声母的熟练度不够，他们更多的是看标记的泰语，有时候如果泰语中没有对应的音，学生就只能选择发音相近的泰语进行替换，这样也会造成声母读音的偏误。因此在出现声母方面的问题时，除了让学生反复练习之外，还会让学生仔细看我的发音口型，知道我的发音方式之后他们自己再进行练习，情况就会好转很多。

（三）韵母方面。在我教的所有班级中，发现学生都很难说好“ü”的发音，包括和它相关的其他韵母都很难读好。出现这一问题的原因可能有：1. 泰语里面是没有“ü”的读音的，而且“ü”的读音比较难发，在他们学习的时候就会出现困难；2. 我没有办法和他们解释“ü”的发音方法，学生只能单靠我的口型来了解“ü”的发音方法，可能会存在一些偏差；3. 学生的汉语课一星期只有一节，而且大多数学生课后不会进行复习，因此在这个发音上就会不够熟练，随着生词学习的增加，一些生词拼音中有“ü”的音节就会读不好。所以在平时上课时，我就会将“ü”的读音进行大量练习，学生通过开火车的方式，一个一个读给我听，这样比较能够提高他们的学习质量。

（四）汉字熟悉方面。学生在写汉字时会出现笔画错误，或者字少写一笔的情况。出现这些问题的原因可能有：1. 学生刚开始接触汉字书写，只能通过我的书写顺序来写，一旦我写的时候他们开小差跟不上，就会出现书写错误；2. 泰国有很多学生是用左手写字，因此在书写顺序上就会出现错误；3. 泰文书写的笔画和我们汉语的笔画不太相同，他们在书写汉语时，就会习惯性地漏掉一些笔画。所以在日常教学中，我会尽量把一个字的笔顺全部展示出来，这样就方便学生知道这个字的笔画顺序，也会在学生练习的时候走下来看看学生，如果有书写错误就可以及时帮他们改正，增强他们对汉字正确书写的印象。

（五）生词和课文句子的掌握程度方面。在上课复习的时候会发现，学生对课文的掌握程度高于生词，有时候出现生词时，学生会不知道这个生词的读音而随便乱猜，但是在读课文的时候就可以很顺利地把课文全部并且正确地读完。出现这个问题的原因可能有：1. 课文比生词更加直接，在语境中学生可以把课文记忆得更加深刻，在语流中学习，强调句型的操练，学生掌握句子的程度就更加深刻；2. 学生在记忆课文时会采用背诵的方法，可以通过前一句联想到后一句；3. 课堂操练的时候会更加注重句子的练习，学生上台展示对话可以帮助他们掌握课文内容。因此在之后的教学中，我就会更注意生词的教学，每节课前会让学生一起读所学过的生词，如果出现不会读的时候，我会先带读几遍，之后把这张生词卡拿出来，在全部复习完一遍后让学生再来读一下，看学生的掌握程度。有的时候还会让比较优秀的学生来带领全班同学一起读，因为学生和学生之间比较好交流，可以告诉他们这个该怎么读，是什么意思，就比较方便学生掌握生词。

在短短 6 个星期的教学实习中，其实并不是一帆风顺的。我从来没有接触过泰国的学生，也没有任何的教学经验，需要从初中一直上到大学的课堂，其实内心还是很忐忑的，当然在上课的时候也遇到了一些问题。

刚开始上课的时候，学生可能对汉语抱有一种很大的好奇心，想要去探索一下这个从未接触过的世界，无论是哪一个阶段的学生，他们的上课表现都很不错，都能够认真听讲，积极配合老师的指令，没有出现什么不遵守纪律的现象。可是过了一段时间后，大概教学进行到第三个星期的时候，可能因为我的上课没有更多的突破，年纪较小一点的班级的课堂纪律就有一点不受控制，学生的注意力不是很集中，要求读课文或者生词时，也会有学生不在状态，甚至去摆弄敲打架子鼓的棒子。因为知道自己是一个没有很多耐心的人，而且缺乏经验，我在课堂上就有点手足无措。一开始我尝试着提高自己的声音或者用手拍打一下黑板让学生集中注意力，但这个方法刚开始有用，后来就没什么效果了，有的时候课堂纪律还是不太行。我反思过自己，是不是自己上课上得不好，学生才对汉语的学习失去兴趣。后来慢慢了解后发现，一开始学生认真听讲有一部分原因是他们对我还不了解，没有摸清我的脾气，所以不敢轻举妄动，后来可能学生发现我并不是很严厉，就敢在课堂上捣乱了。再后来，他们吵闹的时候，我就不讲课，站在前面看着那几个调皮的学生，突然间的安静会让他们意识到自己错了，自己扰乱了上课的秩序，还有的时候我会请没有集中注意力的学生上台来完成对话或者读生词，因为上台展示是会吸引住其他坐在下面的学生的。因为没有集中注意力，大部分的生词或者句子他是没有办法读出来的，我就会慢慢再教他认读一遍，一方面是可以告诉他上课要认真听讲，否则就会跟不上大家学习的节奏；另一方面也可以提醒其他的同学上课要集中注意力，不要开小差。

有的时候下午上课，因为天气比较炎热，学生上课的时候可能就没那么用心，复习读生词和课文的时候也是有气无力的，就像没吃饱饭一样，一开始经过提醒，或者是经过手势的带动，学生的声音会稍微洪亮一点，但是再读两三个之后学生的声音又降下去了，然后就会出现一些学生注意力不集中的情况。因此在那个时候我就会让全班同学起立，站起来读黑板上的课文对话，这样一下子就把学生的注意力集中起来了，不仅可以让学生声音洪亮地朗读课文，而且还提高了他们的注意力，方便接下来的课堂教学。

因为这所学校主要是学习艺术的，所以女生的人数远远超过男生，因此上课的时候一些女生就会比较害羞，不太愿意上台展示自己学习的对话，哪怕她们的读音非常正确，但也会因为缺少勇气而不敢来台上展示。因此当我问谁可以来展示的时候，很多时候就只有几个班上特别积极的学生愿意参与进来，配合我的教学。虽然学生积极主动地展示会有一个很好的带动作用，慢慢就会有学生一个接一个地来展示自己的学习情况，但是一些班级的学生的参与度还是没有非常明显的变化，不能全部开口展示。这个时候，我一般会让同学们玩一个击鼓传花的游戏，因为学生对游戏的热情还是非常高涨的，一说到玩游戏大家都特别愿意参与。当我拍手停下来，拿着笔的同学就需要上台来展示对话，说得好的同学就要进行奖励，可以是一颗糖或者是一张贴纸，其实奖励制度对他们学生来说还是蛮有用的，一种带着竞争性的学习可以让学生以更加认真的态度投入到汉语学习中来，而且还可以让这名学生带着其他同学一起朗读，形成一种互帮互助的氛围，因为我一个人的教学精力毕竟是有限的，学生带学生来学习汉语，可以让他们在课堂甚至是课后，都可以反复不断地练习，加强对汉语的掌握程度。如果遇到上台展示的同学发音不太标准，我就会帮助他，慢慢带读一遍。上台展示如果没有表现很好，学生其实是非常紧张的，这个时候你就要告诉他不要紧张，读错没关系的，再帮助他纠正读音，一点一点带读，学生就会放松下来，如果遇到学生上台展示读音出现普遍性错误时，我会在教他们正确读音之后，让全班同学再一起来读一遍，加强他们对正确读音的印象。虽然玩游戏可以调动上课的积极性，能够提高学生的开口率，但是也要注意到班级纪律的问题，因为玩游戏学生就会非常活跃，有的时候就不能及时安静下来；或者学生还沉浸在游戏中，吵吵闹闹没办法听清上台展示的学生的声音，这个时候就要拍手示意学生安静，告诉他们要安静下来，或者有的时候学生太活跃了，就要告诉他们如果再吵闹，那么游戏就结束了，大家都不能玩了，这样课堂就会比较受掌控一些。

虽然这 6 个星期的教学出现过一些问题，但这些困难都成为一种经历，让我从书本的理论知识进入实践阶段，也让我明白了一些教学方法，总结了一些教学经验。

（一）上课教学语速要慢。我所任教学校的学生几乎都是第一次接触汉语，因为是零基础教学，学生们对于汉语的语境还不够熟悉，如果我上课讲话太快，他们就会不理解我说的话，而且也很难听清我的发音。因此，上课语速要慢下来，让学生能够清楚看到你说话的口型，这样才能方便他们知道生词或句子的读音，从而更好地掌握上课内容。

（二）善于运用体态语言。因为我不会说泰语，学生刚开始接触汉语，而且学生的英文水平也不是很强，所以有的时候就会有“鸡同鸭讲”的感觉，我发出的指令他们根本不明白，因此需要借助体态语言来上课。比如，让大家一起读的时候，我就会做一个双手伸开向上抬的手势，这样学生就知道是需要一起跟读，或者有时候我读完一个句子，用左手再指一遍这个句子，学生们就知道他们需要读一遍这个句子。运用体态语言能够将复杂的语言转化为简单的动作，让学生更加容易地知道老师的指令，从而使得上课更加顺利。

（三）要适当树立一点老师的威严。因为教的是泰国的学生，他们不懂汉语，你没有办法用汉语和他们讲道理。如果面对他们上课嘻嘻哈哈也不去管的话，他们就会越来越调皮，扰乱到正常上课的秩序，但是因为是到泰国教学，我也不太明白泰国的教学文化，怕一下子会伤害到学生，所以我能采取的方法就是上课遇到学生吵闹时，先全部提醒一遍，如果不行就让那个调皮的学生站一会儿，这样他就能意识到刚刚他做错了，之后便不会再吵闹了。

（四）上课前要做好课堂预设。课前要做好充分的准备工作，不光对上课内容要熟悉，还有每个班之前的上课情况，也要在这个班上课前做一个总结回顾，从而使上课更加顺利。课前要进行备课，将生词和课文句子中的难点先提炼出来，将难懂的生词做成一个生词卡，这样上课的时候会比较方便。课前要将写在黑板上的生字和句子中所出现的字现查一遍它们的书写笔顺，这样可以在上课的时候写起来更加顺利，也不会因为写错笔画而误导学生。

课前也要预设到上课时会出现的一些问题，比如，学生没有积极配合我该怎样调动他们的积极性，或者学生上课时发现对上节课的内容掌握度不是很高时，我该怎样调整上课的节奏等，这些都需要在课前进行一个充分的预设，这样上起课来才能更加得心应手。

（五）教无定法，上课要因材施教。因为学校是由初中、高中和大学组成的，每个阶段的学生对上课的内容掌握程度都不太相同，所以针对不同班级，上课要选择恰当的进度。我们来上课的初衷就是希望通过一段时间的教学，学生们能掌握一些基本的汉语用词，能够喜欢上汉语，方便之后的教学。如果每个班都按照相同的教学方法来，那么有些学生就会跟不上上课的节奏，不敢开口说汉语，因此上课的时候要对自己教授班级的学生了解清楚，通过适合他们的教学方法，让这些想要探寻汉语奥秘的学生能够高效地学习汉语、掌握汉语最终喜欢上汉语，用恰当的方法让学生敢于开口，正确开口，提高汉语的掌握程度。

虽然在泰国的教学时间不长，但是我还是发现了，因为我是第一次站上讲台教外国学生，缺少教学经验，这在上课过程中会对教学有一些影响。泰国的一堂课时长是一小时。刚开始上课的时候，我没有戴手表，然后就对上课的节奏安排得不是很好，有的班级上课速度有点快，完成上课内容后离下课还有很长一段时间，而有的班级上课的时间就会有点紧，我知道这不只是我不知道时间的原因造成的，我对上课内容的准备不足才是造成这个问题的主要原因。后来，我在课前做好备课内容，预设到课堂会出现的一些问题，戴上手表，这些问题就慢慢好转了。还有一点就是我是一个比较缺乏耐心的人，情绪起伏会比较大。上课的时候学生若出现吵闹的情况，我就会变得比较急躁，或者是自己今天身体不太舒服，上课就会没有很大的热情。其实这些都是不对的，不是一名合格的老师该出现的情况，要学会调整好自己的心态，调动好自己的情绪，因为每个班一星期就一节汉语课，如果是因为自己而让学生少学到一点知识，那样是很对不起他们的。所以我学着调整自己的情绪，上课前的课堂预设就是一个很好的调整情绪的方法，因为事先预知这个班上课会出现的一些问题，等真正这个问题出现的时候，自己就不会手忙脚乱，心情也不会急躁而影响上课了。要学会绝不把上节课的坏情绪带到下节课，因为班级与班级之间是有差距的，大部分的班级学生都是非常认真的，那么我就要以最好的状态来上课，我不希望因为自己的情绪问题而影响到学生，让他们对汉语学习失去兴趣。在教学方面、与学生相处方面，我都还是新手，需要积累更多的实践经验来提高自己的教学质量。

在 Chanthaburi College of Dramatic and Arts 学校的实习经历是我特别宝贵的一段人生财富，让我提前感受到了作为一名老师所需要经历的一些事情。在此特别感谢学院的老师和在泰国一直陪伴我们的杨锋老师，还有在泰国对我们生活特别照顾的泰方老师。正是因为老师们的帮助与支持，才让我这段实习之旅更加顺利，让我的大学生活增添了别样的精彩。

“一带一路”，携手同行

——孙梦洁赴泰实习报告

孙梦洁

一、实习目的

通过本次实习，把在学校课堂上所学习的对外汉语教学知识与实践相结合，初步掌握对外汉语的教学方法与技能。

二、实习时间

2019 年 5 月 30 日—7 月 12 日。

三、实习地点

泰国尖竹汶府 Wattabsai 学校。

四、实习对象

幼儿园二至幼儿园三年级学生。

五、实习内容

随着中国经济的增长、综合国力的不断提高，中国的影响力开始不断增强。全球范围内掀起了“汉语热”，各国人民都加入了学习汉语的队伍。同时第二语言教育对国家的发展有着很重要的作用。正因如此,汉语国际教育专业的前景也很被看好。对于我们对外汉语教育专业的学生来说,一定要掌握好第二语言教学技能和良好的传播技能,教学的实践显得尤为重要。

鉴于此,为了积极响应国家《推动共建"一带一路"愿景与行动》的文件精神,吸取他国优秀教学经验,拓宽学生的国际视野,提高学校办学水平,为共建"一带一路"教育行动助力,学校积极开展学生的集中教学实践,增强学生实践动手能力。为了培养应用型、高水平的国际化人才,通过多方努力,学院已建立起了泰国海外实践基地;而我也希望通过这次的实习成长,收获更多东西。很感谢老师们给我这次机会,去泰国实践基地实习教学。

2019 年 5 月 30 日—7 月 12 日,我在泰国 Wattabsai 学校进行了一个半月的对外汉语教学实习,主要教授对象为幼儿园二至三年级的学生。在这一个半月中,无论是生活上还是工作上,我都得到了很大的锻炼,并且收获很多。非常高兴可以有机会去泰国进行对外汉语教学的实习,也非常荣幸可以在 Wattabsai 学校成为一名汉语实习教师。Wattabsai 学校的每一位老师在实习期间对我们都非常照顾,学生都特别可爱、活泼。这次的实习经历对我个人来说是非常宝贵的。

这次实习是我们真正的实地教学,对我自己来说,最大的变化就是从学生的身份转变为老师,身上的责任更重了。我也希望能够尽自己最大的努力,让 Wattabsai 的学生学到更多的汉语,同时对汉语产生更多的兴趣。

在去泰国之前,我们碰到了很多困难,幸好在学校和各位老师的帮助下,能够一一得以解决,在这里也非常感谢学校和老师的辛苦付出。在大家的努力之下,我们在 2019 年 5 月 30 日这天成功抵达泰国,然后开始了为期一个半月的实习之路。

5 月 30 日,刚下飞机,泰方校长团已经在机场接我们,对于我们的到来他们表示非常开心。见到他们那一刻我才意识到自己即将开始实习生活。就这样,我们在老师们的带领下,前往实习学校的总部 Watsalaeng 学校。学校是在泰国的庄他武里,离曼谷大概还要 6 小时的车程,经过漫长的车程我们终于抵达。学校周围的环境让人感觉很舒服,这边学校的环境不同于国内,学校是开放式的,没有保安,没有围墙,好像和旁边的树木都融为一体,让人感觉非常舒服、自在。同时,校长还给我们准备了晚餐,非常热情地招待了我们。

第二天通过抽签选择去实习的学校,我们有三个人被一起分配到了

Wattabsai 学校，当时我们学校的校长正好坐在我的旁边，我觉得自己非常幸运。当天中午我们三人就离开了总部，前往 Wattabsai 学校，去熟悉和适应那边的环境。Wattabsai 学校地理位置也很好，离集市、医院和警察局都非常近。我们学校在半山腰，旁边的树把学校围成了一个圈，外面是个足球场，每幢教学楼都涂着不同的颜色，看上去非常有活力。那天我们在甘姐姐的带领下，去和学校的老师还有每个班级的学生打招呼。老师们都特别友好，对我们的到来表示非常开心。并且学生们都很热情地和我们打招呼，甚至很多学生冲过来拥抱我们，这让我们有一点点惊讶。

之后我们就去了宿舍，我们的房子是像泰剧里的那种两层的木头房子，房间里面的东西都很齐全，校长还特地给我们准备了空调，条件真的都特别好。校长真的是特别关心我们，一直在问我们缺什么东西，还需要什么，希望可以满足我们在生活上的需要。学校的其他老师一直在其他方面给予我们帮助，这让我们感到非常暖心。

就这样，我们开始了 Wattabsai 学校实习的日子。我们会有三天的时间去好好适应，好好做准备。我们对学校已经有了初步的了解。学校学生很多，有幼儿园二至三年级和小学一至六年级八个不同的年级段，我们三个人是教不同的年级的。我主要负责教幼儿园二至三年级，其他两位同学分别负责小学一至三年级和四至六年级。并且学校分配的汉语课上课时间是不一样的。幼儿园一个星期有连续两小时的汉语课。小学一至六年级每个班级一个星期有一小时的汉语课。

因为我教的是幼儿园小朋友，他们年纪比较小，并且我了解到，幼儿园二年级的孩子之前是没有学习过汉语的。所以，对于幼儿园二年级的学生，需要在第一节课先了解他们，教一些简单的汉语，先让他们对汉语有一个简单的认识。幼儿园三年级的孩子是学过汉语的，但是暑假过后，他们肯定有所遗忘，需要在第一节课的时候先了解一下他们的基础，复习一下以前学过的知识，看同学们的基础怎么样，还记得多少汉语。通过第一节课的了解，教学才会有一定的针对性，也好进行下一次的教学工作。

对于教学，我会让孩子们以练习说为主，锻炼他们的口语，先教他们读，在学习中纠正他们的发音，并且让他们反复练习，结合图片，让他们能够看图片说出汉语。

因为我们是第一次进行对外汉语教学，经验不足，在实践的时候我们面临的挑战还是有很多的。

第一点就是在语言方面，我不会说泰语，上课更多的时候要用手势和他们沟通，让他们更加直观地感受到我需要让他们干什么，说什么，有时候会有点吃力。第二点是纪律方面，幼儿园小朋友很容易存在注意力不集中的情况，他们对学习还没有一种观念，很难静下心来学很久，有的时候一个孩子说话就会带动一大帮人，最后会导致课堂无法继续下去。这也是不同于小学初中的孩子的地方。针对这些问题，我需要通过游戏和唱跳的方式来吸引他们的注意力，让他们身体的每个器官都活跃起来，这样会有助于他们的学习，课堂也不会很枯燥，比较好带动他们的积极性。

所以在上课方面，我觉得需要做到以下三点：(一)要上好一堂课，首先得认真备课，确定上课内容及预想课堂出现的突发状况，并做好准备；(二)要给外国学生上好课，得学好媒介语，这样才能更好地与学生交流、沟通；(三)上课时，要全身心、有感情地投入其中。

开学第一星期，要上四个班级的汉语课，分别是幼儿园二年级一班，教学“你好”“老师”“数字 1、2、3”；幼儿园三年级一班、二班、三班，教学“你好”“老师”“颜色：红色、黄色、蓝色”“数字 1、2、3”。幼儿园二年级的学生，因为是零基础，所以在上课的时候，我会放慢进度，让每一个学生都可以参与到课堂的游戏里面，并且让每个学生都开口说汉语。有时候我会以敲章或者贴纸的方式来鼓励他们，让他们增强信心，提高他们的学习兴趣，让学生们感受到学习汉语是一件有意思的事情。虽然很多学生刚开始上课的时候，很害羞不敢开口说话，但是通过反复的鼓励和奖励，也被身边的同学带动起来了，慢慢地也能很好地融入课堂，这对他们来说就是一种进步。

相对于二年级的学生，三年级学生的课堂开展得比较顺利，课堂的氛围也更加活泼，学生的配合度也更好，接受能力也更强。几个班级汉语课上下来，我发现，泰国的学生对颜色的“色”这个发音有点困难，普遍都会读成“she”，平舌音读成翘舌音，这就是受到了母语发音的影响，泰语好多是咬住舌头发音的。除了让他们可以根据老师给的颜色图片说出汉语，我还会重点去纠正这个“色”的发音。并且在学习绿色的“绿”这个字的时候，很多同学会读成第一声，而且大多数学生很难发出“lü”这个音。

在后面学习动物“大象、熊猫、老虎”的时候，大部分学生都可以很好地读出来并且读得都很准确。所以在学习这部分的时候，我会通过游戏帮助他们记忆。同时，他们也学习了《两只老虎》这首儿歌，并加上动作，带动他们全身的器官进行记忆。

在学习“眼睛、耳朵、鼻子、嘴巴”的时候，两个年级的学生都存在同样的问题，就是会把耳朵(ěr duo)读成 er duang，嘴巴(zuǐ ba)会读成 sui bao 或者 sui ba，鼻子(bí zi)会读成 bi ci。因为泰语中有 sui 这个音(表示漂亮的意思)，所以大部分学生都会这样读。所以在上课的时候，我会先让学生们跟读，反复操练，也会通过《小手拍拍》这首儿歌来帮助记忆。这样不仅有助于他们改正发音，也可以加深记忆，一举两得。

在学习“牛奶、可乐、水”的时候，他们牛奶和可乐发音都是可以的，就是水(shuǐ)这个发音，很多学生会直接读成 zui 或者 sui，会受之前学过的汉语影响。

在学习家庭称呼“爸爸、妈妈、爷爷、奶奶”的时候，很多学生会和泰语的一些发音混淆。比如：爸爸第四声，他们会读成第一声；爷爷第二声，会读成第一声；奶奶第三声，会读成第一声。因为爸爸和妈妈在泰语中的发音是和汉语发音很像的，所以之后每节课的教学还是需要在这几个词的发音上下点功夫。

在学习“早上好、晚上好”这两个打招呼的词的时候，孩子们会把早上(zǎo shàng)读成 zao chang，因为他们会说“你好”，所以好这个字的发音是没有什么问题的。

基本上这些都是上课的时候学生们会碰到的发音问题。同样地，我们在学习第二语言的时候，也会被母语影响到，所以对他们需要去慢慢纠正，不能急于一时。因为幼儿园小朋友年纪尚幼，而且每个星期只学习两小时，所以忘得也比较快，这时候就需要每节课进行巩固复习。我会在每节课正式开始前或者结束后，都先让他们看图片说出汉语，大部分学生都是不记得的。所以，我会让学生进行重复跟读，读完之后再让他们自己读。每节课都需要把之前的知识进行复习，不断地纠正发音，这样反反复复，几节课后有很多学生明显地改正了之前的发音，都表现得很棒。

现在我想说说自己一个半月来上课的感受。

首先，泰国的上课方式和教育方式不像国内那样要求很高，没有特别的强制性，还是以让学生快乐和自由为主。他们的学生有点“懒散”，在教学方法上一定要不断出新，尤其对幼儿园的学生，否则很难吸引他们的注意力。

比如说，有时候经常会碰到学生上着课就跑过来说要上厕所或者去喝水，只要有一个人想去，那么其他的学生就会跟着做，这样全班就开始乱了，后面让他们静下心来坐好又需要一些时间；再加上他们没有课间休息时间，时间一长，他们会更容易走神。

针对这些情况，我想了很多办法：课堂上做个小游戏，并且给一定的小奖品，在教学生生词时，利用图片、教学卡片、摇骰子、萝卜蹲等各种游戏和形象手段及实物展示来吸引学生的注意力。也会教他们唱中文歌，再加上动作，不仅可以抓住他们的注意力，使课堂更加活泼生动，也让我和他们更容易成为好朋友。另外，在上课时随时保持微笑，对某些走神的学生做个表情，提醒一下。当学生表现很好的时候可以击掌表示鼓励，这样也可以增加学生的自信，我认为适当的鼓励也是很重要的。

通过这次实习，我受益匪浅，不仅锻炼了我的泰语口语，还学到了很多泰国文化知识，感受到泰国人们的热情，也体会了他国文化与本国文化的差异。深刻认识到自己作为老师身上拥有的责任，并且对学生心理和幼儿、小学生的性格特点也有所了解。通过实习，我深刻地认识到教师在教学中扮演着不可替代的重要角色，既是学生的领导者和引路人，又是学生的朋友。而且最重要的是，老师必须先做到真诚地去关心和爱护学生，尽管我们语言不通，但是也可以从眼神和动作中让学生感受到自己对他们的关心。幼儿和小学生们的世界是很简单、很单纯的，他们非常活泼天真，也是非常信任老师的。如果学生喜欢这个老师，这个老师也有很好的上课方式，那么学生就会有兴趣和心情去听其所教授的知识。所以一个好的老师，在学生学习的道路上真的起着至关重要的作用。

还有就是在班级中，难免会有几个学生学习进度有点慢。但每一名学生都是一样的，不能因为这样而去忽略他们。相反地，往往有时候我会更加关注他们，只要他们能够把汉语念出来，能够跟读，我就会对他们进行鼓励。我相信，他们慢慢地就会对汉语产生兴趣，并且增加了自信心，觉得学汉语是一个开心的过程。要知道，课堂上的每一名学生都希望得到老师的关注，所以随时都需要给他们一定的鼓励和表扬。

总之，我认为教师是一个崇高神圣的职业，要当一名好的教师很不容易。在此次实习中，我也看到了自己的很多不足之处，社会的不断进步，使学校对教师的要求越来越高，这就要求我们不断去完善自己、提高自己的能力。还需要在学校里面好好学习理论知识，给自己打一个好的基础，并通过更多的实习经历去提高自己。我认为实习经历是很有必要的，光靠学习理论知识是没有用的，只有当我们真正进入课堂教学，才可以了解更多，学习更多，同时也希望自己可以在对外汉语教学的道路上越走越远。

在泰国实习的时间不长，却收获很多。在泰国的这段时间，我对这里的一切都特别喜欢，喜欢这里的慢节奏，并且我们可以有时间慢慢了解这里，然后融入当地的生活，慢慢去感受去体会。我相信一切都是最好的安排。希望有机会还可以回到这个熟悉的地方。

天真烂漫，初心不忘

——王籽苹赴泰实习报告

王籽苹

一、实习目的

通过本次实习，将所学的理论知识与实践结合起来，在实践中巩固自己的知识，培养自己的实际教学能力，掌握对外汉语的教学方法与技能。

二、实习时间

2019 年 5 月 30 日—7 月 12 日。

三、实习地点

泰国尖竹汶府 Watsalaeng 学校。

四、实习对象

幼儿园(3—5 岁)学生。

五、实习内容

在当前汉语国际热的大背景下，作为我们友好邻邦的泰国尤其重视汉语教学。据人民网 2019 年 3 月 15 日报道，泰国教育部高等教育委员会助理秘书长查塔拉近日对记者表示，汉语已成为泰国最受欢迎的外语之一，泰国汉语学习者的数量正在逐年递增。目前泰国已有134所高等教育机构开设了中国语言文化专业课程。因此，由母语为汉语的中国教师进行授课很有必要。自2003年汉办第一批汉语教师志愿者抵泰任教以来，汉教志愿者项目取得了丰硕成果，对泰国的汉语教学具有重要意义。在汉语教学国际化的背景下，此次我校与泰国尖竹汶府Watsalaeng联盟学校取得合作，将我校15名优质大学生派遣至泰国尖竹汶府进行汉语实习教学。此次合作不仅为泰国尖竹汶府的汉语教育提供了良好的资源，也拓宽了我校国际合作与交流的视野，以及对我校对外汉语教学专业的学子实践搭建了良好的平台。

（一）联盟学校背景

Watsalaeng联盟学校是以幼儿园、小学教育、中学教育体系为主的教育集团，其中最新加入了一所艺术高等院校，共8所学校，学校实施泰文、汉语双语教学。我所在的学校是联盟学校的团长学校Watsalaeng学校，学校开设3个幼儿班及小学一至六年级6个班。全校共有13位正式老师，多名实习老师。学校开设泰语课、数学课、汉语课、英语课、体育课等。学校其他设施：一间小型图书馆（图书馆内设有电子阅览）、一个食堂、一个大型足球场及篮球场。

（二）幼儿教学

1. 总概况

按照抽签结果，我被分配到Watsalaeng学校的一所幼儿园，该幼儿园是三所幼儿园中最重视汉语教学的一所。另两所幼儿园中其中一所星期一至星期四上午有汉语教学半小时，另一所无汉语教学安排。该幼儿班总人数30人，女生12人，男生18人。幼儿年龄分布在2周岁至5周岁，其中5周岁6人。笔者需要从早上7:30至下午5:00全程陪伴幼儿，上午8:00至8:30和下午2:30至3:00分别进行半小时汉语教学，其余时间致力于营造一个汉语环境，潜移默化地将汉语渗透到幼儿的日常生活中。该幼儿园配有一个小型投影机，可使用现代化设备教学，但学校一般不鼓励使用。

2.对泰国幼儿汉语词语教学中的一些感受与想法

我所在的Watsalaeng学校位于泰国东部，这里主要以种植热带水果为主。学校多媒体应用不是很普及，该校本土老师也较少使用多媒体，大多采用图片直观地教学，该教学方法运用在每个年级。刚开始进行教学的时候，我采用自制PPT教学，但发现学生不容易集中精力，对于电脑投影仪还比较陌生，也不喜欢电子设备（这个是在教学过程中，我教授"电话""电话号码""手机"课时所得出的结论）。

（1）教材方面

我校多位老师经过努力，投入大量时间精力编写了一本自用对外汉语教学教材。但我们运用教材时，还需结合实际教学条件，因我所教学的班级学生年龄偏小，句子对话类教学很有难度，因而我及时调整教学方法，截取教材中一部分进行教学。

（2）课堂氛围

泰国文化崇尚席地而坐和跪坐，我也因此查阅了一些刊有相关学者对这一文化现象方面研究的刊物，发现确实如此。由于我的教学对象是幼儿班学生，没有固定的每人一桌一椅的教学设施，学生和我都席地而坐。一开始我尝试让学生席地而坐，我站着教学的状态来授课，但发现这样我过于高了，后来我就常常采用坐或跪坐的姿势来授课。该班没有黑板进行书写，后经询问，学校提供了小型白板供简单的授课。这也让我后面对于教学方式进行了一定的调整。在课堂一开始时，我会先和全班同学说："××，早上好/下午好！"学生回答："老师，早上好/下午好。"再依次击掌。该设置的目的，一开始是下午时分学生刚睡醒可以让他们清醒一下，后来因课前都有此活动，同学们自然就知道到了上课时间应该自觉坐好。

（3）课堂教具

前文所提到泰国（不仅仅是该校）使用多媒体设备较少，大多采用图片式、实物式教学。我也根据在学校所学的关于对外汉语教学多类教学法，选取"直接法"进行教学。将我所要教学的事物与它所代表的事物直接联系，教学中排除母语，排除翻译，采用各种直观手段用目的语学习目的语，通过动作和图画演示来讲授（后面我将

图1-12　教学演示图

附上我所制作的图片)。譬如我在教学“交通工具”时,就直接采用图片直观教学,让学生可以直接联想到此事物,给予直观感受。

图 1-13　课堂展示图片

汉语教学中名词一般采用图片直接教学,对于动词教学我一般采用动作帮助学生理解。比如:学习了名词“衣服”“裤子”“鞋子”以后,开始进行搭配动词“穿”“脱”,这时教师可以直接用动作演示,“穿衣服”,穿上衣服;“脱衣服”,脱掉衣服。多次演练以后,让学生举一反三,自己填词,教师指裤子,示意搭配,学生回答“穿裤子”“脱裤子”;教师做“穿鞋子”的动作,学生回答“穿鞋子”;教师做“脱鞋子”动作,学生回答“脱鞋子”。再如,学习食物这一课时,有“面条”“米饭”“炒饭”“蛋糕”等名词搭配“吃”来使用,“咖啡”“茶”“冰水”“牛奶”等名词搭配“喝”来使用,教师可以分别从需要搭配“吃”的食物里和需要搭配“喝”的食物里进行示范搭配,如吃面条,吃米饭,喝牛奶,喝冰水。这时候学生会自动观察,并发现两者之间的差别,其他的食物就可以请学生来回答。

(4)课堂活动

①上文有提到关于“吃”“喝”+食物的搭配学习,这一课的学习可采用一些课堂活动,既可调动学生积极性,又可检测学生是否已经完全掌握。可将各类食物饮品图片贴在白板上,将“吃”“喝”写在另一侧,让学生进行连线。通过这个课堂活动,可以清晰地看出年龄偏大的学生已经掌握了动词搭配。年龄小的学生连错的话,可以请年龄偏大的学生进行纠正,动词搭配名词可适当放宽要求,年龄在 2 岁至 3 岁的学生只需认识该实物名称就可以了。

②每次进行新课教学以后,都要及时复习并且查看学生掌握程度。我所采用的第二个课堂活动是请两名同学上来,将学过的图片放到地上或者贴在白板上,我说汉语,让他们拍打相对应的图片,看谁拍得快。或是请两名同学上来,我分别给他们一张图片,反着放,当我数到三的时候两个人一

起把图片反过来，看谁先说出对方图片相对应的汉语。此项活动既可提高学生的上课积极性和反应能力，又可让他们在活动中对所学汉语进一步加深印象。

③在教学人体脸上五官时，除了采用图片直观教学，还可请小朋友跟着老师一起做。拿出手指(食指)，点“眼睛”学习“眼睛”，点“鼻子”学习“鼻子”。全部学习完以后，教师可让一名小朋友上来，指小朋友的眼睛，问大家：“这是什么?”学生回答，以此学习五官。紧接着，可以请两名小朋友上来，让一名小朋友扮演“模特”，另一名小朋友指着所问对象并问大家：“这是什么?”台下的小朋友回答。此类活动可以调动全班积极性。

(5)课堂游戏

①上文有提到教交通工具，在教交通工具时反复用图片进行问答，对于几岁的小朋友来说是非常枯燥的，因此我采用角色扮演的方法，让学生在游戏中学习并掌握汉语。可以请一名学生扮演“卡车”，一名学生扮演“公交车”，一名学生扮演“飞机”等，扮演交通工具的同学分别拿着各自所对应的图片，也可请下面的学生来扮演乘客。我说：“卡车开。”扮演卡车的同学就往前走，我说：“卡车停。”扮演卡车的同学就停下来。接着让台下的同学来发指令，以此来加深学生对于交通工具的理解。

②在教学水果和动物类名词的时候，可以请同学们在了解名词以后上来绘画，教师问：“谁要来画苹果?”大家就会踊跃举手。学生画了以后，让台下的小朋友进行回答：“这是什么?”“这是苹果。”教师问：“什么颜色的苹果?”学生答：“红色的苹果。”这个对答可以让学生把颜色课和水果或其他名词类实物搭配起来学习。

在教学五官等身体器官时，教师也可让学生上来绘画，教师画一个圆，由学生来填充。教师问：“谁要来画眼睛?”学生踊跃举手，但是其中可能会存在有些学生踊跃举手其实并未掌握汉语的情况，这个情况大多发生在2—3岁的幼儿身上，这个时候可以请班里的“哥哥”“姐姐”来帮助他一起画，以此加深同学们的印象。

③“萝卜蹲”游戏。比如在学习完水果以后，可以请同学们自愿举手上来玩游戏，可以请小朋友们分别充当“山竹”“榴梿”“苹果”“香蕉”等。“苹果蹲，苹果蹲，苹果蹲完山竹蹲”，这时候扮演“山竹”的同学就要接上，“山竹蹲，山竹蹲，山竹蹲完榴梿蹲”，以此来活跃课堂气氛，学生又能在玩中掌握汉语知

识。此项游戏可应用于多个课堂教学。

④中泰翻译游戏。此项游戏是将学生分为两组，我和泰国老师分别带领一组，其中一组说汉语的时候，另一组需要马上反应出对应的泰语并将它说出来，回答出来的组别胜利。比如一组说“苹果”，另一组就要快速地说出相对应的泰文“aben”。该游戏是团队合作，在游戏中也能看出学生对汉语的掌握程度。

图 1-14　学生“拔萝卜”场景

(6)儿歌教学

特地将儿歌教学单独拎出来作为一个小点，是因为在幼儿教学中，儿歌起到了很大的作用，每天授课结束必然要进行儿歌学习，此时学生的积极性也是最高的。前期我们只单纯学习汉语儿歌《两只老虎》《拔萝卜》《家庭歌》等，后期我发现可以将儿歌结合教学使用，儿歌可以进一步配合教学，促进教学吸收。比如，在学习完家庭成员称呼、动物、五官等以后，前期大家唱汉语歌可能是含糊不清，只是调在，但后期可以将词拆开独立讲解，学生可以清晰地唱出来。例如：“爸爸的爸爸叫爷爷，爸爸的妈妈叫奶奶。”“两只老虎，两只老虎，跑得快，跑得快，一只没有耳朵，一只没有尾巴，真奇怪，真奇怪。”从中我们可以让学生学会数字、耳朵、尾巴、爸爸、爷爷等。再者，将动作和儿歌结合起来，同学们积极性更高。学习《两只老虎》《健康歌》时，我搭配了动作和学生一起做，全班积极性非常高，当唱完一首儿歌以后，甚至还要求再来一遍。“左三圈，右三圈，脖子扭扭屁股扭扭，早睡早起我们做运动”，从中我们可以学会“左右，脖子，屁股，睡觉，起床，运动”，同学们在学会唱儿歌的同时，也掌握了汉语，这是两全其美的事。在学习《拔萝卜》儿歌时，泰语老师帮助我一起给孩子们进行角色分类，一起扮演“拔萝卜”情景剧，有扮演“萝卜”的同学，有扮演“爷爷”“奶奶”等的同学，大家一起拔萝卜。由于这首歌比较简单，大家在休息时也会经常哼唱。

(7)生活学习

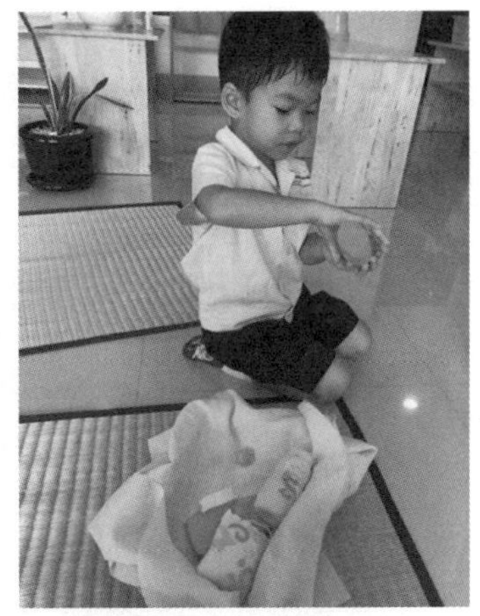
图 1-15　学习洗澡

给我感触较深的是，泰国幼儿教学中因材施教运用特别多，上午 8:30 至 10:30 是大家在集中学习汉语以后分开学习的时间。这时候不同年龄的孩子可以去学习不同的东西。部分同学跟着我继续学习汉语，年龄 5 岁的孩子一般选择学习数学和英语。年龄在 2—3 岁的孩子可以跟着一位泰语老师制作手工品，或是自己尝试学习日常梳洗，比如刷牙、洗澡、吃饭等，如图 1-15 至图 1-17 所示。

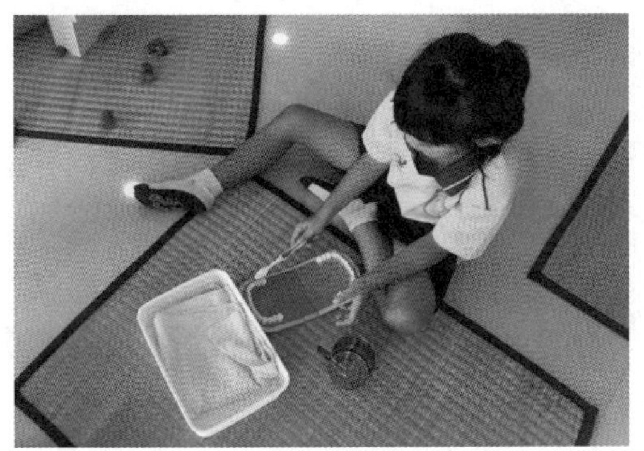
图 1-16　学习刷牙

图 1-17　学习吃饭

在吃饭方面，基本上所有的小朋友都会自己独立吃饭，包括 2 岁的小朋友。吃完饭以后学生会自己洗碗，一个小朋友冲洗表面残留物，一个小朋友刷洗，一个小朋友冲洗泡沫，最后一个小朋友冲洗干净放至架上。轮流洗盘子，大家也都十分乐意甚至非常愉快。

午睡，所有小朋友在吃完午餐以后就自己将被子铺好午睡，个别调皮且年幼的学生需要老师哄睡，其间“哥哥”“姐姐”也会去照顾“弟弟”“妹妹”，轻轻拍打他们入睡。该班小朋友十分团结友爱互助。午睡完毕学生自己学习叠被子并放至柜中，其间可以学习汉语“被子”“叠、被子”“起床”等。

(8)课外活动

10:30 至 11:00 可安排讲故事或者室外踢足球、传球、吃冰棍等活动。

图 1-18　小朋友吃冰棍

图 1-19　吃饭及洗盘子

3. 学校活动

泰国学生对老师非常尊重，这可能与泰国所尊崇的佛教信仰有关。在日常生活中，上学及放学泰国学生都要对老师行礼。有幸教学时间正逢泰国教师节，得以参加泰国教师节活动。在教师节活动中，无论是一至六年级的学生，还是幼儿都要参加这个仪式，每个学生都要以跪拜形式献给老师花束，以表达对老师的敬意和感激之情。

教师节前几天我班幼儿就在老师的指导下进行礼仪训练，老师选取班中年龄较长的两名学生——一名男生一名女生单独训练捧花仪式。其余学生学习跪拜姿势，小朋友们虽然年龄小但却极其认真。

教师节当天学生们在家长的带领下，每人手持一束花献给老师，对老师行礼。由另外一位老师整合花束，再于当天前往活动场所举行仪式。首先是幼儿献礼，再是一至六年级学生，幼儿们在老师的帮助下对老师们行礼、跪拜，跪走至完全离开教师座席方才起身。以此全部学生完成献礼仪式。然后由一名学生代表发言讲话，最后是校长讲话，讲话完毕后大家合影留念。从此次教师节活动可以发现泰国学生是非常重视对教师的礼仪的，每名学生都十分虔诚地对老师表示感谢之情，包括学生家长在接送孩子上学放学时也都一定要亲自对老师问好。

图 1-20　教师节学生给老师献花

4. 离别之际

为弘扬中国传统优秀民间文化，在临走之际我为全班每一名学生制作了剪纸“春”。该剪纸上面是中国结，中间是“春”，下面是穗。剪纸和中国结都是中国传统文化的一部分，它们所显示的精致与智慧正是中华古老文明的象征。“春”的寓意十分深刻美好，一年之计在于春，同时表达了我们中国的“春节”，春节的起源有着深邃的文化内涵，在传承发展中承载了丰厚的历史文化底蕴。春节是中华民族最隆重的传统佳节，它不仅集中体现了中华民族的思想信仰、理想愿望、生活娱乐和文化心理，而且还是祈福、饮食和娱乐活动的狂欢式展示。因此我也希望能将“春节”文化藏于剪纸文化中，将两者的艺术文化同时传递到其他国家，让其他国家也懂得我们的中国文化。

图 1-21　剪纸“春”

（三）实习总结

我十分感激能有此次去泰国实习的机会，这让我深入接触到泰国汉语学习者在学习汉语时的具体表现。尽管我授课的对象年龄偏小，但是这也让我们可以反思并创新我们的教学方式。国内汉语作为母语教学，孩童们大多已经在汉语环境里，学习起来自然相对容易。而在泰国，汉语作为他们的第二语言，并且在泰语作为母语的学习也刚刚开始的情况下，怎么将两种语言既不交叉使学生们混乱、又能让学生掌握两种语言是我要思考的问题。我国目前对外汉语教学的对象大多年龄在10周岁以上，并且母语知识已掌握到一定程度，此等情况下采用直接法和翻译法进行第二语言教学就会顺利得多。我为期一个多月的汉语教学，主要以教授名词词汇为主，适当教授动词搭配及句子练习。在我的教学过程中，我特别注意每个学生都能开口说话，每堂课都能让每一名同学说汉语。新课重要但是复习也尤为重要，按照记忆曲线，第二天进行复习以后，间隔几天需要对旧知识再次进行复习，直至学生完全记住。在教学过程中，2岁孩童学习汉语存在问题是最多的，这个时候教师可以选择性授学但是不可放弃，应耐心地多教几次。发音方面，有些学生由于年龄较小发音比较模糊，但是看到图片能够说出汉语。面对的学生年龄不同，教学方法就显得格外重要，我花费了许多时间研究如何将汉语穿插进游戏儿歌中，让每个学生都有兴趣去学。幼儿的注意力集中时间非常短暂，因此十分需要教师及时调整教学状态，让学生的注意力完全集中于课堂。

课堂之外，也非常感谢我们学院的老师及实习学校的老师，无论是前期的准备安排或是后期进行教学中的关心牵挂，都是我们能在泰国一直坚定不移进行教学的动力和信念。谢谢老师们的付出！特别感谢我们的带队老师杨老师，在泰国为期一个半月的实习中，一直耐心解决我们工作上和生活中的一些小问题小挫折，竭尽全力地帮助我们。谢谢老师们！没有你们的付出，就没有我们这个项目的成功，谢谢！

以上就是我整个泰国教学实践的总结，希望我的经验总结能够在一定程度上帮助到大家，我也希望未来在我们学院的老师及一批批学生的努力下，我们能够教出更多热爱汉语、并说出一口流利汉语的外国学生。加油！

本立而道生

——翁晨浩赴泰实习报告

翁晨浩

一、实习目的

通过本次实习，把在学校课堂上所学习的对外汉语教学知识和实践相结合，初步掌握对外汉语的教学方法和技能。

二、实习时间

2019 年 5 月 30 日—7 月 12 日。

三、实习地点

泰国尖竹汶府 Wattabsai 学校。

四、实习对象。

小学四至六年级学生。

五、实习内容

(一)实习背景

在国际汉语教师需求量越来越大的今天,汉语教学已经成为国际上不可阻挡的大趋势,尤其是在泰国这样与中国毗邻的国家中体现得特别明显,经济、政治、文化,都对其国民的中文水平提出了较高要求,因此泰国的许多学校都与我国的高校进行了合作,引进学生来进行汉语教学。笔者所在的学院,正是在这种趋势下在泰国建立了我们汉语国际教育专业的实习基地。笔者所去的是位于泰国庄他武里的 Wattabsai 学校,这是一所幼儿园与小学结合的学校。校长告诉我们,孩子们从小学习汉语主要是因为长大以后的工作需要。庄他武里与中国的水果交易较为频繁,因此汉语教学在当地的教育体系中不可或缺。

自 2019 年 5 月 30 日至 7 月 12 日,笔者于泰国 Wattabsai 学校进行了为期一个半月的汉语教学,教学对象为该校四、五、六年级的学生。在教学实习结束后应学院要求,写下本篇实习报告。目的是供以后本专业学生再赴泰进行教学实习时,能够更好地提前准备,同时帮助他们了解在泰国的生活情况,使实习过程更加顺利。

(二)实习准备

就实习准备而言,赴泰实习有三个难点:一是与家长的沟通。因为很多人都是第一次出国,之前没有独自前往异国独自生活的经验,因此许多家长会因为担心孩子的安全,而劝孩子放弃。这一点上,笔者的经验是可以先尝试自己说服家长,可以给家长看学院给出的文件等证明出行的正当与安全。再就是可以让家长询问班主任或学校相关的教师,由老师们来做家长的思想工作。赴泰实习并不是一件危险的事情,有带队老师,有泰方老师,有正规协议的保障,对我们专业的学生而言,可以说是一次不容错过的绝佳机会,家长明白其中的利弊后自然能同意。二是赴泰的签证问题。首先是我们赴泰的签证与常规的旅游签证有所不同。由于我们是去教学实习，因此我们所需要的签证是非移民ED签证。这个签证办起来较为烦琐，最主要的就是其中的公证环节让我们走了很多弯路。其实只需要办理无犯罪证明的公证，不过需要中、英文两种版本，这一点要与公证人员讲明白。其次是必须面签。这要求赴泰人员必须把握好去大使馆的时间，像我们第一次去的时候就因为太迟而赶不上大使馆的工作时间，只能停留一天再签证。三是在泰国生活所需要的物品的准备。在泰国实习工作时泰方会有一些特别的要求。而对教师的要求最关键的就是在服饰方面。我们去的这段时间刚好赶上泰国皇室登基，因此在校必须穿黄色衣服，但是在我们到达后又因为有一位皇室成员去世，因此需要穿白、黑等颜色的衣服。除此之外，泰国的教师在工作时间必须穿有领子的衣服，同时男生穿黑色长裤，女生穿长裤或过膝的裙子，同时颜色不能过于鲜艳。在解决完这些问题以后，就可以为自己的教学进行备课，准备出行。

（三）实习经历

作为学院派出的第一批去泰国教学实习的学生，我们是相当兴奋与激动的，但同时我们又背负着巨大的责任。我们要将自己的教学做到最好，来使泰方的学校满意，从而延续合作。在到达曼谷后，泰方对我们表示了极大的尊重，特地派遣专车及三位校长和老师们迎接我们。到达目的地后，又请我们吃当地特色菜肴，让笔者深深地感受到了泰国人民的热情与好客。校长们在让我们休息了一晚以后，第二天开会决定我们的学校分配情况，首先表达了对我们的欢迎，其次以抽签的形式为我们进行了学校分配，最后我们与各自所在学校的校长进行了合影，然后由校长们分别送往各自负责的学校。

到达学校后，Wattabsai学校的老师帮助我们了解了自己实习的学校情况，介绍了年级、学生、办公室位置等。在住宿方面，泰方对我们也是有着极大的诚意，由于泰国的电费较为昂贵，泰方教师的宿舍是没有空调的。但是他们专门为我们准备了空调，令人感动。我们一共三人被分配到Wattabsai学校，两个大三学生，一个大二学生，在介绍完情况后，泰方教师让我们自行分配所想要教学的年级，分别是幼儿园二、三年级，小学一、二、三年级，以及小学四、五、六年级。在经过了讨论以后，笔者负责该校的小学四、五、六三个年级的汉语教学。在校长的要求下,我们的课程教学方向偏向于口语教学,主要是为了让学生能够灵活运用教学内容,进行口语交流。每个年级每个班的汉语课程设置为每星期一节,课程内容与上课方式由我们自行决定;同时泰方会派出英语教师辅助我们进行上课,以防止出现学生无法理解教师的教学内容或是教学目的的情况。笔者的上课内容主要是依据我们学校所编写的教材进行阶段性教学,同时又以校长的要求为目标,对教学内容进行调整。在查阅过相关的论文后,笔者选择将课文内容归纳成主题,进行主题式任务型教学。由于教学时间限制,笔者只教授了第一个主题"自我介绍",其中又分为:1. 问好;2. 你叫什么名字;3. 你是学生吗;4. 你是哪国人;5. 你家里有几口人。主要教学的词汇与语法结构如表 1-5 所示。

表 1-5　主要教学词汇与语法结构表

语法结构	词汇
"你叫什么名字""我叫……""你是男生还是女生""我是……生""我是学生,我学习……""你是哪国人""我是……国人""你家有几口人""我家有……口人"	"你好""再见""早上好""中午好""下午好""晚上好""男生""女生""学生""学习""汉语""英语""体育""数学""美术""音乐""中国""泰国""美国""韩国""爷爷""奶奶""爸爸""妈妈""哥哥""姐姐""弟弟""妹妹"我""一""二""三""四""五""六""七""八""九""十""百"

①泰国的小学汉语课时与我校留学生学院课时相差较大,一节课有小时。笔者自第二节课开始,每节课开头 15 分钟进行复习,结尾 5 分钟进行适当预习,又根据每节课学生表现的不同制定不同的课堂活动,尽力做到精讲多练、寓教于乐的教学原则。由于笔者所教导的年级没有 PPT 展示设备,因此我运用最多的教学活动为"角色扮演",学生以个人或小组为形式,以固定句型进行相互询问并回答,同时教师进行纠正与重复训练,帮助学生进行知识巩固。在课程名字的教学上,笔者选择了"图示法",用图片与动作去引导学生说出课程的名称,并帮助他们记忆。在国家名字的教学中,笔者选择了"国旗站队",让学生以组队的形式选择自己所想要的国旗,然后一同说出自己所代表的国家,同时每一轮互相交换国旗,下方的同学发问,上面的同学回答,做到不遗漏任何一个同学。在家庭成员的教学中,笔者选择了用"萝卜蹲"的形式,让学生举着"爸爸""妈妈"等家庭成员的纸片,在教师喊到其所代表的家庭成员时迅速蹲下,然后站起。这种形式很好地活跃了课堂气氛。另外在汉字书写上,笔者对简单的汉字及数字进行了教学。在教学过程中笔者

发现泰国的学生对数字有着极大的兴趣，因此以“数字苹果树”活动进行教学，取得了令人满意的成效；同时 Wattabsai 学校的大部分学生有上课记笔记的习惯。但是他们没有课后复习的习惯，据笔者在课上进行复习回顾时发现，如果不给出相应的提示，学生很难对问题做出直接回答。在教学过程中，笔者发现，Wattabsai 学校的学生分不清“你”“我”“他”等人称代词，同时大部分学生对拼音毫无了解，对汉语是零基础。另外他们 q，c，x 不分，例：七（qī）发成 cī 或 xī，容易把六或者带有 ü 的音节发成翘舌音。

当然，依据泰方老师的要求，笔者还需要制订教学计划表，以及对学生的学习情况进行测试，并对学生在学习前与学习后的汉语掌握情况进行登记，并每星期上交。在学生的课间或早晚、午休时间，与学生进行适当的汉语交流，同时作为老师，在办公室与学校中承担一些力所能及的工作，如帮助学生解答问题等。

在实习期间，Wattabsai 学校的校长及老师们从方方面面都给予了我们极大的帮助。比如我们没有水桶及一些生活必需品，校长直接给我们买了回来，甚至为了笔者，还装修了一个新的卫生间。泰方的教师还为我们买了米和鸡蛋，在最初的几个星期中陪伴我们坐车去大的购物中心，去集市，为我们介绍附近的美食和景点。与笔者住同一个房子的泰国教师相当热情，在第五个星期，带我们去了海边游玩。在泰国的重大节日，如谢师节，泰方老师邀请我们上台一起接受学生们的感谢，还有许许多多的学校聚会，可以说是把我们当作自己学校的一分子，而不是外来的实习老师，这给了笔者很强的归属感，真的是宾至如归！

（四）反思与总结

1.“入乡随俗”不只是留学生的入乡随俗，也是我们国际汉语教师的入乡随俗。在留学生的课堂中，往往第一节课的课文便是“入乡随俗”，这可以说是一个耳熟能详的词语。当我们前往泰国的时候，老师也曾多次向我们强调要尊重泰国的文化与习俗，为此学院为我们开设了专门的泰语课，供我们学习泰语与了解其文化。而这些准备，为我们在泰国的实习提供了极大的帮助。尤其是在与泰方第一次接触的时候，给对方留下良好的印象是十分重要的，而我们身着黄色衣服，以泰语和泰方礼仪打招呼，以及在日后的会议中严格按照对方要求着装，这受到了泰方的夸奖，并给他们留下了相当好的印象。入乡随俗能够帮助我们更快、更好地去适应泰国生活，也是帮我们和泰方教师处好关系的一种好方法。因此笔者认为，入乡随俗对我们国际汉语教师来说，重要性不比留学生差甚至要更高。因为留学生作为学生，他们不会被苛求太多，可国际汉语教师自然需要对自己严格要求，给学生做榜样；同时教师本身也代表了自己的学校、自己的国家，在泰方的面前尊重对方的文化习俗，了解对方的礼仪，应该是我们实习前所必须做的功课。

2. 赵金铭先生在文章中写道："对外汉语教学方法研究虽然重要，如一味追求教学法，根底不深时，易流于浅近。所以，更重要的首先还是要抓好对汉语本身的研究。对汉语本身的特点及其使用规律挖掘得越深越透，在教学中就会更加有的放矢，突出特点，取得良好的教学效果。"因此在对泰国小学生的教学过程中，掌握好的教学方法固然重要，但是掌握做好语言本体工作的研究，掌握扎实的语言基础知识更是我们所应当具备的素养。在笔者第一天进行教学的时候，内心十分紧张，因此在教学准备时为了以防万一特准备了3节课的内容。没想到，Wattabsai学校的六年级学生学习能力非常强，且少部分学生具有汉语基础，因此只用了40分钟左右便将原计划中的课程内容上完了，这显然是不符合教学计划的，于是笔者选择教授一部分汉字书写，才将课时填满。笔者后来反思，觉得发生这种情况的主要原因有两点：一是第一次上课过于紧张，准备得不够充分，同时自身的语言基础知识掌握得并不够扎实，因此在教学过程中无法将内容深化细化，造成了教学过早结束，所以应该加强对语言基础知识及专业课的学习。二是尽管我已用汉字书写去弥补课程内容，但还是缺乏一定的临场应变能力。对时间的控制应该是每个教师的基本功，而对学生的学习能力也应该做到心里有数，所以还需要加强自己在教师技能方面的学习与练习，锻炼能力，使得课堂能够不脱离自身的掌控。

3. "教学相长"，这是教育中一个很常见的理念，也是笔者在泰国教学实习中所感受到的最深刻的东西。笔者所教授的学生是小学四、五、六年级的，他们有一定的自学能力，同时也有一定的沟通能力。他们喜欢和教师进行沟通，尽管语言不通，但是通过简单的比画以及简单的英语，也能够做到帮助教师管理课堂，以及向教师求教问题。在来泰国之前，由于需要去办签证的材料，笔者错过了关于课堂用语的泰语培训课，但是在教学过程中，学生在了解我的意图后往往会教授我泰语，如："读"发音为"pūd"，"写"发音为"kián"，

“吃”发音为“gīn”。在了解这些基础词汇以后，教学内容会变得更加简洁易懂，教师的指令传达也会更加高效，避免浪费课堂时间。同样地，在学生们教授教师泰语的过程中，教师也会教导他们汉语的说法，因此双方都能够在此过程中学到自己所需要的目的语知识，包括平时没课的时候，也经常会有学生主动来到办公室询问笔者一些日常物品的中文发音，这是一个良性循环，不管是学生还是老师都在不断提升自己。在平常与泰方教师相处时，也会潜移默化地进行泰语学习，就像学习英语在母语国家学习较为高效，学习泰语也是一样的。“沉浸式学习”很重要。国际汉语教师在实习的同时，不能只顾着思考如何教授学生汉语，也应该做个生活中的有心人，去主动地学习对自己有帮助的知识，比如语言、文化等。

另附泰国汉语教学阶段性测试卷。

图 1-22　美丽的 Wattabsai 学校

浙江越秀外国语学院泰国汉语教学阶段性测试卷

学校：Wattabsai　　　　　　年级：四—六

出卷人：BNAK(翁晨浩)　　　　分数：

考试规则：课型为听说课，因此考试方式为口试，学生使用下列句子进行自我介绍，按完成度百分比打分，考试前学生有 20 分钟的准备时间。完成度 90%以上即为优秀，完成度 60%—80%为良好，完成度 60%以上为合格。

一、自我介绍

Wǒ jiào　wǒ shì　nán shēng　nǚ shēng　wǒ jiā yǒu

我叫_______。我是_______（男生/女生）。我家有_______

kǒu rén

口人。

Wǒ shì tài guó rén　wǒ shì xué shēng　wǒ xué xí hàn yǔ

我是泰国人。我是学生，我学习汉语。

迎难而上，循序渐进

——俞喆赴泰实习报告

俞　喆

一、实习目的

通过本次实习，把在学校课堂上所学习的对外汉语教学知识和实践相结合，初步掌握对外汉语的教学方法与技能。

二、实习时间

2019 年 5 月 30 日—7 月 12 日。

三、实习地点

泰国尖竹汶府 Watsalaeng 学校。

四、实习对象

小学一至二年级学生。

五、实习内容

语言是人类最重要的交际工具，而在教育方面，语言是教学的重要工具，语言更是教师与学生之间交流的桥梁。教师通过自身学习的专业知识，掌握熟练的教学技巧，融合随时代更新的社会讯息，以及创新的教学思维，美好善良的品德，健康积极的情感，等等，一一经过教师自身的语言表达，以及各类教学活动生动地传递给学生，学生通过学习学会理解和使用，从而使得语言变得有意义和有价值。学生学习汉语的目的在于运用汉语进行交际。在不同国家的汉语教学中，语言本体或国家之间的社会文化差异都很复杂，这时学习者的文化环境显得尤为重要。除去国内的语言环境，在国外的日常生活中能直接接触到汉语的机会少而又少。学习者可以接触到的汉语，最直接的仅是汉语教师的课堂语言，除此之外就是教学文本和网络文本。教师课堂语言不仅是教师进行课堂教学的工具，还是学生学习的目的语内容。因此，教师首先要着重提炼课堂教学语言，优化学生学习的语言内容；其次教师要善于创造语境、加强培养语感，才能更好地帮助汉语教学，推动汉语发展。泰国的汉语教学已有三百多年的历史，20 世纪 90 年代后开始进入快速发展期。随着近几年中华文化的不断发展，汉语教师的需求量也在迅速增加，同时对汉语教师的要求也在不断提高。在汉语国际推广的进程中，汉语教学的重心逐渐由国内转向国内与国外兼容性发展。目前在泰国，汉语已成为一门重要的外语，许多大、中小学都开设了汉语课程，甚至有些学校已将汉语作为必修课程。幸运的是，我们所参与教学实习的泰国中小学都将汉语课程摆在了日常课程的重要部分，这让即将前往泰国教学的我们这些新手实习生备感激动和使命感十足。个个都铆足了劲的准备，迫不及待地希望把自身学习到的所有知识点都传递给这些热爱中华文化的学生和学校。

本文以本次为期一个半月的泰国汉语实践教学为例进行分析和研究，对其实践教学的实际情况进行总结。该文大体分为三大部分，第一部分介绍泰国小学生汉语学习现状，以及学习汉语的难易点。其主要内容为就泰国尖竹汶府部分中小学学生的汉语基础，以及汉语教学现状（先前是否学习或学习后的掌握程度）的了解，对学习者理解能力和接受能力进行把握，对学习材料的使用和价值进行分析等。同时对该国学生学习汉语时的兴趣方向、语音难点、常见偏误做具体分析。第二部分为针对泰国尖竹汶府小学生汉语学习重点难点的教学内容和教学方法的思考。教师如何在教学大纲教材教法上因地制宜地采取变革措施，帮助学生在汉语学习中的不同方面，包括语音学习、汉字学习、词语学习、句子和对话学习等，并就这些方面不同的具体问题提出如何在教学手段上进行改进和提升。第三部分则为结合自身和同期同学的经验和教学建议，帮助汉语国别化的发展更趋完善。

本人本次的汉语教学任教是在泰国尖竹汶府的Watsalaeng学校任教，任课于一、二年级两个班共70人，一个班级一星期两节汉语课，即星期一、星期二或星期三、星期四分别在两个班级授课，其余不上课时间均在两个年级的教室内和学生进行对话交流互动，创设一个汉语环境，以及在课外培养学生的汉语语感。未任教前初到学校时，学校里的每一个学生甚至老师都会热情而又主动地使用“你好”或者“老师好”和所有中国来的老师打招呼问好。而此前，该学校已有汉语老师来教学过汉语，但教学时间不长。从某种程度上来说，我所任教的学校的学生和老师对汉语学习并不陌生，且对汉语已经有了初步的接触。当然人都具有遗忘性，这是不可否定的，如若长时间不温故练习定会对之前短暂的学习有所生疏甚至遗忘。从初步的了解来看，二年级的34个学生学习汉语的时间均不到三个月，学习汉语程度粗略且不系统，仅限于汉语的词汇和语音学习。学习了问好中的“你好，再见，老师好”，水果中的泰国水果，以及数字一至十，无拼音教学和汉字教学。且学习过的二年级学生并不是所有学生都记得教过的词汇，只有少数学生记得所学的词汇，而这大多是自己非常感兴趣的内容。一年级的学生大部分是刚接触汉语，少数个别本校幼儿园直升的一年级学生，则是简单地学习过一些日常基础汉语词汇。幸运的是，所有学生对待汉语的学习都是极具热情和兴趣的，几乎没有见到特别不爱学习汉语或者排斥汉语学习的学生。常言道：“兴趣是最好的老师”，好学和谦虚更是促进了泰国小学生对于第二语言的学习。兴趣对第二语言习得效果有着巨大影响，因此分析学生学习汉语的兴趣所在就显得尤为重要。在泰国本土老师的帮助下，我了解到学生们热爱学习汉语，对汉语知识渴望的兴趣点主要为中国独特的传统文化和极具诱惑力的美食，他们对于电视上所播放的中国神奇的地貌和各类风景都充满了好奇和惊叹。与此同时，我还了解到学生们对于学习书写汉字抱着矛盾的态度，他们既对截然不同于泰文的笔画文字感到神奇和惊讶，又对此极具规则的笔画字感到困难和畏惧。因此汉字的书写对于泰国小学生来说是一个难点，需要老师调整教学方法和方向，正确引导学生学习，排解其畏难情绪。若要提高汉语教学质量，就必须充分了解泰国学生的兴趣和难点所在，然后据此调整教学内容。以学生为中心，以培养其兴趣、想象力和创造力为目的的教学方法和理念，能让学生在轻松愉快中享受学习过程。经过一个半月的教学和朝夕相处，我发现了诸多学生在日常学习汉语中所遇到的困难和知识难点，下文将详细阐述我和其他同学所实习任教的泰国尖竹汶府8所学校对于小学生汉语学习难点的调查所得，以及针对性的教学内容与教学思考。

经过学习调查得知，泰国尖竹汶府部分小学的学生普遍认为，汉语知识学习最难的部分为语音表达和汉字书写，最难掌握的汉语技能是句型和长句论述。泰国学生认为，学习难度较大且学习效果不佳的知识是汉字和语音，其次是语法和词汇。相对于汉字和语音，语法和词汇更简单也更容易接受。

(一)泰国学生认为学习汉字难度最大

汉字之所以对于泰国学生来说学习难度最大，是因为汉语和泰语有着截然不同的认知方法。中华汉字是由有规则的笔画所组成的表意文字，泰文则是由拼音组成的拼音文字。首先，从认知上泰国学生从未接触过此类表意文字，也并无任何泰文或英文书写参照，且对于笔画笔顺毫无逻辑概念，学生只会依葫芦画瓢地模仿，而种类繁多且音画不同的汉字的复杂更是让学生几乎很难找到记忆点。汉字书写更多的是讲究结构，以及其自身所涵盖的美学内涵，汉字的笔画有秩序地分布在一个平面性的方框里，汉字的每一个笔画都有自己的书写方向，而且笔画与笔画之间也有先后书写顺序。泰文的字母在构词时都是呈鱼贯式线性排列的，因此泰国学生常常因为忽视笔顺结构导致汉字书写偏误。其次，汉字的庞大数量给第二语言学习者学习汉语造成了一定的记忆和分辨困难。汉字形体结构复杂，学生对于认汉字就像是在寻找奇怪又相似的符号。由于汉字是表意文字，需要较高的理解能力和联想能力，因此学生在学习时并不那么轻松。他们不仅需要记字音、字义，且在书写点线所形成的笔画和笔顺时也不能出错，因此学习难度相对较大，常出现书写偏误，学生也会因此产生畏难情绪，容易放弃。比如我所带领的一、二年级学生，虽然校方不要求低年级学生学习汉字书写，只要求提升学习汉语的听说能力，但是学生们对汉字的学习非常渴望和好奇，于是我教授了他们一些基础词汇中的简单汉字的书写。比如数字一至十，学生们对于“七”和“九”的书写经常搞混，“四、五、六”的顺序经常弄反，他们学习汉字需要花费很多的时间和工夫去练习和熟悉。

(二)语音学习也是泰国学生学习汉语的难点

泰文和中文都是声调语言,尤其是泰文属于拼音文字,包含44个字母,其中有辅音、元音、音调、尾韵音,以及5个声调。其5个声调分别用4个声调符号表示:一声(无符号)与中文的阴平相类似;二声与中文的上声相类似;三声与中文的去声相类似;四声这个声调汉语里没有;五声与中文的阳平相类似。而汉语拼音则是一种辅助汉字读音的工具,共有63个。其中:声母23个,韵母24个,整体认读音节16个。虽然汉语拼音里的声母、韵母发音与泰语有很多近似之处,但在发音方面汉语和泰语的发音习惯仍有很大的不同,学生在练习发音的时候会受到母语负迁移影响,语音差异常会带来语音习得偏误,类似平翘舌不分,无法发出声母中一些读音,比如 g,h,x 及韵母 ü 的读音,同时在发上声声调时较为困难,对四声分辨不清是泰国学生语音学习中的难点。若要改变一个常年累积的习惯是非常难的,这就需要学生下功夫去练习及纠正。除此之外,泰国的语音发声还有很多不同于汉语拼音,比如长短音的变化,高低音的不同,泰语单词的尾音不发音,泰语用语男女有别,以及一些宗教用语等都是与中文发音有着极大差别的。这些发音规则和习惯的不同,就使得泰国学生在汉语拼音的学习中变得困难和被动。与此同时,中文中的同音不同字更是给泰国学生学习汉语加大了难度,在汉字认知和语音习得这两方面要兼得很困难。

(三)语法和词汇也是泰国学生学习汉语的难点

语法相较于词汇对于泰国学生来说比较好学习,因为泰文的语法和汉语语法的规则基本一致。而词汇方面则不同于语法,大部分的名词、形容词和动词对于泰国学生来说比较轻松,通过图片、教具、动作模仿、课堂演绎等各种教学方式都能帮助学生直白且快速地理解和记忆。相反地,一些外来词或者专用名词,主要是地名、人和事物名称的翻译词,泰国学生较难理解。其次,汉语中的量词对于泰国学生来说是一个大难点。如,名量词:尺、寸、里、公里、斤、两、辆、角、元;动量词中的把、次、趟、下、回、声、脚、幢、座……这些数量繁多又不易区分的量词使得泰国学生汉语学习难度递增。

著名学者甘瑞媛指出:“汉语教学包括词汇教学、语音教学、语法教学、汉字教学都应该走向‘国别化’。唯有知己知彼，才能真正体现出‘因材施教’的教育原则。”而语言迁移理论认为，“当本族语规则与外语规则相同时，学习者把本族语规则迁移到外语中去，这时本族语规则对外语学习的影响是积极的”。作为一个汉语教学者，应该发挥主观能动性，充分利用语言正迁移在泰国汉语教学的优势，善用教材与生活主题，通过形式多样、生动活泼的教学方法激发学生的兴趣，调动课堂气氛，提高课堂效率，帮助学生学习汉语提升其交际能力，积极推广汉语发展。

基于我所任教的班级基础（未达初级），原学院准备的教材大部分内容难度较高，于是我选择了6—7课时相对于泰国学生更基础更贴近生活的内容来教学。如系统的拼音教学，通过PPT动画和手绘教具的图解将语音系统和发音部位详细说明，帮助学生了解实际发音。同时练习声韵调和拼读，通过日后的每日教学中渗入教学，反复练读来加强记忆。语音学习正是泰国学生的一个难点，当老师在教授拼音时，应及时纠正学生错误的发音，尤其是与泰语语音发音相似发音方法却不同的音，比如平翘舌音等，需在教学时使用多角度演绎法讲解发音方法和一些关键要领，并让学生反复练习直至能正确发音为止。因为泰国学生热情好动，喜爱唱歌跳舞，于是我通过拼音歌曲让学生们在课堂上跟着视频动画唱歌舞蹈，每日课前播放一遍，学生们会自主唱跳，既加强了记忆，也愉快地开始了汉语课堂学习。

除此之外，每日的小组自由学习也是学生学习汉语的契机。我所任教的一、二年级上午都只有一节课时，低年级的学生上午大部分时间是通过小组自由学习的模式，按照个人的喜好选择教具和文本自由学习。在这期间老师会不断地在各个组之间帮助和确认学生的学习情况，而这对于汉语的学习是一个非常好的机会，学生们都会主动来找老师学习汉语口语，这不仅加强了一对一口语的锻炼和语音纠正的机会，也促进了师生关系的轻松和融洽，减少了老师与学生之间的刻板距离，更有助于学生的学习和交际能力的提升。需要注意的是，在小组自由学习时，老师需要做好各种卡片和中文教具（我发现学生特别热衷于手绘教具，于是我每节课之前都会认真准备手绘教具和手工作品来帮助学习），了解学生的兴趣爱好和学习取向，老师要多方面准备和拓展汉语学习的知识面，调动学生的主观能动性和培养学生的语感。

特别需要提到的是每日国旗下的汉语生词学习。我们都知道国旗下的晨会是一个非常严肃的场合，从这里便可看出泰国学校对于汉语的高度重视。而我任教的二年级学生每天都要学习一个词语，上台的学生还要通过小黑板在所有老师和同学面前朗读和解读，并带领同学一起朗读学习，这对于每一个上台的学生来说都是一次挑战自我和能力提升的机会。每天放学后轮到的学生都会虚心向我学习汉语词语的朗读和字义解释，他们一遍一遍地学习，让我看到了学生的努力。有些学生会因为紧张而在台上忘词，但是大部分学生都能勇敢地用汉语完整而又正确地说完。这样的练习不仅锻炼了学生的汉语口语，也提升了学生的综合学习能力，更让我相信汉语的教学发展与稳步进步指日可待。

其次的教学内容主要是词汇、短语、句型和对话形式的结合。围绕着生活性话题我开展了4—5课时的教学，如：(1)家人称谓，词汇：爸爸、妈妈、爷爷、奶奶、哥哥、姐姐、弟弟、妹妹。短语：我爱(　　)。句式：这是我的×××。使用卡通图片和动画形式教学词汇，使用角色扮演的互动模式来操练句式。(2)动物名称词汇：大象、熊猫、狗、猫、马、鱼、鸡、鸭、猴、猪、牛……/水果名称：杧果、榴梿、山竹、草莓、苹果、香蕉、西瓜……短语：这是×××。句式：A：你喜欢什么(动物/水果)？B：我喜欢×××。动画和卡片的教学方式，以小组的形式通过水果蹲游戏和动物蹲游戏来操练。(3)颜色：红色、黄色、蓝色、绿色、白色、黑色、紫色、粉色……/五官：眼睛、鼻子、嘴巴、耳朵、舌头、眉毛、牙齿、脸。短语：这是×××。句式：我喜欢×××(颜色)。使用简笔画图，要求学生自己通过想象力用不同的颜色绘画补充五官，依次上台解读。(4)国家地区：泰国曼谷、中国北京。句式：我是泰国人(我是中国人)。PPT与视频展示泰国和中国，教学生学会分辨两国的首都，同时操练句式，他们可在国旗下讲话时使用。(5)性别与人称：男生、女生，你、我、她/他，老师、学生、校长。短语：我是男生/女生，他/她是老师，她/他是校长，我是学生。使用本校老师的照片来图解说明，以及通过击鼓传花的游戏来操练句式，同时在课内课外指认老师、校长，让学生来区分辨认。以上简写的教学内容均采用说、做、唱、画相结合的方式做到多种形式开口说，帮助学生积累词汇，锻炼口语，培养学生的交际能力。泰国小学的课时一节为一小时，长时间的枯燥记忆和机械式朗读一定会减少学生的学习兴趣。增加使用色彩丰富的PPT动画和手绘教具会帮助学生增强学习积极性，课堂中加入一些与教学有关的视频动画更会吸引学生的注意力。课时较长对于孩子的耐心和坚持力都是一个考验，加强互动更是一个关键。如何让学生参与进课题中来是教育工作者值得思考的一个问题。结合才艺并身体力行地融入课堂主题，比如绘画、舞蹈、手工游戏等都是学生们热爱的方式，集文字、动画、声音、图像于一体的表现形式，寓教于乐。加强创意和教学内容的结合使得课堂生动而又不失主动地进行，同时多面而又立体地上升了学习汉语的价值意义和发展空间。

汉语的发展不能只是语言的输出，必须紧跟中国文化的发展。作为汉语文化的传播者，不仅要在课上穿插中国文化，也要在课外通过多种途径的输出帮助中国文化潜移默化地传播和发扬光大：结合泰国当地的风俗，将汉语教育融入当地的语言和风俗文化中，促进两国文化健康交流。泰国的等级观念文化影响很深，对老师常有敬畏之情，学生会因此不敢轻易表达自己的想法，故教师需要在教学汉语知识的同时，营造轻松愉快的氛围帮助学生更勇敢积极地参与到教学过程中来，引导学生学会主动说汉语。

丰富国别化内涵的同时，作为一名汉语文化传播者更要学会发散思维，突破自我，不断寻找适合各国的教学模式和教学方法来促进文化的深远影响，丰富汉语国别化教学内涵。

以上即为我本次泰国教学的实习总结，短短的篇幅并不能将我所有的感受都用文字表达出来，所有的经历和过程都将成为我生命旅途中的微光。收获的故事，教学经验，以及每一位真诚而善良的学生和教育工作者都让我受益匪浅，也备感幸福。长路漫漫，我们且走且努力！

数字
1 一 6 六
2 二 7 七
3 三 8 八
4 四 9 九
5 五 10 十

数字
1 一 6 六
2 二 7 七
3 三 8 八
4 四 9 九
5 五 10 十

图 1-23　教学图片一览

注重细节，注重方法，循序渐进

——严海霞赴泰实习报告

严海霞

一、实习概况

作为一个大学生，社会实践是可以充分提升自己能力的一个机会。作为立志要成为汉语国际教育教师的大学生，有一个可以实习的机会是非常难得的。国际汉语教育，顾名思义就是给外国学生教授汉语的职业，主要目的是帮助热爱汉语的外国人学习汉语，使他们可以很好地应用这门语言，并利用这门语言。

二、实习目的

学习是为了提高汉语国际教育的专业技能，实习则能检验学习成果，提升自己的教学经验，为以后从事汉语国际教育打下良好基础，查找以前在学习中的不足，并及时改正，争取做一名合格的汉语教师。

三、实习时间

2019 年 5 月 30 日—7 月 12 日。

四、实习地点

泰国尖竹汶府 Watkating 学校。

五、实习对象

幼儿园及小学一至六年级学生。

六、实习的学校以及学校介绍

Watkating 学校位于泰国尖竹汶府，是联盟小学的其中一所学校，离总部 Salaeng 学校大概 20 分钟的车程。全校师生大概是 220 人，分为小学部和幼儿部。学校不是很大，主要有三栋建筑、两栋教学楼和一栋食堂。小学部六个年级段，除了五年级是两个班，其余均是一个班级。一年级 24 人，二年级 29 人，三年级 17 人，四年级 15 人，五年级 30 人，六年级 24 人。幼儿园中大班共 32 人，小班 10 人左右。学校教职工大约 20 人，是一所比较小的学校。但是学校占地面积很大，有一个很大的操场，教学楼都是三层楼的，小学部的教室主要分布在二、三层，二楼是一年级到三年级的教室，以及校长办公室、会议室和老师办公室，三楼是四年级到六年级的教室，还有一间电脑信息技术教室。一楼有一个小卖部，卖一些零食和速食食品，还有图书室、实验室及医务室。幼儿园是在隔壁栋的一楼，有幼儿部自己的食堂，二楼和三楼有礼堂和祈祷室。食堂是在小学部对面，类似于礼堂，学生和老师都是在那里用餐的，每天中饭都不一样，我在的一个半月里很少有重复的午餐。有一些重大的活动都会在礼堂举办，比如教师节。

泰国是一个佛教礼仪很深重的国家，对佛教礼仪非常重视。学生只要进室内都必须脱鞋，但是老师除外，平时一般只有在办公室会脱鞋。我一般进教室授课都是穿鞋子进去的，在办公室脱鞋。教室就是普通的那种，但是在教室里会有一块区域是专门给老师的。一般都是班主任坐在教室里，班主任是没有办公室的，不上课的时候就坐在教室里。小学部的教室里都是没有投影仪的，有的只是挂在黑板上方的电视机，上课的时候如果需要用到 PPT 或者是放映视频之类的，都需要带自己的电脑，连上之后才可以用，这样就跟投影仪没有什么区别了。黑板是那种白板，不需要写粉笔字，这一点对我来说非常棒，毕竟我的粉笔字写得不是很好。但是幼儿园的教室里是既没有电视也没有黑板的，所以这就需要老师自己备道具了。幼儿园的教室里有很多教具和小朋友的玩具。还有就是这里的空调很少，我只知道校长办公室和会议室有空调。厕所学校每层楼的楼梯间都有，老师的厕所是在二楼和三楼之间，要看清楚贴在外面的英文标志。学校每天要开早会，也就是升国旗，大概是在8点钟，学生每天都会学一句简单的英文，学校对英语教育也很重视。关于上课时间，第一节是在8点半开始，课时是一小时，中途没有下课时间，一直到11点半。11点半到12点半是学生午饭时间，老师也是在这个时间段吃午饭。下午第一节课从12点半开始。学生放学时间是下午3点半。

七、实习岗位介绍

在实习期间，我的主要任务是教学汉语。我所教授的年级是从幼儿园到小学六年级，一共有9个班级，一星期共9堂课，每班每星期一节课。学生们对汉语都很感兴趣，学习氛围良好。学生们看到我去上课都很热情，会引导我去教室，帮我开电视机，拿东西。虽然他们汉语的基础基本为零，但是他们每天都会热情似火地跟你打招呼，跟你拥抱。“你好”这两个字是走到哪里说到哪里，一天要说好多遍。有时候布置作业，没有办法翻译给他们听，我都会找坐在教室里的班主任老师帮忙。老师每次都会帮忙，真的是十分感谢。经过一段时间的适应，彼此之间也都有了一定的默契，这为我们实习取得成功奠定了基础。通过实习，我明白只有真正了解学生，并走进学生的内心世界，注重教育方式方法，才能达到教师对学生提供帮助，学生对教师的工作给予配合支持的目的，从而获得很好的教学效果。

八、实习内容与过程

实习的基本内容就是课堂教学。在课堂教学阶段，我感受颇多，一方面，我深感自己知识的匮乏，以及教学经验的不足。虽然大多时候暑期兼职，都是选择做一个老师，但往往教授的是英语课，并不涉足其他科目，在给自己国家的小学生教学的时候，都可以很不错地掌控课堂秩序，可以有条不紊地进行。但是这一切都是基于我们会共同的语言，并且可以很好地表达交流，没有任何的障碍。然而在泰国，面对小学生和幼儿园的小朋友，在语言不通的情况下教授一门语言课程，对于我来说是一个极大的挑战。我不会泰语，外语我只会英文，而泰国学生英语也没学多长时间，所以我与泰方学生是完全没办法沟通的，唯一可以沟通的方式就是手势，或者用翻译软件。而在老师群体当中，除了英语老师，基本上没有会英语的。在沟通方面确实存在一个很大的问题。所以在上课的时候，就需要运用大量的图片和卡片，首先是要让他们明白一些名词性的词语，然后再用一样的句式重复几次，用不同的方法，直到他们明白为止。

第一个星期开始正式上班。在开早会的时候，我是在毫无准备的情况下，草草地介绍了自己，于是有很多学生都记住了我的泰语名字。这给我上第一堂课做了一个很好的铺垫。因为我不认识他们，所以打算在第一堂课的时候教他们"你叫什么名字"这样的问答。我列举出了我的泰语名字和中文名字，还拿着一个本子，指着名字那一栏，告诉他们名字是什么意思。用手一直指着自己，说"我"。然后慢慢地与学生完成完整的问答。当我轮番问了好几个学生，当他们回答出问题的时候，我感到非常开心，我想我的方式不怎么好，但是他们还是明白了，这一点真的让我很惊喜。接下来我给他们每个人都取了中文名字，并要求他们将写好的名字贴在桌角，虽然后来他们只有一部分人贴了，这就导致我后来分不清他们谁是谁。我是一个记不住名字的人，只有时间久了我才能慢慢记住，并且对上号。因为我教授的班级很多，并且每个班级又有很多人，要记住他们的名字对我来说是一件非常不容易的事情。对于他们的泰语名字，就更不用说了，我有学着说，但是当我复述某一个人的名字的时候，发音不准确，学生就会笑我，然后我也跟着笑。

在相处了一段时间之后，大概他们摸清楚了我的脾性，开始"捣乱"，但只要是在可忍受的范围我都不怎么生气。于是上课的时候很多学生都开始讲话，玩闹，甚至还有唱歌的。后来上课的时候我都习惯性地要带一根教棒，除了方便指 PPT 以外，还可以帮我震慑学生，让他们安静，因为有时候喊话并不管用。最让我感到生气的一件事情是，有一次我在六年级上课，上课期间，检查学生学习成果的时候，有一个男生的笔掉到了窗户外面，窗户下方有一个一人宽的平台，而且是在三楼，也没有任何的围栏。他为了捡笔，竟然爬到了窗户外面的平台上，那时候我还在认真检查，毫不知情。直到有学生提醒我，我才看到。这时候他正好在往回爬，他着实震惊到了我，还好没有出什么事情。因为语言不通，没有办法让他知道事情的严重性，所以我让班里的一个学习优异的学生跟他说，让他来我的办公室，想着先叫到办公室，让他们班主任处理，结果我一直等到了中午也没等来人，于是我就将这件事告诉我的指导老师。原本我以为他是要上课才没来办公室，后来问他的同班同学，才知道他根本就忘记了，人玩去了。之后的结果就是班主任叫上班里所有的男生，训斥了他一顿，又打了那个男生几下。后来上课的时候就再也没有出过什么事情了。他们老师在学生犯错误之后，常常拿着教棒狠狠地打在学生身上，后面去实习的各位老师看见这一幕的时候千万要淡定，这是他们的正常做法。

我的日常除了给他们上课以外，就是坐在办公室琢磨下一次课应该讲什么内容，给他们看什么视频让他们可以放松一下，准备什么样的卡片和教具，还要想应该给什么奖励。我准备最多的就是卡片，这可以让他们快速地记住。对于进步的学生除了口头表扬，有时也给予物质奖励，比如糖果，问题回答对了我都给一颗，以表示鼓励。一看到糖，一、二年级的学生就恨不得黏在我的身上回答问题，场面一度失控，我总要先稳定一下再重新开始。他们都是一群特别活泼可爱的孩子，有时候也会给我一些小惊喜，送给我一些小礼物，令我非常的感动。在最后一个星期，我从来没有想过要告诉他们我将要离开，依旧每天开开心心地去上课，假装没有任何事情会发生。直到最后一天早会上，当老师和同学们说我要离开的时候，那一刻我的眼泪真的忍不住了，面对着他们不知道该说什么，说了好几遍“我爱你们”，和同学、老师们一一拥抱告别。

作为一个教师，在教书育人的同时，也要学会如何和学生成为朋友，虽不能完全打成一片，但也不能过于严厉或者过于放松，要有度，平衡好学生和老师之间的度。在和泰国老师相处的这一个多月中，我发现老师和学生之间相处非常融洽，甚至有学生会和老师开玩笑。这一点也让我有了一种不一样的感觉，这大概是学生和老师之间最好的状态吧。

九、实习教学过程中遇到的问题

在教学的过程中，我发现了一些问题。我在教声调的时候，发现学生读第二声和第三声没有什么区别，但第一声和第四声说得很清楚。之后，我就结合手势，多用不同的拼音来给学生练习。一开始的效果还是很显著的，但是过了一星期后就又变回老样子，一星期一节汉语课，时间过得太久也就容易遗忘。不管讲什么内容,低年级的学生要完全记住也是一件不容易的事情,就像我们学外语的时候,一开始都是不太记得住的,是可以理解的。这就需要我们老师在这方面下足功夫,让学生记住并且不容易忘记。在学韵母的时候,“ü” 这个发音,他们容易发成“wei”,嘴型也是错误的。所以我在教这个音的时候,我会手指着我自己的嘴巴,让他们看我的嘴型,往往这个时候他们发的音都会稍微准确一点,虽然不是百分百的准确,但相对来说还是可以的。所以希望接下来的老师们可以在教授拼音发音上多下点功夫。在写汉字方面,虽然 PPT 上有显示笔画顺序,我也会在黑板上演示,但是他们在写字的时候,观察的不是很仔细,容易写漏,或者模仿的时候模仿错误。我一般都会当场检查和批改,发现错误我就会在他们本子上写好,让他们重新写一遍。他们的字写得不是很差,对于初写汉字的他们来说已经很不错了。在给他们批改作业的时候,一定要公平,打五角星的时候不要多打,不然有一些学生看到别的星星比自己的多一个,会喊着让你再打一个,这非常可爱。

十、实习体会和收获

实习已经结束。回顾这一个半月的实习生活,感慨颇多,而让我感受最深的是,实习对于每一个即将踏入教师行业的人来说,都是非常重要的一步,是我们将理论知识付诸教学实践的必须环节。我们可以通过实习,接触与专业相关的实际工作,综合运用所学的理论知识、所锻炼的基本技能,提高自己在学校里、在学生面前、在社会中的实际操作能力,而不仅仅局限于书本知识。在这段时间里,我收获了很多在学校里学不到的知识,综合素质得到了很大的提高,体会了作为一名教师的责任与光荣,明白了成为一名优秀教师所需要付出的努力和劳累。

十一、关于在泰国的生活

我和其他五名同学都住在 Watsalaeng 学校,除了在总部教书的同学,别的学校都会有专门的老师负责接送上下班。住宿是三个同学一个房间,房间里分为客厅、厨房、浴室和房间。但是可以做饭的只有一间,所以大家平时都在一起吃晚饭。早饭和晚饭需要自己动手做。当然学校旁边有一家面馆,去那里买晚饭，面条还是挺好吃的，就是面汤是甜的，可以加点醋或者辣酱，就可以把甜味盖住。面馆旁边还有一家小卖部，平时买零食泡面或者一些生活用品都在那里，也有卖鸡蛋什么的。如果买菜，需要采购一星期的量。Macro是一家大型超市，有点像批发超市，离学校四五千米的样子，可以找学校的老师帮忙带着去超市买食品。Watsalaeng 学校里也有小卖部，在操场也摆有小摊。小摊有卖水果的，有卖零食饮料的，还有油炸食品和面条。我最喜欢吃的就是油炸食品和面条，都是甜辣味的，味道很好。泰国的物价一点也不比国内的低，消费也都差不多。711 便利店可以用微信和支付宝，很方便。在泰国的大型购物商场也可以用微信和支付宝，但身上还是要带够现金，需要用到现金的地方还是不少的。支付宝的汇率换算比较划算，而且可以领境外红包，可以省点钱。如果出去玩一定要有人陪着，不要独自外出，尤其是晚上不要单独出去，一定要注意安全！

听、说、读、写、练

——严依凡赴泰实习报告

严依凡

一、实习目的

通过本次实习，将在学校学习的对外汉语教学知识与实践相结合，初步掌握对外汉语教学方法与技能。

二、实习时间

2019年5月30日—7月12日。

三、实习地点

泰国尖竹汶府 Tesaban Muang Chanthaburi 2 学校。

四、实习对象

幼儿园一、二、三年级学生，小学四、五、六年级学生。

五、实习内容

时间总是在不经意间悄悄流逝，为期一个半月的实习期已经接近尾声。回过头来看这一个半月的生活，我觉得自己非常幸运，可以参加这样一个有意义的实习项目。我很珍惜这次难得的机会，同时也慢慢地体会到学无止境、教无定法的意义。学生的社会实践是引导学生走出校门，走向社会，接触社会，了解社会的一种良好方式。很感谢学校对我们的大力支持，为我们提供这样难得的机会，为我们将来在社会中的激烈竞争提供了优势。一个半月的教学生活我过得十分充实，体会到了以前不曾有的经历，遇到以前不会遇到的困难，并从中总结经验，改进不足。接下来，我将这一个半月的实习心得做一略述，欢迎大家阅读。

（一）学校环境

我所实习的学校是泰国尖竹汶联盟学校中的其中一所——尖竹汶第二公立学校。尖竹汶府，又名庄他武里府，是泰国东部的一个府，位于泰柬边界，距首都曼谷 245 千米，开车大约 6 小时。辖区内有森林、山地、冲积平原等多种地形，是泰国宝石和热带水果的主要产地。这里出产的宝石以黄宝石居多，学校对面就是尖竹汶宝石中心。除了当地生产的黄宝石，还可以购买非洲生产的各种宝石钻石。水果以榴梿、山竹和红毛丹为主，都很新鲜。这里水果的旺季为三月—四月份，我们到达的时候水果已经不是那么多了，也比旺季时贵一些。

从学校出发，走五分钟就有一家 711，里面有日常用品、化妆品、零食，以及炒饭、水饺等一些吃食。我买得最多的是虾饺、三宝水饺、蟹肉炒饭这三种。零食我比较喜欢小老板海苔和鱿鱼丝。出了 711 右转就是一条垃圾街，这里的人称之为 JP 街。这里卖奶茶、水果、盒饭等，其中的海鲜炒饭、猪脚饭、鸡蛋盖饭、杧果糯米饭我吃得比较多。有一家卖豆浆的小摊，豆浆磨得很好喝。

从学校出发直走右转，再往前走五分钟，可以看到一家日料店。里面的日料分量都很足，尤其是饭类。我和室友一开始怕分量少不够吃，除了饭还点了许多，后来吃到腻！

再往前走五分钟，就是这里的大商场 Big C，与中国的华润万家、世纪联华相似，是一个货品比较齐全的商场。里面有 KFC，Dairy Queen 等餐厅，这个商场里的水果比 JP 街上的便宜一些。其中有一家自助火锅餐厅我很喜欢，食材很新鲜，可以带上自己喜欢的酱料去吃。里面还有华为、OPPO、VIVO 等手机卖场。在手机卖场，可以充值手机话费和流量。泰国有三个手机通信运营商：AIS、DACT 和 TURE MOVE，其中 AIS 信号最好，TURE MOVE 最便宜。里面也有屈臣氏及一些化妆品的专柜。

在 Big C 外面有突突车，也就是当地的出租车。如果去远的地方可以到那里打车，很方便也很快。从 Big C 坐突突车大约 15 分钟，可以到达当地的市中心，JJ 市场。这个市场与我国的银泰、万达相似，上面也有电影院，但是里面播放的电影都是泰语配音的，所以我没有看电影。外围和对面有许多小店和小摊。如果天气好，傍晚还能看到粉紫色的落日云。JJ 市场附近有一条河，河边上有个夜市，下午四五点开始营业，里面有很多当地的小吃和饮料，也有几家不错的服装店。这里有一家摊位的汉堡做得很好吃，是当地很有名的汉堡店。再往前面走一段路可以看到有很多大排档、烧烤店，在晚上很热闹。我们实习的学校副校长请我们品尝了这里的海鲜烧烤，这家店的装修很漂亮，外面还有喷泉和水池。因为这家刚开业，所以我们还看到了这家店的开业表演。这里离海边非常近，所以海鲜非常丰富，有很多我没见过的海鲜都很美味。

从学校出发大约 20 分钟，可以到达一个天主教教堂，庄他武里法式教堂。据说这是泰国最大的天主教教堂。1711 年，越南天主教徒和一个法国神父在泰国尖竹汶府建了一座教堂，教堂从建成到现在，经历了四次重建，三百年间不断扩建，教堂的规模也在不断扩大。大教堂是当地天主教徒长期信仰的重要支柱，它具有典型的哥特式钟楼、美丽的彩绘玻璃窗及追溯到大城府时代的古老艺术图案。由于尖竹汶府是众所周知的宝石生产地，圣母玛利亚的雕像几乎完全被光彩夺目的宝石所覆盖，一入内即可以感受到天主教氛围，坐在一排一排的长椅上，感受内心的虔诚与安宁。

(二)活动篇

泰国是一个很热情的国家，泰国人民也十分热情。相比中国的教育方式，泰国的教育方式更偏于自由，因此泰国学校的活动就会相对比较多。

我们到的第一天，这里的旺财校长就组织了一次简单的欢迎仪式，虽然这个时候的山竹已经比较贵，但校长还是为我们准备了很多山竹，还请我们吃了当地的特色晚饭。虽说是一个简单的仪式，却让风尘仆仆的我们感受到了无比的温暖。

1. 新生欢迎仪式

我们来到这里的时候，泰国学校刚开学不久，新生也刚刚进入我们这所学校。在6月3日星期一，我们学校为初一新生举行了欢迎仪式。仪式的内容非常丰富，不仅有本校老师的参加，还有外校老师的加盟。我们在双休日就开始为欢迎仪式做准备，布置场地，准备甜品、饮料等。

当天我被分配的任务是在礼堂门口迎宾，并把准备好的甜品拿给到来的外校老师。之后等老师们都到齐了，我们正式开始了欢迎仪式。领导代表和学生代表纷纷发言，下面的观众也十分热情。

2. 家长会

第二个星期的周末，我们学校举办了家长会。在第一个星期的星期四、星期五早上，我们就开始了家长会的彩排。我们每个老师依次介绍自己，并向台下行礼。之后再由校长把我们学校的学生近况做简单介绍。到了家长会当天，我们早早起床来到礼堂，和学生家长热情地打招呼。之后就和之前排练好的一样，一切顺利地进行着。

3. 拜师节

说起泰国人的优良文化传统，就不得不提泰国人尊师重教的意识。在古代泰国的教育系统中，接受教育有三种途径：宫廷教育、师徒相传、庙宇教育。这就决定了庙宇教育在当时成为泰国教育的重要部分。受婆罗门教影响，泰国等级森严，僧侣居于社会的较高地位，这就决定了泰国教师的地位必然很高。泰国一年之内有两个拜师节，元月的拜师节和六月的拜师节。学校可自行选择六月的任何一个星期四作为拜师节。星期四这一天，按照佛经的记载，是金星最大的日子，这一天在太阳升起之前、月亮落下之后这段最黑暗的时间里，老师就像金星一样传授给我们知识，让我们的生命充满曙光。拜师节的前一天，学生们就开始做准备，制作捧花，彩排教师节当日的活动流程。拜师节这天，老师作为主神，受学生跪拜。首先向国王画像敬礼，祷告。然后是学生代表发言，内容主要是表达对老师的感恩之情和自己平时未能按照老师要求去学习的忏悔之意。接下来，全体学生以跪拜的姿势趴在地上，为老师唱赞歌。礼毕，全体学生拿着精心制作的捧花，一排排从礼堂的最后开始膝行，跪着爬到老师跟前，学生们将捧花举过头顶，附身行大礼；老师接过捧花，双手合十对学生还礼。泰国人对教师的尊敬不仅表现在拜师节上，平日里教师也受到多种优待。例如，在食堂老师有单独的区域，学生进教室要脱鞋，老师则不用。

4. 欢迎仪式

为了表示对汉语老师的欢迎，尖竹汶联盟学校为我们准备了一个欢迎仪式。我们所有老师在艺术学院参加了这次仪式，并表演了合唱《朋友》。艺术学院的学生们多才多艺，让我惊讶的是，他们还会中国的武术棍棒，而且表演得有模有样的。还有许多泰国的特色节目，演员们穿上泰装，十分光鲜亮丽，演出也相当精彩，让我们接触到了泰国的艺术文化。

5. 外出旅游

我们学校的副校长，在 7 月 8 日带着我们几个老师出游。我们先后去了瀑布，蓝庙，海滩和最美公路，并品尝了当地特色午餐。

6. 演讲比赛

7 月 9 日，我们凌晨 5 点出发前往罗勇府参加关于国王推动泰国 4.0 计划的中文演讲比赛。这是一个大型比赛，有十多所学校参加。大约一个月前，我们学校的老师告诉我将会有这样的一个比赛。我当时非常激动，这个比赛不仅仅是一次单纯的演讲比赛，更是我们中国越来越强大的证明。学校里的老师让我修改演讲稿。由于演讲稿是从泰文翻译过来的，所以一开始有许多的语法错误和用词不当的情况。我只有不断和这里的老师沟通，才能从中得知每句话的大致含义。演讲稿修改完成之后，我和泰方老师就开始辅导学生进行演讲。先教会她发音，让她可以流利阅读，再让她分段背诵。我们学生的分段背诵得很好，但是连在一起背就出现了问题。我和泰国老师一遍一遍地进行纠正。在之后的模拟比赛中，泰国老师发现她的声调太过平缓，情绪也不够饱满，于是我们在星期六又增加了练习。比赛当天，我们学校小学学生的表现已经相当不错了，没有忘词和吐字不清这些现象发生，初中学生更是取得了第二名的好成绩！

（三）教学篇

起初我在学校负责的是初中一年级一班至三班，初中二年级一班至三班。一星期后学校调整了我们的岗位。

1. 幼儿园教学

幼儿园的教学与小学的教育方式截然不同，甚至每个年级的教育方式都是应该不同的，尤其是幼儿园。

我一开始教幼儿园的时候，没有意识到这一点，所以我在之前准备的上课内容都是幼儿园六个班通用的。后来我发现，在每次课堂上复习上节课所学内容的时候，幼儿园三年级的两个班会比二年级两个班的记忆程度要好，幼儿园二年级的两个班比一年级两个班的记忆程度要好。比如，我教他们一到五的读法，第二节课复习的时候，幼儿园三年级的学生基本可以全部记住，二年级的学生可以记住大半，而一年级的学生只能记住一两个。对于年幼的孩子来说，即使相差一岁，理解能力和记忆能力也会相差一些。所以在之后的幼儿园教学中，我将一、二、三年级分开备课教学。一年级的教学应该偏于活动教学，而不是记忆教学。比如教学数字时，可以多采用数字歌，或者数字游戏的方式。幼儿园一年级的小朋友还太小，多用活动的方式会比纯记忆的方式更能激起他们的兴趣。而对于幼儿园二年级的小朋友，可适当增加点记忆的东西，这样也可以锻炼他们的记忆力。对于三年级的小朋友，主要应该锻炼他们的耐心和听课能力，让他们养成良好的习惯，为以后上小学打下一定的基础。所以对于幼儿园三年级的学生，我会拿出大部分时间让他们直接跟读记忆，然后会进行提问抽查，相对来说比较严格。

对于在生长阶段好动的小朋友，课上最好有活动的时间。所以，我每堂课都会花 10 分钟时间教他们打太极拳。太极拳是我国国家级的非物质文化遗产，不仅可以颐养性情，还可以强身健体，是一种有着东方包容理念的运动。所以，教他们打太极既可以让小朋友们活动身体，又可以让他们简单地体会中国的文化。

2. 小学教学

小学教学的目的与幼儿园不同。幼儿园教学的主要目的是让学生初步熟悉汉语，培养学生对汉语的兴趣；而小学教学则是讲究让学生们学会汉语运用汉语，并教会他们如何将课堂上所学到的汉语运用到生活中。

首先，要给每个泰国学生取中文名字。泰国名字对于中国老师来说比较难记，不方便老师在课堂上称呼学生。给泰国学生取中文名字，能帮助老师更快地掌握学生的学习进度和学习情况。

学习语言，要从听、说、读、写、练这五个方面着手。

听

小学学生学习汉语，主要练习音标，简单的汉字，以及最平常的短语对话。

音标：主要教拼音字母的读法，以及四个音标声调练习。可运用听写的形式，随意报一个字母的某个声调，让学生写下来。

汉字：可利用将汉字与图片相结合的方式，让学生更好地理解汉字的含义。

短语对话：可以在课上设置一个场景，让学生用学过的短语进行对话。

说

要多鼓励学生开口说话，不仅是在课堂上，在课后也要多与学生用汉语尝试交流，增加他们说汉语的机会，同时丰富他们的汉语积累。

读

在课堂上一定要多让学生朗读，同时要注意学生的发音问题。泰国学生发音大致没问题，但是他们第三声发音比较困难，发的也相对不是很标准。所以遇到第三声的字，要多留心学生的发音；如果有错误，应及时纠正。

写

书写汉字对于泰国学生来说是一个难题。中国汉字结构笔画较复杂，对于不了解中国汉字的学生来说，书写汉字是极其容易出错的。我会一笔一笔拆解教学生，对于某些很复杂的笔画，我会写得很大，尽量让学生看清楚每个细节。多数学生都会写错的部分要重点进行拆解，如果有的学生还是写不正确可以手把手教。

练

练习是巩固学习的一个重要方式，不管是书面练习还是口头练习，都不能缺少。比如练习书写时可以写好板书，让学生抄写练习，也可以让学生抄写简单的对话，加以练习。

小学的课堂纪律也是很重要的一个部分，因为在教学时会涉及读音，如果课堂上有学生在下面讲话，会导致其他学生无法听清楚读音，致使学生的记忆出现偏差。所以在教学期间，一定要维持好课堂纪律，有学生讲话或者开小差要及时提醒学生，小学生在上课的时候比较容易出现注意力不集中的情况。

总之，这次实习我收获了很多，也有很多的心得体会。首先，感受颇深的一点是，理论学习是实战的基础，但是实际工作与理论阐述又有所不同。工作闲暇之余，与一些老师用英语交流，了解了泰国学生在学习方面的特点，比如说他们的学习课堂比较轻松，课堂比较活泼，所以相对于国内学校，他们的老师要比较重视教学气氛，不要太压抑。

还有一点我深有体会，学好一门外语是你以后在职场上的优势。在国外是非常需要你有良好的外语沟通能力的。即使你不会当地的语言，你会说一口流利的英语也能给你在领导和同事面前加分不少。

我也认清了自己的许多不足，比如缺乏经验，有些问题找不到重点，分不清主次，还有工作态度不够积极，在没有工作时就会松懈，不会主动总结学习。我相信在未来，我会克服这些问题，努力成长为一个合格的老师。

通过这次实习，我认识到了自己的不足。这会激励我在学校的学习中更加努力，更加严于律己，努力做到理论与实践相结合，敢于实践，做个合格的毕业生。这也是我们初涉社会的开端，是我人生路上迈出的一往无前的一大步。

开阔视野，搭建平台

——杨佳辉赴泰实习报告

杨佳辉

一、实习目的

通过本次实习，把在学校课堂上所学习的对外汉语教学知识与实践相结合，初步掌握对外汉语的教学方法与技能。

二、实习时间

2019 年 5 月 30 日—7 月 12 日。

三、实习地点

泰国尖竹汶府 Ban Khlong Lao 学校。

四、实习对象

幼儿园及小学三至六年级学生。

五、实习内容

随着中国经济的快速发展，中国综合国力的不断提升，世界各国都掀起了学习汉语文化的热潮，越来越多的人被中国文化所吸引，汉语的影响力也越来越大。汉语是世界上使用人数最多的一种语言，是联合国的六种工作语言之一，也是中华文化五千年的载体。学习汉语不仅仅是为了方便交流，更是时代发展的必然趋势。在汉语教学国际化背景下，此次浙江越秀外国语学院与泰国尖竹汶府联盟学校取得合作，将我校15名优秀大学生派遣至泰国尖竹汶府进行汉语教学实习。此次合作不仅为尖竹汶府的汉语教育提供了良好的资源，也拓宽了我校国际合作与交流的视野，以及为我校学子专业实践搭建了良好的平台。

对外汉语教育的教师肩负着两种艰巨的使命，既要扮演普通教师"教书育人"的角色，又要传播和弘扬中华优秀传统文化，是加强联系和沟通的纽带。我虽然仅仅是一名实习老师，但我始终按这样的标准要求自己。

(一)写在前面

7月的阳光，依旧是那么炽热。庄他武里傍晚的风也还是那么温柔。转眼间，在泰国的汉语教育实习教师的工作已经画上圆满的句号。在这一个半月的时间里，工作忙忙碌碌，有许多的困难与挑战，同样也有很多的收获。生活简简单单却充满了未知、意外与惊喜。此时的我，心中感慨万千，却不知用怎样的辞藻来形容，或是辛勤耕耘后收获的欣慰，或是与学生、老师、朋友们友好相处时产生的感动，抑或离别在即时的留恋与不舍。

我想了很久用于总结的词汇或者句子，换来换去都觉得没有那么合适贴切，我想我们一行的同学都有这样的感受吧。离别之际，我留了两封信，一封是留给学生们的，当地的泰国老师应该会在下一星期集会的时候念给他们听吧。有些话是我对他们的期望和祝福，有些话是我平时不太会讲的心里话。我并没有希望他们能够记住我多久或感谢我什么，只是希望我在这一段时光里给他们留下的是快乐的回忆，能够让他们感受到汉语的魅力，对汉语感兴趣，喜欢上汉语并持之以恒地学习。不能仅是完成他们的课程及教学任务，还有在其他方面对他们做到正确的引导，能够对他们有帮助，虽然我们母语不一样，只能做简单的交流，但从他们的眼神中我能够感受到他们的认同及信任。另一封是留给下一任汉语老师的，我介绍了我任教的Ban Khlong Lao学校的教学内容和进度，每个班的情况及一些问题与教学建议，还分享了一些自己生活上的经验。记得最后我写的是"祝你有所收获，感谢遇见"。现在想起来，我觉得这不单单只是对新老师的祝福，也是对我自己这段经历的一个总结吧。

首先，非常感谢我们中文学院提供了这样一个平台，以及为这个项目一直在付出的老师们。通过这个项目，我们将所学习的知识真正投入到汉语作为第二语言教学的工作中，不单单是提高了自己的专业素质，更是通过这次实习审视了自己的学习成果及能力，以及一名汉语国际教育专业的学生向一名对外汉语教师发展该具备的素养及能力。

学院是第一次开展这个项目，所以对于我们而言，很多事也都是第一次，我们就是在这样未知又期待的状态下前行的。学院非常重视这个项目，在第一批赴泰实习名单下来后，便马上安排了泰语培训，选择的泰语老师是浙江大学汉语国际教育专业的泰国研究生。不只是泰语，在泰国文化、风土人情和汉语作为第二语言教学方面都给我们带来了很多的帮助，也给出了一些实用的建议。老师们通力合作为这次实习编写相应教材，我们也着手进行教案制作，材料准备。国际交流处的老师给我们进行有关签证、出国注意事项、安全问题等的相关培训。但并不是所有事情都那么顺利，随着出发日期一天天的临近，仍有许多问题没有解决。比如签证问题，由于需要临时改办签证类型，导致一系列文件需要重新准备，其中因为语言不通及文化原因，泰方邀请函迟迟没有下来，所以又拖延了原定的赴泰时间，包括上海的面签之行也并不顺利。但是，在中文学院领导坚持不懈地推进下，在各位同学的积极准备下，最终顺利拿到签证所需的邀请函，还争取到了更多的赴泰国实习名额，使这次赴泰国实习得以成行。最终，我们还是带着最初的热爱踏上了泰国这片热情的土地，心之所向，素履以往。因为心中热爱这份事业，那么这些困难只是较早便出现的对这次实习之旅的挑战罢了，而这些挑战能够磨砺我们，但终会被克服。

再者，感谢我们这次的带队老师和同行的伙伴们杨锋老师，他有丰富的国外生活经验和渊博的知识。不论是在我们实习工作的指导上，还是在生活上的问题，他一直竭尽全力地帮我们协调解决，在教学、生活、出行、安全等很多方面都给了我们很多实用的建议与帮助。还有不得不说杨老师的厨艺真的了得，总是能给我们带来很多的惊喜，能够在异国他乡吃上熟悉的味道，真是太幸福了。因为尖竹汶府的公共交通并不发达，从采购食材到处理食材，再制作这么多人食用的一桌子饭菜，一下午时间就过去了，就像家里的长辈准备年夜饭一样。在一星期的课程结束后，我们学校老师会送我们到Watsalaeng学校与大家集合，能够吃上这样的一桌饭菜，大家一起互相分享着各自发生的趣事、实习教学经验，计划着出行，真的是无比令人感动和单纯美好的时光了。其实从做饭这件事和许多平时的小事中，或是日常的聊天里，我也从杨锋老师身上学到了很多，他是一个严谨、认真、沉稳、细心、温暖的人，也正是大家都称呼他为“暖男”的原因。感谢同行的伙伴们，不论是在Ban Khlong Lao的小朱还是本部的同学们，大家互帮互助，一起讨论教学，一起研究并花一下午的时间做一顿“年夜饭”，一起去校门口的小超市买饮料，喂流浪狗、流浪猫，一起吹着晚风散步，看日落、数星星。

感谢泰方学校对我们的照顾，从我们刚下飞机到机场，我们就感受到了泰方的热情，校长们早就带着翻译老师到机场迎接我们了。我所在学校校长Suchanun女士向我介绍了学校老师和当地居民，还有当地的一名委员及一位华裔大哥——陆哥给我们认识。在Ban Khlong Lao生活的那段日子，他们给予我们很多的帮助。陆哥是一个很有故事的人，在生活方面，作为一位长辈他用自己的人生经历给了我很多中肯的建议。感谢每一个跟我们说“你好”的人，感谢每一张面向我们的笑脸，感谢在这里遇到的所有的人和事。

（二）联盟学校背景

尖竹汶府联盟学校是以幼儿园、小学教育、中学教育体系为主的教育集团，其中最新加入了一所艺术高等院校，共8所学校，学校开设泰文和汉语双语教学课程。我所在的学校是联盟学校的Ban Khlong Lao学校，约300名学生；全校共有15位正式老师，1名实习老师。学校开设泰语、数学、汉语、英语、体育、美术、音乐、电脑等课程。学校其他设施有：一个电脑教室、一间小型图书馆（图书馆内设有电子阅览）、一个食堂、一个音乐教室、一个大型足球场，以及篮球场、每间教室配备多媒体设备。

（三）教学工作总结

本次合作的任务主要有：1.浙江越秀中文学院15名学生到泰国尖竹汶8所学校进行正式汉语教学，完成该校的教学计划；2.在教学实践中检验考察中文学院为泰方编写的《小学生汉语》教材，并给予反馈；3. 在实际工作中，考察评估双方继续合作的条件和可能性。

教学内容：中文学院为泰方编写的教材《小学生汉语》及相关拓展。

学生基本上是泰国人，有几个混血。学生性格都比较开朗，友好阳光，艺术细胞很活跃，能歌善舞，喜欢运动，表现欲较强。每次中午吃完饭后，他们都会弹奏乐器，乐曲的旋律也多为轻快愉悦，有些学生和老师都会跟着一起律动。有时候路过，学生会邀请我加入。

该校是第一次设汉语课程，学生基本上没有汉语基础；但对汉语学习有着较高的热情，通过第一天的学习，全校基本上在用“你好”“再见”。因为没有任何汉语基础，经过一段时间的学习，学生对汉字还是比较陌生，多数学生能够根据拼音读出汉字的基本发音，但是单独进行汉字认读的时候，学生的表现就出现较为明显的下降。虽然是四、五、六年级，但其实进度基本上差不多。他们的年纪较大一些，理解能力也较好，所以我对他们的要求也稍微严格一点。其实，年纪大一点，学生的自主性也会更高，但有些学生会三分钟热度，会存在有些学生不参与课堂也没有积极性，做自己事情的情况。有些学生学习汉语的主动性比较缺乏，很少有学生养成课前预习、课后复习的学习习惯。上课讲解知识点时，有些学生纪律观念不强，需要老师反复重复、不断督促，学生才会下意识地把知识记住。所以有时候可以适当放慢进度，给学生看一些有关中国和中国文化的视频。总的来说，四、五、六年级的教学基本围绕教材的课文并进行适当的词汇和短语的拓展。

因为缺乏语言环境，所以一部分学生有遗忘情况，所以尽量让学生在课上都能开口说并进行课前复习。有些比较抽象的东西用泰语或者英语辅助后加上一些示范帮助学生理解。还有一个问题就是学生对汉语比较陌生，在已经能掌握对话的情况下还是缺乏自信，以及应用方面的能力。比如在“他/她叫什么名字?”的对话中，学生能完成对话，但是在实际模拟中，总是忘记指向某个具体的他/她。但其实他们自己也会很快发现问题，当 A 学生没有指向性地提问后，B 学生根本无法进行回答，还有部分学生会随机选择或者按照之前对话内容回答。

学生在生词学习的过程中，在对话中学习词语比单独学习词语要好，学生更喜欢和容易接受句子和对话。因此，在句子中对生词进行教学，学生对生词的理解没有问题，但是在词语记忆和发音上存在较大问题。当堂课的认读基本上没什么问题，但是下次课程的时候，学生就会出现认识偏差的情况（我说，让学生选择，学生是否能做出正确的选择，由此判断学生是否能够理解）。生词跟读基本没问题，但是学生单独认读就会出现问题，有的读不出来，有些发音会出现比较偏离的现象。经过几个星期的学习后，学生对之前内容的掌握出现下降的情况。部分知识点混淆，部分学生需要看自己的笔记本才能回答。填词游戏，换词提问等，学生给予的回馈稍慢于之前。所以，在课前需要通过随机提问和课堂小游戏的形式帮助学生巩固，如通过××蹲、小火车、个人接力等，AB 对话、分组抢答等方式尽量做到让每个学生都参与到课堂中，并调动他们的积极性，真正让学生享受这堂汉语课、并能有所收获。

泰语学习者学习汉语中出现的负迁移现象：在日常教学中，我发现泰国学生学习汉语发音，有其劣势和难点。而这些难点在幼儿园比较普遍，在查阅相关资料后发现，这主要是受母语影响而产生的，汉语中有些音素的发音就成了泰国人语音学习的难点。除此之外，幼儿园的孩子只接触过简单的英语，并没有开始系统性的泰国第一外语——英语的学习，所以有些发音对他们来说会比较难。我想这也是除了年龄和认知程度之外，高年级学生的情况会比幼儿园的好的原因吧。出现的具体情况如下：比如声母方面，平舌音 z、c、s 三个声母的发音及其区别，是泰国人汉语学习中碰到的第一个困难。这三个声母对于泰国人来说，不但发音困难，并且在听音、辨音方面也非常费力。与平舌音 z、c、s 相类似的情况，还有翘舌音 zh、ch、sh、r 的发音。比如，学生进行跟读时，第一次很难发对音，以及在多遍跟读之后，没有我的领读，学生发这些音就会出现许多问题。上述两类声母，之所以成为泰国人语音学习的难点，是由于泰语语系中没有平舌音和翘舌音。

在韵母方面，发韵母 ü 时不撮口，也是汉语学习中碰到的最多见的语音难点之一。比如，在教学活动中遇到的问题也证实了这一点，幼儿园的小朋友在看图跟读中，总是把鲸鱼（yú）发成鲸（yí），四、五、六年级学生在第二课中，学生很难发女（nǚ），总是发成（nǐ），第三课中“我是学（xué）生”发成“我是‘xie 生’”。

其次，泰国学生对音调并不敏感。当学生对字的发音不准确时，音调往往是很大的原因，而这又是他们最容易忽视的东西。泰国人一般都能较好地读出既高又平的平调，和快速降落的走声调；但在读上声调时，往往降得不够低，升得不够高，以致上声的“拐弯”正确度较差。同时，在听音、辨音时，上声调和阳平调经常混淆，不容易辨别开来。比如，学生总是将二(51)发成55。

对这样的情况，在进行词汇教学的时候，适时加入一些声调手势，学生也会不由自主地跟着我一起做，他们的声调发音也会下意识地跟着发生改变。

我觉得泰国的教育中有一点做得非常好，每天上课前和上课后，能看到每个学生都在参与校园环境的打扫与秩序的维持及一些准备工作。

(五)个人感受

这里的老师、学生都很热情，我还记得刚开始的时候全校每个人都用汉语跟你问好，我感觉自己一天说了好几百上千遍“你好”，在享受教学成果的愉悦之余，也很“害怕”听到这两个字。而在离别之际，我最想做的就是认真地跟每个人再打一次招呼。

关于这里的生活，只能说每个人都不一样，都有自己的体会。刚到这里，或多或少都会存在一些不适应的地方。这边的气候、人文、生活方式与国内迥然不同，我也是花了一段时间才慢慢适应的，融入这边的生活后，发现这里真美。如果说要给一些建议的话，我觉得就是要去感受这边的人，感受当地的文化，感受这里的生活。

最后，感谢这段实习经历，感谢遇见。

图 1-24 教学图片一览

寓教于乐，水到渠成

——朱丹飞赴泰实习报告

朱丹飞

一、实习目的

通过本次实习，把在学校课堂上所学习的对外汉语教学知识与实践相结合，初步掌握对外汉语的教学方法与技能。

二、实习时间

2019 年 5 月 30 日—7 月 12 日。

三、实习地点

泰国尖竹汶府 Ban Khlong Lao 学校。

四、实习对象

幼儿园及小学一至三年级学生。

五、实习内容

(一)写在前面

如果要用一个词语来形容我二十岁这年经历的这一段实习旅程,我想我会用“意义非凡”。回顾过去的寥寥数月,我会发现自己所经历的东西可以说是刻骨而又缥缈。之所以记忆深刻,是因为那些真挚而又可爱的老师和学生给我带来了太多的收获,而缥缈的是自己终归要回到国内,继续去完成我的学业。因此很多人最终只能永远地留在我的记忆当中。但无论结局如何,我相信这段经历都会成为我成长路上的一块基石,它所带给我的经验和教训都将使我终身受用。

(二)签证之行

故事的开始,就有着些许的不顺利。出发的日期一天天地临近,但我们的签证却迟迟没有到手。2019 年 5 月 21 日早晨我们出发赶往上海进行面签,不巧的是 5 月 20 日正逢泰国的节日,领事馆闭馆一天,因此 21 日早上排起了长队,而领事馆更是只在上午 9 点至 11 点办理业务。出师不利的我们当天只能选择留在上海,我们所住宿的是一个隔音很差的小旅馆。我记得当天晚上我一直在借用酒店楼下大堂的桌子,反复地修改填写我的签证申请表,不仅仅是我,其他人几乎也跟我一样做着相同的事情,我们害怕犯错误被拒签,因此连一个细微的涂改也不愿意留下;然而有的时候就是会这样,越是害怕犯错,就越会频繁失误。现在回想起来,原来自己当时是那么的有耐心,愿意不厌其烦地去重复这么一件琐事。那天晚上我几乎没有睡觉,22 日凌晨 2 点我们一行人便集合前往领事馆,在我们到达的时候还不到 3 点,整条路上空无一人,我们果真成为来得最早的人。十六个人就这样在领事馆门口或站或坐,半梦半醒地等待了六个多小时。现在回想起来,我只记得伴随着耳机里播放出的各式各样的歌曲,我就那样默默地坐着,看着漆黑的夜空渐渐泛出光亮,再到后来阳光从枝头的树叶间穿过打在我的脸上,我疲惫,我劳累,周围的人也都是如此，但又都得打起最后的精神不断地去前行。或许成功这条道路就是这样，即便遇到再多的困难，都会选择一往无前，最后他们看到的都是光鲜亮丽的你，而你又不会提起这些路途中的插曲，其中的酸甜苦辣都会埋藏在自己的心底，成为最深处的记忆。

（三）素攀武里

5 月 30 日，当我降落在机场后，便见到了前来迎接我们的泰方校长团，简单的问候与合影之后，我和杨佳辉便突然接到命令要前往素攀武里府进行实习，这也意味着我和杨佳辉要与其他所有人分开，显然我在这之前并没有做好这样的准备，不过我们还是上了前往素攀的车。现在回想起来，当时的我根本没有想到自己会经历怎样的一夜。那天我是真的孤立无援，第一次面对这种处境的我显得十分慌张，我害怕所有的东西以至于我希望我的老师能够把我给接回庄他武里府。这种担心的确不是没有原因的，所有恐惧的来源都是未知，我因为不知道那么多的东西所以才去害怕那么多的事物。当我在即将离开 Ban Khlong Lao 时回想起当时的自己，我发现曾经使我胆战心惊的敲门声其实只是壁虎的叫声，那些千奇百怪的昆虫其实只是家常便饭，自己脑海里浮现的很多阴谋论也只是因为自己从没有接触过这里的事物，我所害怕的东西其实都是这片土地最真实的样子。我自己的确应该向素攀的学校道歉，是我内心建设的不足导致我初到泰国时误会了他们。然而这都是成长过程中的必经之路吧，经历过素攀之夜的我在后来变得不再惧怕任何东西，那一天真的是让我长大了很多，我为自己拥有这么一份经历而感到庆幸，至少自己多了一份回忆。在带给我害怕的同时，它同样让我第一次接触到真实的泰国。

（四）尝试教学

离开素攀武里府之后，校长便把我们接到了 Ban Khlong Lao，这是一所位于山里的小学校，规模的确不大，设施完备，但是和我们国内的小学比还是显得略微陈旧。来这里就读的学生大多数都是周围山里的孩子，那些因为果园而家境较优越的家庭也会把孩子尽量送去城里就读，因而我的学生当中有很多是家境贫穷没有条件去往城里念书，又或者是父母离异孩子只能跟着祖父母艰难度日，总之这些本该处于最天真烂漫年纪的孩子背后可能都背负着我所看不到的压力。于是我便要开始教学了，尽管我已经在学校学习汉语国际教育专业知识已有两年之久，但这的的确确是我第一次真正意义上作为老师站在台下学生们面前，那一瞬间其实我意识到的是自己经历过的那些模拟上课，其实都像是在做戏。可能很大的不同在于：之前的"学生"其实早就已经知道我接下来要去做什么，因此与其说我是在上课，倒不如说我是在与他们配合着演习。而我真正的学生们坐在那边时，我能读出他们眼中对汉语课的兴趣，但同时我也能感受到他们其实并不能够理解我的一言一语，哪怕是我在国内用的最基本的课堂用语他们也不懂，这才是真正的零基础教学。好在我能看出他们对我的课堂还是很有兴趣的，于是我便照着我的课本按部就班地进行讲授了，但是很显然这么做的效果并不好，我的学生们年龄大多较小，从生词到对话的模式明显让他们觉得备感枯燥，大多数的学生不能理解"对话"的意义所在。即便班上的泰国老师已经倾尽自己的全力来对我的话进行翻译，我的教学进展仍旧十分缓慢，那时候我便开始琢磨自己其实应该要寻找一种新的方式了。

我记得那是一个中午，我走进校长办公室，开始和他沟通这个问题。校长的年龄和我母亲相仿，我记得那天她一直都用柔和的目光注视着我，而我却显得略微有点焦躁。校长是一位很有品位且很有内涵的人，我一直都用英语和她交谈，尽管大多数时候她说的并不十分快，但我能听出来她的言语总是拥有一种深度，我想这应该就是岁月给人的沉淀吧。我向她讲述了我的问题，我的学生们总是不能专心于我的课堂，也理解不了我的一些课堂用语。我询问她，是学生们的态度有问题吗？难道他们不喜欢学汉语？校长的回答使我备受启发。她说，其实重点并不在于学生们的态度，他们的态度都没有问题，关键点就在于兴趣。她给我讲了很多泰国老师上课时所遇到的问题和做出的改变，包括她自己本人。就这样，伴随着这些故事，我的心慢慢地平静了下来。我印象最深的就是校长的一句话，"Please remember：While they are playing，they are learning。"直到今天，校长说这句话时的眼神和姿态还历历在目，那就像是长者对新人的一手指点，让我悟出许多东西。从那以后，我就开始慢慢去琢磨属于我自己的教学方式了。

(五)渐入佳境

一个月的时间很短,于是我便着手教一些平时生活中他们也能用得上的东西。课本上虽有一些看似比较基础的对话,但是同学们平时几乎用不到,这就会造成一种学了但是却不去用的现象。久而久之,当我回国之后,他们势必会遗忘掉这些知识。而我想做的是,虽然我在他们身边的时间很短,但我可以在自己教授的时间里尽可能多地教他们一些有用的知识,这些东西对他们今后的一生可能都会有所作用,这便是我能够留给他们的最好的东西。这个世界很大,我想让他们对外面的世界产生兴趣,努力学习,尽量能够走出这里,去看看外面的世界。这个世界的确很大也很美好,每个人都应该走出去看看。

我开展了一些专题模块的教学,用一个月的时间,我教会了他们数字、水果、动物,告诉了他们一些简单的地名,我还运用了校长所给我的点拨,尽量采用游戏的方式进行我的教学。我认为那些课堂是十分欢快的,因为我准备了很多的游戏给他们,至少在那一小时里,那间教室里的所有人都不会觉得枯燥,无论是老师还是学生,我们都可以分享着知识和快乐。我不仅教会了他们很多东西,也从他们那边学到了相应的泰语。我很享受这种和谐的氛围,其实我认为我的课堂里没有老师和学生的区别,有的只是大家一起去学习的一个环境,我从来没有拔高自己的姿态觉得自己高高在上,他们也从未显得唯唯诺诺,大家在展示自己的同时也会学到一些新的知识,每个人都在玩,而玩的时候又能有所收获。我真的为自己能够创造出这样良好的课堂氛围而感到欣慰,至少在这短短的一个月当中,我给他们带来了很多美好的东西,尽管彼此陪伴的路程并不长远,但我相信这段美好的时光能让我们终身难忘。于我而言,这是我第一次做老师;于他们而言,这是第一次学汉语。

(六)尾声

离开前的一个星期,我就在课堂上告诉他们,老师就要回国了,因为“老师”还是大学生,必须回到学校去完成自己的学业。我之所以没有选择不辞而别，是因为我觉得自己已经跟他们减少了许多的距离感，可能算是亦师亦友吧，而作为朋友的我是绝对不能不辞而别的。在那最后一个星期里，我从YouTube上找了一些关于中国、关于我的家乡杭州的一些宣传片，播放给他们看，让他们知道我从小长大的国度大概是个什么样的地方。我能从他们的眼神中读出许多好奇，有的人也流露出向往的目光，他们的确都还小，但是他们可以知道世界其实并不是只有庄他武里，还有很多美好的地方和风景，他们应该走出去看看。那几天经常有泰国老师和学生问我一个问题，他们问我是否还会回来。其实我也知道自己大概率是不会再回到Ban Khlong Lao教书了，但我还是不忍心看到他们难过，我就告诉他们如果有机会我一定会再来这里当老师。其实漫漫人生路，他们还会拥有很多个汉语老师，其中一定会有比我更出色的，我也会再去到更多的地方见到各色的人，只要彼此所陪伴的日子里享受到了许多的快乐，那么就一切都好。临行之前的最后一堂课，我与所有学生击掌说再见，就像当初第一堂课时我与他们所有人握手问好一样，我也留下了一张张的合影，好让自己能够在今后可以去回忆这段过往。来的时候太过匆忙，也怪自己心思不够细腻，除了知识我并未准备礼物来送给他们。令我深受感动的是，我收到了许许多多的礼物，有学生们送给我的一张张贺卡，一袋袋从家里带来的水果，还有老师们送给我的席子、纸巾盒、小钱包、工艺摆件……礼物的确不算贵重，但都凝聚了很多情谊在其中。离开当天，老师们为我们准备了一个party，我和杨佳辉演唱了一首张震岳的《再见》，用歌声向所有的人，向与我们朝夕相处了一个多月的Ban Khlong Lao告别，杨佳辉还讲了许多话留给学生们，而我手握话筒却不知道该说些什么好，于是我向下面的孩子们保证自己还会回到Ban Khlong Lao，回到这里来看他们。那天的午餐，是做饭阿姨Basao特意询问过我之后为我准备的Patai(泰式炒粉)，然而平时最喜欢吃它的我却觉得鼻子酸酸的，泪水一直在眼中打转。上车之前，我最后回头望了一眼Ban Khlong Lao，我想我应该会找时间再回来的。

(七)写在最后

现如今，我已经回到了中国。泰国之行的一番经历，却又好似已经是许久之前的事了。国内的生活和那里有着那么多的不同，就好像是两个世界。

我常翻阅着自己存下的照片,脑海中也会浮现出许许多多的画面来。我会回忆每一堂课,回忆每一个同学的笑脸,回忆一路走来的酸甜苦辣,回忆自己这趟实习以来发生的点点滴滴。如果现在有人问我,这一路走来,你究竟学到了什么。我想我会感激当初的自己,去选择拥有这么一段珍贵的旅程,他不仅让我生平第一次去扮演老师的角色,还让我前往异国他乡生活一个半月。我学会的不仅仅有如何工作,同时也有如何去生活。一路上学会了太多的东西,也拥有了许多珍贵的友谊。这的的确确是我这辈子第一次当老师,和我曾经所幻想过的一样,我站在属于自己的讲台上,去讲授一堂又一堂属于我自己的课,我想我或多或少都教会了他们一些东西。对于他们来说,现如今的我可能还不够优秀,今后他们会遇到更多更好的老师去教他们更多的知识,但作为他们的汉语启蒙老师,我能够在他们的脑海中留下一些知识,我便问心无愧。

我不确定自己今后到底会不会继续做一个老师,可能汉语国际教育这个专业真的比较适合自己,但由于各种各样的因素,真正做一名远赴海外进行教学的国际汉语教师,是一件需要天时地利人和的事情。可能我在大学毕业之后,会选择从事其他的行业,拥有新的生活,这一辈子也与国际汉语教学不再关联;但我却永远也不会忘记自己曾经是青春道路上一个敢拼敢闯、勇于尝试的人。凭借着这股力量,我相信自己可以做更多的事情。无论自己今后身处何方,从事着什么行业,身边有怎么样的人,我都不会忘记这次经历给我所带来的一切,收获也好,教训也罢,所有我学到的东西都是我这一辈子最宝贵的财富。希望今后的自己能更稳重一些,逐渐变得更加成熟的同时也要保留青春时的一股子拼劲。人生路还长,我一定能做得更好。

一路走来对太多的人心存感激,感谢那些给予我这个机会的学校领导和老师,感谢一直以来对我抱以期望并全力支持我的父母和亲友,感谢在泰国一路与我陪伴彼此的小杨老师,感谢一直待我如亲人的杨锋老师,还要感谢泰方我叫得出名字的和叫不出名字的各位老师,以及路途上遇到的各种好心人。我一直拥有着一颗感恩的心,却找不到一个合适的方式去表达,但我希望这些人能和我一样,都过得越来越好,能够平安、幸福地生活在这个世界上的某一个角落。

图 1-25　实习照片

第 二 部 分

马来西亚实习报告

实践，有功勋

——陈淑婷赴马来西亚实习报告

一、引　言

2017年1月4日早上7时，我们14人作为苏丹依德里斯教育大学和浙江越秀外国语学院的交换生很有幸去了解、体验了马来西亚当地的教学氛围、教学方式。而我所在的学校是丹戎马林公教国民型华文中学（SMJK Katholik，TanjongMalim）。据了解，公教中学是本地华人于1959年在当时的KMN国会议员李锡勋和本埠闻人陈济能先生的领导下，会见了天主教的负责人，要求对方协助建立的一所国民型华文中学。而后由教会同意成立一个筹委会，筹委会各委员被授权去筹款，以协助教会成立一所华文中学。而此所中学后被命名为“公教中学”。

第一天，我抱着兴奋激动又忐忑的心态来到了公教中学。第一眼所见的是一个大操场，再看到黄桂蓉礼堂，在黄桂蓉礼堂两旁是教学楼。这边教学楼的每一间教室都是由本地的华人、印度人、马来人自发捐助的，因此每个教室都是以他们的名字命名的。我们对学校的教育规模、环境卫生、管理风格、办学特色、教室布置等进行了全面的学习考察。两周下来，收获很多、感触很多，也发现了马来西亚中学和国内中学的些许差别。

二、行政组织结构图

人、目标、权责这三者的最初结合，就是职位。职位，即形成行政结构的基本要素，行政组织的整体架构皆由各种职位排列组合而成，继而构成一个单位、部门、层级，以至构成了整个学校行政系统的组织结构。

图 2-1 将简述公教中学的行政组织机构：

STRUKTUR ORGANISASI PENTADBIRAN & PENGURUSAN SEKOLAH 2017

ORGANISASI PENTADBIRAN SEKOLAH

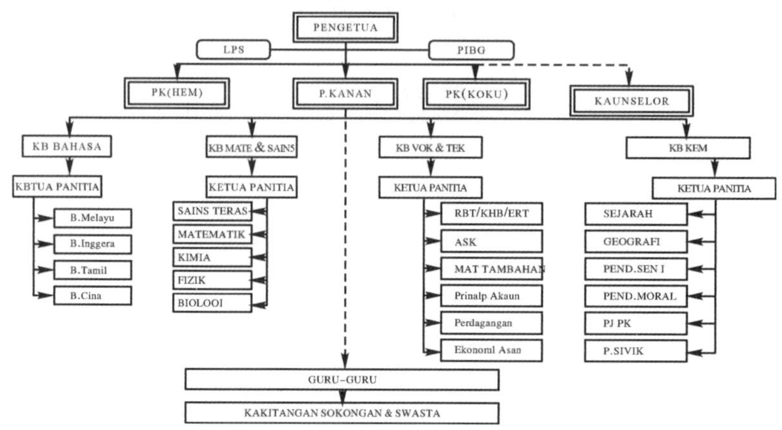

图 2-1　公教中学行政组织机构图

从图 2-1 中可了解到，行政组织最高职位是校长，但由于公教中学现任校长一职空缺，因此由 DEVI 副校长代理校长一职。其中家协和董事会也是行政组织的重要组成部分，他们会协助学校运转，紧密联系学生和家长、家长和学校。而在校长下面有三个副校长，主要分管学生事务、行政、课外活动三大部分。其中行政副校长所管的事务范围最广。行政下面分四个科系，包括语文科、人文科、科艺科、科数科。而在各个科系下又会有相应的系主任来管理这一科系的所有大小事务，当然每个科系会有相应的授课老师。

三、学校校徽、宏愿、使命、校训、宣言介绍

学校的校徽如图 2-2 所示：

图 2-2　公教中学校徽

校徽的分析：以喷泉的形式为主图，这象征教师是知识的源泉，学生饮水思源。校徽的主色调是蓝色和黄色，旁边点缀少量白色和红色。蓝色代表在学术、课外活动及社交活动时，所展现的互助精神；黄色代表求学生高尚的品德；白色代表学子的廉洁和坦诚；红色代表学生面对挑战的勇气。

公教中学的宏愿是：培养出有品质的学生。

公教中学的使命是：保持有品质的教育系统，为了发展有潜质的学生，为了实现国家的抱负。

公教中学的校训是：实践，有功勋。

公教中学的宣言是：1. 我们的责任是给予完整的教育，以服务学生为使命。

2. 我们的工作会提前安排好。

3. 我们要以开放的心态去接受别人的看法和批评，为了更好地提升教育界的水平。

4. 与家长保持密切的联系。

5. 根据自身要求去适应各种变化，努力成为最好的学校。

6. 要尽力给予学生零缺点的教育。

7. 一直秉承诚实的原则，以便培养各方面的和谐气氛。

8. 要传授给学生良好的知识，给予学生细微的关怀。

四、对语文科主任的采访

语文科主任的主要工作是统筹安排好语文科所有老师的任务，比如帮助教师解决学生问题，召开小组会议，派教师外出开会，成为教师的专业顾问，等等。公教中学的语文科主任是范老师，经过几天的接触，我发现范老师是一个和蔼可亲、受学生欢迎的老师。她会帮助我们解决在学校见习期间所遇到的各种问题，细心地带领我们去认识学校、了解学生。

以下主要根据采访内容来对语文科主任的工作范围进行概括：

1. 准备长期年度课程。

2. 确定和提供已更新的教学纲要。

3. 提供相关的科目书籍列表，用于购买作为教师或资源中心的学科参考书籍。

4. 确定使用教具的最新教学方法。

5. 帮助及协调学术团体的活动。

6. 收集和绑定至少两份考题，随后移交给教师资源中心作为参考。

7. 分析及测试每月有关学科的成果，并对没能达到预期水平的学生做出具体的应对措施。

8. 与教师委员会的成员密切联系，以便了解学生的学习进度，并针对问题采取措施，从而提高教学的质量。

五、整体反思

经过为期两周的见习活动，我对马来西亚中学的教学有了相应的了解，也发现了这边的教学模式和国内的差别。从一踏入校园的那种无所适从到慢慢地适应，我每天都学到很多。通过这两周的见习，我深深地感受到教师们在学校里那种吃苦耐劳、无私奉献的精神。此外公教中学也在不断地进步，如引进先进的教学设备、全面的办学理念，涵养浓厚的学习氛围，设置精简高效的领导阶层，这些都值得我们去推敲、学习及借鉴。

回顾学校的方方面面，有以下几点发现：

（一）“先学后教”的教学模式

“先学后教”的教学模式要求以学生自学为主，把课堂时间交给学生，让学生成为课堂的主人，老师只起到辅导的作用。这里所谓的“先学”不是盲目地瞎学，也不是教师放手不管，而是学生在教师指导下自主学习，老师给予恰当的自学指导。教师在备课时要先分析学生的认识水平和接受能力，同时预设自学中可能出现的问题，并且准备好相应的解决方案。至于“后教”是指在学生充分自学后，教师与学生、学生与学生之间进行互动式的学习。学生在自学时，教师要巡视，并准确掌握学生的自学情况，在学生自学结束后，教师要引导学生主动提问，组织学生讨论交流，自行解决在自学过程中出现的问题。如还有问题不能解决，教师就会提供一些相应的帮助。

虽然这种模式有一定的优势，但如果使用不好则会适得其反，造成教学课堂混乱，教学质量下降。不是每一位学生都有良好的自主学习能力和自控能力，如果学生做不到自己主动去学习，那么这种教学模式并不占优势。因此在使用这种教学模式的时候，应该事先分析在这个班级里的学生是否适合这种教学模式。而且，在中国国内采用这种教学模式的学校比较少，学生位置的排列也不像在马来西亚一样，以小组的形式，而是都面向老师，且以老师讲、学生听为主，这就不会促使学生主动去学习。这两种教学模式都有各自的缺点，教师应该根据自身需要和学生能力来进行选择。

（二）轻松愉快的教学氛围

轻松愉快的教学氛围绝对不是指松散吵闹的教学氛围。我有幸聆听一堂马来西亚华人老师的课程，整体感觉课堂氛围太过松散，学生太过自由。不知道是不是因为刚开学没多久，还是一直都是如此。在这种氛围下，是绝对不利于学生学习的，甚至有学生连老师强调多遍的“先做作业二”都没听到，而是在和旁边同学聊天。在国内，学生要想回答问题须举手向老师示意，在这边则是学生七嘴八舌想说什么就说什么，这会造成很多噪音，使部分学生听不清老师所讲的重点内容。虽然中国的那种教学模式有一定的弊端，但至少不会导致教学秩序混乱，而是井然有序的。虽然偶尔会造成冷场，但学生在能随意讲话的这种教学氛围，很容易开小差，而且不认真听讲。两者各有其优势和劣势，如何取舍这两种课堂氛围就要看学生的接受程度。

（三）教育思想的改变

教师要转变教育观念：一是把“先教后学”教学模式的实质与所教的班级联系起来，取其精华，去其糟粕，并将部分精华融入实际的教学工作中；二是根据教学目标设置其课堂所引导的主要内容，在“引导”上下功夫，引导得当，学生才可多角度、多层次、全方面地寻找方案、解决问题，最终实现高效的课堂。时代在不断地进步，教师也应该适当学习一些先进的教学理念，不断地提升自身知识水平才能更好地教导学生。

教师要改变对德育工作的看法，自身的示范效应是无可替代的，无论是举止言谈还是音容笑貌，都会使学生受到潜移默化的影响，教师不规范自己，还怎么去规范要求学生呢？身教重于言教，要求别人做到的，自己首先就该起到带头作用，正所谓“其身正，不令则行；其身不正，虽令不从”。这就是搞好德育、教育的前提。以教育为首，改变自己的行为，这样才能把教育落到实处，才能行而有效。

六、小　结

虽然在公教中学只有短短的两周，但是公教中学的老师、学生都很亲切，对我们都很照顾。也很感谢洪老师为我们安排两周的学习考察。很荣幸被副院长 DEVI 邀请至她家做客，品尝印度的点心，感受典型的印度式家庭。印象最深刻的是 DEVI 会和我们分享他们全家人的照片，她很有心地把那些照片洗出来整理成了一本本相册。

尽管华文教育曾受到过政府的打击，但各方人士都积极伸出援手来帮助华文教育事业。老师们兢兢业业，恪尽职守；学生们也能够认真听老师的话，完成自己的学业。在他们的学习过程中，有的不只是课业上的交流，还会有文化上的碰撞，以及各种课外活动。像我们参加的越野赛跑就十分有意义，不仅提高了学生的身体素质，也让他们体会了竞技精神。

在公教中学的体验是难忘的，也为自己以后的就业做了一定的铺垫。

在爱的鼓励中开启求知之路

——陈嘉怡赴马来西亚实习报告

一、引　言

2017 年 1 月 4 日上午 6 时，苏丹伊德里斯教育大学中文教育系 14 位中国交换生有幸随着洪锭发老师参与霹雳州丹戎马林公教国民型华文中学、重新华文小学，以及龙邦国民型华文小学的学习考察活动。14 位交换生分成 3 支队伍，以 5∶5∶4 的人数分配，分别进入三所华文学校，考察时间一共两周。本人与同伴 3 人进入了龙邦华文小学进行学习考察。这两周里，我们对学校的教育规模、环境卫生、管理风格、办学特色、教室布置等方面进行了全面的考察学习。

图 2-3　龙邦国民型华文小学教学楼

二、行政组织结构图

个人的发展要讲究长远的职业规划,同样,对于在艰难处境中顽强生存的华文小学来说,教学计划显得尤为迫切和重要。这就需要学校行政组织对未来一段时间(如周、月、学期、学年)即将开展的工作提出设想、安排、具体任务、指标、完成时间和步骤方法等,这就是工作计划。《礼记·中庸》一书中强调:"凡事预则立,不预则废。"孙子兵法的核心思想就是"用兵之道,以计为首"。有了计划,工作就有了明确的目标和具体的步骤,就可以协调大家的行动,增强工作的主动性,减少盲目性,使工作有条不紊地进行。而此时,学校的行政组织就起到了为学校做出工作规划和管理的作用。

下图 2-4 是龙邦华文小学的行政组织结构图。

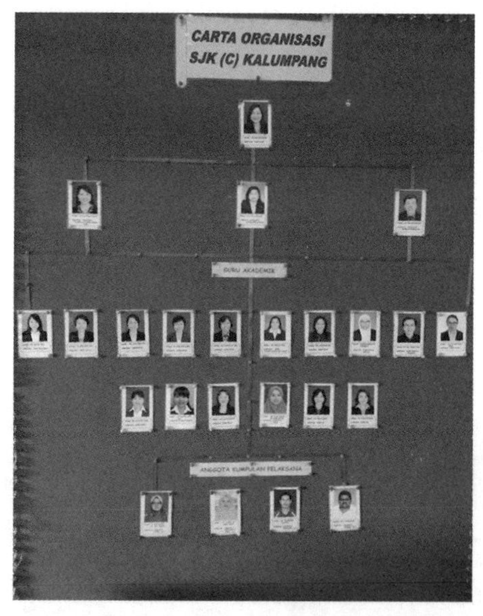

图 2-4　龙邦华文小学的行政组织结构图

三、华文科主任的角色

马来西亚华人坚守华文之根,所以华文在国民型小学里占有很重要的地位。华文科主任更是在某种程度上起到领导华文老师的作用。

以下是华文科主任的具体工作范围：

1. 准备长期年度课程计划，安排每个学期的课程表；

2. 提供相关的科目书籍列表，购置学生的练习簿；

3. 协调整个华文科的团体活动；

4. 根据学生情况定期调整教学策略；

5. 分析及测试每个月有关学科的成果；

6. 鼓励学生多阅读，发散自己的思维，进一步辅助学习；

7. 定期开会听华文科各个老师汇报工作，与华文科各成员密切联系，以更好地了解学生学习情况，并针对问题采取措施，从而提高教学的质量。

通过对华文科主任的采访，我们也了解到，目前学生学习华文的主要问题就是“写”。对于大部分书本内容，学生都能够进行较好的理解，但是让他们下笔就显得十分有难度。例如，在中国，小学六年级学生已经被要求写300—400 字作文，而龙邦华文小学对六年级学生的写作要求仅仅停留在看图写作、字数 30 字左右的程度。其次，学生学习的程度较慢，不太喜欢课外阅读，也不太发表自己的意见和看法。通常情况下，老师会发放小礼物给学生以示鼓励，并且定期组织活动，评选出学习成绩较为优秀的学生并对其进行表扬。

四、整体总结

这次对龙邦华文小学的考察学习活动，使我收获颇丰。学校面积不大，但是环境优美，随处可见蓬勃生长的绿色植物，犹如孩子们脸上洋溢的朝气。走进行政办公楼，也是第一时间就被老师们严谨认真的备课态度所震撼。校长脸上虽总是带着优雅的笑容，但不怒而威，令人心生敬畏、不敢造次。因为学生人数少，所以每个年级只有一个班，我们同组而去的四个人，分别被分配到四个不同的年级去听课。

我所考察的三年级学生，年龄尚小，表现出来的是他们对于学习的好奇和热情，而三年级班主任的亲切与体贴也让我如沐春风，我所考察的第一节课就给我留下深刻的印象。以下就我本人所观察到的进行概括。

(一)第一印象

一走进教室,就被教室布告栏的布置吸引了。教室后面的整面墙基本用来作布告栏,栏上贴有“小常识”“小智慧”“值日表”“安全事项”等布告。五颜六色的彩纸被剪成花花草草的形状,分布在布告栏的下方,角落有翻飞的“蝴蝶”。图案简单,但胜在做得细致,可见老师在布置的时候费了心思。

(二)“爱的鼓励”

张老师对学生耐心且亲切,常引导其他同学用掌声来鼓励比较害羞、不敢举手回答问题的学生,而每一个站起来回答问题的学生都会得到“爱的鼓励”。当所有同学都完成张老师布置的作业或者任务的时候,相应地,也会给自己掌声鼓励。掌声,像是一道不可或缺的音符,回响在 31 个小朋友之间,让每一个小朋友都对学习带着热情和信心,在求知的道路上越寻越远。

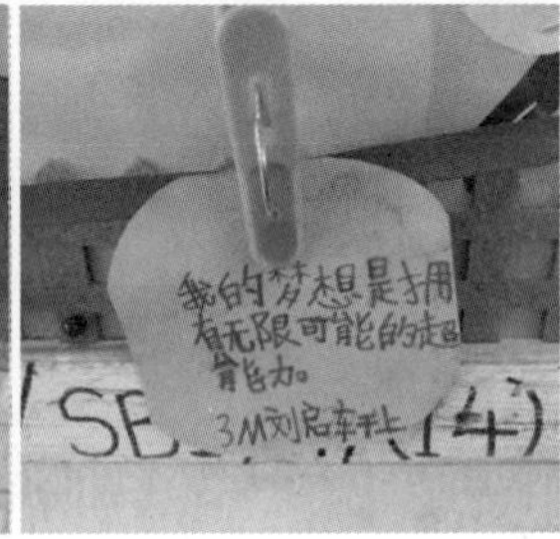

图 2-5　心愿墙

(三)从书本到实践

张老师在讲授第一课“心愿墙”时,准备了晒衣夹子、便利贴等道具,并且在布告栏下方挂上了彩色的线。在学习完课文之后,张老师给每个学生分发了晒衣夹子和便利贴,让学生在便利贴上写下自己的心愿,然后夹在彩线上,“筑”成心愿墙。孩子们的心愿总是单纯而真诚的,有的想要在考试的时候拿到第一名,有的长大后想当设计师或画家,有的希望未来可以和朋友一起去旅行,还有的希望世界和平……孩子们互相分享彼此的心愿,并将让自己印象最深的心愿记住。张老师鼓励学生从书本走向实践，在现实生活中体会书本中所表达的人生道理，从书本上浅显的文字深入到深层的关于世界观、价值观、人生观的认识。每个孩子都是早晨八九点钟的太阳，他们是未来的希望，有着无限的可能性。每一个心愿是都一颗小小的种子，孩子写下心愿的那一刻，种子便开始发芽，伴随着他们的成长。这颗种子长成参天大树的那一天，也许就是心愿实现的那一天。

(四)多媒体、游戏辅助教学

在第二课中，张老师利用多媒体(如图 2-6 所示)播放动画，引导学生学习生字的笔画笔顺，用生字组词，并组织学生进行词语接龙小游戏，营造轻松的课堂氛围，更好地辅助学生学习。

图 2-6　多媒体教学

除了走进课堂，我们还采访了校长和几位副校长，对这所学校以及几位管理层工作者有了更深入的了解。

据了解，龙邦华文小学建于 1930 年 7 月，至今为止建校已经 86 年。学校总共有 21 位老师(包括校长)，其中有两位马来老师。学生 153 个，分为六个年级，1—3 年级为低年级，4—6 年级为高年级，每个年级一个班。学校星期一开展周会，全体学生在活动中心集合，升国旗、唱国歌，校长和副校长上台做总结概括，然后进行卫生评选，在高年级和低年级里各选出一个优胜班级进行颁奖。学生按顺序进出场地，有条不紊。

龙邦是从属于乌血县的一个华人新村，参加过的县级小学比赛主要是以下5个:诗歌朗诵比赛、华语演讲比赛、国语演讲比赛、英语讲故事比赛和“挥春”。每年学校会派4名代表参加比赛,一般以高年级学生为主。其中,“挥春”是乌血县的一个特色比赛,在农历新年期间举行,主要形式是由学校派出书法水平较高的学生,进行写对联比赛,最后评选出写得最好的学生。

马来西亚实行九年义务教育,所有的孩子都有受教育的权利,学费和书本费全免。父母不让孩子上学,在马来西亚是一种犯罪行为。而这里所有的华人学生都被要求学习三种语言:马来语、华语和英语。低年级学生先由华人老师教授马来语,到了高年级就由马来老师上课,直接用马来语交流。在小学升初中的考试中,这三种语言是必考科目。

校长的日常工作就是巡视整个学校,包括教室、守卫、食堂等,检查老师工作状况,食堂食物的营养搭配、卫生状况及回复来往的信件等。校长在学校还担任道德科老师一职,主要教导学生培养良好的价值观,关注学生的身心健康,通常以教授本国的道德价值观为主,例如责任感、合作意识等,不牵涉政治观念的灌输。

行政副校长主要负责学生事务,包括学生纪律、出勤率、卫生、健康等方面。行政副校长的管辖主要有以下14个部分:

1.学生纪律。

2.骨痛热症防御。

骨痛热症是由蚊子传染滤过性的毒菌引起的,是一种严重的、类似感冒的病症。它能侵袭婴儿、少年儿童及成年人,但很少导致死亡。到目前为止,市场上还没有安全和有效的疫苗可以对抗骨痛热症的病毒。因此,对于这些对生命造成威胁的疾病,必须做足防范措施,以免被蚊子叮着而感染到病毒。所以引导学生防御骨痛热症至关重要。

3.家校联系。

学校规定,学校的学生活动中至少要有6个是有家长出席的,例如新生报到、运动会等。

4.毒品。

小学生接触毒品的机会不多,甚至可以说是没有,但是学校应该在孩子年幼时教导他们什么是毒品,并引导他们抵制毒品,免受其害。

5.学前班教育。

6.学生福利。

政府发放助学金、奖学金等资助家庭贫困的学生接受教育，鼓励学生学习。

7. 学习辅导。

8. 牛奶计划。

9. 学生资料。

学生资料主要包括学生姓名、身份证号码、家庭地址，家长的姓名、工作、联系方式、年收入等，由班主任统一整理后在网上填写。

10. 卫生清洁。

11. 健康体检。

12. 学生安全。

13. 食堂。

14. 免费早餐。

政府以每天免费早餐的形式资助家庭较为困难的学生，目前龙邦华文小学有 22 位学生申请了该项补助。

第一次见面时，邱副给我的第一感觉是带着很强的气场和压迫感，让我仿佛回到小学时看到严厉的主任一样，全身汗毛都紧张地竖着，战战兢兢地叫一声主任好，然后一溜烟儿地跑掉。所以在访谈的时候，其实还是有点紧张的。但是出乎意料，私底下的邱副像是换了一个人，不再紧绷着脸，说话间还会开点小玩笑，甚至在自拍的时候还会做出可爱的小表情。对她来说，管理学生事务的时候有些原则是不能被打破的。因为需要管理的学生事务繁多，所以她需要树立她在学生当中的威严形象。她是公私分明的，处于工作状态的她就是要一板一眼的，认真做事，但私下的她跟普通的小女生一样会追求潮流。这样的反差更让我对她的好感倍增。

这两周下来，我除了进班听课学到了很多教学上的方法之外，更重要的是在校长、副校长和老师们身上学到了如何为学生服务，一名优秀的教育人员应该有怎样的职业修养。总之，收获颇丰，这次考察学习的经历也十分特别，将成为我大学学习道路上一个十分重要的环节，为我的人生简历增添了不一样的色彩。

鼓励思考，身教言传

——月明宇赴马来西亚实习报告

一、引　言

2017 年 1 月 4 日早晨 6 点 30 分，我们来自中国的 14 名交换生被分成三个小组，坐上了不同的苏丹依德理斯大学的校车，开始了为期两周的考察学习活动。我们小组被分配到了龙邦国民型华文小学，有幸随着洪老师一起出发，他为我们的考察活动做了重要的沟通铺垫作用。据了解，龙邦国民型华文小学建于 1930 年，是一所历史悠久的国民型小学，也正是这样，龙邦国民型华文小学在办学育人方面有着属于自己的特色。一所历史悠久的学校，经过沉淀，必定会有自己的独特韵味。我们这一组人被分配到的学校，是离 UPSI 最远的一所学校，尽管一路车程漫长，但同学们并没有昏昏欲睡，依然精神饱满。这是新学年的第一天，是小学生们新学期的开端，我们作为他们眼中的“来自中国的见习老师”，一定要以最精神的面貌与最端正的态度随学生们一起迎接新学年。在校门前，看到门牌、条幅、警卫和已经早早站在校门口微笑着迎接我们的老师，我们已然感受到了严肃的纪律和认真的学术态度。走进学校内，我们赞叹于学校为学生们栽培的各种盆栽，学校不大，但感受到了它的清澈秀美，同时感受到了来自校长、老师及工作人员的种种关怀。站在清晨七点的新鲜空气中，我们都开始憧憬着这次考察活动。

接下来的日子，我们每一天跟随华文老师进行班上教学观摩，不仅如此，我们还了解了学校行政组织结构，并访问了校长、副校长与华文系主任。我们对学校的教育规模、环境卫生、管理风格、办学特色、教室布置等进行了全面的记录学习。两周下来，大家收获颇多，这样的考察活动既能检验我们所学的知识，加强理论与实践的结合，又能使我们更加了解和熟悉教师工作，提高我们的综合能力，这对于我们今后的学习生活非常重要。实习期间，我们每人都以教师的标准来规范自己的一言一行，短短几天，我们飞速成长。

二、访谈校长、副校长、华文系主任

（一）访谈校长

洪美芝校长于 2015 年 8 月始在该校任职，随后我们了解到，该校有 21 位老师、178 位学生，包括学前教育的学生。洪校长任职不久，对龙邦小学尽职尽责。她的工作内容很多，包括视察已部署工作的开展情况、学生情况、学校环境。洪校长作为华校的最高领导，各种文件都需要经过她的检阅、审查和签字。通过访谈，我了解到雪兰莪州十个县之间的学术竞赛很丰富，历年来的竞赛形形色色。低年级的有诗歌朗诵比赛、英文故事讲述比赛、华语故事讲述比赛等；高年级通常参加笔试，如关于语法的、历史的、理解能力的比赛。因此，洪校长经带鼓励学生多多参与这类竞赛。每周一早晨全校的周会，校长都要出席，对学生一周行为活动做出总结评价，并讲一些内含丰富的故事，这也反映了校长重视学生道德的培养与身心健康。据她所讲，“和谐”与“合作”是周会故事的主要思想核心。洪校长强调，“国语和英语是马来西亚的两大根本语言，掌握这两门语言是学习其他科目的基础”。

（二）访谈行政副校长

高碧贞副校长，2015 年当任，毕业于 UPSI。高副校长首先给我们讲述了她的当任流程，首先由教育局面试，再经过考核。高副校长家离龙邦华校不近，上班来回五十公里，来回开车要一个小时，不仅路途辛劳，她的工作量也不可小觑。她的主要工作内容是学生事务。不要小瞧学生事务这四个字，其中包含的部门十分繁多。她平时不苟言笑，但事实上是一位亲切和蔼的副校长。她在大家面前比较严肃，是因为她管理的领域实在繁多，倘若说话算不了话，整个学校就乱套了。若是没有这种威严，怎么能镇得住那么多工作人员与捣蛋顽皮的学生。对于学生的出席率、纪律、卫生清洁，她抓得很严，而且非常关注学生的健康状况。如，马来西亚有一些蚊子会传播革登热病毒，需要学生坚持打疫苗，她需要检查有没有没有打疫苗的学生，有没有家长对此疏忽等。她管理的部门下设众多个小组。例如管理健康的小组，要保证卫生状况要好，保证学生都打了疫苗；关于慈济的小组，就要管理助学金、政府补贴、基金、免费早餐等相关事项。开展远离毒品的教育也在她工作范围内。高副校长还讲到了牛奶计划，马来西亚从去年开始规定家庭收入较少的学生才有免费牛奶喝。小学生大量的资料，也是由管理资料的老师来填。清洁卫生这方面主要是健康检查，主要包含检查眼睛、疫苗播种情况，以及一年一次的请专业的护士来检查。负责检查食堂卫生情况和发放免费早餐的小组也在高副校长的管理之内。目前政府每天给每位学生2.5林吉，该校一共22位学生接受免费早餐的补助。

除了学生事务外，我们了解到监督考核后勤工作者的工作也是高副校长在做。例如，保安轮班切换的时间是早晨8点和晚上8点，在此期间内，保安人员不仅不能迟到，而且要严格监管闲杂人等的进出。不久前，发生过学生被绑架的案件，在月初收学费的时候，曾有歹徒绑架学生要求老师交出收来的学费，所以高副校长格外注重校园内的安全问题。还有对清洁工人的监督，以及对后勤工作人员进行考核评价。高副校长的工作涉及方方面面。我提问道："像中国学校一般一个学年或者一个学期收一次学杂费，不会一个月收一次，而且还要抱着被'绑架'的风险，带来了很多不便，贵校为什么采用这种收费方式?"高副校长回答道，其实根本原因是担心学生交不起学费，每个月分开来付对于家长的压力要小一些。龙邦华校是出于对有些家庭负担不起一次性缴清学费的考虑而做出的决定——宁愿校长们与班主任肩负重任，也要让学生能安心来上学。

(三)访谈学术副校长

我们请到龙邦华校的学术副校长——丘副校长，向她了解马来西亚华校大体上的教学模式、教学方法，以及该校采用的教学模式与方法。我向她提起中国这几年部分省市的部分学校实行"先学后教"的教学模式，也就是说课前先给同学发一张纸，纸上提出一些指导性的问题，然后让学生自己去研究学习思考。丘副校长表示她很赞成这种教学方法，目前马来西亚华校也在构建这种教学模式。因为如果上课的时候，只是老师一味地去讲授去灌输，学生不免渐渐失去思考的动力。我们需要学生自主地学习，需要学生表达自己的思想。就如她提到的马来西亚的“21 世纪学习法”中强调了预习的重要性。先自主学既不是漫无目的地瞎学，也不是教师放手不管，而是学生在教师指导下自主学习。因此，教师在备课时要先分析学生的认识水平和接受能力，同时预设自学中可能出现的问题，并准备好相应的解决方案。至于“后教”则是在学生充分自学后，教师与学生、学生与学生之间进行互动式的学习。学生在自学时，教师要巡视，并准确掌握学生的自学情况，在学生自学结束后，教师要引导学生提问、讨论、交流，自行解决在自学过程中出现的问题。这就是大体上的教学模式。

此外，丘副校长鼓励学生积极参与活动。如一年一度的写对联比赛，三语的演讲比赛（这里的三语是马来语、英语、华语三种语言）等，这对学生的发展颇有意义。

（四）访谈华文系主任

华文系主任林主任，如今身兼六年级毕业班的班主任，在与她的谈话中，我们感受到了学生的压力不小，林主任的压力也不小。今年九月，她的学生要参与小学成绩评估，一共考五大科，分别是：国语、英语、数学、科学、华语。评估分为 ABCDEF 六个级别，普通年级 40 分及格，而六年级要考到 D 以上。注重成绩的同时，她也鼓励学生要踊跃发表自己的意见，以促进思维发展。她指出华语发展的主要困境是“写字”，目前听说读写四大模块中，很多学生会说不会写。还有，很多学生不喜欢阅读，但喜欢看漫画，这对于华语的发展是十分不利的。因此，她非常重视阅读，鼓励学生进行大量课外阅读。

三、班上教学观摩

我们在龙邦华小的日常活动主要有：每天早上 7 点钟到校进入资料室整理各自的电子文件；接着早读，我们会到班里跟班华文课，听课、记录、思考，配合老师管理班里的纪律，进行一些答疑辅导，回答学生学习上或是生活上的问题，找学生了解情况；等等。

除了常规工作外，还组织学生参加各种活动，如：进行班级文化建设，布置教室，使得教室充满积极向上的气氛；配合老师帮助学生完成“越野”赛跑，并给学生加油鼓劲，有时跟学生一起参加活动。

考察活动期间的听课不再是以前读书时那种专门听老师讲课的内容，而是听指导老师讲课的教学方法、思路等等，学习指导老师的教学经验和处理课堂的方法、与学生互动的技巧等等。观摩学习应该注重几点内容：先是学生在课堂上学到什么，解决了什么问题，其次是教师对重难点的区分和处理，最后是师生交流情况，等等。

首先，通过观摩，我发现老师备课详细，备课不仅仅要结合书本上的内容，还要和学生的实际生活相联系，考虑学生原有的知识水平、学生的接受能力、学生对课堂的反应、教学实际情景等方面的情况，以争取在讲台上发挥出更好的效果。

然后，教学工作最重要的环节就是上讲台讲课，讲课带给我们最初、最大的感受是，讲台下坐着的不再是同学，而是学生。当老师提出问题时，他们真正地思考和等待着我们的解答。他们在听不明白的时候会突然提问，甚至走神、开始说话等。教师既要讲授知识，又要管理课堂纪律，并且与学生进行个别交流。

教学工作的最后环节是检查教学效果——练习和作业，这是不可或缺的环节。从批改作业、当堂讲解中，教师不但可以知道学生的缺漏，更可以知道自己上课中存在的问题，然后根据此进行查漏补缺。

以上就是我通过观摩总结出的教育教学工作的整个过程。俗话说得好：要给学生一滴水，自己要有一桶水。因此，老师要不断地改进提升专业知识和社会知识，提高教学水平。

四、感受与反思

我很幸运能够得到这次考察机会，让我对于教师职业的认识迈进了一步，华教在马来西亚起着至关重要的作用，若是没有华校、没有华教，中华文化在马华社会中会渐渐消失，被其他民族同化。所以首先我对华校和华人教师敬佩不已。

其次，我在龙邦华小感受到了、学到了很多。在校期间，龙邦华小的学生穿戴整齐，举止优雅，文明礼貌，这是让我印象最深刻的。他们都穿着白色的鞋子与白色的长袜，女生统一穿着白色的T恤、藏蓝色的裙子，男生则是穿着舒适又笔挺的西装裤。每一个遇见我的孩子都会停下来微笑说："老师，早安！"一个个都是小淑女、小绅士。这一点和中国是不同的，中国男生女生的大码、不合身的运动校服，看起来拖拉稀松，行动也确实不方便。只有半数的小孩子会点头微笑从容地问好。这一点，是十分值得中国学生学习的。培养人才，先得从培养学生的良好习惯入手：一是抓好学生的行为规范、文明礼仪教育；二是发挥学生独立人格，培养学生自主管理的能力，从而发挥其特长，促使其全面发展。龙邦华小的教师处处引导学生自己思考，不强行"灌输"知识。我认识到我们需要转变教育观念，教师需在"引导"上下功夫，取得平衡，引导得当才可实现高效的课堂。在校期间，我们小组成员的一举一动受到了全校学生的充分关注。我意识到所谓"身教重于言传"，我们的举止言谈、穿着搭配，都是无比重要的，自身的示范效应无可替代，这能使学生受到潜移默化的影响，所以教育别人前，一定要教育好自己。

为人师表，责任与使命

——娄慧赴马来西亚实习报告

一、引　言

时间飞逝，转眼间在马来西亚上学的时光就要结束了。课程结束后我们14位同学有幸跟着苏丹依德理斯教育大学中文教育系的洪锭发老师参加中、小学的考察活动。我这次考察的是龙邦国民型华文小学，它建校于1930年7月。一所具有较长的建校历史的学校，在经过沉淀和发展，自然地就会有属于它独特的办学特色。即使是需要每天早上6点起床出发去学校，但一到学校看到每个孩子可爱的笑容你就会沉醉其中，忘却疲惫。学校虽然不大，但是它却充满生机。短短两周的时间，我也是感触颇深。

二、行政组织结构

行政组织从广义上讲就是指各种为达到某一共同目的而负有执行性管理职能的组织系统。自然而然在学校也存在着这样的组织，并且其一般显示的是静态的行政组织结构。也就是说，从静态的角度看，行政组织是一个完整的实体，它是由按照职能目标分工、职责分配、工作程序设置的，各个层级、各个部门、各个职位等共同构建的一个完整体系。其中职位是行政组织结构的基本元素，职位引发的责权关系构成了整个行政组织的结构。

三、学生事务副校长的角色

负责管理学生事务的副校长不仅仅是单方面管理学生的学习情况或是学生基本信息的登记。同时也要辅助校长管理校园环境、安全，以及学业等一系列问题。简单列举一下学生事务副校长的工作范围：

1.视察校园环境、安全问题；

2.考核教师登记表；

3.学生慈济、学生信息等一系列工作登记；

4.传达和协助实施政府给予的优惠补助政策；

5.帮助及协调学术团体的活动；

6.对收集和绑定的考题，进行核查；

7.分析以及测试每月有关学科的成果，并对没能达到预期水平的学生做出具体的应对策略；

8.与教师委员会的成员密切联系，以便了解学生的学习进展，并针对问题采取措施，从而提高学生事务管理的质量。

龙邦国民型华文小学学生事务副校长具体负责范围如图 2-7 所示。

SJK (C) KALUMPANG

CARTA ORGANISASI JAWATANKUASA HAL EHWAL MURID

TAHUN 2017

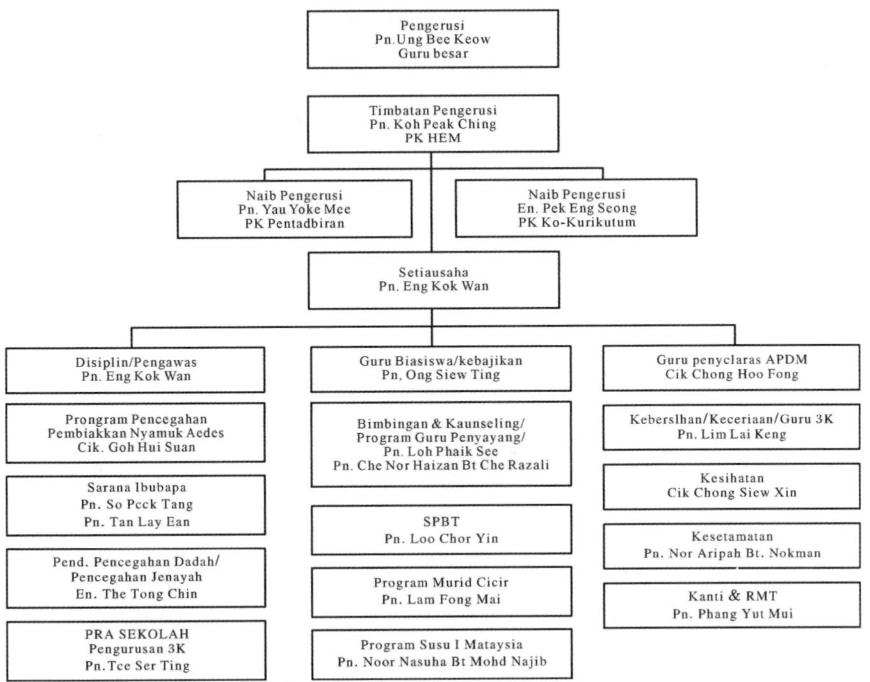

图 2-7　龙邦国民型华文小学学生事务副校长负责范围图

四、整体心得体会

这次短期的考察活动中，我进班听课的年级段是二年级，第一天先去认识了二年级的华文老师苏老师，她也是我这次考察活动的指导老师。她是龙邦国民型华文小学一位比较有经验的老教师，人很和蔼随和。那天我随着苏老师一起进班，同学们都用好奇的眼睛看着我，后来苏老师向他们简单地介绍我之后，同学们都很有礼貌地向我问好。我就这样带着好奇的心情期待着从第二天开始正式地与同学们相识和进课堂教学。

做了那么久的学生，第一次以老师的身份踏进校园，难免是紧张和兴奋各自占据一半的。在起初的几天考察活动中，我的主要任务是旁听苏老师如何进行教学，在听苏老师讲授华文课的时候，我也尽量用自己的方式尽可能记下班里孩子的姓名。当然，在最初的几天听课时间里，我也和班里孩子进行接触。不难发现，班里的孩子大部分还是比较活泼好动的，但同时也有一小部分孩子的性格比较内向。苏老师对我很照顾，为了让我能更快更好地了解班里的学生，她总是尽量多地让我参与到她的课堂教学中。简单概括来说就是，自己亲自站在讲台上授课和自己坐在课堂后面听老师上课的感受是完全不一样的。但学会听课也是走上讲台的第一步。我们听课并不是为了去学习这个老师所讲授的知识内容，而是去学习老师在课堂上是如何讲课的，以及如何传授知识，如何驾驭课堂，如何合理控制授课时间，如何调控课堂氛围等。

（一）了解

起初我将重心都放在了解班级的学生上，包括他们的姓名、性格、特长以及优缺点。可能是因为二年级还是低年级，所以孩子们的情绪很容易通过他们的行为表现出来，也就比较容易对他们的情绪进行一定的判断和调和。刚开始的几天我与学生们建立了像朋友一样的关系，但由于经验不足，可能过于轻松了，没有把握好一个度，以至于在第二个星期的课堂中部分学生不能很好地遵守课堂纪律。一般我都会提前到达班级，这不仅仅是为了和他们建立像朋友一样的关系，更是为了多花一点时间更好地了解他们。

当有些孩子脸上露出不开心的表情时，我也会尽可能地用自己的办法让他们开心一些。

（二）摸索

龙邦国民型华文小学的校长很和蔼，她知道我们没有固定专修一门科目，所以在这次考察活动中安排我们去不同班级听课。在这次活动中我们听到了不同风格的专业课程、各具特色的优质课程及不同教师的不同上课风格。我们对于新鲜事物充满着好奇心，对于自己感兴趣的事也虚心请教老师，收获颇多。

（三）实习的基本内容

考察活动的期间，在我和我的指导老师沟通课程进度之后，她安排我上了一节课。在上第一节课时，我的心情既激动也很不安。真正进班教小学生这对我来说是第一次，从学生的身份转变为老师的角色，这个过程需要付出很多的努力。班级同学看我是第一次讲课也很配合。这次讲课前备课时间比较仓促，课后我和学生一起聊天，问他们对我这节课的印象是什么。学生却是面面相觑，茫然无语。从他们的反应中，我也明白了一点：今后我想上好每一堂课，一定要多从学生的思维来考虑问题，以学生考虑问题的方式来授课。有了这一次小小却宝贵的经历，我对我自己也有了更好的了解。我在心里也暗暗下定决心，对自己有了更高的要求和期许。

在上课的时候我还发现了如下几个问题：

1.学生上课纪律不太好，注意力不集中，东张西望；

2.一定要多用表扬、赞赏学生的语句，否则他们会自信心不足；

3.授课时教师语言呆板，儿童化的语言少，这会导致学生上课积极性不高；

4.如果在备课时没有考虑到学生的理解能力，有些问题对于学生来说就会有很大难度，这会导致课堂上提出的一些问题没有学生回答，课堂氛围沉闷；

5.上课时偶尔会忘记下一步要讲什么内容，忘记写板书或者板书写得不完整。

针对以上几点，只有合理地去解决和不断地完善自身的教学，才能更好地让自己一步步提升。

（四）总结与收获

我们用这次难得的机会锻炼了自己，这是我们走向社会的前奏，不管将来是不是从事教师这个行业，我已经有了一次当老师的经验，体会到了做老师的不容易与艰辛，在学生背后默默付出的不单单是家长，更多的是无私奉献的老师们。

经历了这次龙邦国民型华文小学的考察活动，我初尝了身为一名教师的酸甜苦辣，也让我体会到了一名教师所肩负的重大责任和使命感。在这次考察活动中，作为一名实习教师，我能以教师的身份严格要求自己，为人师表，处处注意自己的言行和仪表，热心爱护实习学校的学生，本着对学生负责的态度尽全力配合做好班主任的工作以及学校的教学工作；同时，作为一名实习生，能够主动地遵守实习学校的规章制度，尊重实习学校的各位领导和老师，虚心听取他们所给予的指导意见，并且主动地带领其他实习生一起进行团队协作，完成实习学校布置给我们的任务，很好地塑造了我们这一批来自中国的短期实习老师的形象，给实习学校留下好的印象。在这次考察活动中，对于我所跟随的二年级班级的孩子，我没有很好地做到将“爱”和“严”两者相结合，可能我对他们的爱更偏向于宠爱甚至有点宠溺过度，以至于有时候容易迁就他们，对他们要求不高。我想对学生的爱一定是要有一个度的，而且这个“爱”也必须是与“严”结合在一起的。该严格的时候就应该严格，学生自然而然会理解你的爱，一定要有自己的原则。同时，要做到对每一个学生都能够一视同仁，不能存有偏向。

最后，感谢这次宝贵的考察活动，不仅仅让我们参与到了实践当中，更让我在为人处事，以及对于教师这个行业或是教育这个事业有了更为深入的了解。

传承中华文化，发展华语教学

——莫晟昱赴马来西亚实习报告

一、引　言

2017 年 1 月 4 日上午 6 时 30 分，浙江越秀外国语学院中国语言文化学院的 14 位同学有幸到各自见习的中小学开始见习活动。我等五人见习的中学名叫丹绒马林公教国民型华文中学（SMJK Katholik，Tanjong Malim）据我们向老师了解到的这所公教中学的历史：1959 年，天主教在仕林路买了六英亩的地，准备建立一所私人中学，本地华人在当时的 KMN 国会议员李锡勋先生和本埠闻人陈济能先生的领导下，会见了天主教的负责人，要求对方协助建立一所国民型华文中学。1960 年 2 月，教会同意成立一个筹委会，其委员代表包括永春会馆、客属会馆、古冈州工会、高州会馆及琼州工会。此筹委会委员被授权去筹款，以协助教会建立一所华文中学，并将此所中学命名为"公教中学"。1961 年 1 月 31 日，第一批 72 名学生开始在本校就读预备班。第一任校长是朱正安博士神父，临时的科室设于本埠张亚炳街的永春工会与客属公会楼上。2014 年，在当时校长的领导下，消防和学校三机构再次配合继续加强软硬件设施建设。学校落成多用途大礼堂、办公室、九间多媒体科室、一间会议室，并把科室改建为两间科学室，重建食堂，维修校舍的屋顶和天花板等。2015 年，丹绒马林公教国民型华文中学开始了全日式教学。校方和学校三机构也扩建了图书馆。

丹绒马林公教国民型华文中学在办学育人方面有着自己的特色，采取学生自己带动自己的思维、老师起辅助作用的方式，座位采取学生面对面的方式，以增加学生间的沟通，打开学生的自我思维。

第一天，我们对学校的建筑风格、环境卫生、教师布置等进行了考察学习。通过走访校长办公室，拜访语文组主任和其他行政老师们，我们对这所丹绒马林唯一的国民型华文学校有了大致的了解。通过老师对行政机构、华校的详细介绍，我们了解到行政机构对整个学校的运营都起到至关重要的作用。这个学校的理念——“吾爱公教”，对发挥一个教师育人教人的作用是很明显的。

经过了前两天的见习，我们已经对丹绒马林公教国民型华文中学的行政机构有了一定的了解，并对这所学校所面临的问题和困难有所掌握，这对未来几天里我们的实践教学活动有一定的帮助。

学校华文组组长范老师组织我们分批进班听课，我负责的是中四年级的华文教学。通过听课的方式，我发现学生自觉性较差，课堂教学纪律差，导致教学进程速度慢、效果差。

我负责教学的班级是中四年级，相当于国内的高一年级，但学生的华文水平和国内高一学生的语文水平是不能够相提并论的。通过教学《醉人的春夜》，我发现，丹绒马林公教国民型华文中学的学生思路不开阔，易局限于一点上，较难发散思维。或许长时间与母语脱节，导致学生华文表达能力差，语言词汇匮乏，语法使用混乱。中四年级学生的华文水平在这所学校来说，还算高的，可见其他年级学生，以及还未受到较正规华文教育的华人的华文水平。

图 2-8 是公教中学进门时看到的一面醒目的墙，上面写有超大黑体加粗的“公教中学”四个字。

图 2-8　公教中学进门所见的墙

“吾爱公教”是公教中学的精神，是一种传承中华文化、维护华教、回馈社会的精神。

图 2-9　公教中学精神

图 2-10 是学校后院的小动物园，里面饲养着很多兔子和金鱼。

图 2-10　学校后院动物园

二、行政组织结构图

图 2-11 展示了丹绒马林公教国民型华文中学的行政组织结构。

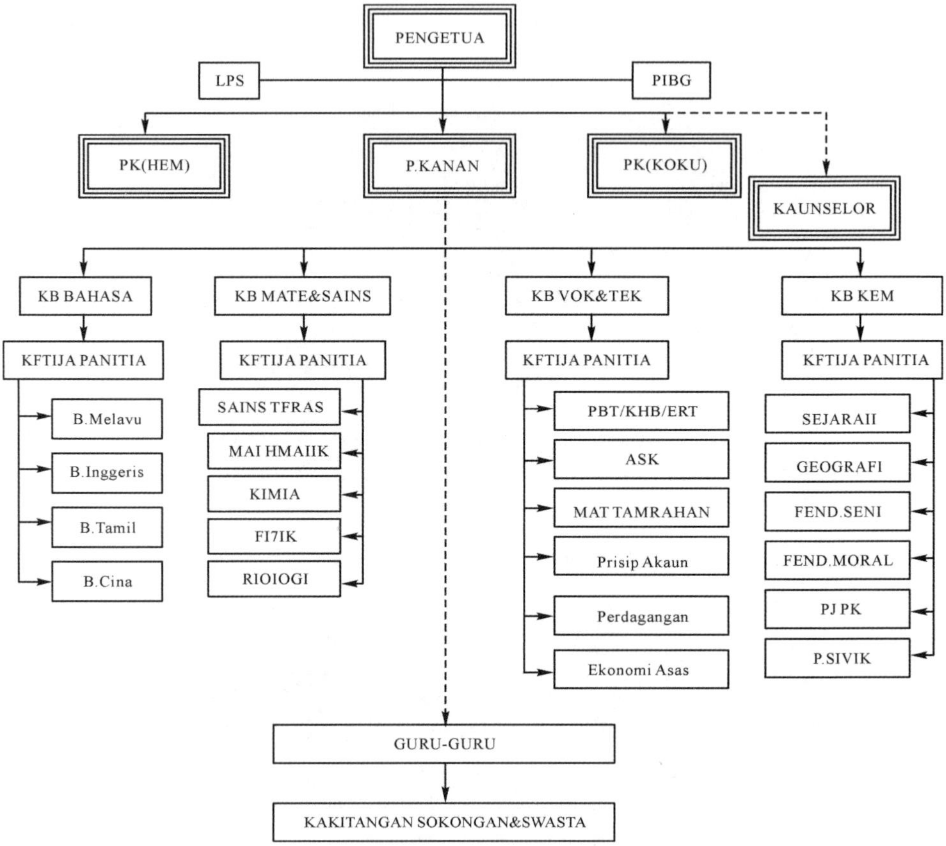

PENGETUA
LPS
PIBG
PK(HEM)
P.KANAN
PK(KOKU)
KAUNSELOR
KB BAHASA
KB MATE&SAINS
KB VOK&TEK
KB KEM
KFTIJA PANITIA
KFTIJA PANITIA
KFTIJA PANITIA
KFTIJA PANITIA
B.Melavu
B.Inggeris
B.Tamil
B.Cina
SAINS TFRAS
MAI HMAIIK
KIMIA
FI7IK
RIOIOGI
PBT/KHB/ERT
ASK
MAT TAMRAHAN
Prisip Akaun
Perdagangan
Ekonomi Asas
SEJARAII
GEOGRAFI
FEND.SENI
FEND.MORAL
PJ PK
P.SIVIK
GURU-GURU
KAKITANGAN SOKONGAN&SWASTA

图 2-11　公教国民型华文中学行政组织结构图

丹绒马林公教中学在 1939 年创立，发展到现在的规模，有赖于该校三机构及各界公众人士的支持。在国家教育蓝图中有提及父母、社区及私人界是教育发展的主力。

我们发现这所公教中学：

1. 学生以华裔为主。学生基本上都来自华小，有少部分来自国小。

2. 每周至少有 5 节华文课。

3. 把华文列为 SPM 考试的必考课。

4. 设有董事会，校地产业归董事会管理。此外，董事会、家协和校友会互相积极配合，加强学校软硬件设施建设，共同推进校务发展。

5. 校园有浓厚的中国文化色彩，例如设立华文学会、华乐团等团体。此外，学校也经常举办与中华文化相关的活动，包括书法活动、文学创作、中华武术、中华民间舞蹈等。

6. 周会、课外活动和通告均使用双语。

三、华文科主任的角色

华文科主任主要通过各种方式提升,交流学生学习华文的兴趣,通过与班上同学分享自身曾阅读过的书籍内容,交流感想,以引起学生的共鸣,激发阅读兴趣。

华文科主任身兼辅导工作,关注每个学生的表现,鼓励学生参加各项活动或比赛,激发及挖掘学生创作文学的能力,协助校方营造良好的学习氛围。

四、华语在 SMJK KATHOLIK 的重要地位

华人以华语为主要语言,所以华小分成三个种类:淡米尔学校、华文学校和马来文学校。上到中学就分成另外三个种类:第一种是国民型(SMK),主要以国语教学;第二种是国民型华文中学(SMJK),主要的行政管理层以华人为主,华文课程是必修课程,就是学生必须拿华语课的成绩,而国民型则将华语列为辅修课,学生在放学后去上课;第三种是独立中学,包括华文独立中学和一些国际学校。丹绒马林公教国民型华文中学在丹绒马林的范围里是唯一一所国民型华文中学,除了把国语(马来语)和历史视为必修课,还把华语列为必修课,进来这所中学读书的学生就一定要学华语。因为把华语的教学放在上课时间,所以这所学校的上课时间比较长,相对于其他学校放学比较迟。

就这所公教中学而言,有一个突出的困境就是学生的华语课程成绩在中五(中国学校的高二年级)很难得到 A,这样就会影响学生申请奖学金。即使是在公教中学将华文列为必修课的情况下,学生也很难拿到 A 的成绩,这是因为马来西亚要求华语本地化,只允许用本地文学。现在的课本通过改制,删除了很多中国的文学作品,学生的接受理解能力有限,需要一定的时间去接受中国式的文章,这样会直接影响到他们的考试。另一个影响华校教学程度的因素是华语教学的起点低、速度慢。在华小一年级,主要的教学活动是读、写,需要很长一段时间才开始教造句。

公教中学刚刚改制不久，属于比较新的改制学校，所以还会看到淡米尔文的教学，淡米尔文教学也是这所学校不同于其他国民型中学的地方。

五、整体反思

丹绒马林区国会议员拿督斯里黄家泉曾受邀见证及主持开幕仪式。开幕式上，他说，教育除能改善一个人的生活，也能促进全国人民的团结，因为教育的目标就是要教导国内各民族普世价值观，即如何负责任、维持家庭与社会的和谐等。

为此，他表示身为国会议员，他最大的考量是教育课题，并会倾全力支持教育发展。

他还说，国父东姑阿都拉曼虽是回教徒，但他在担任首相期间一直积极为国内各族群提供教育，借此宣导普世价值观。“我相信若国内每个民族能全心全意地共同搞好教育，这个社会就能达至和谐的目标。”

当初我没来实习时心中的忐忑与不安，甚至一点点害怕都已经烟消云散了，并对如何做好一名老师，对如何与学生交流并解决问题有了一定的看法。

我觉得不单是要教得好，还得多多了解学生。作为一名老师仅仅是传授学生知识是不够的，更重要的目的是育人，正所谓“十年树木，百年树人”，要用我们的一举一动去引导、影响学生，让他们学会如何为人处事。为此我们当老师的一定要做好榜样，只有我们在待人接物等方面树立好的榜样，只有我们当老师的以身作则，才能更好地教导学生。记住榜样的力量是无穷大的。当然老师的另一任务——传授知识，我们也要做好。但怎样做好？就如我的老师经常说的：“教书不是学生去适应老师，而是老师去适应学生。”而知识的传授就要找我们对教材极其熟悉，要认真备好每一堂课，备课不仅要研究课本上的知识，也要参考诸多课外资料，这是因为课本上的知识是极其有限的。

榜样的力量是无限的，因此我们要有榜样感，时刻以身作则，以自己的实际行动在潜移默化中影响学生。班主任应该多和学生交流，站在学生的立场思考问题，多考虑孩子的感受。要求学生之前自己先做好，因为孩子会烙下老师的影子。还要记得不要在学生面前评论任何老师、任何人，不要在孩子面前做有损自己形象的事，时刻保持模范带头作用。因为学生的鉴别能力还比较差，而且学生对老师都是比较敬重的，他们会模仿老师的言行举止。

以身作则，言传身教
——曹咏之赴马来西亚实习报告

一、引　言

2016 年 9 月至 2017 年 1 月，我参加了学校与马来西亚苏丹伊德里斯教大学的交换生项目。如今已到尾声，苏大安排我们一行人分别到当地的华人小学和中学参加实习工作。我被安排到重新华小。本文就本人在重新华小的一些独特感受做一些分享。

时光转瞬即逝，我的实习生涯也已结束了。在国内我曾做过半年教育机构的教师和半年家教工作，再加上十多年的学生生涯，我对中国教师这一职业已经建立了自己独特的认知。此次在重新华小的实习经历，更加深了我对教师这一职业的敬佩之情。

略览重新华小校史，自 1914 年由当时旅居丹绒马林的翻译员——张明达先生因可惜华裔子弟无所事事，就在水井脚陆佑楼首创重新私塾。后由先贤吕永田及陈知能两位先生先后接办，并将学堂迁至今大街源美宝号之楼宇。继获热爱华教先贤捐钱献地落成重新学校，终发展至现有规模。追溯学校成立迄今，倏忽百年，其中世事变迁，历届校长、董事、校友、热爱华教家长，出钱出力，鼎力配合，令人肃然起敬。

如今重新华小的教学大楼已有十八间课室，并且每层楼都题有热心捐助者的姓名，他们是：

1. 李章楼	2. 李新才楼	3. 岳亚才楼	4. 陈壬榆楼
5. 陈贵福楼	6. 王建才楼	7. 钟秀萍楼	8. 蔡传友楼
9. 陈玉堆楼	10. 陈东胜楼	11. 王亚莲楼	12. 张金标楼
13. 朱亚计楼	14. 陈玉练楼	15. 王睦炎夫妇楼	16. 黄昌雄夫妇楼

17. 罗朝江夫妇楼　18. 新安发五金楼　19. 华商工会楼
20. 福建会馆楼　21. 永春公会楼　22. 客属公会楼
23. 重新校友会楼　24. 盂兰胜会理事会楼　25. 高州会馆楼
26. 李新雄会议室　27. 邝烈教室　28. 林晃昇教室
29. 叶玉华夫人教室　30. 谢伟森教室　31. 饶洪诺教室
32. 叶锦堂教室　33. 陈贵泉教室　34. 黄大贵教室
35. 郭远栋教室　36. 江绍荣教室　37. 詹行龙教室
38. 何君简昆仲教室　39. 李浦珠女士教室　40. 桂南道堂教室
41. 镇南五金教室　42. 古冈州公会教室　43. 新长春合记教室
44. 丹绒鸿利企业教室　45. 伊利高电业有限公司教室
46. 潘斯里李梁琬清女士教室

重新华小的建立与传承，是当地所有华人的共同心血，表现出一种为弘扬中华传统文化的无私奉献的精神。

重新华小有一位校长、三位副校长。校长姓房，三位副校长分别姓黄、陆和陈。学校董事会成员由当地有名望的华人担任，其中董事长是李新雄先生，副董事长江绍荣先生兼任重新华小幼儿园董事长。

二、心得感悟

2017 年 1 月 4 日，怀着紧张与期待的心情，我步入了重新华小，望着那陌生的环境以及一个个陌生的小面孔，我知道，这就是我将要进行为期 14 天的实习学校。学校将我们 5 个实习生领到办公室，向我们介绍了学校的基本概况，并对我们的基本情况做了一个初步的了解。学校行政人员又为我们讲解了很多实习期间的注意事项，还向我们提出了学校对我们的要求和希望，希望我们能顺利完成这次实习任务，每个实习老师都能学到本领，并要求我们要严格要求自己，为人师表，言必行，行必果，身正为范。最后给我们每位实习生安排了指导老师，让我们暂且进班观摩学习。

两周的实习，使我真正体会到做老师的乐趣，同时，它使我的教学理论变为教学实践，使虚拟教学变为真正的面对面的教学。短短 14 天的实习生活，现在回想起来，感觉可以说不错，真的很不错。当我漫步在实习的校园里，那出自学生的一声声“老师早安”，使我感觉到当一个教书育人的老师真的很好。

作为一名华小中文教师，虽然平时觉得我们没有主课老师那么忙碌，但自己真的实践后就觉得并非想象中那么容易。以教师的身份与学生相处，言谈间不仅不能有错处，还需要思想纯正。仔细回想，更是人生百味在其中。

下面我就谈谈这段时间在美术教学和班主任工作中的一些心得。

（一）做好上课前的准备

每个实习生都必须经历的过程，就是认真听课。我的指导老师每天都会换，但他们都有一个共同的特点：在课堂中充分调动了学生的积极性与想象力，让学生能够带着强烈的兴趣汲取知识。每次听这些老师的课都能让我收获很多。不是单个老师的引导，而是多个老师的指点，这能让我们更好地了解每个教师的教学方法及在课堂管理上的各种优点，从中吸取经验。

（二）虚心学习，全面提高教学水平

听了一段时间的课之后，我终于有了走上讲台的机会，开始了自己的第一堂课，这是一节心得分享课。当然，刚开始心情特别紧张，由于经验不足和应变能力不强，课堂上出现了“讲课逻辑不明，师生配合不够默契”等问题。针对出现的问题，指导老师要求我多听课，多向经验丰富的教师学习，并且面对面地指出了我上课时存在的缺点。帮助我改正上课的缺点时，她们丝毫没有架子，更多地像是朋友般的亲切交谈。

为了弥补自己的不足，我严格按照学校和指导老师的要求，认真仔细地备好课，写好教案，积极向其他同学和老师学习，多多向人请教，把握好每次上课的机会，锻炼和培养自己的授课能力。

在上课的过程中，我遇到了许多困难，譬如学生的不配合就常常令我“痛心疾首”。当时有人建议我使用强制的方法，如罚站、打手心等。诚然，这种方法可以勉强维持课堂秩序。然而，这也无疑加深了老师与学生之间的隔阂，甚至使学生产生厌学的心理。作为教育工作者，就要想方设法创设民主和谐的教学气氛，在教学活动中建立平等的师生关系。而且教师要把自己当成活动中的一员，当成学生们的良师益友。我的教学效果还不错，有几个很调皮的学生在上我的课时认真多了，还积极举手回答问题。

小孩子是非常好动的，而且注意力非常容易分散，这样很容易开小差，影响教学效果。为了改善这种情况，我给每个小组在黑板上加小红花，哪个小组认真听课，就给哪个小组加小红花，或者画一些动物代表每一个小组，采取加分制，这种方法取得的效果果然好。以前常常因为学生在下面开小差，我喊破嗓子都没办法控制，现在却可以很好地控制课堂纪律，直接向课堂要效益了。

俗话说："知之者不如好之者，好之者不如乐之者。"兴趣对于一个小学生来说是至关重要的。我的体会是必须把学生的学习兴趣调动起来，使他们在快乐中主动学习。因为课堂都是以学生讲为主，充分调动了他们学习的主动性和积极性，这种由"要我学"转化为"我要学"的教学方式，激发了学生浓厚的学习兴趣。

小学生比较喜欢炫耀自己，于是我根据他们的个性和年龄特点，非常注重鼓励他们。只要他们答完问题，我都用鼓励性的语言对他们说"真好""真响亮""还不错"等。他们得到老师的赞扬，积极性提高了，久而久之，就养成了敢于举手回答问题的习惯了。如果同学问题回答得好，我就叫所有的同学用"棒，棒，你真棒！"的激励话语来鼓励他们，这样，充分活跃了课堂气氛，学生情绪饱满，起到了很好的教学效果。

(三)对班主任工作的感受

每个班级都有一个班主任，管理班级的日常琐事。班主任的责任很重大，因为一个班的孩子每天最常见的就是班主任，他们的言行对孩子树立正确的世界观、价值观和人生观都有着重大的影响。由于小学生年纪都不大，自我组织能力和自我约束能力都还很差，特别是后进生更差，这就需要老师牵着他们走，告诉他们应该怎样做。通过与这个班级的接触了解，我对班主任工作有了以下几点领悟与体会：

1. 以身作则，以自身魅力教导学生

班主任的一言一行学生都看在眼里，叫学生不要乱扔垃圾，首先自己就要做到不乱扔垃圾。班主任通过良好的素质征服学生，使学生对班主任产生爱，这样学生才能接受班主任的管理教育。班主任健全的人格能感悟学生、感化学生、感染学生，使师生之间相互尊重、相互信任，产生情感共鸣。班主任只有得到学生的信任和诚服，师生才能融洽交流。

2. 赏罚分明，恩威并重，说到做到

奖赏分明，恩威并重，这是我感悟最深的。无论是学习上，还是生活上，老师都要对学生有明确的要求，做得好的大力地表扬，没按要求做的严肃地批评，赏罚分明，说到做到，让学生清楚地知道什么是对的、什么是错的。

3. 与家长的沟通交流很重要

孩子的成长，离不开家长的教导，做好班主任工作，离不开家长的辅助。只有加强与家长的沟通交流，才能让家长及时了解自己孩子在学校的情况，同时也能让老师更清楚每一个孩子的个性，针对孩子的问题与家长共同解决。目前的校讯通，确实让老师与家长的交流联系简单密切了许多，使班主任工作更好地开展。

4. 善于培养有能力的班干部

班干部是班主任不可缺少的左右手。在班上，老师可以根据学生的表现情况和每个学生具备的不同能力，让学生担任不同的职位。善于培养有能力的班干部，可以减轻班主任的工作负担。

在实习班主任工作期间，我与学生建立了良好的师生关系，热心真诚地面对每位学生，尊重他们，深入细致地了解他们。在每次大课间的活动中，学生们都会过来找我聊天，我感觉到自己也融入他们，成为重新华小这个大家庭的一分子。

三、总　结

实习，有得有失，有喜有悲，有苦有甜，有付出，有收获，有反思，有感恩，感慨良多。

虽然实习生活结束了，但我的教师生涯才刚刚开始。最后还要特别感谢重新华小的校长、副校长和所有老师对我们的关心和指导，以及同在一个学校一起奋斗努力的实习小组成员们。

时间过得真快，短短半个月的实习生活已经结束了。这段时间，我的教学经验得到了一个质的飞跃，我学到了很多书本上学不到的知识。“知识是永无止境的。”在取得好成绩的同时，我时刻不忘超越自己，我对教育事业的满腔热情，将鼓舞着我不断前进。

华语教学，任重道远

——崔锦赴马来西亚实习报告

一、引　言

2017 年 1 月 4 日开始，苏丹伊德理斯教育大学交换项目的学生分别到丹绒马林公教国民型华文中学、重新小学、龙邦华文小学进行了考察活动。此次的考察共涉及 14 名交换生及一位讲师。据了解，丹绒马林公教国民型华文中学曾是一所教会学校，教会后来没有继续管理这所学校，导致该校有一段时间没有董事部，直至 5 年前才重新成立董事部，并与家教协会、校长及教师紧密配合，以便更好地管理学校事务。

二、考察资料分析

(一)行政组织结构

在考察资料分析里，我将对丹绒马林公教国民型华文中学的行政、学生事务及课外活动的行政组织结构用图表形式进行具体叙述。

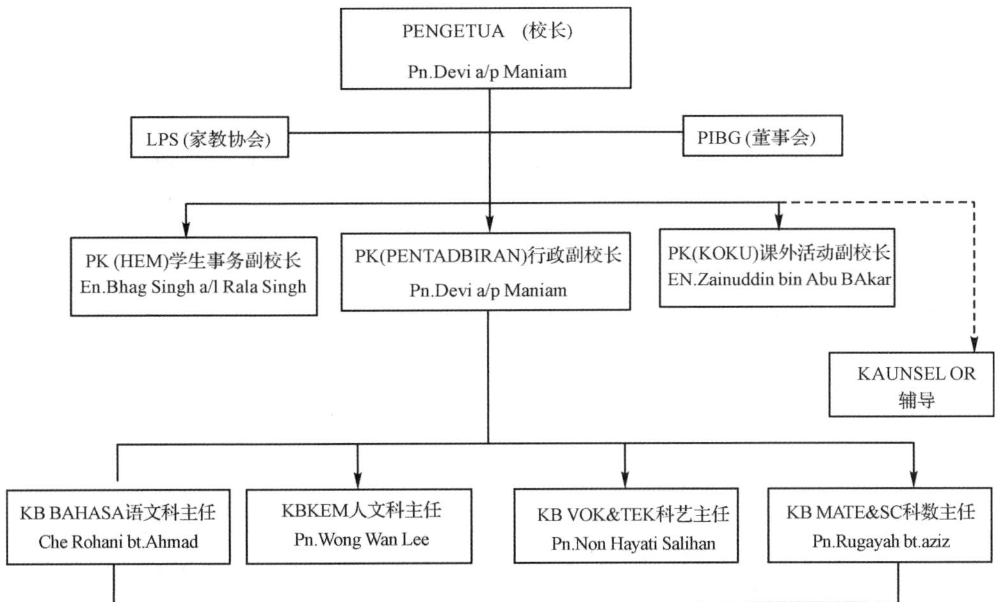

图 2-12　公教国民型华文中学行政、学生事务、课外活动的行政组织结构图

(二)学校历史简介

1959 年,天主教在仕林路买了一块六英亩的地,准备建立一所私人中学。本地华人在当时的 KMN 国会议员李锡勋先生和本埠华人陈济能先生的领导下,会见了天主教会的负责人,要求对方协助建立一所国民型华文中学。

1960 年 2 月,教会同意成立一个筹委会,其委员代表包括永春公会、客属公会、古冈州公会、高州会馆及琼州公会。此筹委会委员被授权去筹款,以协助教会建立一所华文中学。此所中学被命名为“公教中学”。

1960 年 3 月 13 日,永春公会,古冈州、琼州公会及仕林河,仕林新村,美冷车站、吉粦、龙邦和新古毛的热心公益的华裔同意负责部分款项。另外的由教育局负责。

1960 年 6 月 30 日,建校蓝图呈交教育局,并在同年招标建十间教室、一间科学室及一间洗手间。

1961 年,第一批 72 名学生开始在本校就读预备班。第一任校长是朱正安博士神父。

1964 年,第一批学生参加了初级文凭(L. C. E)考试,成绩合格率达 77.5%。

1973 年，因学生人数不够，本校结束了高中班。

2010 年，为了方便初中生升学至高中，刘校长立志重新开办高中班。

2011 年，第一届中四理科班落成。

2015 年，丹绒马林公教国民型华文中学开始了全日式教学。校方和学校三机构扩建了图书馆。

(三)对副校长及华文科主任的采访记录

对副校长及华文科主任的采访记录如表 2-1 所示。

表 2-1　对副校长及华文科主任的采访记录表

受访者	采访问题	受访者回答
行政副校长 Pn. Devi a/p Maniam	如何提高教师的教学水平和道德素养？	多学习，多反思，多交流，多改进。
	该校曾经遇到过什么困难吗？	在没有董事部的那段时间，学校好像“弃婴”，但在新董事会、家教协会、校长及教师努力下，该校已在改变中。
	未来丹绒马林公教国民型华文中学的发展规划是什么？	虽然学校在一步一步地发展，但也不能忘记以前的困难，在未来发展中必须谋划发展蓝图，使本校教育素质往上提升，保持竞争优势。
华文科主任	现在的华文教学是否停留在简单的华文授课层面？如果有可能，您想把哪些文化课程带给当地学生？	现在的华文授课采用中国教材，对于当地同学来说本身已经很吃力。如果有可能，希望增设书法课、阅读课等。
	要成为一名合格优秀的华文教师，您认为最重要的是什么？	自己的专业素养很重要，但更重要的是对华文教育的热情和责任感。
	如果我们未来打算成为一名语文老师，您对我们的建议是什么？	掌握所学的知识，并在教学过程中不断发展自己。对学生要有耐心和责任心。

三、自我反思和感悟

十天时间，我从一个只会纸上谈兵、停留在理论层面的大学生到有模有样、注重实践教学的准老师；从一个没有班级经验的大学生到一个进班教学的实习老师，这里的一切都见证着我的成长。下面我针对学科教学和马来西亚华文教育现状及不足，谈谈我考察的心得体会。

(一)学科教学方面

一般的教学实习应该分为两个阶段：见习阶段和实习阶段。由于情况特殊，我们从熟悉学校基本情况直接过渡到了实习阶段，这是比较遗憾的，因为我们缺少了向一线老师学习现场教学和处理课堂教学技巧的机会，而这恰巧又是我们最需要学习的地方。但是从另一方面来说，这似乎又给了我们充分发挥而不受一线老师思维限制的空间，让我们可以尽情展示自己的教学设计，这样我们可以通过自己的切身实践及请老师为我们做出指导来达到充分学习的目的。

我认为让我最受益的地方是备课，或者说我觉得一节课最重要的地方在于备课，课程准备情况的好坏决定着一堂课的成败。直到实习我才发现，其实备课远远不是我之前想的那样，只要找到一些相关的材料，能说明问题就好了。备课是一门艺术，要考虑的东西有很多，并不只是材料。对于一堂课的准备，我们首先应该从了解课本知识开始，对于自己要上的课的内容，我们必须有十足的把握。在了解知识内容之后，我们要关注的是学科指导意见和所教班同学的华文程度。虽然马来西亚华文中学使用的是跟中国差不多的教材，但从同学们的华文程度来看还是有所差距的，因此要准备能让同学们接受的授课内容。从学科指导意见中，我们可以分析出课堂内容的重难点及拓展内容，这些可以帮助我们更好地把握课堂内容。在了解了相关的知识之后，需要充分展示自己教学设计的能力。我们要根据之前了解的信息整理出课堂思路，对课堂过程进行设计，同时我们还要寻找合适的材料来帮助学生更好地理解知识点。

备课是一堂课最基础的部分，也是最关键的部分，所以我们应该给予高度重视。不过，作为备课的主要用武之地，课堂才是我们展示自己才华的舞台，所以在课堂上的发挥也是至关重要的。

课堂是一个瞬息万变的教学现场，虽然我们在上课前做好了各种教学设想及准备，但是正如那句俗话所说："计划赶不上变化。"所以在课堂上出现的教学状况，对于老师的临场应变能力有着很高的要求。在课堂上我们要注意的有很多,比如如何调动学生的积极性,让他们充分融入课堂的氛围中,如何对学生的回答做出恰当的评价,如何针对学生提出的疑问给予适合的解答,等等。

(二)马来西亚华文教育现状及不足

马来西亚是一个多种族国家,各种族居民受本民族传统语言习惯及文化特性的影响又相对巨大,因此马来西亚自然而然地成为各种语言的聚集地。在同一区域,语言间的相互影响除了此消彼长的“敌对”关系,同时也互相吸收、互相借鉴。

而在此大环境下发展和传承的马来西亚华语则显得更为复杂一些,因为华族不仅受到马来语、英语及泰米尔语的影响,同时由于华裔居民祖籍地的区别,华族本族的交际圈中也掺杂了福建话(闽南语)、粤语、客家话等多种汉语方言。

在马来西亚,可以随时感受到这种语言氛围所形成的独特语言现象:在各种场合,马来西亚华人几乎可以在几种语言系统中自由切换,即使在同一句话中也经常出现几种语言词汇同时使用的情况,而这种交流他们又显得非常熟稔,丝毫不影响沟通。

不过也正是这种对几种语言极为相近的熟悉度与使用能力,在一定程度上影响了对某种单一语言的专一性,这使得马来西亚的华语在语音、词汇、语法、语用乃至汉字的使用习惯方面均产生了一定的混用。

而华语作为第二语言教学,则起步较晚。“在历史的早期,华人以外的族群学习华语是一个十分敏感的问题。不要说他们学习华语,就连华人学华语,马来西亚政府和马来集团都感到不悦。”所以当时在国民小学(国小)学习华语的只限于华人,华语课称为“母语班”,教学规模很小,人数并不多。

就这所公教中学而言,有一个突出的困境就是学生的华语课程成绩在中五(中国学校的高二年级)很难得到 A,这样就会影响学生申请奖学金。即使是在公教中学将华文列为必修课的情况下,学生也很难拿到 A 的成绩,这是因为马来西亚要求华语本地化,只允许用本地文学。现在的课本通过改制,删除了很多中国的文学作品,学生的接受理解能力有限,学生华文接受程度低也造成了授课慢等问题。学生需要一定的时间去接受中国式的文章,这样会直接影响到他们的考试。

十天时间虽然不长，但也让我们大体上了解了马来西亚华文教育需要继续努力的紧迫性。而实习作为大学生活的第二课堂，是让我们不断完善自己、发展自己的源泉，是检验理论知识的试金石，也是大学生锻炼成长的有效途径。一个人的知识和能力只有在实践中才能实现真正的价值。所以我们必须珍惜每一个实践的机会，珍惜每一个让自己成长的机会。

图 2-13　国民型华文中学剪影

华语教学的困境与突破

——沃甜甜赴马来西亚实习报告

一、引　言

2017 年 1 月 4 日开始，苏丹伊德理斯师范大学 14 位中国交换学生分别到丹绒马林公教国民型华文中学、重新小学、龙邦华文小学进行了为期十天的考察活动。此次的考察活动对每一位同学都是一次宝贵的学习机会，不仅使我们更深入地了解了马来西亚华人教育的现状，并且为我们日后的教学工作提供了亲身实践的机会。

色彩鲜艳的墙画彰显着公教中学的活力，如同这里的学生，朝气蓬勃。感谢这些孩子用爽朗的笑声点亮每一个早晨。

二、考察资料分析

丹绒马林公教国民型华文中学曾是一所教会学校，教会后来没有能力继续管理学校，导致该校长时间没有董事部，直至 5 年前才重新成立董事部，并与家教协会、校长及教师紧密配合，以便更好地管理学校事务。

(一)行政组织结构

1. 行政组织结构图

图 2-14 为公教国民型华文中学汉语注解版行政组织结构图：

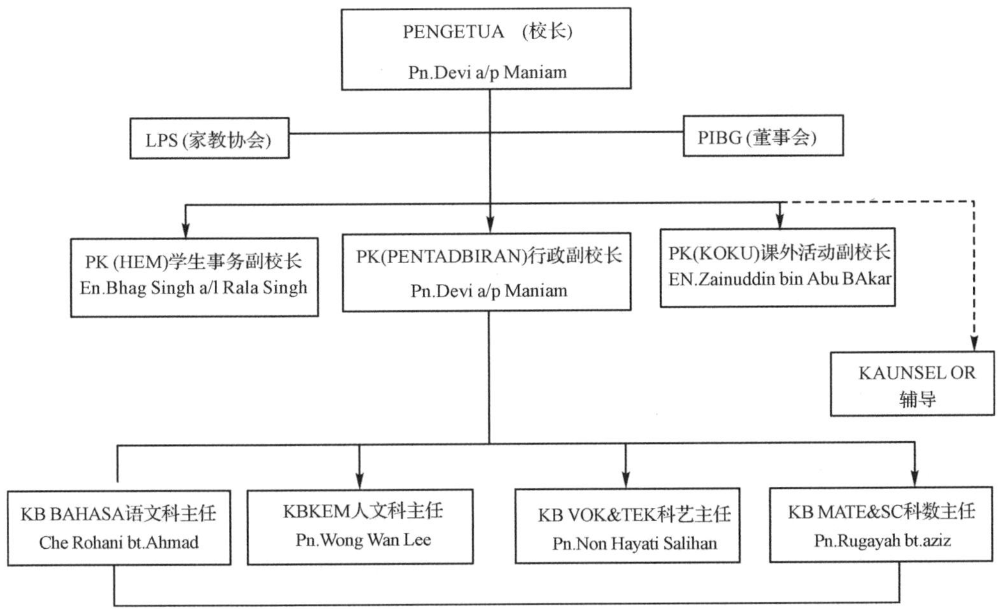

图 2-14　公教国民型华文中学汉语注解版行政组织结构图

(二)学校历史简介

1959 年,天主教会在仕林路买了一块六英亩的地,以供建立一所私人中学。本地华人在当时的 KMN 国会议员李锡勋先生和本埠华人陈济能先生的领导下,会见了天主教会的负责人,要求对方协助建立一所国民型华文中学。

1960 年 2 月,教会同意成立一个筹委会,其委员代表包括永春公会、客属公会、古冈州公会、高州会馆及琼州公会。此筹委会委员被授权去筹款,以协助教会建立一所华文中学。此所中学将被命名为"公教中学"。

1960 年 3 月 13 日,永春公会、古冈州、琼州公会及仕林河、仕林新村,美冷车站、吉粦、龙邦和新古毛的热心公益的华裔同意负责部分款项。另外的由教育局负责。

1960 年 6 月 30 日,建校蓝图呈交教育局,并在同年招标建十间教室、一间科学室及一间洗手间。

1961 年,第一批为数 72 名学生开始在本校就读预备班。第一任校长是朱正安博士神父。

1964 年,第一批学生参加了初级文凭(L. C. E)考试,成绩合格率达77.5%。

1973年,本校结束了高中班,因学生人数不够。

2010年,为了方便初中生升学至高中,刘校长立志重新开办高中班。

2011年,第一届中四理科班落成。

2015年,丹绒马林公教国民型华文中学开始了全日式教学。校方和学校三机构也扩建了图书馆。

(三)华语在公教中学的重要地位

华人以华语为主要语言,所以华小分成三个种类:淡米尔学校、华文学校和马来文学校。上到中学就分成另外三个种类:第一种是国民型(SMK),主要以国语教学;第二种是国民型华文中学(SMJK),主要的行政管理层以华人为主,华文课程是必修课程,就是学生必须拿华语课的成绩,而国民型则将华语列为辅修课,学生在放学后去上课;第三种是独立中学,包括华文独立中学和一些国际学校。丹绒马林公教国民型华文中学在丹绒马林的范围里是唯一一所国民型华文中学,除了把国语(马来语)和历史视为必修课,还把华语列为必修课,进来这所中学读书的学生就一定要学华语。因为把华语的教学放在上课时间,所以这所学校的上课时间比较长,相对于其他学校放学比较迟。

就这所公教中学而言,有一个突出的困境就是学生的华语课程成绩在中五(中国学校的高二年级)很难得到A,这样就会影响学生申请奖学金。即使是在公教中学将华文列为必修课的情况下,学生也很难拿到A的成绩,这是因为马来西亚要求华语本地化,只允许用本地文学。现在的课本通过改制,删除了很多中国的文学作品,学生的接受理解能力有限,需要一定的时间去接受中国式的文章,这样会直接影响到他们的考试。另一个影响华校教学程度的因素是华语教学的起点低、速度慢。在华小一年级,主要的教学活动是读、写,需要很长一段时间才开始教造句。

公教中学刚刚改制不久,属于比较新的改制学校,所以还会看到淡米尔文的教学,淡米尔文教学也是这间学校不同于其他国民型中学的一点。

三、心得体会和感悟

图 2-15　公教华文中学远景

(一)公教中学教学优势

马来西亚良好的自然环境,是教学一大优势。学生能够在舒适的环境下学习,有利于各方面能力的提升。公教中学随处都是自然赐予的风景。教学楼旁的花园内饲养着许多兔子,室外篮球场虽面积有限,但多彩的植被、碧蓝的天空和洁白的薄云,为它增色不少。

由于教育体制的差异,中学生的课业并不繁重。这与中国高强度的学习压力和快速的学习节奏有很大的差异。个人认为这是让人欣慰的一种表现。青少年时期是性格养成和道德培养的关键时期,过重的学业压力不利于学生健全人格的发展。一方面他们没有个人的自由时间培养爱好,另一方面繁重的学习会给学生还不成熟的心智造成过重的压力。

(二)马来西亚华文教育现状及不足

马来西亚是一个多种族国家,各种族居民受本民族传统语言习惯及文化特性的影响又相对巨大,因此马来西亚自然而然地成为各种语言的聚集地。在同一区域,语言间的相互影响除了此消彼长的"敌对"关系,同时也互相吸收、互相借鉴。

而在此大环境下发展和传承的马来西亚华语则显得更为复杂一些,因为华族不仅受到马来语、英语及泰米尔语的影响,同时由于华裔居民祖籍地的区别,华族本族的交际圈中也掺杂了福建话(闽南语)、粤语、客家话等多种汉语方言。

在马来西亚,可以随时感受到这种语言氛围所形成的独特语言现象:在各种场合,马来西亚华人几乎可以在几种语言系统中自由切换,即使在同一句话中也经常出现几种语言词汇同时使用的情况,而这种交流他们又显得非常熟稔,丝毫不影响沟通。

不过也正是这种对几种语言极为相近的熟悉度与使用能力,在一定程度上影响了对某种单一语言的专一性,这使得马来西亚的华语在语音、词汇、语法、语用乃至汉字的使用习惯方面均产生了一定的混用。

而华语作为第二语言教学,则起步较晚。"在历史的早期,华人以外的族群学习华语是一个十分敏感的问题。不要说他们学习华语,就连华人学华语,马来西亚政府和马来集团都感到不悦。"所以当时在国民小学(国小)学习华语的只限于华人,华语课称为"母语班",教学规模很小,人数并不多。

另一方面,一些教师的教学模式还不能很快地适应教学的改革。部分教师已经习惯了较为放松的教学方式和缓慢的教学进度,因此在课堂的主导能力方面有些受学生的阻碍,不能很好地把握课堂的节奏。华语的授课时间有限,而课堂效率不高使得本就紧张的学习时间变得更为不足。因此,效率也是当下华语课堂需要解决的问题之一。

华语教学：多元文化中的整合与重建

——贾佳蓉赴马来西亚实习报告

一、引　言

2017 年 1 月 4 日上午 7 时，苏丹依德理斯教育大学暨中文教育系大三班的 14 位来自浙江越秀外国语学院的交换生有幸能够跟随着洪锭发老师参与当地华人学校的实习考察活动。其中实习地分为三个学校：龙邦华文小学、重新华文小学、公教中学。

图 2-16　重新华文小学校门

而我本人与其他四位同学很荣幸能够一起到当地的重新华人小学进行为期两周的实习考察。据了解，重新小学建于 1914 年，是最早在丹绒马林开办的一所私塾。从初办到复办再到发展至今，重新小学一直保存着完好的教育理念，因此在教育方面也有着自己的特色。重新小学是一所历史悠久的学校，至今已经有 103 年的历史，可谓是“百年老校”了。我们的考察从重新小学的建筑风格、班级分配、教师管理、行政人员安排等方面展开。在短短两周时间里，我们收获颇丰，并且对华人小学的发展有了更为深刻的了解。

二、实践过程

(一)实践目的

此次实践是为了更加深入地了解以重新华文小学为例的华文小学的教育发展历史及现状,亲身感受华文小学的教学方式及华文小学学生的各方面素养(学习素养以及品行修养),从而进一步增强自身对海外华校的认识,了解汉语教育对海外华人的影响。通过为期两个星期的实地考察研究,我对海外华人文化有了更深入的了解。作为一名传承中国文化的大学生,加强对海外华人学校文化的认识是很重要的。

(二)实践内容

在为期两星期的实践活动中,我们在重新华文小学进行了深入考察,分别从学校建筑、教室课桌的安排,访问该校的校长、副校长、授课教师和部分学生等方面切入,尽可能充分利用这次机会了解学校。

1. 学校行政组织机构

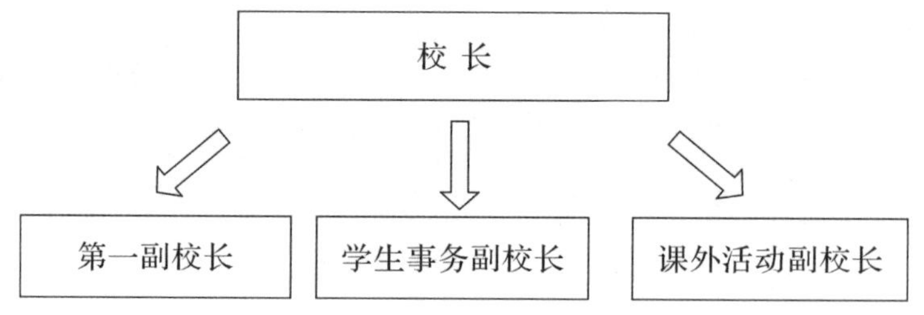

图 2-17 重新华文小学行政组织机构图

重新华文小学的主要行政机构模式为上面是华文学校的校长,下面是三个副校长,分别负责各自事项:第一副校长管理行政方面的事项,学生事务副校长管理学生的主要事务,课外活动副校长管理学生的课外活动。由于课外活动有一定的课外性和灵活性,所以不允许三年级以下的学生参与。

学校对于行政组织的安排,使得学生生活、学习、课外活动各方面都可以得到很好的安排和妥善的处理。所谓各司其职，管理层职能在华文小学也得到了很好的发挥和完善。再下面是各课程的老师安排。

2. 学校建筑以及教室等安排

初入重新华文小学，看到的是崭新的校门，但是可以看出上面有翻新的痕迹，其实这是“百年老校”本身遗留下来的痕迹。那雪白的墙壁背后，曾经该有多少千疮百孔。据了解，后期的翻新工作均来自华人团体的捐助。

重新小学是一所具有103年历史的“百年老校”，从1914年建立至今，重新小学所在地一直没有变化，变化的只是它的建筑，从最开始简陋的房子到现在慢慢扩充以及复建整修。该学校的建筑其实很简单，经过华人团体的各种捐助，2004年重新华校获得了崭新的“面孔”。为了向捐助的华人表示感谢，教学楼教室的走廊外墙上面都刻了捐助者的名字。这些捐助者捐助了很多钱，解决了华校的资金难题。由于华人的一致努力，重新华文小学才能够持续发展至今。

至于教室的安排，则是按照成绩将每个年级分为J、R、I班。根据不同的成绩和学生接受知识的能力，将水平类似的学生放在同一个班级，这有助于教师授课，也有助于学生之间互相帮助。课桌位置的安排也非常独特，不是旧式的行行排列的课桌，而是六张或者几张桌子围成一圈，一般是摆放成四个圈。这样讨论式的课桌摆放，既有利于学生之间的互相交流，也有利于学生与老师之间的互动。这样探讨式的课桌摆放对于开发学生大脑潜力和思维非常有帮助。这样新颖的课桌摆放方式值得我们借鉴。

图 2-18　重新华文小学教室

三、上课观摩感想

在为期两周的实习时间里,我们进行了重新华文小学的课堂观摩体验。就我个人的课程观摩,涉及的课程有华语课、美术课、数学课,涉及的年级是二年级至六年级,我的感触非常深刻。

图 2-19　课堂实景

首先,我认为每个老师的教学方法都是不一样的,而且每个老师有他们各自的风格。面对不同年级的学生,老师给出的反映以及上课的方式也应该不一样。即便是同一个老师,也应当有一个相对应的适合学生的教学态度。例如在第一天,我们观摩了一个老师的两种课程,分别是华语课和道德课,针对的年级分别是四年级和六年级。

道德课主要授予学生道德和做人的原则,比如有位老师讲到的一句话让我印象很深刻,她说:"我们马来西亚虽然是一个多种族的国家,有很多人的宗教都不一样,但是我们每个人的信仰都是一样的,就是要做好人。"把这样的理念灌输给学生,其实是在教授学习知识的同时教授给学生一定的做人道理。尤其对于小学生而言,在这个阶段是很容易在潜移默化中接受到良好的教育的。

其次,我认为课堂的氛围是否活跃不是老师带给学生的,而是学生带给老师的。虽然老师起主导作用,但是学生才是整体的推动力。老师的上课方式就像一根导火线,能够激发学生的积极性和活跃性,但是主要的课堂氛围还是要靠学生给予的。学生的积极性,学生对知识的接收程度,都离不开老师的指导以及引导。不过光有老师的引导还不够,对于小学生来说,需要有能够展示自己天性的平台。

再者，我从这次观摩体验中发现自己需要学习的地方，以及对自己往后能够成为一名优秀教师而应该借鉴的教学方法还有很多。面对很多胆小不敢举手却想要发言的学生，应该积极鼓励。即使学生回答错问题也应该鼓励他们勇敢发言，并要督促他们养成知错就改的习惯。再是面对像数学课上，很多同学可能会有不理解的地方，则需要强调“有没有人不明白？老师可以再讲一次”。这样就能够使得学生们敢于提出不懂或者不理解的知识点。

最后，在观摩课程实践中，给我最大的感触是一个学校需要有良好的秩序，要分别从上级往下级进行分工。教师的职责除了授课，还要对学生的生活秩序管理起到监管作用。比如当我们第一天进入重新华文小学的时候，路上遇到的小学生们都会向我们问好。这些学生们不管是早上还是中午，不管是在楼梯还是在食堂都会亲切地说一句“老师好”，而且还会微微鞠躬表示尊敬。我想，这大概是一个学校营造良好秩序的关键吧。尽管自己还不是老师，但是被学生叫一声“老师好”，觉得心里很温暖、很满足。更何况那些与同学们朝夕相处、尽心尽力的老师们呢。

四、感慨及整体反思

在这一次为期两周的实践活动中，我收获颇丰。对我个人而言，主要是对华人小学教育发展的认识更进了一步。华文教育的发展并不是一帆风顺的，从创建到经受挫折再到复建整合，以及为了适应这个多元化的种族而存在是很难的。

为了能够使得华文小学在这个社会中立足，为了能够使得华文教育不在马来西亚没落，为了能够让后代继承并发展华文教育，很多华人为此出钱出力，在华文小学的创办过程中给予很大的帮助。与中国的小学不一样的是，这里的华文小学都有董事会，也会有很多相关职务的董事会主席、副主席等。这些人主要负责学校的事务、资金等的捐助和筹备。他们不求回报，只是为了华文教育得到更好的发展以及华校能够更加持久的存在。

其实不只是重新华文小学，其他华文小学都曾面临相同的困境，比如学校资金短缺、师资力量不足等。但是因为华人的坚持及校方的努力，华校才能够越办越好。此外，他们的办学条件、办学理念、凸显的文化氛围和高效率的领导阶层等都值得我们去推敲、学习及借鉴。

除了感触很深以外，对于此次实践活动，我也做了一定的反思。首先是自身知识水平需要进一步提高。如果想成为一名优秀的老师，自身必须先具备良好的学习能力及知识储备，这样才能更好地授课。其次，还要参与更多的教学实习，因为很多东西在书本上是学不到的，只有在实践中才可以得到深化和升华。

生生不息的华文教学

——贾建冰赴马来西亚实习报告

一、引　言

2017 年 1 月 4 日早晨六点三十分，我和其他三位同学（娄慧、陈嘉怡、月明宇）一起参加了由苏丹依德里斯教育大学中文教育系的洪锭发老师和浙江越秀外国语学院中国语言文化学院的姜兴鲁老师为我们十四位交换生所安排的进入当地华校进行视察学习的活动。其中我们四位所要前往视察学习的华校叫作龙邦国民型华文小学，距离较远，已经不在苏丹依德里斯教育大学（UPSI）所在的霹雳州丹戎马林小镇，而是位于雪兰莪州的龙邦新村。

龙邦国民型华文小学历史悠久，约在 1930 年 7 月就已经建校，经历着时间的洗礼一步步走到当下，现如今龙邦国民型华文小学是一所隶属于政府的华小，受马来西亚教育政府管辖。因此，我们一进入校园，就感受到了格外严谨的教学和办公氛围。而在经历这么短短几天的视察学习之后，我感受颇多，不仅对马来西亚这个拥有特殊国情的国家有了更多的了解，更体会到了海外华文教学发展的艰辛，也对“教师”这个职业有了许多新的想法和看法，不同于过往在国内时对“教师”这个身份的认知。

二、学校行政组织结构

在校视察学习期间，我们了解到了龙邦国民型华文小学的学校行政组织结构。人、目标、权责三者相结合，形成职位，而职位，就是形成一个行政组织结构的基本要素。学校的行政组织的整体架构就是由各种职位排列组合而成的。一个个具有不同分工的职位进一步构成一个单位、部门以至层级，最后便形成了整个学校行政系统的组织结构。

下图 2-20 便是我们所了解到的，龙邦国民型华文小学的学校行政组织结构图：

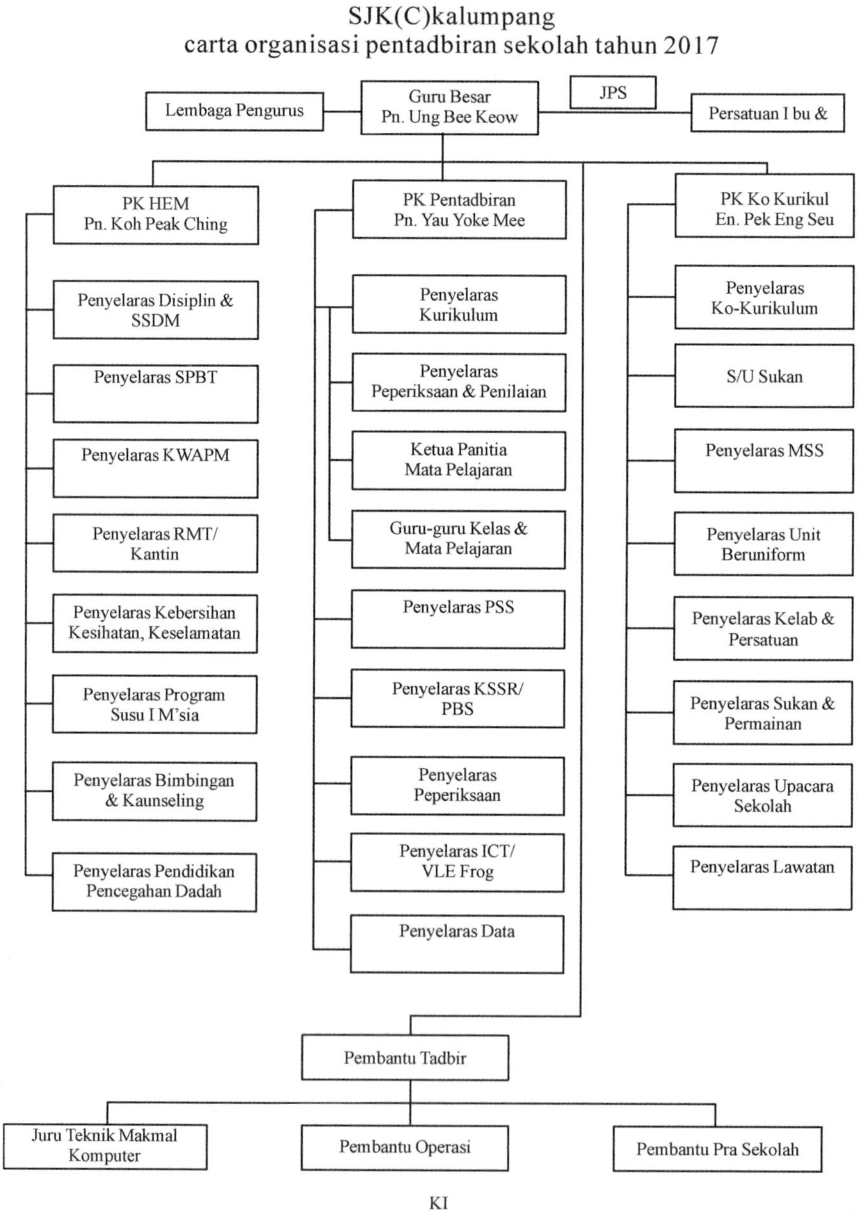

SJK(C)kalumpang
carta organisasi pentadbiran sekolah tahun 2017

Lembaga Pengurus
Guru Besar
Pn. Ung Bee Keow
JPS
Persatuan I bu &

PK HEM
Pn. Koh Peak Ching
Penyelaras Disiplin & SSDM
Penyelaras SPBT
Penyelaras KWAPM
Penyelaras RMT/ Kantin
Penyelaras Kebersihan Kesihatan, Keselamatan
Penyelaras Program Susu I M'sia
Penyelaras Bimbingan & Kaunseling
Penyelaras Pendidikan Pencegahan Dadah

PK Pentadbiran
Pn. Yau Yoke Mee
Penyelaras Kurikulum
Penyelaras Peperiksaan & Penilaian
Ketua Panitia Mata Pelajaran
Guru-guru Kelas & Mata Pelajaran
Penyelaras PSS
Penyelaras KSSR/ PBS
Penyelaras Peperiksaan
Penyelaras ICT/ VLE Frog
Penyelaras Data

PK Ko Kurikul
En. Pek Eng Seu
Penyelaras Ko-Kurikulum
S/U Sukan
Penyelaras MSS
Penyelaras Unit Beruniform
Penyelaras Kelab & Persatuan
Penyelaras Sukan & Permainan
Penyelaras Upacara Sekolah
Penyelaras Lawatan

Pembantu Tadbir
Juru Teknik Makmal Komputer
Pembantu Operasi
Pembantu Pra Sekolah

KI

图 2-20 龙邦国民型华文小学行政组织结构图

三、采访校长和行政副校长

视察学习的短短两周内，我们有幸采访到了龙邦国民型华文小学的校长和行政副校长。说起来我们是非常幸运的，因为校长和副校长们真的每天都十分忙碌，我们在进校视察学习的第一天就有向校长和行政副校长表达我们想对她们进行采访的意愿，但是由于龙邦华小当时处于长假之后开学的第一周，校内的大小事务都需要她们去处理，所以原本约定好的采访时间总是一天天地往后推迟。

首先在百忙中抽出时间接受我们采访的是龙邦华小的行政副校长（高碧贞副校长）。我们进校考察学习的第一天，首先见到的便是高副校长，高副校长真的是年轻有为，一见面就被她身上那种强大气场震撼。平时的她总是不苟言笑的，好像她全身上下甚至是骨子里都散发着严谨的气质，让人觉得不容易接近也不敢轻易开玩笑，所以在采访高副校长之前，我们都有些小紧张，不知道采访过程中会发生些什么“惊喜”。

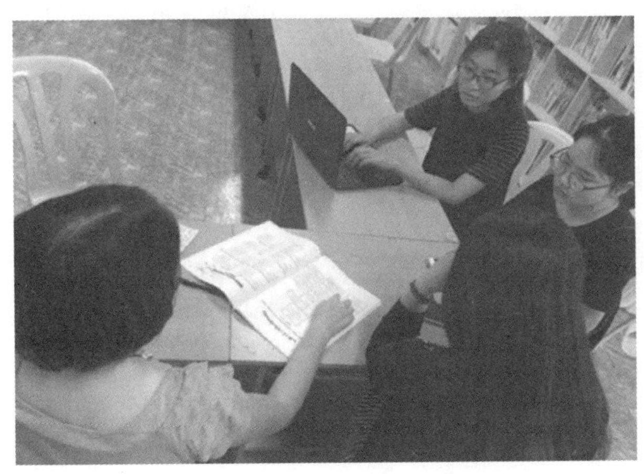

图 2-21　采访高副校长

在和高副校长的交谈中我们了解到，作为主要管理学生事务的行政副校长，她的日常其实十分忙碌。她住在离龙邦华小较远的饶万，所以每天上下班花在车程上的时间就要一小时左右，因此每天早晨六点半她就要出门。学校中大大小小的学生事务都需要她去处理，她向我们详细介绍了隶属于她管辖的 14 个部门，包括学校的保卫人员和清洁人员，还有以预防骨痛热症为主的学生健康状况等。每当政府政策有所改变，学校管理层就必须做出相应的调整，并且一切都要以学生的最大利益为准则，忙忙碌碌实属不易。据了解，高副校长应该是附近一带学校中最年轻的副校长，这让我们不由地心生敬仰。

出人意料的是，进一步接触高副校长时我们所感受到的，并不是她平日里表现出的那种让人有一丝的畏惧感和严肃感，生活中的她其实是一个活脱脱的“少女”。在采访结束时高副校长还在“不经意间”向我们展示了她强大的“自拍技巧”，年轻的心态和活力更是让她身上那种人格魅力愈加明显（并且高副校长还是我们 UPSI 音乐系的学姐）。在马来西亚这样一个多种族又存在着种族歧视的国家，华人要生存实属不易，也正是绝大多数华人勤勤恳恳、脚踏实地，才使华人最终能在马来西亚拥有属于自己的生活。我们在高副校长身上所看到和学到的，绝不仅仅是一个年轻女性如何靠自己的努力最终获得成功，更是自强不息的“华族”的缩影。

图 2-22　校长在周会上讲话

和高副校长平日对我们的严肃态度不同的是，洪美芝校长则十分和蔼可亲、平易近人。大概是，年轻的高副校长需要在众人面前树立威严，而校长已经阅历丰富，自有威信。校长很关心我们在校考察学习期间的一切，对于我们的采访也非常爽快地答应了。通过对校长的采访及跟着校长参观整个龙邦华小，我们了解到了许多。龙邦华小有着十分悠久的历史，约在 1930 年 7 月就已经建校。校长在学校中执教的科目是道德，她主要教导学生们要树立正确的价值观，鼓励学生要多参加各式各样的活动及比赛，在诸多的活动和比赛中达到提升自己、完善自己的目的。此外，校长也要在每周一早晨的周会上讲话。校长每天到校后的第一件事就是巡视整个校园，既要严格指出各处不足，也要表扬做得好的方面，鼓励学生再接再厉。而我们了解到，虽然龙邦国民型华文小学是华文小学并且学校整体采用华文进行授课，但学校中仍有少数马来族和印度族的学生，他们的日常课程与华人学生并无区别，唯一不同的就是，由于宗教信仰各异，当有道德课时，马来学生会去上由马来老师进行教学的宗教课程，而不是由华人老师执教的道德课。

四、班上教学观摩

在校考察学习期间的一件大事就是我们被允许进入不同的年级，进班观摩华文课老师的现场教学。

我去了二年级的 2M 班和四年级的 4M 班观摩华文课的教学，一进班首先就被孩子们那种活泼可爱的性格所吸引和感染。二年级和四年级的同学人数都不多，才二十来位，这和国内大多数小学的人数相比，算是比较少的了。在课堂观摩中我进一步了解到，关于课堂内的桌椅摆放和必要的课堂活动，政府都做了统一的安排。

图 2-23　二年级的华文课堂

桌椅摆放位置使得同学们自然而然形成四人一小组或五人一小组，每个小组内会选出一个组长，便于上课期间的小组讨论、小组活动以及小组合作完成老师所布置的作业任务。这种桌椅摆放模式和分小组合作学习是近年马来西亚政府最新推出的教学方式，旨在改变传统的依赖老师，以老师讲课、学生听课为主的教学模式。分小组学习、老师布置任务这种新式教学模式，不仅可以使得人人参与其中，带动平日里相对较为腼腆的部分学生主动学习，激发学生的积极性和学习热情，更是培养了学生互帮互助的合作精神。从各方面与旧的教学模式相比较，这种新的教学模式确实值得推崇，也更具优势。

还有一项政府规定的活动就是“举牌”。老师负责给每个小组做三块牌子，分别是：红色、橙色和绿色。老师用交通灯（红绿灯）进行引导。红色牌子代表“不明白”，橙色牌子代表“不确定”，绿色牌子代表“明白”。在老师讲解完一个问题或一个知识点时，会问同学们是否明白，小组的每位同学轮流管理三块牌子，当老师问同学是否明白时，轮到举牌的同学要先询问小组内各

图 2-24　二年级同学在分小组完成老师布置的拼字组词语活动

个成员对新知识的掌握情况，再依据大家的回答举牌告诉老师大家是“明白”“不确定”，还是“不明白”。这样的做法十分直观，既方便老师了解全体同学的学习和掌握情况，又使得同学们都能够专心致志学习。让每一个同学都有举牌的机会，不仅使得同学们明白了“凡事讲究公平”的道理，也培养了同学们的责任心。

五、感　言

通过在龙邦国民型华文小学两周的视察学习，我深刻感受到了一种和国内学校完全不同的教学氛围和教学模式。因为早期华人的南来，仅仅是个体的迁移，而不是整个社会阶层的迁徙，所以华人的教育问题一直是个大困难、大难题。华人一步步走到今时今日，有如今的发展和成果，实属不易。华小作为传播中华文化的一块基石，也是中华文化的一个花蕾，这几乎是所有华人努力想要去呵护和维护的。

华人在马来西亚的生活很不容易，但中华文化源远流长，海外华人的文化情怀仍然在他们心中生生不息。这些不仅仅是我这几天在龙邦华小的所见所闻，更是在马来西亚这五个月的所感所悟。每次走进班级时，因为被介绍是来自中国的老师，所以同学们看向我们的目光里总是有许多的欣喜、激动，甚至是带着些许的期待。我特别清晰地记着，当我第一天走进四年级 4M 班时，班长（一个聪明又漂亮的女孩子）一看见我就激动地脱口而出：“老师，你真的是来自中国的吗？”那一刻似乎触到了我心底最柔软的角落，我们本是同根同源，因为种种原因，他们最终成了马来西亚公民，但万水千山也隔不断那种“同族之情”。包括后来去班里为四年级的同学朗诵诗歌并带读，他们认真的样子真的好可爱，他们给我的掌声简直让人激动到热泪盈眶。

建立华小是一个很美好的开始，是传承中华文化的基础，一定要好好呵护和珍惜这来之不易的一切，即使远在海外，也不能“忘根”！这里的孩子很辛苦，他们从小就面临着要掌握三门语言的压力，当我们看到华人几乎毫无障碍地跟周遭的异族人交流时，除了佩服还是佩服，只是这其中所要付出的努力，也是我们无法感同身受的。

视察学习的时间已经接近尾声，明天要迎来的是令人期待的越野赛跑，回国的日子也即将到来，但在马来西亚所感受和经历的，将是我这一辈子最珍贵的回忆，这一段弥足珍贵的记忆，在今后的岁月长河中，绝不会褪色，只会越发熠熠生辉！

图 2-25　龙邦学校校徽

学高为师，身正是范

——杨嫁媛赴马来西亚实习报告

一、引　言

2017 年 1 月，我们 14 位来自浙江越秀外国语学院的在苏丹伊德里斯师范大学学习的交换生开始了为期两周的实习生活。我们 14 个人一共分成三组，我和另外 4 位同学为一组，来到的是当地的一所小学——重新国民型华文小学。

这所小学建立于 1988 年，承载着满满的历史感。经过数十年的发展，重新华小不断地扩展、新建，直至今日已经成为当地一所极为重要的学校。我们第一天到达学校是早晨 7 点，天还是黑蒙蒙的，可是小学生们已经早早地来到学校，开始一天的学习生活。与中国大多数小学不同的是：这里的学生们都统一穿着校服和白色的运动鞋，显得精神又整齐。通过和他们两个星期的相处，我渐渐发现了每个学生的可爱之处，一天天下来，我和他们之间的感情也越来越深，心中的想法也越来越多。

二、历史发展

这所小学随着时代的变迁经历了很多风风雨雨，但是在华人同胞的保护和支持下，这么多年都坚持了下来。带领我们参观的一位老师告诉我们，他的父亲和他，还有他的儿子都曾经在这里上过小学。仔细想想，一所学校竟然能承载一家三代的启蒙教育也真的是非常不容易的一件事。

图 2-26　重新华文小学历史发展剪报

三、行政机构

图 2-27 中都是当地的华商，也是重新华小的赞助人。正是有了他们的支持，重新华小才能有现在的成绩。

图 2-27　董事部董事成员图

四、华文课的教育

作为从中国来的实习老师，我们首先关心的便是马来西亚华人学校的华语教育。因此我来到重新小学听的第一节课就是华语课，以下是我纪录的一节华语课的流程：

图 2-28　华语课本

1. 朗读课文。华语课先由老师带领小学生们朗读当日要学的课文。老师念一句，同学们跟着朗读，一遍完成后，学生们再连起来朗读一遍。课文的篇幅不是很长，加上上课前学生们已经预习过，因此课文的朗读进行得很顺利。

2. 由一些相关图片引出课文的内容——许愿墙。让同学们写下自己的心愿，然后抽几位同学朗读自己的心愿。

3. 逐一学习课文的重点词汇。

4. 再次回顾课文，老师向学生提出问题。

5. 与同学一起做课后练习。

五、对教师新的定义

重新华小是我在马来西亚交换生活的最后一站，在这里我经历了人生的第一次实习，这也是我第一次与这么多小朋友近距离接触，感受到了他们的童真。回想这两周，嘴角轻轻地上扬。在这里，我对教师一词也有了新的定义。

(一)专业知识必须扎实

以前读书的时候碰到一些问题我偶尔会偷懒，会想反正也不一定会考到就不仔细研究了，而真正当了老师之后我才发现：你所讲的每一个字、每一句话都会影响到你的学生。所以我们必须以严谨的态度对待学习，不能马马虎虎地糊弄过去.而专业知识也是一个教师的根本，没有专业知识作为基础，任凭你再受学生欢迎也是空谈，毕竟教师的职责是教书育人。

(二)有渊博的知识

书到用时方恨少。老师要有渊博的知识，因为有了渊博的知识才能把课讲得生动有趣。学习知识理应是一件非常有意思的事情，任何一门学科之中都蕴藏着它独特的趣味性，很难想象真正乏味透顶的学科会流传到今天。能否让学生快乐听讲、快乐学习无疑是衡量老师是否优秀的一个主要标准。老师要想做到这一点就必须有渊博的知识、绝佳的口才，而这一切都是建立在读书的基础上的。“书中自有黄金屋，书中自有颜如玉”，这句话既然流传千年就有它流传千年的理由。为师者当恪守之。

(三)以一颗仁爱之心对待学生

“严师出高徒”这句话不全对，就像“良药苦口利于病，忠言逆耳利于行”一样，为什么良药一定要苦口呢？为什么忠言一定要逆耳呢？在药片外抹点儿糖让人快乐地服用，说忠言时讲究一下说话艺术，让人欣然接受岂不更好。同样，慈师和仁师也可以教出高徒。平时要多考虑学生的感受，不能以“为学生着想”为借口去伤害他们。学习不是学生的全部，他们还要学会生活；教书也不是教师工作的全部，他们还要学会育人。教师如果能以一颗仁爱之心去关爱学生，就能让学生的生活中多一些阳光，多一些温暖。也更有利于学生树立正确的人生观、价值观和世界观。

(四)心中要充满正义感

所谓上梁不正下梁歪。如果老师不能做一个堂堂正正、光明磊落的人,那又有什么底气去教育学生呢?在实习中我见识了太多的丑恶。当然这只不过是整个社会丑恶现象的冰山一角。我现在还没有能力改变,有时甚至不能避免和丑恶现象搅在一起,但我有一个底线,那就是自己的良心不能坏,并且要把消除丑恶作为自己的奋斗目标。同时要教育学生分清真善美和假恶丑,让他们中的绝大多数成长为社会的进步力量和正义力量。

六、整体反思

以前我总是觉得小朋友们什么都不懂,经过和他们相处我才慢慢发现,小朋友们的心思其实很细腻。记得在实习的第三天,我去旁听了一节美术课。上课前一个小女孩跑过来对我说:“杨老师,我要给你一个礼物哦,不过现在不能告诉你。”

美术课上大家都在用水彩颜料画鸡蛋壳,但那个小女孩把一张很大的卡纸剪成了两半,然后开始剪剪拼拼,当时我也没有很在意,我以为可能是要给我做卡片之类的吧。直到下课铃响的时候,小女孩怯怯地跑过来对我说:“杨老师,送给你。希望你喜欢。”原来这个小女孩用了一节美术课的时间做了一个礼物的封面,还在上面画了一个爱心,写着:“老师,我爱你。”

里面是一本 Hello Kitty 的粉红色密码本,这让我想起了我小时候也很喜欢收藏这种类型的密码本,突然间我觉得其实童真和美好从未远去,一直在我们的心底。

这次实习的过程也使我真正体会到做老师的乐趣,同时,它使我的教学理论变为教学实践,使虚拟教学变为真正的面对面的教学。当我漫步在实习的校园里,听到那出自学生的一声声“老师好”的感觉真好,我有时觉得自己是不是被叫上瘾了。两个星期的实习,令我感慨颇多。我实习的班级是五年级 1 班,一大群八九岁的小孩子,既可爱,又活泼,既好动,又调皮。

刚开始心情特别紧张,由于经验不足和应变能力不强,课堂出现了“讲课重点不突出,讲课顺序不清,师生配合不够默契”等问题。针对出现的问题,指导老师要求我多听课，多向经验丰富的教师学习，并且面对面地指出教案的不足及上课时存在的缺点。帮助修改教案时，她们没有丝毫的架子，更多的是朋友般的亲切交谈。

为了弥补自己的不足，我严格按照学校和指导老师的要求，认真仔细地备好课，写好教案，积极向其他同学和老师学习，多多向人请教，把握好每次上课的机会，锻炼和培养自己的授课能力。

在上课的过程中，我遇到了许多困难：譬如学生的不配合就常常令我痛心疾首。当时有人建议我使用强制的方法，如罚站、罚蹲等。诚然，这种方法可以勉强维持课堂秩序。然而，这也无疑加深了老师与学生之间的隔阂，甚至使学生产生厌学的心理。作为教育工作者，就要想方设法创设民主和谐的教学气氛，在教学活动中建立平等的师生关系。而且教师要把自己当成活动中的一员，当学生们的良师益友。我取得的教学效果还不错，有几个很调皮的学生在上我的课时认真多了，还积极举手回答问题。八九岁的小孩子很好动，而且注意力非常容易分散，这样很容易开小差，影响教学效果。为了改善这种情况，我给每个小组在黑板上加小红花，哪个小组认真听课，就给哪个小组加小红花，这种方法取得的效果果然好。以前常常因为学生在下面开小差，我喊破嗓子都没办法控制，现在却可以很好地控制课堂了。

在实习中，我还发现了，有些东西不能选择，有些东西却可以选择。分内的工作当然要认真完成，但如果你足够主动就能为你赢得更多的机会。只要勤问、勤学、勤做，就会有意想不到的收获。回顾这两个星期的时间，我是用心的，但用心不一定等于成功，毕竟我是一名实习生，还缺乏教学经验，甚至有时候因为普通话说得不好或者说错了，学生指出我的错误，我会觉得无地自容，连续一两天都羞愧不已。

在实习中，你会遇到各种各样的情况，就像天气一样千变万化。无论遇到自己喜欢的还是不喜欢的，容易完成的还是很难完成的，我们都要勇敢地面对。虽然我一开始的时候会有顾忌，但是事实告诉我，应该对自己有信心，应该有勇气去尝试。即使我在尝试中失败了，也能让自己成长，如果连锻炼的机会都没有的话，何来积累经验和成长呢？这么一想，我上的那么多节课也是很有价值的。这一切，只能靠自己去争取。如果我们只是在那里等待别人给你机会，那我们只会在沉默中消亡，只有主动，才能为自己创造良机。实习，让我经受了挫折，也让我享受了快乐！

回忆起刚来到学校的我们是那么的迷糊、那么的胆怯，而现在的我们进步了、成长了，开始变得老练了、坚定了。两个星期的实习生活让我获益匪浅，并使我爱上了教师这一光荣的职业。实习，不仅是我人生中一段珍贵的记忆，更是我另一段人生的起点，我相信在未来的路上我会做得更好。

共享与沟通

——辛玥赴马来西亚实习报告

在UPSI学习了一个学期后，我被分在了重新华小进行实习视察生活。第一天先是认识了重新华小的校长。各位副校长和老师都很随和。那天我到班级比较早，同学们都用好奇的眼光看着我，带领我的彭老师向同学介绍了我是新来的实习老师。彭老师大概给我介绍了一下班级学生的情况，我带着好奇的心情，很期待和同学们的相识。

做了这么久的学生，第一次以老师的身份踏进校园，同行的伙伴们都露出一脸紧张和兴奋的表情。在和同学的接触中，我发现班上大部分学生都比较活泼好动，但是有少数学生性格内向。指导教师们对我很照顾，非常有耐心地把每个细节都讲得很仔细。在听老师们的课的过程中，我学到了很多，如怎样才能把内容讲清楚，怎样才能充分地调动学生的积极性，如何运用巧妙的方法来提出问题，并且这些问题和下一个问题能够衔接上。在实习考察期间，我们坐在班级后面听老师讲课，其实这种听课和我们以往的听课是不一样的，这种听课并不是为了学习老师所讲的知识，而是学习老师怎么样讲课，如何传授知识，如何驾驭课堂，如何控制授课时间等。

我不仅能去听自己指导老师的课程，还可以去学习其他指导老师的授课方法，这种共享模式让我学到了更多的经验，总结到更多的教学方法，这一切得益于校方向实习教师提供的公开课信息及权限。我的重点放在了教师的形象树立方式、教师学生的有效沟通流程及方法、学生获取知识效率的最大化，以及教学时间的合理分配控制上。

首先课前一定要认识到进行扎实的备课和精心准备的重要性，这时候真的体现了开卷有益的真谛(个人修养很重要)。只有准备充分，上课才能得心应手、有条不紊。其次课堂上的教学秩序一定要维护好，不能放任孩子们的“天真烂漫”，如果课堂秩序没了，会直接影响到教师的授课、同学的学习效率，毕竟没有人能做到“心如止水”，何况还是孩子。上课状态要调整到从容、大方或镇静，端正自己的姿态，用合适的语态进行说课教学，让自己的热情、自己的修养在潜移默化中影响到课堂中的学生。当然不能太过压抑、古板，课堂氛围调整到轻松，要让学生感到主动，我的指导老师们上课总是面带微笑（很真切）、谈吐大方，普通话很标准。再次调动学生的主动性，运用启发式教学方法，引导学生积极地探究、思考，坚决避免“注入式”和“填鸭式”教学。鼓励学生发散思维，在合适的时候予以调整，在这样的自由氛围中孩子们的创造力才能发挥到最大化。适当的课后作业能帮助学生巩固所学知识。题型设置要有利于提高学生的智力及创造能力。要按时检查作业，认真批注，分析学生完成作业的特点。从学生时代的感受，再加上我知道的老师总结方式来看，教师对作业的评语很重要，教师的态度往往能直接影响到学生的积极性，要多采用积极评语，切忌千篇一律的评论，不然会让学生觉得教师不认真，自己的学习态度也就变质了。就此来看，在见习之前自己设计的一套教学方案，在和指导教师们进行对比分析后，发现还有很多地方需要优化，这对我的帮助是不言而喻的。人无完人，金无足赤，只有不断地吸收、补充才能让自己更加适合教师这个职业，才能对得起孩子们的信任、社会的信任。

在实习视察过程中，我走到了教学的第一线，深刻体会到教学工作的不易。实习生活使自己领悟到了如何讲解好一堂课，什么样的课才算是一堂好课。在学习教师管理过程中，我认真听取教师介绍教师工作在学校工作中的地位、作用和重要意义，尽快熟悉教师的具体职责，掌握教师工作的具体内容和特点，学习运用教育理论、职业道德，培养独立从事教师工作的能力，认真学习教师的工作方法和经验。教师有时候充当的角色更像父母，对待家长不在身边的长托生，要对他们进行正确的教育及感情思想交流，找明他们不写作业的原因，引导其向正确的方向发展显然成为教师更重要的工作。现代社会要求我们每个人学会相互交流和深入沟通。沟通是一种智慧，是养成一种良好处世的生活方式、积极的生活态度。从改变自己开始去改变学生，让自己拥有交流的智慧，这一切不但是个人发展的需要，也是时代和社会发展的趋势。

这段时间的实习视察，让我体会到做一名老师的快乐和辛苦，同时，它使我在课堂上学习的理论变为实践，使虚拟教学变为真正的面对面教学。“纸上得来终觉浅，绝知此事要躬行”，实习就像进了社会大熔炉一般，千淘万漉虽辛苦，就算被磨炼得遍体鳞伤，也要摩拳擦掌。我在实习中逐渐变得有能力、有信心。这次实习给予了我很多，今后我将保持认真负责的态度、高尚的思想道德情操，进一步充实和完善自己，争取在以后的实习和工作中更好地发挥自己的作用，做一名对社会有用的人。

随着社会的发展，人们对教师这个职业的重要性的认识逐渐加深。相对地，人们对教师的要求也逐渐提高，认为教师是学生学习的指导者，是学生未来的设计者，是智力资源的工程师。小学教师是履行小学教育工作职责的专业人员，需要经过严格的培养与培训，具有良好的职业道德，掌握系统的专业知识和专业技能。如果说小学生是祖国含苞待放的花朵，那么小学老师则是辛勤的园丁。如何做好小学生的启蒙教育是小学老师光荣而又艰巨的一项任务，他们要不辞劳苦地教授学生们学会新的知识，发现学生的兴趣爱好，及时找出学生存在的问题并寻求适当的解决方法，促使学生能健康快乐地成长。小学教师是儿童的启蒙老师，对儿童今后的成长和人生道路的选择有重要的影响。随着社会对孩子的关注越来越多，更提高了小学教师的学历、水平、待遇和社会地位。不管社会如何发展，对孩子的教育也不能放松，小学教师的工作也将越来越重要。

实习视察之前，我一直认为作为一名小学老师不用对专业知识了解得太精确，因为面对的是刚接触华语的小学生，我们只要掌握基础就好了。但通过这次实习，我对这份工作有了新的认识。你不仅应该知道课本里面的基础知识，还要学会拓展，延伸到课外的许多知识。小学生的思维是简单而跳跃的，他们会问你想不到的问题，并且一定要得到满意的答案。要想成为一名优秀的教师，不仅要学识渊博，其他方面如语言、表达方式、心理状态以及动作神态也都是要有讲究的。

常说，为人师表，要管理好整个班集体，提高整体教学水平，要求教师不能只为了完成教学任务，还要多关心、留意学生，经常与学生进行交流，给予学生帮助，做学生学习上的良师、生活中的益友。

这次实习令我感受颇多。与学生在一起，生活更多的是充实。做一名教师容易，做一名好教师却很难。教学工作复杂而又烦琐，知识学问浩如烟海，使我不得不昼夜苦读。实习考察期很短，也很快就会结束，但这不是终点，而是另一个新的起点。实习的一些收获和体会，对我们今后走上工作岗位，都有很大帮助。经过这次实习，也提高了我的专业水平、教学水平。相信在以后的工作中，自己还会有更大的进步。

我现在的心情是畅快的、喜悦的，也是感伤不舍的。弹指一挥间，实习考察的生活已然快要结束，在这段实习教学经历中，虽然生气过、烦心过，但更值得我慢慢品味的是那许许多多的快乐、感动。这些真切的经历仿佛变成了一个充满魔力的水晶球，会让我在以后的工作中更专业、更优秀；期间不成功的沟通或是实施办法也会成为自己努力改变不完美的参照，让自己在以后的日子里做得更好。这样一段充实的经历将成为我生命里最宝贵的财富。我在实习期间深受校领导的照顾和关怀，并在指导老师们的带领下，认真负责地做好工作，主动积极完成任务要求，发自内心感谢他们。

博采众长，充实提高

——毛佳琼赴马来西亚实习报告

一、引　言

回国前两周的时间，我们有幸参与了丹戎马林的中小学视察活动。在重新小学为期两周的实习，我感触颇深。我了解到了华校在马来西亚的艰难历程，这也为我以后的教学生涯打下良好的基础。

起初，丹戎马林的华人教育发展在马来西亚各地的情形差不多。因为移民的特殊性，缺乏文化基础和资源，所以华人教育发展举步维艰。最初的教学内容多为三字经，或学习从中国输送过来的小学课本。教室也多因陋就简，设备也只有台凳而已。教师资源极度缺乏。

自 1914 年创办以来，经过一百余年爱华人士和乡团的筹助，重新小学由最初的十来位学生发展至现在的 445 位学生，由最初的一间办公室和两间教室发展至现在耗资巨大的四层大楼。这座大楼被命名为“李章教学大楼”，于 2005 年 1 月 3 日开始启用，包括行政办公室、教师办公室、会议室、科学室、美术室与教具室。耗资十万令吉的新食堂也开始启用。教学大楼的十八间课堂和每层楼也皆以各热心捐赠人士的名字命名。

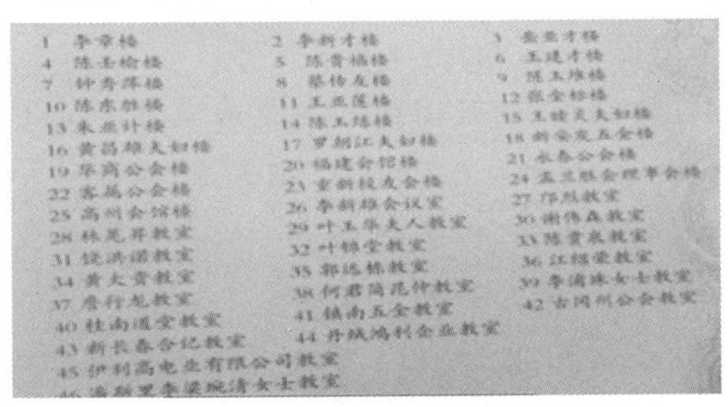

图 2-29　教学大楼捐赠人名单

二、行政组织结构

重新小学的行政组织结构是传统的组织模式。在等级职能模式中，将有相近专业技能和思维模式的人聚集在一起，有利于专业知识积累，提高运作效率。这个组织机构也构成了重新小学，对重新小学的发展起到了不可磨灭的作用。

三、课外活动

重新小学安排课外活动遵守一定的宗旨和目标。

课外活动宏愿：使学生在所有的阶段的课外活动表现达到优秀水平。

课外活动使命：完善策划引导，使学生积极地参与学术活动、制服团体活动、球类等运动。

课外活动目标：提升学生的学业成绩，强化学生的纪律意识；引导学生在德、智、体上全面发展。

2017 年度课外活动策略：提升在各学会、球类及运动方面的管理素质；维护及提升课外活动布告板的应用和绩效；校外学术比赛焦点在于笔试，讲故事，演讲（英语、国语、华语）及华语诗歌朗诵；于县际赛、州际赛中，各球类方面取得良好表现。

课外活动主要分为如下三大类：

1. 制服团体。包括童子军、女幼童军、红新月会（主要是学习紧急救护技巧）。

2. 学会。包括华语、国语、英语、奕棋、德育、舞蹈和歌咏。

3. 运动。包括田径、篮球、羽毛球和乒乓球。

注：说一下比较特殊的“制服团体”，在中国没有类似的儿童团体。他们会成立自己的组织机构，推举自己的主席、副主席，等等。“制服团体”在马来西亚很流行。参加“制服团体”能影响到学生的升学和就业。主要是学习爬山、野外生存、紧急救助等等。如果学生的学习成绩不理想，可以通过“制服团体”规定的考试技能来加分，如果在该团体中表现突出，很多大学会抢着要。所以，在马来西亚，参加“制服团体”的学生众多，但它并不是在短时间内

完成所有的考核，而是从升入初中开始，一直持续好几年，每个假期考核一到两项。因为在小学就已经开展了类似的团体课程进行适当的过渡，所以马来西亚学生的急救知识储备、自理能力和野外生存能力都比较强。

四、班上教学观摩报告

(一)七天的旁听课程

重新华小的各位领导和老师都对我们非常照顾，特地安排我们去旁听了课程。旁听的课程一般以华语为主，附带了美术、数学、道德、科学等课程。就本人而言，我非常感谢各位领导和老师能给予这么一个宝贵的机会，也为打扰老师和同学们的上课深感歉意。为期七天的听课大致有以下感受：

1.对于重新国民型华文小学学生

(1)学业：作为一个多民族、多宗教国家的学生而言，既是痛苦的也是幸运的。在感叹和羡慕马来西亚学生能够掌握并能够流利地讲出多国语言(马来语、华语和英语)的同时，也发现了他们学业上的巨大压力。在幼儿园(4岁—6岁)除了要被安排上华文、国文、英文、数学、美术、唱游及弟子规之外，还要参加迷你运动会、校内科目常识比赛、书写比赛等。每天来上学小小的身体都要背着大大的书包，感觉会被压垮，我既心疼又无奈。小学生更是如此，课程都排得满满的。从早上7:40一直上到下午1:30，中途只有20分钟的下课时间供他们吃午餐。课程一堂接着一堂。四、五、六年级还有另外的补习，直至下午4:30下课。

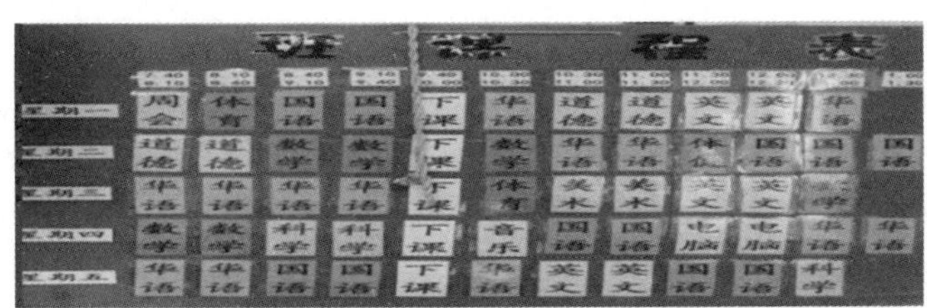

图 2-30　重新小学二年级课程表

(2)性格：重新华小学生的性格还是挺让我诧异的。因为通过接触，我发现UPSI华人同学的性格都相对活泼，结合中国学生上课时的表现，加上自认为马来西亚华人小学生多多少少会受到马来文化潜移默化的影响，所以自然而然觉得他们会表现出乖乖的、害羞的一面。但是重新国民型华文小学的学生性格很活泼，思想也很活跃。不管是哪个老师上课，氛围都很好。后来我反思可能是他们受到西方教育制度和方法的影响，上课以学生为主导。课桌排列的方式也和西方国家相似，而非中国式的比较整齐地排成一列一列，依照身高来排座位；走在路上学生除了会鞠躬、打招呼喊“老师好”之外，小男生们也会很热情地大幅度摇手打招呼，一点也不惧怕老师。

2. 对于重新国民型华文小学的老师

虽然时间有限，重新华小的副校还是很有心地尽可能给我们安排了去考察不同老师的课。每个老师的年龄不同、性格不同，上课方式自然也不同。我这里想要谈谈的是两个不同华语老师的教学。

A 老师教的是二年级的华语课，比较注重学生对生字生词、对课文的理解，通过领读、朗读再领读的方式让学生一遍一遍熟悉课文，再穿插在学生理解能力范围内的例子，如“去年是一年级，今年是二年级”“去年七岁，今年八岁”“去年比较矮，今年长高了”等，加强学生对课文“新的一年”的理解。A 老师声音响亮浑厚，上课激情满满。一堂课下来，学生对知识点掌握程度较高。

B 老师教的是三年级的华语课。相比 A 老师，B 老师更注重课文对学生实际生活的提示，对学生思想道德水平、思想境界方面的提升。以一篇“四问”课文为例，B 老师在教授第一个知识点“反问今天的身体是否更健康”以此引出我们要爱惜自己身体，少摄入垃圾食品，告诉学生身体健康才是一切的本源。中间两问分别是“我的学问有没有进步”“我的工作有没有进步”；最后一问问“我的道德有没有进步”。B 老师将重点放在了最后一问。结合身边的例子告诉学生们要提高自己的道德修养，学知识的前提是学会做人，做人才是根本，这让学生受益颇深。

所以，华语到底学什么？技能还是道德？不同的老师也许会有不同的答案。但最重要的是学生爱听，学生能掌握。

马来西亚的华语老师在教学的过程中较少关注汉字的笔顺和写字的姿势。学生们虽然能写出完整的字，但很多学生写字时坐的姿势不正确，握笔的方法也不对，汉字的笔画顺序也有待纠正。这应该与马来西亚这边的国情有关，华小学生学业压力大，学习语言多样，导致其无法抽出多余时间和精力去关注细节。

(二)最后一天的实践课程

其实我对于上一堂实践课是蛮纠结的。一方面是紧张,这个紧张不是在国内比赛的紧张,而是感觉被托付重任,代表着中国和越秀老师形象而感到紧张,生怕自己教不好,学生不配合,影响了大马学生和老师对中国教师的印象。另一方面是激动。在重新小学实习的日子里,麻烦了各位领导和老师这么多天,也希望临走前能为这个学校做点什么,希望能把自己所学的留给这些可爱的学生们。

半个小时的上课时间较为紧凑。课程安排大致如下:朗读课文,发现班里学生不认识的生字生词,然后有针对性地进行教学(拼音、书写、笔顺)。第二块内容为区分“的、地、得”。让学生能够在日常的生活和之后的书写中正确应用(个人觉得这块内容比较具有生活性,应该在小学的时候打好基础)。

五、感　想

很感谢洪老师能争取到这次考察重新国民型华文小学的机会,这次活动很有意义,我学习到了很多。虽然每天早上早起很痛苦,但也觉得非常值得。我了解了在霹雳州丹戎马林的这座小学的发展史,它映射着整个马来西亚华人教育的发展史。在考察过程中,听了好多老师的课程,接触到了不同老师的教育方式,对我以后的教育之路提供了特别有意义的帮助。收获于重新,自然也要回报于重新。看着一双双求知若渴的眼睛和一个个可爱的脸庞,更加坚定了我想成为一名老师的决心,我希望竭尽自己的力量去帮助他们成长。最后一天的半小时授课时间对于我来说实在太少。如果有机会,我希望我还能和他们见面,见证他们的成长。

教学有法，但无定法

——朱可心赴马来西亚实习报告

一、引　言

2017 年 1 月 4 日，浙江越秀外国语学院在马来西亚苏丹伊德里斯教育大学的 14 名交换生到两所小学和一所中学进行考察。我们小组五位成员有幸到访公教国民型中学。其实，这个视察主要是为了了解该校的行政、学术、学术事务、课外活动，以及华文课的情况。此视察报告分为两个部分，一部分为视察时所收集到的资料分析，第二部分是个人的反思报告。

二、视察资料分析

据收集到的资料，我们了解到这所公教国民型中学开办于 1961 年，一直到 2015 年，丹绒马林公教国民型华文中学才开始全日制的教学模式，校方和学校三机构也扩建了图书馆。这所学校的校徽最引人注目的是一个喷泉，在请教老师之后，我们才知道喷泉象征着教师是知识的泉源，学生饮水思源。校徽上的蓝色代表在参加学术活动、课外活动及社交活动时，所展现的互助精神；黄色代表求学时的高尚品德；白色代表学子的廉洁与坦诚；红色代表学生面对挑战时的勇敢。

在采访这所学校华文主任的过程中，我们了解了这所学校的机构与模式。首先，最大的是校长 PENGETUA，校长之下有家教协会（LPS）和董事会（PIBG），这两个内部机构主要是提供资金的捐助和负责学校的上层管理工作。校长下还有三个副校长：一个是负责行政的 PENTADBIRAN；一个是负责学生事务的 PK（HEN）；还有一个是负责学生运动会课外活动的 PK

(KOKU)。学校有四个科系,分别为语文科、人文科、科艺科和科数科。每一个科系都有负责的组长,组长下面还有各个成员。由此看来,这所学校的机构十分简洁明了,责任划分也十分的规范,有利于学校事务的规划和安排,可见,这所学校有很好的发展前景。

在实习考察期间,印象最深刻的是周一的早晨,除了国歌仪式和校长讲话之外,在仪式的尾声,全校全体学生会依次上台向老师问好,以此来表达他们对老师的敬意。这一优良的品德行为有助于学生道德素质的培养。

图 2-31　早晨的仪式

在跟随老师参观校园的过程中,我们发现,每间教室的名字里都会有一个人的名字。伴着好奇心,我们请教了老师,老师告诉我们,教室中的教学器材,例如桌椅和多媒体等,是由这个人捐助的,为了感谢他,就以他的名字命名这间教室。

在与老师的聊天过程中得知,这所学校有家长协会,家协的主席是李燕霞女士,副主席是张上列先生。除了学校举办课外活动时,需要家长参加之外,家长协会最大的贡献是,捐助一定的资金,用于学校建设和奖励优秀学生,以达到鼓励学生努力学习的美好目标。

该校的课外活动也很多。在我们实习期间,有幸见识到“越野赛跑”这一课外活动。活动的目的主要是为了提高学生课外活动能力,增强他们的身体素质,在交流活动中,促进学生之间的感情。我们五位实习老师分别站在赛跑道路中的各个节点,除了给他们加油鼓劲之外,还分发号码牌来确认他们的跑步名次。跑步过程既开心又激烈,每一位师生都享受这样的过程,同时,我也发现马来西亚的学生大多体格健壮，体育基因都很强大。

除了体育活动之外，在校册上发现还有多种多样的学生社团，如学警团、华语学会、国语学会、英语协会和学生服务团。这些学生团体丰富了学生的课余时光。可以看出校方除了致力于完成学生课业上的目标，也注重学生德智体美劳全方位的发展，努力培养出全方位建设型人才。

三、个人反思报告

在这次短短两周的考察活动中，我进班听课的是中二年级，我的指导老师是洪珍妮老师。她虽然刚进这所学校不久，但是人很和蔼随和。而且我发现她可以很好地掌握课堂节奏。那天我随着洪老师一起进班，同学们都用好奇的眼神看着我，后来洪老师向他们简单地介绍我之后，同学们都很有礼貌地向我问好。我就这样带着好奇的心情，期待着明天与同学们的相处和进课堂教学。

“教学有法，但无定法”“寻门而入，破门而出”，在教学过程中我们要学会因材施教，体会教学过程，不断地去反思。在实习的时间里，我忙碌而充实，备课，上课，了解学校的语文教学计划，进行教学设计，这对于自己来说，是一种成长和收获。

在听课学习过程中，我发现这所学校的学生以坐成一个圈的模式进行学习，在询问老师之后才明白，这一模式是为了更好地让学生进行思想的交流和碰撞。但同时也会有一个弊端，这一模式可能会让学生之间的相互交流变形为相互说话，思想上会产生一定的游离，这一点不利于课堂纪律的管理。

中国的教学模式偏向于应试教育，可能经过近几年的改革，也越来越重视创新和对学生自我学习能力的培养，不过实验后发现，通过老师灌输的方法可能更有效率。这也许是马来西亚中学教育体系和中国中学教育体系的不同之处。

在工作方面，我和我的指导老师沟通课程进度之后，她安排我上了一节课。在上第一节课时，我的心情是忐忑而激动的，带着一丝的不安。真正进班教中学生，这对我来说是第一次，从学生的身份转变为老师的角色，这之间需要付出很多的努力。班级同学看我是第一次讲课也很配合，注意力很集中，对待老师的态度也十分的谦逊有礼，特别是坐在前排的女生，坐得笔直，瞪大的眼睛好像要把我看穿。因为这次的讲课前备课的时间比较仓促，课后我有和学生一起聊天，问他们对于我这节课的印象是什么。他们显得有一点茫然。从他们的反应中，我也明白了一点。今后我想上好每一堂课，一定要多从学生的角度来考虑问题，以学生考虑问题的方式来授课。有了这一次小小但却宝贵的经历，我对我自己也有了更好的了解，在心里也暗暗下定决心，对自己有了更高的要求和期许。虽然很愉快地结束了我教师生涯中真正意义上的第一节课。但是在上课的时候我发现了如下几个问题：1. 个别学生上课纪律不太好，注意力不集中，东张西望；2. 一定要多用表扬赞赏学生的语句，否则就会打击他们的自信心；3. 授课时教师语言呆板，主要停留在以老师讲解为主这一层面，会导致学生上课积极性不高；4. 如果在备课时没有考虑到学生的理解能力，有些问题对于学生就会难度很大，导致课堂上一些问题没有学生回答，课堂氛围沉闷；5. 上课时偶尔会忘记下一步要讲什么内容，忘记写板书或者板书写的不完整。所以针对以上几点，只有合理地去解决和不断地完善自身的教学，才能更好地让自己一步步提升。

考察的总结与收获有很多，我们用这次难得的机会锻炼了自己，这是我们走向社会的前奏，不管将来是不是从事教师这个行业，但是我已经有了一次当老师的经验，体会到了做老师的不容易与艰辛，在学生背后默默付出的不单单只是家长，更多的是无私奉献的老师们。

经历了这次的公教国民型中学的考察活动，我初尝了身为一名教师的酸甜苦辣，更多的体会到了在现在的社会作为一名教师所肩负的重大责任和使命感。在这次考察活动中，作为一名实习教师，我能以教师的身份严格的要求自己，为人师表，处处注意自己的言行和仪表，热心爱护实习学校的学生，本着对学生负责的态度尽全力配合做好班主任的工作，以及学校的教学工作；同时，作为一名实习生，能够主动地遵守实习学校的规章制度，尊重实习学校的各领导和老师，虚心听取他们所给予的指导意见，并且主动地带领其他实习生一起进行团队协作，完成实习学校所布置给我们的任务，很好地塑造了我们这一批来自中国的短期实习老师的形象，给实习学校留下了好的印象。

最后，感谢老师给予我们这个宝贵的机会，这次考察活动不仅仅是让我们参与到了实践当中，更多的是通过这次考察活动，我在为人处事及对于教师这个行业或是教育这个事业也有了更为深层次的一个了解。

第 三 部 分

优秀本科论文选

“晒”词族与“秀”词族的对比研究

黄　丹

摘　要：本文以“潜显”理论和“词语模”理论为指导，从“晒”词族与“秀”词族的语义、结构、生成及其条件三方面进行对比分析，以探究“晒”族词与“秀”族词由“潜”到“显”的动态过程及其发展的规律。通过以上三个方面的对比分析，文章归纳出“晒×”与“秀×”主要存在以下三个差异：“晒”所具有的感情色彩更加丰富，“秀”的褒义色彩更浓厚；“晒×”中“×”的意义范围更广；“晒×”的潜义显化过程更为顺畅，“秀×”受到的阻碍更多，但“秀”的发展空间会更大。

关键词：晒；秀；“潜显”理论；“词语模”理论

信息时代网络的高速发展，给事物的存亡与发展带来了极大的变化，为满足人们日益频繁的信息交换活动，大量的新词语、新用法进入人们的日常生活。尤其是近些年来，一些新词语逐渐以族群化的模式出现在我们的语言世界里，如：“星”词族、“黑”词族、“裸”词族、“的”词族、“吧”词族等。其中的“秀×”“晒×”两个词族意义因较为相近却又各有区别而引起了学界的颇多关注，本人也对此现象产生了浓厚的兴趣。

学界关于“晒”词族及“秀”词族的研究，目前已取得了不少成果。其中主要集中在对“晒”“秀”的语义或“晒×”“秀×”的结构、流传原因及社会心理等方面。相比之下，学界对“晒”词族的研究相对较为丰富，也更为深入。学者们从不同角度对“晒”词族进行了研究，如语言模因论视角、隐喻视角和传播视角等等，而对“秀”词族的研究则相对较少，从知网所搜集的文献中来看，其成果主要从认知视角对“秀”词族的结构、组合、产生等方面进行了分析。

总之，尽管国内学界对新词语的研究颇为深入，对某些词族的研究成果也颇为丰富，但这些研究主要集中在对新词语本体的发展变化、社会心理等领域，而在对意义相近的词族之间的对比研究方面则尚显薄弱。因此，笔者拟以王希杰先生的“三一”理论以及“词语模”理论为指导，运用对比的方法，从语义、结构、生成及其条件三个角度对“秀×”“晒×”两个新词族展开研究，并力求以这两个词族为样本，探究出新词语、新词族由“潜”到“显”的动态过程及其发展规律。[①]

一、“晒×”与“秀×”词族的语义对比

语义是连接语言形式和现实世界的桥梁，是沟通语言形式和语言功能的中介。[②] 从新词语意义的角度开展研究有助于挖掘新词语背后的社会文化内涵。词的意义可分为概念义和色彩义。概念义是指词义中同表达概念有关的意义部分，又叫理性义或主要意义。色彩义附属于概念意义，一般包括感情色彩、语体色彩和形象色彩三部分。“晒×”与“秀×”都属于词语模。所谓词语模，是指能够批量产生新词语的模子，它能使其产生的新词语形成词语族。“晒”词族与“秀”词族正是由此聚集形成的。根据李宇明先生对词语模的解释，我们知道，词语模由模标和模槽两部分构成，模标是词语模不变的部分，模槽则是词语模中的空位。[③] “晒”和“秀”是模标，两者的“×”是模槽。那么，模标“晒”与“秀”的语义便是造成“晒”词族与“秀”词族不同的重要因素。下面我们首先从理性意义和感情色彩义两方面来对“晒”与“秀”二词作一比较。

(一)“晒”与“秀”的理性意义

如前面所介绍，词的理性意义即词的概念义，它是词义的核心成分。下面我们就从词义发展过程的角度来比较“晒”与“秀”的理性意义。

---

① 本文从 BBC 语料库及搜狗搜索上收集到例句 32 条(其中“晒”词族 26 句，“秀”词族 6 句)，收集到词语 205 个(其中“晒”词族 150 个，“秀”词族 55 个)。

② 熊学亮：《认知语用学概论》，上海外语教育出版社 1999 年版，第 20 页。

③ 李宇明：《词语模》，邢福义主编：《汉语语法特点面面观》，北京语言文化大学出版社 1999 年版，第 146—157 页。

1. 本义

本义就是词最早产生的那个义项。

我们先来看"晒"的本义。2006 年 9 月，网上出现了一个颇为独特的短语："晒工资条。"这一别致的词义搭配现象，很快引起了众人的好奇及关注，并随即引发了一股"晒＋×"的热潮，如"晒税表""晒成绩""晒账单""晒奖金""晒经验"等。这类"新词"相继出现，并由此构成了一个"晒×"的新词族。显然，这一词族中的"晒"是由英语词"share"音译而来的，意为"分享"。2012 年，《现代汉语词典》的第六版将其收录为一个新词，并将其解释为："展示自己的东西或信息供大家分享(多指在互联网上)。"因此，"分享"就是"晒"的本义，是由英语词"share"音译而来的。

至于"秀"的本义，"秀"是在英语词"show"的基础上新产生的词。对于英语词"show"，中国台湾采用的是音译法，故将其译为"秀"；而大陆采用的是意译法，故译作"表演"。后来，随着这一意义的广泛使用，"秀"便作为一个新的词条被收入了《现代汉语词典》的第五版中，被解释为"表演；演出"。但在随后的社会言语生活中，"秀"又吸收了英语"show"的动词词义，增加了动词用法，表示"展示""给……看"等意思。这一派生义被人们广泛使用后，和前述的"晒"一样，大量的"秀×"相继问世，从而构成了"秀"词族。因此，"表演；演出"便是"秀"的本义，是由英语词音译而来的。

由上可知，"晒"与"秀"本义的来源相同，都是由英语词音译而来的，但意义却是完全不同的。"晒"的本义构成了"晒"词族，但"秀"的本义却不能构成"秀"词族。

2. 派生义

所谓派生义，指的是在本义的基础上通过多种途径产生、发展出来的意义。下面我们同样先来看看"晒"一词。

(1)"晒"的派生义现象

"晒"的意义可引申为以下几种。

第一：公开、公布。

该用法主要用来指人们公开一些自己以往比较私密、避而不谈的事情，如政府部门将一些工作事务、办事程序等公之于众，使其透明化等。例如：

①河北衡水中级法院晒司法公开　"百姓司法超市"月底"开业"(中国新

闻网，2015-06-03)①

②“晒账本”让抓作风“抓铁有痕”(人民网，2017-02-28)

第二：展示、展现。

该用法主要用于人们或为了让他人知晓，或为了与人交流互动，抑或不为别的，只是单纯为了追逐社会用语的时尚而“晒”。如：

③2014 高校出奇招：清华晒美女　南航晒厨师(新浪教育——四川在线，2014-7-5)

④云南收藏家协会关于开展“藏友寻宝·晒宝·鉴宝”活动的通知(中国财经新闻网，2016-6-7)

⑤霍汶希晒旧照庆 Twins 出道 18 年　掀起回忆杀(网易娱乐，2019-05-18)

第三：分享、共享。

该用法主要用来指网民通过网络来与他人交流个人的物品、经验、经历等，从而达到互惠互利的目的。如：

⑥大学生国外教汉语回来晒经历(《今日早报》，2008-06-26)

⑦家长晒经验：高考数学如何得到 147 的高分(高考网，2012-09-10)

第四：炫耀、夸耀、显摆。

该用法主要指与他人做比较时，通过展示出超出常人所拥有的物品来显示个人的财富或社会地位。如：

⑧房价飞涨数字历历在目　业主忙攀比网上晒房价(搜狐新闻，2007-3-26)

⑨沙特阿拉伯富豪伦敦晒豪车　社交网络曝奢华生活(环球网，2016-04-01)

第五：揭露、曝光。

该用法主要是指人们“晒”出含有“＋不公”“＋黑暗”这些语义特征的对象让大众知晓，希望获得大众的批判。如：

⑩此后，类似晒黑帖如雨后春笋出现在各大网贴，希望以网络为平台，维护自己的权益。(《重庆晚报》，2007-7-24)

⑪路桥费变“印钞机”　网友晒不合理过路费引关注(北方网，2011-5-23)

⑫公示不等于合理　晒晒银行的“霸王”收费(《人民日报》，2012-4-12)

第六：发泄、袒露。

该用法主要用于：人们借助网络吐露内心、抒发情感，以此来获得别人的

① 本文语料均来自 BBC 语料库及搜狗搜索。

慰藉。如：

⑬白领流行网络晒烦恼释压(应届毕业生网,2018-07-06)

⑭网友晒烦恼,这些来自陌生人的鼓励很暖(大宁网,2017-07-26)

上述6种意义均是由“晒”的本义引申出来的,这些引申义目前虽还未被词典收入,但在社会生活中已被广泛使用,构成了大量的“晒×”词。而正是这些“晒×”,形成了当今颇为流行的“晒”词族。

(2)“秀”的派生义现象

“秀”吸收了英语“show”的动词词义,增加了动词用法,表示“展示”“给……看”等意思。“展示”“给……看”等意义便是“秀”的派生义,这些派生义被人们广泛使用,从而构成了“秀”词族。如：

⑮下棋·采摘·秀剪纸——瞧瞧过年新时尚(《人民日报》,2013-02-13)

⑯从“秀成绩”到“谈梦想”:年报背后的房企多元发展(《湖北日报》,2019-03-21)

⑰秀特技展绝活 浙江特警首届“型男”大赛举行(中国新闻网,2018-08-27)

由上可见,词族中的“晒”与“秀”都具有“将事物展示给别人看、与别人分享”的义项,但“晒”的意义比“秀”更为丰富。

2. 和“晒^{1}”“秀^{1}”的联系

目前,在《现代汉语词典》中“晒”与“秀”一词都具有两个词条——“晒^{1}”和“晒^{2}”、“秀^{1}”和“秀^{2}”。本文所讨论的词族是由“晒^{2}”和“秀^{2}”构成的。但是,“晒^{1}”和“晒^{2}”、“秀^{1}”和“秀^{2}”之间是否具有联系还需要进一步探究。首先我们先来看看“晒^{1}”和“晒^{2}”的情况。

(1)和“晒^{1}”的联系

《现代汉语词典》(第七版)对“晒”解释是：

“晒^{1}”:①太阳把光和热照射到物体上。②在阳光下吸收光和热。③〈方〉比喻置之不理;慢待。

“晒^{2}”:展示自己的东西或信息供大家分享(多指在互联网上)。

从“晒^{1}”三个释义中,我们可以提取出三个核心义项:“+光线”“+热量”“+照射”。从表面上看,“晒^{1}”和“晒^{2}”意义是不同的,但细加辨析,我们仍能看出其和“晒^{1}”之间蛛丝马迹的联系。如:光线下的即为暴露在外的事物,热量则体现出事物受关注的程度,若事物受到的关注度能产生正面的影响力,则为“分享”,反之则为“炫耀”。

(2)和“秀1”的联系

至于“秀”,我们同样先来看看《现代汉语词典》(第七版)的释义。

“秀1”:①(动)植物抽穗开花(多指庄稼)。②凸出;高出。③清秀。④聪明;灵巧。⑤优异。⑥优异的人才。

“秀2”:表演;演出。

对比之后发现,“秀2”与“秀1”的意义没有任何联系。

从上可见,“晒2”与“晒1”之间有意义交叉的联系,而“秀2”与“秀1”只是同音同形的关系。目前,“晒2”与“秀2”所派生出的意义均未被《现代汉语词典》(第七版)所收入。

(二)“晒”与“秀”的感情色彩义

词语的感情色彩义,主要是指蕴含在词义中的人们对相关事物的态度和认识。如“伟人”“奉献”等词义中就包含着人们对某些事物的褒扬和赞许,而“汉奸”“勾结”等词义中则包含着人们对某些事物的批判和厌烦。这种带有特定感情色彩的词分别被称为褒义词和贬义词。

在汉语词汇中,上述这种带有固定感情色彩义的词语数量并不是很多,而大多数词语则常常在具体的语用环境中显示出特定的感情色彩义,“晒”和“秀”也正是如此。从词义本身情况来看,“晒”和“秀”并不含有明显的感情色彩,但它们在动态的语境下,尤其是在构成“晒×”族词、“秀×”族词时,就往往会呈现出不同的感情色彩义。这种临时生成的不同的感情色彩义正是本文接下去要着重研究的。

1.共性部分

“晒”和“秀”在构成“晒×”族词、“秀×”族词时都具有褒义色彩,展示的均是美好的事物。

我们先来看看“晒”一词:

⑱宁波大学流行“晒笔记” 各式学霸笔记获点赞(中国新闻网,2015-12-02)

⑲应县1768人享低保 报纸公示晒诚信(网易新闻,2016-01-06)

⑳38家皖企业“晒责任” 推进供给侧改革、加快调转促(《安徽日报》,2016-07-24)

例⑱的“晒笔记”有向别人“分享”自己美好事物之意,优秀的笔记会获得大众的赞美，会为他人的学习提供一种良好的借鉴；例⑲和例⑳的行为都是与人民大众利益密切相关的，会得到大众的认可与赞许。因而当“晒”为“分享”义或“晒”出的事物能够产生积极效应时，“晒”这一行为就蕴含了大众的称赞。在这种动态的语境下，“晒”这一词语也就带上了特定的褒义感情色彩。

至于“秀”一词，情况也大致相同。如：

㉑秀出你所在城市最美风景，得《岁时记》精美明信片一套！（微博，2012-05-23）

㉒秀低碳生活，赢世博门票（网易博客话题第20期，2010-04-27）

㉓今晚《一站到底》秀脑力　选手们个个都有故事（扬州网，2017-06-12）

例㉑中的“秀”为“展示”之意，“秀出最美风景”意在希望、鼓励、呼吁人们努力展示自己所在城市的美；例㉒中的“秀低碳生活”则不仅是希望人们展示自身的低碳生活场景，更是呼吁人们关注环保问题；例㉓中所“秀”的内容，显然也是人们所期望的、美好的事物。

显然，上述三例中所“秀”的对象均为美丽、美好的元素，这也就使该词语在动态语境下呈现出褒义的感情色彩。

2. 差异部分

“晒”和“秀”在感情色彩上的差异体现在贬义和中性两方面。

（1）贬义色彩

“秀”所展现的均是美好的元素，因而不具有贬义色彩。而“晒”有时则会表现出一定的贬义色彩。如当“晒×”在某些语境中带有“炫耀”之意，或者展示出来的对象为消极、负面的事物或感情时，其中的“晒”便带有了贬义色彩，表现出了人们对此行为的厌恶，如：

㉔水不能烧筷不能拿，最近流行晒娇弱吗？（天涯论坛，2014-01-05）

㉕韩国小萝莉高调晒富　享受粉丝送奢侈品（新浪网，2014-11-20）

㉖晒存款开豪车满身名牌　揭土豪女星炫富手段（《环球时报》，2014-12-21）

例㉔中所晒的“娇弱”显然是说话人所鄙夷、所不屑的对象，而例㉕和例㉖中“晒”的行为则带有明显的炫耀之意。显然，上述三例中所出现的“晒”的行为，均是被说话人所批评的。故一个“晒”字，也暗含了说话人讽刺甚至厌恶的态度。由此可见，“晒”在特定语境下会被附加上贬义的感情色彩。

（2）中性色彩

当人们展示事物并未带有特定情感或态度时，该行为则表现为中性色彩。“秀”行为因为带有明显的褒义情感，故在动态语境下也均不具有中性色彩；而“晒”之行为有时会表现出中性色彩，如：

㉗不晒白不晒！晒通知时赢神笔哦！（天涯论坛，2013-08-14）

㉘晒桌面：一个数码党的桌面是什么样子的？（今日头条，2018-10-11）

例㉗和例㉘中的“晒”行为看似只是单纯的“展示”，并没有表现出说话人的特定的情感色彩、褒贬态度，故表现为中性色彩。

总之，“晒”的感情色彩丰富多样，需依据具体语境来判断；而“秀”出的事物，往往是人们所期待的、美好的，带有褒义色彩。因此，两者相比较，“晒”与“秀”最大的不同就在于“晒”的感情色彩义更为丰富。

二、“晒×”与“秀×”词族的结构对比

在词语生成及发展的过程中，利用词语模的形式来生成新词新语是一条较为便捷的途径，因此利用率非常高。“晒×”与“秀×”也正属于这一现象。我们知道，词语模都是通过改变模槽“×”的成分来生产新词语的，因此，模槽“×”的结构差异也正是造成“晒×”与“秀×”词族差异的重要原因。下面，本文将所收集到的205个词（短语）（其中“晒”族词150个，“秀”族词55个）采用数据对比的方法，从模槽“×”的词性类别、词义使用范围及音节数量三方面入手，对“晒×”与“秀×”词族的结构进行对比分析。

（一）“×”的词性类别

词类是对词的语法性质的分类。通过对上述205个“晒×”“秀×”词族的分析，我们发现，其中“×”的词性类别呈现多样化的特点。下面，我们就来一一讲解。

1.“×”为名词

“晒×”“秀×”中的“×”很多时候为名词，其中我们又可以将它们分为“抽象名词”和“具体名词”两类。

（1）“×”为抽象名词

当“×”为抽象名词，其和“晒”构成的短语主要有：

～权、～经验、～技能、～气质、～才华、～品味、～家风、～家训、～技术、～

心情、～思路、～感想、～梦想、～成果、～生活、～文化、～烦恼、～成就、～攻略、～压力、～形象、～祝福、～朋友圈、～育儿经、～婆媳矛盾、～旅游故事……

当“×”为抽象名词，其和“秀”构成的短语则主要有：

～激情、～时尚、～创意、～智商、～青春、～爱情、～风头、～孝心、～文化、～刀工、～个性、～魅力……

(2)“×”为具体名词

具体名词又可以划分为表人的、表物的和表处所的具体名词三类。

第一类的“×”为表人的具体名词：

①“×”为表称呼的词(短语)

此类“×”和“晒”构成的短语主要有：

～父母、～宝宝、～闺蜜、～男神、～女神、～自己、～爸爸、～美女、～偶像……

此类“×”和“秀”构成的短语则主要有：

～宝宝、～自己……

②“×”为表身体部位的词(短语)

此类“×”和“晒”构成的短语主要有：

～肌肉、～身材、～美腿、～笑脸……

此类“×”和“秀”构成的短语则主要有：

～肌肉、～身材、～腹肌、～肌肤、～牙、～嘴巴、～下巴……

第二类的“×”为表物的具体名词：

①“×”为表人们的衣、食、住、行方面的词(短语)

此类“×”和“晒”构成的短语主要有：

～茶、～首饰、～钻戒、～跑车、～年夜饭、～手表、～美食、～婚纱、～螃蟹、～午餐、～购物车……

此类“×”和“秀”构成的短语则主要有：

～礼服、～盛装、～军装、～月饼、～钻石、～午餐、～年夜饭……

②“×”为表政治、经济方面的词(短语)

此类“×”和“晒”构成的短语主要有：

～钱、～账、～卡、～清单、～发票、～车票、～存款、～工资条、～存折、～薪酬、～股票、～工资、～账本、～单子、～班费、～年终奖、～交易单、～彩票、～政策……

③“×”为表文学、艺术等方面的词(短语)

此类“×”和“晒”构成的短语主要有:

～书法、～手工、～手工活、～文章、～音乐……

此类“×”和“秀”构成的短语则主要有:

～书法、～剪纸……

④“×”为表工作、学习、娱乐等方面的词(短语)

此类“×”和“晒”构成的短语主要有:

～分数、～成绩、～寒假作业、～证书、～游戏、～玩具、～字典、～奖品、～礼品、～素颜照、～截图……

此类“×”和“秀”构成的短语则主要有:

～舞姿、～封面、～桌面、～歌词、～奖品、～忍者舞、～童颜照片……

第三类的“×”为表处所的具体名词:

此类“×”和“晒”构成的短语主要有:

～北京、～大连、～学校、～厨房……

此类“×”和“秀”构成的短语则主要有:

～厨房……

2.“×”为动词

下面我们再来分析“×”为动词时的情况。其中我们又可以将它们分为“表动作行为”和“表心理活动”两类。

(1)表动作行为

此类“×”和“晒”构成的短语主要有:

～吃、～出行、～私奔、～抗战、～学习、～收藏、～上网、～告白、～写字、～执行、～监管、～承诺、～中奖、～投资、～理财、～旅游、～运动、～装修、～分享、～减肥、～审判、～结婚、～合影……

此类“×”和“秀”构成的短语则主要有:

～创业、～品味、～团圆、～怀孕……

(2)表心理活动

此类“×”和“晒”构成的短语主要有:

～反思、～知足、～希望、～爱……

此类“×”和“秀”构成的短语则主要有:

～爱……

3.“×”为形容词

当“×”为形容词，其和“晒”构成的短语主要有：

～富、～穷、～丑、～苦、～幸福、～甜蜜、～恩爱、～奢华、～浪漫、～优越、～无知、～时尚、～坚强、～迷惘、～温暖、～平安、～疼痛、～可爱、～寂寞、～孤独、～委屈、～不满、～娇弱、～廉洁、～遗憾、～困惑、～友好、～节俭、～自由、～性感、～清纯……

当“×”为形容词，其和“秀”构成的短语则主要有：

～恩爱、～强壮、～悲惨、～优越、～幸福、～甜蜜、～坚强、～尴尬、～热门、～认真、～性感……

为更为直观清晰地了解“晒×”与“秀×”词族中“×”的词性类别，本文将所搜集到的数据进行整理和统计，结果如表3-1所示：

表3-1　“晒×”与“秀×”词族的词性类别表

	“晒×”族词(150)	“秀×”族词(55)
“×”为名词	59.1%	69.8%
“×”为动词	19.8%	9.4%
“×”为形容词	21.1%	20.8%

从表3-1中我们可以发现一同一异的两个现象。

相同之处：两个词族中，“×”的词性类别基本相同，多为名词，占比达到一半以上，其次是形容词，动词较少。由此说明，能和“晒”“秀”组合的大多为名词，动词最少。这也正与“充当宾语的多为名词性成分”的汉语语法结构规律相契合。

相异之处：“晒×”族词的数量大大超过“秀×”族词，这说明了“晒×”族词的使用频率高于“秀×”族词。其原因我们将在下文中展开讨论。

(二)“×”的词义范围

“晒×”与“秀×”词族中的“×”不仅在数量上有不同，在词义的适用范围上也有着显著差别。本文统计了“×”的各词类所占的比例，结果如表3-2所示：

表 3-2 “×”族词的词类占比

<table>
<tr><th colspan="4">“×”</th><th>“晒×”族词(150)</th><th>“秀×”族词(55)</th></tr>
<tr><td rowspan="8">名词</td><td colspan="3">抽象名词</td><td>17.3%</td><td>30.2%</td></tr>
<tr><td rowspan="7">具体名词</td><td rowspan="2">表人</td><td>称呼</td><td>6%</td><td>3.8%</td></tr>
<tr><td>身体部位</td><td>2.6%</td><td>13.2%</td></tr>
<tr><td rowspan="4">表物</td><td>衣、食、住、行</td><td>7.3%</td><td>9.4%</td></tr>
<tr><td>政治、经济</td><td>12.7%</td><td>0%</td></tr>
<tr><td>文学、艺术</td><td>3.3%</td><td>3.8%</td></tr>
<tr><td>工作、学习、娱乐</td><td>8%</td><td>7.5%</td></tr>
<tr><td colspan="2">表处所</td><td>2.6%</td><td>1.9%</td></tr>
<tr><td rowspan="2">动词</td><td colspan="3">表动作行为</td><td>16.7%</td><td>7.5%</td></tr>
<tr><td colspan="3">表心理活动</td><td>2.6%</td><td>1.9%</td></tr>
<tr><td colspan="4">形容词</td><td>20.7%</td><td>20.8%</td></tr>
</table>

从表 3-2 中我们可以看出，“晒×”词族与“秀×”词族中的“×”成分有明显的差别：

第一，抽象名词“×”在“秀×”词族中的比重明显更大，占 30.2%，大约是“晒×”族词的 1.5 倍。

第二，表人身体部位的具体名词“×”在“秀×”词族中的比重明显更大，占 13.2%，大约是“晒×”词族的 5 倍。

第三，表动作行为的动词“×”则在“晒×”词族中的比重明显更大，占 16.7%，是“秀×”词族的 2 倍多。

第四，表政治经济的具体名词“×”的差异最大。在“晒”词族占 12.7%，而在“秀”词族则为 0。即到目前为止，尚未出现过“秀”与表政治、经济方面的名词搭配的情况。

(三)“×”的音节数量

汉语词汇双音节化趋向明显，而“晒”词族与“秀”词族是否也具有此特点？本文根据所搜集到的语料对“×”的音节数量进行了统计，如表 3-3 所示：

表 3-3　“晒”“秀”族词音节数量统计

“×”	“晒”族词(150)	“秀”族词(55)
单音节	7.3%	3.7%
双音节	83.3%	92.6%
多音节	9.4%	3.7%

从上表可知,“晒×”与“秀×”词族中“×”的音节数量具有相同之处:

第一,两者“×”为双音节的比重都在80%以上,而单音节和多音节的比重都在10%以下。由此可见,在“晒×”和“秀×”的词族中,其“×”的音节特征与汉语词汇具有双音节化的特征相契合;故两个词族都具有“三音化”[①]倾向。

第二,“晒×”与“秀×”词的音节结构均主要为“1+2”式,这说明“晒”“秀”与“×”的音节是独立的。

三、“晒×”与“秀×”词族的生成及其条件对比

“晒”词族与“秀”词族属于两个不同的词族,这两个词族的生成及发展情况既有相同点又有不同之处。相同之处在于它们生成的途径均为词语模的批量生产功能;不同之处则在于,由于“晒”和“秀”两个模标在语义功能上有所不同,作为模槽的“×”的潜显转化能力及整个词语模的生成能力也相应地受到了不同的制约,由此也就导致了两者在生成及发展情况上的不同。下面,我们就着重围绕其模标“晒”与“秀”的潜义显化现象及对整个词语模能产性的制约因素两方面来做一对比研究。

(一)潜义显化现象对比

王希杰先生曾经在其著名的“潜显”理论中指出,“我们通常所说的词义,包括词典上的释义,指的是某个词在观察之前、运用之前就已经客观地存在着的意义,有的学者称之为显词‘显义’。与显义相对,一个词语或句子本身包含

① 曹春静:《当代汉语词语模研究——兼论相关新词新语》,上海师范大学硕士学位论文,2007年。

的，但是使用者没有开发和利用的意思，则称之为显词‘潜义’。潜义在理论上都是合理的。当某一天有了一定的社会文化条件，具备了一定的语言环境，它们就可以成为显义。”[①]显然，潜义的显性化，是词语发展的一条重要的途径。

1.“晒”显化的过程及内容

关于“晒”，《现代汉语词典》(第七版)中的3种释义正是“晒”的显义。从这些显义中我们可以看出，“晒”最常用的意义是指将事物置于阳光下，隐含有将事物公之于众的意义。而作为“展示”“公开”之类的意义，当时并没有出现，所以它们当时只是“晒”的潜义。而当“晒工资条”之类的用法出现后，“晒”身上一直潜藏着的“展示”“公布”等潜义就得以显性化了。之后，随着“晒×”的日趋走红，“晒”的其他潜义也由此不断地得以显现。诸如：

㉙邀您晒晒武汉美丽街景(《武汉晚报》，2018-10-15)

其中的“晒”表“分享、共享”等意。

㉚外国一网红网上炫富晒豪车　竟牵出海关父亲腐败案(网易新闻，2019-04-06)

其中的“晒”表“炫耀、夸耀、显摆”等意。

㉛曹云金晒恶评原因是什么　曹云金晒恶评事件始末揭秘(海峡网，2018-10-20)

其中的“晒”表“揭露、曝光”等意。

㉜南科大一学生退学　博文晒不满(《南国都市报》，2011-06-30)

其中的“晒”表“发泄、袒露”等意。

如前所析，随着人们对“晒×”结构的普遍接受和广泛使用，“晒×”结构逐渐形成了一个新兴的词族，而“晒”在这一结构中所表达的意义也被《现代汉语词典》(第六版)所吸纳，生成了“展示自己的东西或信息供大家分享”的新义项，由此，这一义项也就完成了由潜到显的发展过程。同时，这一义项还被单独列为一个词条，形成了新词“晒[2]”。

2.“秀”显化的过程及内容

“秀”最初并无“表演、演出”的意思，这一义项音译于英语单词“show”。当“秀”的“表演、演出”这一义项逐渐被人们广泛使用时，就是该词义由潜到

---

① 王希杰：《修辞学通论》，南京大学出版社1996年版，第224—225页。

显的转化过程。而当这一意义出现在《现代汉语词典》的第五版中时，则意味着其已完成了由潜到显的转化，成为“秀”的一个显义了。

如今，“秀”一词又吸收了“show”的动词词义，生成了“给……看”“展示”的模标义，用于“秀×”的模槽中，构成了“秀×”这一新兴的词族。但“这一用法虽被人们所使用，日常生活中也常见，但其并未被收入到词典当中，从狭义上说，这是狭义的潜义，即显词中可能出现的不见于词典释义的含义”[①]。因此，“给……看”“展示”等意并未完成由潜到显的过程，仍属于“秀”的潜义。

根据以上分析可以看出，“晒”与“秀”在潜义显化的过程和内容上呈现出有同有异的现象。

相似之处：在潜义显化的过程中，它们的潜义都曾受过外来词的影响。

不同之处：两者潜义显化的最终结果并不相同。“晒×”词语模中的模标“晒”所表达的意义已被词典所收录，完成了潜义显化的发展过程；而“秀×”词语模中的模标“秀”所表达的意义虽也在日常生活中流行，但因尚未被收录至词典中，故其仍处于潜义显化的过程中。另外，在潜义显化的内容上，“晒”族词具有一些“秀”族词所不具有的意义，如“炫耀、夸耀、显摆”“揭露、曝光”等，因此“晒”族词的内涵要比“秀”族词复杂、丰富。

（二）潜义显化的制约因素的对比

语言作为人类最重要的交际工具，显然，它是为人们的社会交际活动服务的，因此，只有交际活动所需要的东西才会被人们运用。而这种社会交际活动的需要就是潜性语言成分显性化的条件。一个潜语言现象，一旦它所需要的必要的和充分的条件具备了，它们才有可能显性化。正如王希杰先生所说：“潜性语言成分是否显性化取决于社会文化语用条件是否充分。反之，显性语言成分一旦失去了存在的必要和充分的条件，也会消失，即显性语言的潜性化。这就是社会文化语用条件对语言的发展演变的制约。”[②]

那么，这种制约着“晒”族词和“秀”族词由潜转显的社会文化语用条件具

---

① 周洪波：《新词语中潜义的显义化》，《汉语学习》1996年第1期。

② 王希杰：《修辞学通论》，南京大学出版社1996年版，第227页。

体又有哪些呢？以下，我们就从语言的外部因素和内部因素两方面来进行探究。

1.语言外部因素

制约着“晒”族词和“秀”族词由潜转显的语言外部因素主要表现在以下两个方面。

(1)社会因素

我们知道，语言是随着社会的产生而产生，随着社会的变化而变化的。而这种社会因素也正是推动、制约潜语言显性化的重要因素。

社会的发展促成了大量新事物的出现，以及人们对其认识的深化，而这些因素也正是促成潜词显化的重要因素。因社会生活的多元化及社会现象的复杂化，必然引发新事物、新现象、新观念或新思想的产生，为记录这些新的语言现象，满足人们的生活需要，便会产生许多新词语。并且，随着中国对外开放的不断深入以及全球经济一体化的趋势，中国与世界各国的经济、政治、文化联系日益密切，推动了大量新词语的产生。如从搜集的语料来看，单单“晒”词族就产生了150个新词语。

同时，社会的发展推进了网络技术的高速发展，而正是这些网络技术，为新词语的产生与传播创造了良好的条件。如“晒”词族与“秀”词族，“晒”与“秀”的新义便由英语单词音译而来，被人们用来记录、分享各自多样化的生活。随着大众媒体的普及与网络环境的开放化，“晒×”与“秀×”的使用成为热潮，逐渐形成“晒”词族与“秀”词族。

(2)心理因素

潜语言的显性化是交际需要的产物，它往往是为了达到某种特殊的交际效果而产生的。因此，潜语言的显性化也与人们的交际心理因素密切相关。人们的交际心理直接影响着新词新语的产生，这种现象主要表现在：

第一，避繁趋简心理。随着当代生活的节奏不断加快，人们的信息交换活动也日益频繁，为省时省力，人们经常会采用简短的语言形式进行交流，这就会产生大量的新词新语。如“晒”词族中的“晒”与“秀”词族中的“秀”，人们用它们来代替“分享”“展示”等相关意义的词，音节上由双音节或多音节缩短为单音节，意义上一词多意，这便是人们避繁趋简心理作用的结果。

第二，求新求异心理。求新求异是人类的一种正常心理，受此心理的驱使，人们在交际时往往会想方设法地追求新颖的、陌生化的言语表达方式，以展示自己的独特性。因此，把“曝光社会问题”说成“晒黑”，把“展示自己的舞姿”说成“秀舞姿”等新颖独特的说法，显然就更能迎合人们的心理，也就更能受到人们的青睐了。

第三，从众心理。所谓“从众”，就是“随大流”。初现于网络的“晒×”“秀×”格式，由于其形式新颖，具有强大的吸睛效果。为追赶时尚、追逐潮流，人们会下意识地接受、模仿并运用，慢慢地，这一特定的词语模式便传播得越来越广，甚至形成了一股浪潮。

总之，上述的社会和心理两个因素正是对“晒”与“秀”的潜义显化及其词族发展具有重要制约作用的外部因素。

2.语言内部因素

所谓语言内部因素，主要指的是“语言自身的规律，它描绘了语言内部的结构、运动、产生、发展、消亡、互动等诸多情形”[①]。毋庸赘述，语言内部的因素对潜语言的显性化具有极其重要的制约作用。下面，我们将分别从内部结构和语义搭配两个方面来对制约“晒”与“秀”的潜义显化及词族发展的语言内部因素展开分析。

(1)语言结构的推进与制约功能

关于由语言的内部结构而构成的推进与制约功能，我们首先来看看其共性部分。

“晒×”与“秀×”都是后空型词语模，所谓后空型词语模，指的是模标在前而模槽在后的词语模[②]。后空型词语模因模标在前，相对来说模标的意义具有较强的独立性，故不容易虚化，“晒”与“秀”均具有此项特点。正因为此，“晒×”与“秀×”的词语模中模槽“×”的包容性较强，其不论在音节、词性还是词义方面，都表现出较大的灵活度。而正因为模槽“×”的内容丰富，与其搭配的模标“晒”与“秀”的意义为符合语义也会相应增多，由此便促成了“晒”与“秀”的潜义显化运动。另外，由于“晒”词族和“秀”词族的模标都是单音节的，单音节模标的意义自然会比双音节的更容易变化，这也在一定程度上促进了“晒”与“秀”的潜义显性化运动。

---

① 宗守云：《新词语的立体透视：理论研究与个案分析》，广西师范大学出版社 2007 年版，第 167 页。

② 李宇明：《词语模》，邢福义主编：《汉语语法特点面面观》，北京语言文化大学出版社 1999 年版，第 146—157 页。

由此可见，正是“晒×”“秀×”这种单音节、后空型的词语模结构形式，成了促成“晒”与“秀”潜义显化及词族发展的有利因素。

然而，就其词语模的具体语素而言，“晒×”“秀×”又存在着个性的差异。

首先，“晒”本是一个既可单用，也可组合成“晒×”结构的动词，而后起的“晒”族词中的“晒”虽由“share”意译而来，但其使用的形式也同样是“晒×”结构，因此，人们在生成或使用这一语言现象时无须考虑其用法是否符合语言规范，故既方便又易懂。另外，从词语模的角度上看，“晒”词族模标与模槽的位置是固定的，不存在“×晒”等其他形式。这两者都使“晒”一词在潜义显化中拥有着得天独厚的条件。而“秀”词族的情况则不同。“秀”先是吸收了“show”的名词性用法，多用于“×秀”结构中，如“肌肉秀”“旗袍秀”等，之后才吸收了“show”的动词性用法，逐渐形成词语模“秀×”并族群化为“秀”词族，如“秀肌肉”“秀旗袍”等。由于“秀”本身并无动词性的用法，人们在使用之前会考虑其用法是否符合语言规范，故其潜义显化的进程容易受到阻碍；而且，从词语模的角度来看，“秀”词族外还存在着一个和其构成材料相同但模槽、模标完全不同的“×秀”的词语模，这也对“秀”的潜义显化产生了一定的制约作用；另外，因“晒×”词族的用法早在“秀×”词族产生之前就已经颇为流行，故一般情况下，人们会倾向于使用自己所熟悉的表达方式，使用者的这种心态对“秀”的潜义显性化起到了阻碍作用。

(2)语义搭配的推进与制约功能

我们还可以从语义搭配的角度对两个词语模中的模标由潜到显的生成及制约情况做进一步的探讨。

根据王希杰先生“三一”理论中的“零度”和“偏离”学说，我们可以将“晒×”“秀×”中“晒”和“秀”的种种潜义区分为“零度”和“偏离”两类，并由此来预测其由潜到显的转化概率。

如我们可以将“秀偶像”“秀心得”等一些合乎语言常规的潜性语言形式称为“零度潜语言”[①]，这些词虽然目前没有出现在“秀×”的词族中，但由于其模槽“×”的结构和意义范围与“晒×”中的相同，故完全符合语言的内在结构规律，因此我们可以大胆地预测：这些“秀”的零度潜语言形式将来很可能会转化为显性语言现象。

① 王希杰：《修辞学通论》，南京大学出版社1996年版，第225页。

同时，我们也可以将“秀不满”“秀迷惘”等现象称为“偏离潜语言”①。因为，作为模标的“秀”一词，因受其语义的限制，其所搭配的对象应该均为表达美好意义的语素与词，故不可能将一些表现消极意义的语素放进模槽组合为词语模。因此，我们可以推论：“秀不满”“秀迷惘”等“偏离潜语言”现象将极少有机会转化为显性语言现象。

由上可见，“晒×”与“秀×”的内部结构和语义搭配正是对“晒”与“秀”潜义显化及词族发展起到重要制约作用的语言内部因素。

四、结　论

词汇作为语言三要素中最为活跃、变化速度最快的一个要素，在近年来变化最为显著的一个特征就是一大批新词新语以族群化的形式滋生并聚集合成词族。本文通过对“晒”词族与“秀”词族的语义、结构、生成及其条件的对比分析，探究了“晒”族词与“秀”族词由“潜”到“显”的动态过程及其发展的规律。

首先，本文从理性意义和感情色彩义对词族“晒”与“秀”的语义进行了归纳和对比，对比发现：“晒”与“秀”都含有“将事物展示给别人看、与别人分享”之意，但“晒”还有“炫耀”“揭露、曝光”“发泄”等意思；在动态语境下，“晒”的感情色彩较为丰富，需要结合具体语境做出判断，而“秀”所呈现的则均为褒义的感情色彩。

其次，本文运用了数据统计的方法，对“晒/秀×”结构中“×”的词性类别、词义范围及音节数量进行了统计和归纳。通过对比分析发现：在“×”的词性类别与词义范围上，两者存在着明显的差别；而在“×”的音节数量上，两者具有相同的特点。

最后，本文以“潜显”理论为指导并借助“词语模”理论，对“晒×”与“秀×”词族的生成及其条件进行了较为深入的挖掘与探析，对比后发现：“晒”已初步完成了潜义显化的过程，而“秀”仍处于由潜到显的转化过程中；“晒”与“秀”的潜义显化及其词族发展具有相同的外部制约因素——社会和心理因素；“秀”因一方面受到其词语模内部因素的制约，另一方面又受到“晒×”流

① 王希杰：《修辞学通论》，南京大学出版社 1996 年版，第 225 页。

行度高的外部空间挤压，故其潜义的显化及词族的发展相对于“晒”而言，会呈现出过程缓慢、空间较受限的局面。

当今网络时代中，大量新词新语广为流行，各种词族不断生成。面对这一语言现象，本文通过对大量语料的对比、数据的统计，分析了“晒”族词与“秀”族词的发展动态及显化规律。由于笔者水平有限，对这一现象的研究还很浅薄，文章在专业理论、逻辑思维、语言表达等方面均存在诸多不足之处，但尽管如此，这一研究，不论是对帮助人们提高和运用“晒×”与“秀×”词族的言语实践能力，还是对帮助人们深入探索新词新语产生、发展的趋势及流行原因等，都是具有一定作用的。

参考文献

[1] 守宗云. 新词语的立体透视——理论研究与个案分析[M]. 桂林：广西师范大学出版，2007.

[2] 王希杰. 修辞学通论[M]. 南京：南京大学出版社，1996.

[3] 方清明，彭小川. 从认知——心理视角研究新词语[J]. 语言文字应用，2013(3).

[4] 刘楚群，龚韶. 词语族的构造理据及规范问题分析——基于“×族”“×奴”的对比分析[J]. 语言文字运用，2010(2).

[5] 仇伟. “秀”族结构的认知构式研究[J]. 语言教学与研究，2012(4).

[6] 惠天罡. 近十年汉语新词语的构词、语义、语用特点分析[J]. 语言文字应用，2012(4).

[7] 吕叔湘. 大家来关心新词新义[J]. 辞书研究，1984(1).

[8] 魏在江. “……秀”“秀……”的预设构式及其认知阐释[J]. 外语研究，2010(3).

[9] 杨绪明. 新词语的族聚特征及其社会文化心理[J]. 语言教学与研究，2014(1).

[10] 周洪波. 新词语的预测[J]. 语言文字应用，1996(2).

[11] 周有斌. “秀”的组合及其语素[J]. 语言文字应用，2005(4).

[12] 张谊生. 当代新词“零×”词族探微——兼论当代汉语构词方式演化的动因[J]. 语言文字应用，2003(1).

[13] 李宇明. 词语模. 邢福义主编. 汉语语法特点面面观[M]. 北京：北京语言文化大学出版社，1999.

[14] 曹春静. 当代汉语词语模研究——兼论相关新词新语[D]. 上海：上海师

范大学,2007.

[15] 熊洁.现代汉语新词新语词语模研究[D].四川:四川师范大学,2013.

[16] 赵菊.网络新词语"X族""X客""X友"比较分析[D].武汉:华中师范大学,2012.

[17] Gerhard Blanken. The production of stereotyped neologisms in aphasia: A case study[J]. Aphasiology, 1993.

[18] Prisca Stenneken. Sublexical units in aphasic jargon and in the standard language: Comparative analyses of neologisms in connencted speech [J]. Aphasiology, 2008.

附录　语料

一、例句

(一)“晒×”

1. 河北衡水中级法院晒司法公开　“百姓司法超市”月底“开业”(中国新闻网,2015-06-03)

2. “晒账本”让抓作风“抓铁有痕”(人民网,2017-02-28)

3. 2014高校出奇招:清华晒美女　南航晒厨师(新浪教育——四川在线,2014-7-5)

4. 云南收藏家协会关于开展“藏友寻宝·晒宝·鉴宝”活动的通知(中国财经新闻网,2016-6-7)

5. 霍汶希晒旧照庆Twins出道18年　掀起回忆杀(网易娱乐,2019-05-18)

6. 大学生国外教汉语回来晒经历(《今日早报》,2008-06-26)

7. 家长晒经验:高考数学如何得到的147高分(高考网,2012-09-10)

8. 房价飞涨数字历历在目　业主忙攀比网上晒房价(搜狐新闻,2007-03-26)

9. 沙特阿拉伯富豪伦敦晒豪车　社交网络曝奢华生活(环球网,2016-04-01)

10. 此后,类似晒黑帖如雨后春笋出现在各大网贴,希望以网络为平台,维护自己的权益。(《重庆晚报》,2007-07-24)

11. 路桥费变“印钞机”　网友晒不合理过路费引关注(北方网,2011-05-23)

12. 公示不等于合理　晒晒银行的“霸王”收费(《人民日报》,2012-04-12)

13. 白领流行网络晒烦恼释压(应届毕业生网,2018-07-06)

14. 网友晒烦恼,这些来自陌生人的鼓励很暖(大宁网,2017-07-26)

15. 宁波大学流行“晒笔记”　各式学霸笔记获点赞(中国新闻网,2015-12-02)

16. 应县1768人享低保　报纸公示晒诚信(网易新闻,2016-01-06)

17. 38家皖企业“晒责任”　推进供给侧改革、加快调转促(《安徽日报》,2016-07-24)

18. 水不能烧筷不能拿,最近流行晒娇弱吗?(天涯论坛,2014-01-05)

19. 韩国小萝莉高调晒富　享受粉丝送奢侈品(新浪网,2014-11-20)

20. 晒存款开豪车满身名牌　揭土豪女星炫富手段(《环球时报》,2014-12-21)

21. 晒桌面:一个数码党的桌面是什么样子的?(今日头条,2018-10-11)

22. 不晒白不晒!晒通知时赢神笔哦!(天涯论坛,2013-08-14)

23. 邀您晒晒武汉美丽街景(《武汉晚报》,2018-10-15)

24. 外国一网红网上炫富晒豪车　竟牵出海关父亲腐败案(网易新闻,2019-04-06)

25. 南科大一学生退学　博文晒不满(《南国都市报》,2011-06-30)

26. 曹云金晒恶评原因是什么　曹云金晒恶评事件始末揭秘(海峡网,2018-10-20)

(二)"秀×"

1. 下棋·采摘·秀剪纸——瞧瞧过年新时尚(《人民日报》,2013-02-13)

2. 从"秀成绩"到"谈梦想":年报背后的房企多元发展(《湖北日报》,2019-03-21)

3. 秀特技展绝活　浙江特警首届"型男"大赛举行(中国新闻网,2018-08-27)

4. 秀出你所在城市最美风景,得《岁时记》精美明信片一套!(新浪微博,2012-05-23)

5. 秀低碳生活　赢世博门票(网易博客话题第20期,2010-4-27)

6. 今晚《一站到底》秀脑力　选手们个个都有故事(扬州网,2017-06-12)

二、词汇

(一)"晒×"

"晒×"族词共搜集到150个:

晒权、晒卡、晒账、晒钱、晒茶、晒吃、晒爱、晒富、晒穷、晒丑、晒苦、晒经验、晒技能、晒气质、晒才华、晒品味、晒家风、晒家训、晒技术、晒心情、晒思路、晒感想、晒梦想、晒成果、晒生活、晒文化、晒烦恼、晒成就、晒攻略、晒压力、晒形象、晒祝福、晒父母、晒宝宝、晒闺蜜、晒男神、晒女神、晒自己、晒爸爸、晒美女、晒偶像、晒肌肉、晒身材、晒美腿、晒笑脸、晒首饰、晒钻戒、晒跑车、晒手表、晒美食、晒婚纱、晒螃蟹、晒午餐、晒股票、晒彩票、晒发票、晒车票、晒存款、晒存折、晒薪酬、晒工资、晒账本、晒单子、晒清单、晒班费、晒政策、晒书法、晒手工、晒文章、晒音乐、晒分数、晒成绩、晒证书、晒游戏、晒玩具、晒字典、晒截图、晒奖品、晒礼品、晒北京、晒大连、晒学校、晒厨房、晒出行、晒私奔、晒抗战、晒学习、晒收藏、晒上网、晒告白、晒写字、晒执行、晒监管、晒承诺、晒中奖、晒投资、晒理财、晒旅游、晒运动、晒装修、晒分享、晒减肥、晒审判、晒结婚、晒合影、晒幸福、晒甜蜜、晒恩爱、晒奢华、晒浪漫、晒优越、晒无知、晒时尚、晒坚强、晒迷惘、晒温暖、晒平安、晒疼痛、晒可爱、晒寂寞、晒孤独、晒委屈、晒不满、晒娇弱、晒廉洁、晒遗憾、晒困惑、晒友好、晒节俭、晒自由、晒性感、晒清纯、晒反思、晒知足、晒希望、晒育儿经、晒购物车、晒朋友圈、晒年终奖、晒工资条、晒交易单、晒年夜饭、晒手工活、晒素颜照、晒婆媳矛盾、晒旅游故事、晒寒假作业、晒游历四海、晒好梦成真

(二)"秀×"

"秀×"族词共搜集到55个：

秀爱、秀牙、秀激情、秀时尚、秀创意、秀智商、秀青春、秀爱情、秀风头、秀车技、秀孝心、秀文化、秀刀工、秀个性、秀颜值、秀魅力、秀午餐、秀奖品、秀宝宝、秀自己、秀肌肉、秀身材、秀腹肌、秀肌肤、秀嘴巴、秀下巴、秀礼服、秀盛装、秀军装、秀月饼、秀钻石、秀书法、秀剪纸、秀舞姿、秀封面、秀桌面、秀歌词、秀厨房、秀创业、秀品味、秀团圆、秀怀孕、秀恩爱、秀强壮、秀悲惨、秀优越、秀幸福、秀甜蜜、秀坚强、秀尴尬、秀热门、秀认真、秀性感、秀忍者舞、秀童颜照

台州仙居方言量词重叠形式"×打×"研究

陈娅妮

摘　要：仙居方言中有一类特殊的量词重叠形式——"×打×"，其种类包括个体量词（类词）、集合量词、部分量词、容器量词、临时量词、标准量词（度量衡）、准量词（自主量词）、动量词的重叠。"×打×"中的部分特殊量词，如颗、粒、部、只、统、厨、份等，与普通话的读音相比，有以下特点："$×_1$打$×_2$"中"$×_2$"必为入声，读音无翘舌音；"箱打箱"等后鼻音量词重叠时，在部分区域读音仍为后鼻音。此外，在仙居方言当中，还有量词的重叠形式可充当宾语、重叠形式修饰的主语成分通常省略等语法特点。

关键词：仙居方言；量词；重叠；"×打×"

一、引　言

仙居县位于浙江省的东部偏东地区，属于浙江的台州市，东临台州的临海市、黄岩区，南接温州的永嘉县，西接丽水的缙云县，北连东阳的磐安县和天台县。县域面积2000平方公里，其中丘陵山地面积（1612平方公里）占全县面积的80.6%，所以仙居旧时就有"八山一水一分田"之说。

据仙居康熙县志记载，战国时期，仙居是越国的领土。秦国统一六国之后，仙居县属于闽中郡鄞县回浦乡，也就是现在的台州市临海市（台州府）。东晋穆帝永和三年（347），仙居开始立县，名叫乐安。隋、唐间几经废置，到五代吴越宝正五年（930），便将乐安改名为永安。最后才改为仙居。[①] 仙居县全县下辖7镇，分别为横溪镇、白塔镇、田市镇、官路镇、下各镇、朱溪镇、埠头镇。

① 张徽谟、张明焜，纂；郑録动，修：《康熙仙居县志之点校本》，中华书局2016年版，第1页。

根据中国语言列表中的汉语方言区域划分，仙居方言可划分到其他江北吴方言区中的台州方言的北台片方言区。根据方言发音方面的不同，朱丹朱在《台州方言的区域范围》中将仙居方言分为以下几个区域。(1)南部台州方言片：仙居的东南乡朱溪镇方言。(2)中间临三方言片：仙居的下各镇。(3)北部天仙方言片：除朱溪镇和下各镇以外的仙居其他5个镇。

在悠悠千年的历史岁月变迁当中，世世代代的仙居人民在这一方土地上生活、劳作，形成和积累了具有浓厚地方特色的仙居地方方言，即仙居话。仙居地方方言中量词的重叠形式"×＋打＋×"就是仙居话的特色之一。

在现代汉语当中，量词的重叠形式主要有以下三种：①"一＋量＋量"，如"一天天、一件件"；②"一＋量＋一＋量"，如"一天一天、一年一年"，当然，"一＋量＋一＋量"这样的重叠形式大部分只适用于时间量词或者动量词；③"量＋量"，这种形式在一般常用于口语当中，相对于前两种来说用的比较少。可见，在共同语中被普遍认可的汉语量词的重叠形式当中，没有量词"×＋Y＋×"的重叠形式。但是，量词"×＋Y＋×"的重叠形式在各地方言当中又非常的常见。据统计，量词的"×＋Y＋×"重叠形式主要为"×＋打＋×"(客家话、绍兴方言、台州方言、宁海话)，"×是×"(重庆方言)，"×加×"(温州方言、台州方言)。这在台州方言当中相当于"×打×"的重叠形式，而两者通常情况之下都可通用。

二、量词的重叠

量词属于体词的范畴，一般是指用来表示人或事物或者动作的数量单位的词。在一般情况下，量词都和数词结合，也就是我们常称的数量词，组成数量短语之后，才能表示名词的量，或者表示时间、动作或动作变化次数的量。量词在现代汉语当中占据着越来越重要的地位。根据黄载君统计，甲骨文中的量词不超过10个，金文中有40多个，西汉时有60多个，魏晋南北朝时期有200多个，而现代汉语则有500多个。[①] 由此可见，量词越来越成为现代汉语的重要组成部分。在不同地方的方言当中，量词有不同的重叠方

① 黄载君：《从甲骨文、金文量词的应用，考察汉语量词的起源与发展》，《中国语文》1964年，第432—441页。

式。而在仙居方言当中就有“量词 1＋量词 2＋量词 1”的重叠形式，即“×打(dá)×”的形式。“打”：计量单位，用于某些商品，12 件为 1 打，或者用于较多的人或者物。[①] 例如：拎上两三打啤酒，叫上几个朋友，大家喝个够。追求他的女生都够一打了。在这里，“打”为量词的一种特殊用法。

本文主要根据赵元任的《汉语口语语法》一书，将量词分为以下 9 类：(1)Mc 个体量词(类词)；(2)Mc’同上，V-O 中；(3)Mg 集合量词；(4)Mp 部分量词；(5)Mo 容器量词；(6)Mt 临时量词；(7)Mm 标准量词(度量衡等)；(8)Mq 准量词(自主量词)；(9)Mv 动量词。[②]

(一)名量词的重叠

名量词通常是指用来表示名词数量单位的词。本文根据赵元任《汉语口语语法》一书中的量词分类，将名量词分为个体量词；Mc’个体量词，V-O 中；集合量词；部分量词；容器量词；临时量词；标准量词(度量衡)七类。[③]

1. 个体量词的重叠

个体量词指的是以计量对象的自然个体为计量单位的词。根据赵元任《汉语口语语法》一书，个体量词又称为类词。例如个、位、只、朵、盏、匹、头、瓣、口、辆、部、本、件、支、架、座、幢、根、株、棵、颗、粒、滴、张、把、条、爿、间等。重叠形式为：个打个、只[ʦɛ^{55}]、打只[ʦɛ^{51}]、本打本、件打件、支[tsʰi^{55}]、打支[tsʰi^{51}]、粒[lo^{55}]打粒[lo^{51}]、间[ġā]打间[ġa^{51}]等。

例如：

①个打个生了得好相满。(每一个人都很漂亮。)

②本打本(书)得新新哇。(每一本书都很新。)

③只打只得滚丁壮哇。(每一只都很胖。)

④幢打幢(屋)离了太近了。(每一幢房子之间的距离太近了。)

个体量词中的特殊量词。

(1)“辆”用于表示车的数量，例如：一辆车/一辆大卡车。但是在仙居方

① 李行健：《现代汉语量词规范词典》，河北教育出版社 2010 年版，第 30 页。

② 赵元任：《汉语口语语法》，商务印书馆 2015 年版，第 263 页。

③ 同上，第 263—271 页。

言当中没有“辆打辆”这一用法，如果要表示“一辆车”，方言中通常用“一部车”，表示“每一辆车”的时候，用“部[bu^{212}]打部[bu^{31}](车)”。例如：

⑤今天她(屋)里囡结婚，用的车部打部得是高档满，看样子男方满有骚咯。

(她家女儿今天结婚，用的每一辆车都很高档，看样子男方家里很有钱啊。)

⑥部打部脚踏车(每一辆自行车)

⑦部打部小汽车(每一辆小汽车)

(2)当然，在仙居方言中，也没有“架打架”的说法，如果表示“每一架飞机”，在方言当中为“部打部飞机”。另外，在表示“每一台缝纫机”时，也用“部打部”。例如：

⑧部打部洋车得倒了。(这些缝纫机每一台都坏了。)

⑨飞机场飞机部打部哇。(飞机场的飞机很多。)

(3)台，量词，如一台机器、一台戏。只，量词。①用于某些成对的东西的一个：两只耳朵、两只脚、一只鞋。②用于动物(多指飞禽、走兽)：一只鸡、两只兔子。③用于某些器具：一只箱子。④用于船只：一只小船。[①]

在仙居方言当中，表示电视机、冰箱、机器等的数量时，用“只”而不用“台”。例如：

⑩只打只电视机得刚买来。(每一台电视机都是刚买来的。)

或：只加只电视机得刚买来。

现代汉语词汇的特点之一就是，汉语词汇有相当丰富的量词，它不同于英语、俄语和日语。汉语在表示不同的事物时都可用不同的量词来表示。上述所提到的量词“只”，通常用于动物(多指飞禽、走兽)。而根据《现代汉语量词规范词典》，现代汉语在表示动物的时候有丰富的量词，什么量词搭配什么名词，大部分都是有理有据的，下述所列举的也是习惯的、约定俗成的搭配。例如：一匹马、一头驴、一头猪、一头牛、一条狗(有时也用一只小狗)。

虽然驴和马长相差不多，但是用“头”来表示“驴”的数量，用“匹”来表示“马”的数量，这是一种习惯，是约定俗成的，两者的量词搭配不能互换。

不过，在仙居地方方言当中，却有不同于现代汉语当中表示什么动物的数量单位搭配什么量词的情况，通常在表示不同的动物的时候，大到大象、

---

① 江蓝生、谭景春、程荣：《现代汉语词典》第6版，商务印书馆2012年版，第1254页。

牛、马这种大型的动物，小到蚂蚁、小飞虫这样的小型的动物和昆虫，都只用“只”这一量词来表示。表示“每一只动物”时，用“只打只”表示，通常带有表示数量多的意思。例如：

⑪这一窝小狗，只打只咯颜色都样样。（这一窝小狗，每一只小狗的毛色都一样。）

⑫只打只猪得滚丁壮哇。（每一只猪都很肥。）

除此之外，在仙居的大部分地区都用“只”来表示山的数量。例如：

⑬只打只山得高高哇。（每一座山的海拔都很高。）

(4)“颗”：量词，多用于颗粒状的东西，小而圆的东西。如一颗珠子、一颗黄豆、一颗子弹。[①] 粒，量词，用于粒状的东西：一粒米、三粒种子等。[②] 颗是指颗粒物，粒为小颗粒物。[③] 一般情况之下两者可以通用。而在仙居方言当中，没有“颗打颗 ”的说法，在表示任何一种颗粒物时，如果要表示“每一颗”，方言中通常只用“粒打粒”来表示。棵，量词，多用于植物。[④] 株，棵。[⑤] 仙居方言中也没有“棵打棵”的说法。如果要表达“棵打棵”，则用“株打株”来表示。例如：

⑭粒打粒珍珠

⑮株打株树

⑯株打株草

株，除了用于表示植物的数量之外，在仙居方言当中，有时候也用来表示动物的数量。在用来表示动物数量的时候，比较常见的用法是：株打株大蛇。用“株”来形容蛇的数量，通常含有“大”和“多”的意思。

(5)粒，量词，用于粒状的东西：一粒米、三粒种子等。而我们通常在表示人的数量的多少时，都用“几个人”“几口人”或者“个打个人”来表示，而在仙居县西部板块的安岭乡的方言当中，在表示人的数量的多少时，不同于仙居横溪、双庙、下各、上张、白塔等地，该地区不用个、口等表示人的数量的多少，却用“粒”来计量人的数量的多少。例如：粒打粒人。也不用“座”来表示山，而用“粒”来表示山的数量，通常与数词连用，例如：一粒山。

---

① 江蓝生、谭景春、程荣：《现代汉语词典》第6版，商务印书馆2012年版，第732页。

② 同上，第802页。

③ 齐沪扬：《现代汉语》，商务印书馆2012年版，第293页。

④ 江蓝生、谭景春、程荣：《现代汉语词典》第6版，商务印书馆2012年版，第731页。

⑤ 同上，第1696页。

(6)幢,用于整座房屋,相当于栋、座。通常用来表示房子的数量,与数词连用,例如:一幢房子、幢打幢房子等等。在仙居方言当中还有另外一种不同于其他地区的用法。在表示一叠书、一叠钞票的时候,仙居方言传统的用法是:一幢书、一幢钞票。当说话者想要表达"书多或者钞票多"的意思时,通常会用幢打幢书、幢打幢钞票。在这种表达方式当中,常常带有说话者的主观感受,常带有惊讶、感叹色彩,含有"多"的意思。例如:

⑰书覅本打本散咯块,把它幢打幢整理咯来幢好。(把书一叠一叠叠好,不要让它散在这里。)

⑱钞票幢打幢哇啦!(常常带有感叹色彩,用于形容钞票多。)

部分个体量词读音比较如表 3-4 所示:

表 3-4 个体量词读音比较

个体量词	普通话	仙居方言
个	gè	[gɒ⁰]
位	wèi	[ʋɑɪ¹³]
只	zhī	[ʦɛ⁵⁵]
朵	duǒ	[dǒ]
盏	zhǎn	[ʦɑ²¹⁴]
口	kǒu	[koʊ²¹⁴]
辆	liàng	[Lia¹³]
瓣	bàn	[ga²¹⁴]
部	bù	[pu²¹²]
本	běn	[benŋ⁵³]
件	jiàn	[Jie³⁴]
支	zhī	[ʦɨ³³]
幢	zhuàng	[ʤɑnŋ]
根	gēn	[kəŋ]
株	zhū	[ʤü]
粒	lì	[lǒ]
张	zhāng	[jiā]

续 表

个体量词	普通话	仙居方言
把	bǎ	[po^{34}]
条	tiáo	[dɪaʊ^{35}]
间	jiān	[gā]

2. 集合量词的重叠

集合量词通常是指将一个事物以整体的形式来计算的词。例如：打，双，套，伙，批，群，对，副，列，排，组，捆，部（Mc 部≠Mg 部，这里的部，为"一部书"的部，指多本书），等。重叠形式为双打双、套打套（统打统）、副打副、批打批等。

例如：

⑲打打打洋袜。（每十二双袜子。）

⑳双打双咯著都非干净。（每一双筷子都不干净。）

㉑副打副咯对联都写了蛮好的。（每一副对联都写得蛮好的。）

㉒她眼泪双打双哇。（她哭得很伤心。）

集合量词中的特殊量词。

在仙居方言当中，集合量词的重叠形式，没有"伙打伙"的说法，通常情况下，"伙"都与数词"一"连用。

例如：她们是一伙的。

另外，在仙居方言中，表示"每一身衣服"或者"每一套衣服"，也用"套打套衣服"。但是，通常情况下，在仙居方言当中，都用"统打统（入声）衣服"。例如：

㉓她统打统衣裳都漂亮满。（她的每一套衣服都很漂亮。）

㉔她衣裳统打统哇。（她的衣服非常多。）

㉕统打统（衣裳）穿她身上都蛮好。（每套衣服穿她身上都挺好的。）

但是，在《现代汉语词典》《现代汉语量词规范词典》和《汉语口语语法》中所列举的量词，都没有将"统"列入量词这一范畴。可见，仙居方言中的"统打统"是方言中特有的。

部分集合量词读音比较如表 3-5 所示：

表 3-5 部分集合量词读音比较

集合量词	普通话	仙居方言
打	dǎ	[nɑɧ^{214}]
套	tào	[taʊ^{53}]
批	pī	[p'i$^{53-55}$]
群	qún	[qɪaʊ^{35}]
对	duì	[tueɪ^{213}]
副	fù	[fu′]
列	liè	[lie^{24}]
排	pái	[p′ɑ^{34}]
组	zǔ	[ʦu^{214}]
捆	kǔn	[kuəŋ]
部	bù	[bu^{212}]

3. 部分量词的重叠

部分量词是指以整体中的一部分来作为计量单位的词。包括部分、份、版、团、块、堆、攒(zuán)、滩、篇、页、片、层、节、截、段、丝、点、滴、串、缕、股、卷、排、撮等。本文所指的部分量词又包括一些成形量词,就是指把计量对象形成的形状作为计量单位的词。① 例如上述所指的:团、块、堆、层、节、点、滴、串、缕、股、卷、排等。

赵元任在他的《汉语口语语法》一书中指出:部分量词的形式特点同集合量词(Mg),只有一点不同,很少能重叠表遍指。语义上与集合量词(Mg)相反。但是这种相反只是一个观点的问题,因为一群个体可以同时是一个更大的群体的一部分。②

笔者认为,赵元任先生的观点自然有他的理论依据,但是根据台州仙居方言的重叠形式的特点,仙居方言量词的重叠大都表示遍指。在仙居方言当中,上述所列举的部分量词,只有双音节词"部分"不能形成"部分打部分"的量词重叠形式,其他所有的部分连词在仙居方言当中都能形成"×打×"的重

① 敏旗:《量词、数词、数量词》,《语言学微刊》2016 年 5 月。
② 赵元任:《汉语口语语法》,商务印书馆 2015 年版,第 268 页。

叠形式。例如：

㉖节打节（节加节）

㉗截打截（截加截）

㉘片打片肉得切咯样样薄。（每一片肉都切得同样薄。）

㉙篇打篇作文得写了又好。（每一篇作文都写得很好。）

此外，部分量词中的“份”，通常我们用来表示物体数量的多少。例如：我只买了一份饭。但在仙居方言当中，“份”可以用来表示每一户人家，即份打份人家。

部分量词读音比较如表 3-6 所示：

表 3-6　部分量词读音比较

部分量词	普通话	仙居方言
分	fēn	[$\mathrm{fəŋ}^{55}$]
份	fèn	[$\mathrm{fəŋ}^{51}$]
版	bǎn	[$\mathrm{bã}^{13}$]
块	kuài	[$\mathrm{kuaɪ}^{51}$]
堆	duī	[$\mathrm{tueɪ}^{213}$]
篇	piān	[pie^{33}]
页	yè	[$\mathrm{yə}^{53}$]
层	céng	[zəŋ]
节	jié	[ʨiyɛ]
截	jié	[ɕə]
丝	sī	[$\mathrm{Sɨ}^{33}$]
点	diǎn	[die^{214}]

4.容器量词的重叠

大部分的容器量词都兼有名词的词性，都可以受到万能量词“个”的修饰。包括盒、箱、柜子、橱、格、筐、篮、瓶、包、袋、缸、盆、壶、锅、盘、杯、勺、碟等等。

在台州仙居方言当中，容器量词并没有不同于其他地区的特殊用法，部分双音节容器量词，比如：柜子。柜子作为量词，表示“一＋量＋量”“每一＋量”的意思或者带有主观量的色彩时，它的重叠形式为“柜打柜”。另外，所有上述列举的容器量词都可以用"×打×"的重叠形式来表示。例如：

㉚咯的箱打箱得是衣裳。(这里一箱箱的都是衣服。)

㉛瓶打瓶杨梅酒咯味道得样样。(每一瓶杨梅酒的味道都是一样的。)

㉜盘打盘菜得还是热咯。(每一盘菜都还是热的。)

部分容器量词读音比较如表 3-7 所示：

表 3-7 部分容器量词读音比较

容器量词	普通话	仙居方言
盒	hé	[hə]
箱	xiāng	[ɕiɑ³³]
橱	chú	[dzɨ³¹]
格	gé	[gə⁴²]
篮	lán	[la²⁴]
包	bāo	[paʊ]
袋	dài	[daɪ³⁵]
锅	guō	[ø̃]
杯	bēi	[baɪ³³]
勺	sháo	[sø̃]

5. 临时量词的重叠

临时量词指的是某些名词临时处在量词的位置上，被用作数量单位的词，就是名词短暂性地作为量词。包括身(子)、头、脸、鼻子、嘴、肚子、手、脚、桌子、院子、房顶、世界等等。例如：

㉝一头的白头发

㉞碰了一鼻子的灰

㉟满脸的汗

㊱受了一肚子的气

这里的"一头""一鼻子""满脸""一肚子"都是临时名量词，借用"头""鼻子""脸""肚子"这些名词作为量词。

但是，在共同语当中，临时名量词具有不可重复性，即不能表达成"一头头的白头发""碰了一鼻子鼻子的灰"等。

同样的，在仙居方言当中，临时量词也不能和“×打×”的重叠形式来表示，即“头打头”“身打身”“脸打脸”“手打手”这样的重叠形式是不成立的。

6.标准量词（度量词）的重叠

度量词是指用来计量事物的长短、容积、轻重、频率、体积的词。标准量词是名副其实的量词。包括米、尺、寸、斤、升、亩、伏特、加仑、安培、赫兹、平方、立方、海里、里、公里、刀、匹、两、钱、分、担、克、公斤、吨、点、刻、分、秒、块、毛、角等度量衡单位。

上述所列举的度量单位，在仙居方言当中，有一些单音节的词可以用“×打×”的重叠形式来表示，例如米打米、斤打斤、亩打亩、里打里。

而有些单音节词，却不能用“×打×”的重叠形式来表示，例如“升打升”“刻打刻”“钱打钱”“毛打毛”。

上述所列举的其他双音节度量单位大部分不能用“×打×”的重叠形式来表示，除了“平方”，但是仙居方言当中也没有“平方打平方”的量词重叠形式，在表示“每一平方”的时候，通常说成“方打方”，这就类似于陆剑明先生在他的《句子的合格与不合格》中提到的为求表达的经济，用较少的词，表达相同的意思。

部分标准量词读音比较如表3-8所示：

表3-8　部分标准量词读音比较

标准量词	普通话	仙居方言
米	mǐ	[mɪ²¹⁴]
斤	jīn	[jɪnŋ⁵³]
里	lǐ	[lî]
角	jiǎo	[gø̃]
担	dàn	[da⁴¹]
克	kè	[kɪ⁵³]
两	liǎng	[liã¹³]

（二）准量词（自主量词）的重叠

准量词又叫自主量词。从意义上看，这类量词一般表示事物的量。可是它又和其他量词不同，它不属于任何的名词。

准量词包括国、省、州、市、县、乡、村、区、站、面、方面、边(儿)、头(儿)、笔、横、竖、撇、捺、点、课、部、司、科、院、种、系、等、级、名、票、册、编、回、章、月、天、夜、宿等等。

本文所指的准量词,根据赵元任先生的观点,他将准量词分为编号量词、时间量词和种类量词。

种类量词指的是表示种类的计量单位,包括种、类等。

编号量词指的是表示等级或编号的计量单位,包括等、级、档、号等。

时间量词是表示时间的计量单位,包括天、年、周、星期、分钟、秒钟、月、阵等等。

准量词中也有一大部分量词不能形成重叠形式,如:国、省、州、市、县、乡、区、站、方面、捺、部、司、科、院、系、等、名、回等。

准量词(自主量词)中的特殊量词。

天,一昼夜二十四小时的时间,时间法定计量单位,有时专指白天:三天三夜。[①] 日:计量时间的单位。常年有365日,一日为24小时。名量:①用于计量时间;②用于仅指白天,相当于"天"。动量:用于动作行为的时间。[②] 从本质上来看,"日"和"天"意义相同,用法也相同,"日"比较侧重于书面语,"天"则比较侧重于口头语。

在共同语中有"一天天""一天一天"的量词重叠形式,而在仙居方言中没有"一天天""一天一天"的量词重叠形式,只有"一日日""一日一日""日打日""日加日"的量词重叠形式,表示遍指。例如:

㊲日打日白咯怎过咯了,阿西事干得没做起。(每一天就这样过去了,但又什么事情都没干成。)

㊳他日打日得到小陈里嬉戏。(他每天都到小陈家里玩。)

(三)动量词的重叠

动量词是指表示动作次数的词。可以是专用的字眼,包括回、次、遍、趟、下、遭(现已经很少见到)、番、声、响、圈、步、把、仗、觉、顿;或者是做这个动作

---

① 江蓝生、谭景春、程荣:《现代汉语词典》第6版,商务印书馆2012年版,第1282页。

② 李行健:《现代汉语量词规范词典》,河北教育出版社2010年版,第116页。

的身体的部分，包括手、脚、巴掌、拳头、拳、眼、口；或者是工具，包括刀、剪子、斧子、鞭(子)、棍(子)、针、枪、箭。其中第二类和第三类被称为借用动量词，是指借名词来作为量词。

动量词中的特殊量词。

除了上述所列举的动量词外，仙居方言当中还有两个比较特殊的动量词：厨和套。

(1)厨：名词，原意为厨房或者厨师。而在台州仙居地方方言中却当量词用，这是台州地区特有的现象。例如：

㊴三厨饭＝三顿饭、三餐饭(Mc)

㊵吃了一厨饭＝吃了一顿饭、吃了一餐饭

所以在表示“吃饭”这一行为的动作次数时，仙居方言用“厨”。重叠形式为“厨打厨”。例如：

㊶厨打厨得吃粥。(每一餐都吃粥，带有说话者的主观色彩，含有“不情愿”“不乐意”的感情。)

㊷厨打厨得是肉。(说这句话的时候有两种意思：一是每一餐都是肉，我不乐意吃，想吃点别的；二是带有炫耀的色彩。)

(2)套：名量。①用于成套的衣服或者事物：一套西装、一套评价标准。②用于某些集体人员：两块牌子，一套人马。③用于本领或者手段：不但能回答，还能回答得一套一套的。[①] 在《现代汉语量词规范词典》当中，“套”只作名量词，而在仙居方言当中，“套”除了作名量词之外，还能作动量词。“一套”，即是“一次”的意思。例如：

㊸套打套讲他得非听。(每一次讲，他都不听。含有“次数多”的意思。)

㊹套打套得个怎。(每一次都这样。)

㊺小王来，套打套得东西带了。(小王每次都带东西来。)

部分动量词读音比较如表3-9所示：

表3-9　部分动量词读音比较

动量词	普通话	仙居方言
回	huí	[huaɪ^{35}]

① 李行健：《现代汉语量词规范词典》，河北教育出版社，2010年10月，第128页。

续 表

动量词	普通话	仙居方言
次	cì	[ts'^{51}]
遍	biàn	[bie^{24}]
趟	tàng	[taʊ^{51}]
番	fān	[fā]
响	xiǎng	[ɕiɑ^{33}]
觉	jiào	[gaʊ^{13}]
顿	dùn	[deŋ^{34}]

三、量词重叠形式“×打×”的语音特点

仙居方言属于吴方言台州方言的次方言，具有一千六百多年的历史，仙居人民在生产、生活当中形成了独特的仙居方言。仙居方言不同于台州临海、温岭等其他地区的闭口音，仙居方言属于开口音。

本文所研究的量词重叠形式“×打×”也有其读音上的特点，除了上述所说的开口音之外，还包括以下几个方面。

(1)“$\times_1$ 打$\times_2$”中$\times_2$ 必为入声

仙居自古以来就比较落后，四面环山，几乎是与世隔绝的，并且最近一百年多来没有大规模的人口迁徙。再者，仙居处于浙江东南部地区，与北京距离比较远，因此受到北京官话的影响比较小，这为仙居方言当中的古音犹存的现象提供了非常必要的条件。

据完全统计，《方言调查字表》中，共计入声字 608 个(包括同形字)。其中 49 个在仙居方言中已经不再使用或者由别的词代替，另外还有 23 个入声韵尾已经消失并分派到了其他声调。①

本文所论述的仙居方言量词的重叠形式中，不论$\times_1$ 的读音是阴平(55)、阳平(35)、上声(214)，还是去声(51)，在量词重叠之后，$\times_2$ 的读音一定为入声。如表 3-10 所示：

① 郑淑招：《中古入声字在仙居方言中的读音分析》，《现代语文(语言研究版)》2011 年第 11 期。

表 3-10　仙居方言量词重叠表

	普通话	仙居方言重叠(×₂)
桌	zhuō	[tʂyɛ⁵¹]
宿	xiǔ	[ɕyɛ⁵¹]
节	jié	[tɕiyɛ⁵¹]
笔	bǐ	[bɪ⁵³⁻⁵⁵]
只	zhī	[tʂə⁵¹]
集	jí	[tɕə⁵¹]
角	jiǎo	[gø⁵¹]
……	……	……

(2)读音无翘舌音

在仙居地方方言的声母系统中没有舌尖后音(zh、ch、sh),因此平翘不分。但是,在普通话的声母系统中,平翘音分明。另外,有些词的读音在仙居地方方言当中,它的声母又不同于普通话的声母(通常将 zh 念成 j 或者 z)。如表 3-11 所示:

表 3-11　仙居方言与普通话翘舌音比较

	普通话	仙居方言
市	shì	[Sr³⁴]
张	zhāng	[jia⁵³⁻⁵⁵]
间	jiān	[gā⁵³⁻⁵⁵]
只	zhī	[tʂə⁵¹]
角	jiǎo	[gø⁵¹]

(3)"箱打箱"等后鼻音量词重叠时,在部分区域读音仍为后鼻音

一般情况下,仙居地方方言当中的量词重叠形式,都没有后鼻音的读音,或者变更声母。但是在仙居县城东的下各镇的一些村庄,包括黄梁陈村、怀仁、下各、羊鹏头等村庄,他们的读音带有后鼻音。比如:张(zhāng),在仙居其他地区的读音为 jiā,但在这些村庄的读音为 jiāng,同"姜";箱,在仙居其他地区的读音为 xiā,但在这些村庄的读音为 xiāng。在仙居本地,人们称之为"下各腔"。

四、量词重叠形式“×打×”的语法特点

各个地区的方言，都有自己特有的一套语法体系，除了与共同语中相同的那部分以外，还含有自己独特的语法体系。台州仙居方言中除了与普通话相同的语法特点之外，关于本文所论述的台州仙居方言中的量词重叠形式的语法特点大致还包括以下几个方面。

(1)当“×打×”作为主语成分时，“×打×”所修饰的主语成分通常省略

例如：

㊻个打个(人/小后生)得高蛮高。

㊼块打块(蛋糕/西瓜/布)得样样大大。

㊽条打条(路)得可以到他屋里。

㊾条打条(鱼)得活活咯。

㊿件打件(衣服)得新新咯。

51厨打厨(饭)吃咯得是个盖。

(2)“×打×”可以充当宾语

量词重叠形式在句子中充当宾语，这在普通话当中是没有的。朱德熙(1999)指出“重叠式”量词可以修饰名词，也可以脱离名词，单独充当句子的主语，但是不能充当句子的宾语成分。[①] 但仙居地方方言中量词作宾语成分却是其显著的特点，它通常跟在动词后面作动词的宾语成分。例如：

52把层打层得拖记。(把每一层的地都拖一下。)

53布剪了块打块。(布剪成了一块一块的。)

54葡萄把我弄了粒打粒生哦。(帮我把葡萄摘成一粒粒的。)

“×打×”充当宾语时，用在表示处置意的动词之后，通常表示“遍指”，如例52中的“层打层”表示“每一层的”意思。也可表示事物的形状发生变化，如例53、例54中的“块打块”“粒打粒”，表示的是动作完成后的结果形状。

① 朱德熙：《朱德熙文集(一)》，商务印书馆1999年版。

五、结　语

方言和地方文化之间有着不可分割的联系。第一，语言是文化的载体，方言是地方语言，所以它是地方文化的载体。第二，语言是文化的反映。语言是一种社会现象，是民族文化的基础和精华，人们通过语言交流，同时也是一种文化交流。故本文所论述的台州仙居地区的地方方言也同样反映了仙居的地方文化。仙居属于台州地区典型的“八山一水一分田”的山区县。历史上的仙居可谓是穷乡僻壤，所以在大多数的仙居人眼中，所有的东西都是越多越好。比如：人、钱、房、车等等。所以本文所论述的量词重叠形式与地方文化之间有着不可分割的联系。

首先，量词“×打×”，表示“逐一”，也表示“遍指”。仙居地方方言量词的重叠形式“×打×”含有仙居人民的主观思想。

“打”本身就是一个表示多数的词，再和集合量词、部分量词、个体量词等连用，又将量多上升了一个层面。例如：

㊽钞票幢打幢（人的主观感受到钱多）

㊾眼泪双大双

㊿珍珠粒打粒

⑸⑻白洋块打块

上述的“打”就有量多的含义，与集合量词“幢”“双”、个体量词“粒”“块”连用，在一定语境中，就含有说话者的主观色彩，“钞票幢打幢”含有夸张的含义，不确定钞票到底有几幢，形容钞票很多很多。

其次，量词的重叠形式“×打×”在仙居周边其他地区，包括临海市、绍兴市、宁波市等一些地区也存在着。也就是说，方言量词这样的重叠形式体现了区域性的特点。

最后，对于整个汉民族来说，“×A×”这样的重叠形式在其他地区的方言中也比较常见，是其地方语言当中的一大特色，“×加×”“×顶×”“×是×”等，体现了汉民族的语言具有共性，语言现象存在着普遍性。

参考文献

[1] 李宇明.数量词语与主观量[J].华东师范大学学报(人文社会科学版),1999(6).

[2] 黄晓东.浙江临海方言音系[J].方言,2007(1).

[3] 阮咏梅.台州方言在吴语中的内外关系[J].宁波大学学报(人文科学版),2010(1).

[4] 钱文华.从仙居方言熟语看地域文化积淀[J].台州学院学报,2010(5).

[5] 胡正武.台州方言词语溯源[J].台州学院学报,2010(5).

[6] 李行健.现代汉语量词规范词典[M]. 石家庄:河北教育出版社,2010(10).

[7] 郑俊.浙江仙居方言声母系统考[J].现代语文(语言研究版),2010(9).

[8] 叶晨.天台方言中的量词重叠"A 加 A"式[J].汉字与文化,2011(8).

[9] 郑淑招.中古入声字在仙居方言中的读音分析[J].现代语文(语言研究版),2011.

[10] 顾素青.仙居话拾遗[M].杭州:浙江少年儿童出版社,2012.

[11] 齐沪扬.现代汉语[M].北京:商务印书馆,2012.

[12] 江蓝生,谭景春,程荣.现代汉语词典(第6版)[M].北京:商务印书馆,2012.

[13] 阮咏梅.温岭方言中的量词[J].宁波大学学报(人文科学版),2013(4).

[14] 付欣晴,朱文明.汉语方言量词加缀重叠式"AXA"与主观量[J].南昌大学学报(人文社会科学版),2013(5).

[15] 王秋珺.客家话"A 打 A"式词语研究[J].嘉兴学院学报,2014(4).

[16] 阮咏梅.台州方言百余年的语音变化[J].语言研究,2015(2).

[17] 赵元任.汉语口语语法[M].北京:商务印书馆,2015.

[18] 张徽谟,张明焜,纂;郑録动,修.康熙仙居县志之点校本[M].北京:中华书局,2016.

[19] CHAMBERS J K, TRUDGILL P. Dialectology[M]. Beijing: Peking University Press, 2002.

[20] Ferdinand de Saussure. Course in General Linguistics[M]. Beijing: Foreign Language Teaching and Research Press,2001.

马来西亚华语和马来语的禁忌语比较研究

陈淑婷

摘　要：禁忌语是指人们在日常生活中不乐意说出或避免说出的语言。马来西亚作为一个多种族、多文化的国家，禁忌语对于不同种族之间的交流至关重要。禁忌语的类别主要有称谓性禁忌语、凶祸性禁忌语和宗教性禁忌语。其产生的主要原因是受心理因素、社会文化因素和礼貌因素影响。马来西亚华语禁忌语和马来语禁忌语有相同点也有不同点。相同点有称呼禁忌语、生理和两性禁忌语以及死亡禁忌语。不同点是两种族有各自特有的禁忌语，如：马来西亚华语特有的禁忌语包括谐音产生的禁忌语、数字产生的禁忌语、姓名禁忌语以及职业性禁忌语；马来语特有的禁忌语包括亵渎性禁忌语以及动物禁忌语。研究两种族间禁忌语的异同不仅能更好地促进两种族间的交流，同时对于两种族教育方面也有非常重要的意义。

关键词：禁忌语；华语；马来语；跨文化交际

一、引　言

禁忌是世界各国普遍存在的一种文化现象，它规定着人们的语言行为和社会交往。语言作为文化载体，产生于人类劳动过程。语言有各种各样的形式，禁忌语就是其中的一种，它存在于人们日常生活中的各个部分。尽管马来西亚华族和巫族的文化背景不相同，但是两种族生活在同一个国度，生活于同一片国土，受限于同一社会语言文化的大环境，在日常生活中难免会有交流、接触。因此，为了更和谐地生活于同一片土地，研究两种族之间的禁忌语显得尤其重要。

综观国内外对禁忌语的比较研究，大多学者研究中英禁忌语，对华语和马来语禁忌语这一方面的研究还是一个空白点。同时，为了使两种族间的交际活动得以顺利进行，种族间有必要了解彼此的文化和生活习俗，以及禁忌语文化。介于以上理由，本文将对马来西亚华语和马来语的禁忌语的异同展开分析。

二、禁忌语的定义

中国对于禁忌的研究比较早，东汉时期我国的文学家许慎在《说文解字》中对“禁”的解释是“禁，吉凶之忌也”，对“忌”的解释是“忌，憎恶也”。[①] 马来语“tabu”(禁忌)被翻译成“某些被禁忌讨论的东西”。“禁忌”在英语中被称为“塔布”(taboo)。“塔布”源自中太平洋波利尼西亚群岛土语，是“不可触摸的”“神圣的”意思。禁忌语自古代产生至现在，产生于不同的历史文化背景、不同的宗教信仰、不同的生活习惯中。禁忌语不仅指一些带有神秘力量的词语，也指语言中的一些带有不愉快联系色彩的词语。在社会交际中，基于某种原因，不能、不敢或不愿说出。

简而言之，那些人们在日常生活中不愿意提及或使用的语言，就被称为禁忌语。

三、禁忌语的类别

在语言学上，禁忌语是指那些不能被提及或者不愿意说的语言，产生于人类的劳动生产过程当中。本人对马来西亚华族和巫族两种族的禁忌语进行了一个归类，可将两种族间的禁忌语分为称谓禁忌语、凶祸禁忌语和宗教禁忌语。

(一)称谓禁忌语

马来西亚华人受到中国传统文化的影响，对于尊亲、师长，是绝不会直接称呼其姓名的，都会加以回避。这一传统文化至今都存在于华人社会之中，对于亲戚之间的辈分之称，同事之间的职位之称、头衔之称等，都是不容忽视

① 许慎:《说文解字》，中华书局1963年版，第9、221页。

的。如华人称呼某会长，通常不会直呼其姓名，而是乐于用姓加职位来称呼，这一情况可推断出华人对于称谓是十分重视的。有时候华人虽会称呼对方的名字，但是往往会在名字之后加上尊称，如“伟明舅舅”“淑珊姐”，这也是另一种礼貌的称谓。

巫族也保留着尊重长辈、长幼有序的观念，同时他们还信奉神灵，在涉及有关神灵的称呼时，巫族也会采取一种回避的态度。如同他们称呼他们的领导人为拿督。假使有人不顾问候禁忌，那么就会被众人视为不敬，目无尊长，甚至大逆不道。虽然时迁境移，在现代社会里，严格、烦琐的名讳规则基本上已经废弃了，但尊重他人名字、身份仍是基本道德准则之一。

（二）凶祸禁忌语

凶祸禁忌语，顾名思义是指那些不吉利的话语。华族的民间有“好话不灵坏话灵”“说凶即凶，说祸即祸”的畏惧心理。因此华族在牵扯到一些凶祸之词时都会避而不谈或者是以其他词汇来代替。凶祸禁忌语主要包括关于“死”“病”“翻”“沉”的词语，关于这些词语，两种族都会采取回避的策略，在日常生活中尽量避免说出这些词语，假使不小心说出口了，有时候也会以“呸呸呸”来表示刚刚自己说的是错误的。

（三）宗教禁忌语

华族是个多神论的种族，所以有不少与宗教有关的禁忌语。华人在生活中非常禁忌亵渎神灵，对他们本人所信奉的神仙和神灵不能在言语和行为上有任何的懈怠或不恭敬。也有些人为了祈求全家健康富足平安的生活，专门去信仰一些“门神”或“财神”，因此有人会买些有关“神”的图片挂在家中，特别是对于那些经商的人来说，但是“买”字在神灵面前是很忌讳的，因此人们通常换做“请”，以免对神灵产生亵渎之意。

马来族所信奉的宗教是伊斯兰教，他们对于猪十分忌讳，也不会谈及与猪相关的词汇，以表示对他们真主安拉的尊重。

四、禁忌语的产生

禁忌语作为一种社会的普遍文化现象，它的出现、存在和持续有深刻的社会文化功用，并且有着明显的历史根源。不同的地方有不同的禁忌语，由于宗教信仰、生活习惯、价值取向及审美观等的影响不同，禁忌语产生的原因也各不相同。而人们为了达到日常交流的无障碍、日常交流的得体性的目的，其禁忌语的表达也在不断完善，现在禁忌语已经成为一种语言文化遗产。在收集了各方面资料之后，以下主要从心理、社会文化和礼貌三个方面来展开讨论禁忌语的来历。

（一）心理因素

因为语言是产生于人类的劳动过程中，所以语言的一大特征是任意性，因此我们常说语言的音和义没有一定的内在联系，只是在长期的语言交际过程中固定下来，是约定俗成的。但是语言作为一种外界刺激，具有一定的情感意义。语言通常包含两个含义：信息意义和情感意义。信息意义是指它所指的书面含义，情感意义是指它引起的个人情感。比如“死”是靠人们的力量无法抗拒的一种生理现象，所以人们往往会将死看作是一种不幸运，甚至是一种灾祸，因此在日常交流中，人们都避免提及与死相关的字眼。

（二）社会文化因素

语言的使用会受到相应的规则的约束，然而这些规则又与社会文明紧密相连，由此可推断出一个结论：语言是扎根于社会文化现象当中的。禁忌语是一种语言现象，更是一种社会文化现象。这些社会文化现象主要包括人们的宗教信仰、社会习俗及社会体制等，这些都会促进禁忌语的产生。

宗教就好比人们的精神寄托，人们信仰上帝，崇拜神灵，并觉得他们会保佑自己，因此在涉及一些关于神灵的词语时，人们是采取一种回避的态度的。比如马来西亚是一个伊斯兰国家，他们所信奉的神灵是真主安拉，每天马来人都会祷告五次。在他们眼里安拉可以庇护他们的一切，他们所拥有的一切都是安拉所恩赐给他们的。所以有关安拉的名字以及他所说过的话语就成了神圣不可触碰的东西。

社会习俗和社会体制的不同也能导致禁忌语的产生。从历史的长河来看，马来西亚华人和马来人都曾经历以王权思想为核心的封建统治，社会等级十分的森严。这种森严的等级不单体现在社会生活中，更直接地反应在当时的语言当中。如古时候由于说话者的身份不同，在表述“我”时也不一样，我们熟知的古代君王称自己为“孤”“朕”等，这不仅是华人族群所特有的现象，巫族也存在相同的现象。具体如表 3-12 所示：

表 3-12 华族、巫族“我”的表述比较

身份	华族	巫族
君王	孤、寡人、朕	beta
臣子	微臣、臣	Patik，hamba
百姓	草民	Patik，hamba

不同身份的说话者表述“我”(saya，aku)。

(三)礼貌因素

人类文学家 Zdenek Salzmann 在《语言，文化与社会》一书中曾说过：“礼貌就是体谅他人、举止有礼、言行得体；它不受年龄和地位差别的影响，为所有社会成员所期待。”[①]礼貌就是一个民族文明的象征，人们常常对儿童说：“你这么做是(你这么说)是不礼貌的。”像西方国家也常会教导孩子：“That is rude.”为什么人们如此强调礼貌用语，那是因为礼貌是人们交际顺利进行的前提，它规定着人们交往的规范性，也就产生了一些“礼貌用语”。这里所说的“礼貌用语”，其实就是一些为了避免引起其他人反感或不舒服的词汇。因此我们可以说礼貌催生了一系列的禁忌语。

在日常生活里，人们不只要避讳神灵、宗教用语，还要满足求雅避俗的心理，所以衍生出有关生理和两性的禁忌语。如果不避讳直接使用这些词语，会被别人认为是不礼貌的、粗俗的、没有教养的。于是，出于“雅”的要求，人们都会

① Zdenek Salzmann：《语言，文化与社会》，北京出版社 2011 年版，第 56 页。

对这些词语采取一种回避或替代的方式。如华人在谈及女性胸部或阴部时，常用“上面”和“下面”代替，避免直接说出私密部位，马来族也有相同的禁忌。

五、马来西亚华语和马来语的禁忌语相同的原因

尽管马来西亚华族和马来族在生活习惯、宗教信仰上有很多不同之处，但是出于禁忌语的回避心理考虑，为了让人们在日常生活和谐交流，减少不必要的误会，两种族的禁忌语还是有很多相同之处的，其原因主要有政治、风俗习惯及心理等因素。

(一)政治原因

在中国古代，人们为了避免与皇帝或长辈名字相同，会选择用其他字来代替。其中秦始皇嬴政是我们所了解的最经典的例子，“政”字在那个时代是需要避忌的，所以人们将“正月”改为“端月”或是“元月”，也有人将音调从去声“zhèng”改为从阴声“zhēng”。而马来西亚华族深受儒家传统思想的影响，对于长辈或有一定身份地位的人，马来西亚华族都不会直接称呼他们名字。比如马来西亚有很多会馆，而管理这些会馆的人，人们会称呼他们为会长；或者在会长前面加上他们的姓氏，如姜会长；或者会称呼其名字加会长，如陈家明会长；也可在后面加上先生和女士来表示尊敬。对于这些在政治方面有影响的人物，马来西亚华族都会采取一种表示尊重的方式来称呼对方。

马来族对首相的称呼也是十分讲究的。以马来西亚前首相为例，他的本名为“Mohammad Najib Abdul Razak”(莫哈末·纳吉·阿都拉萨)。其中Abdul Razak是他父亲的名字，马来人把自己父亲的名字加于自己的名字之后来表示对父亲的尊重，通常在加父亲的名字之前会加上bin(男)或者binti(女)。马来西亚国民会称呼他为“Dato'Sri Haji Mohammad Najib Abdul Razak”(拿督斯里哈芝莫哈末·纳吉·敦哈芝阿都拉萨)，其中“Dato'Sri ”是对首相的一个封号，以此来显示他高贵的身份。叫“Haji”的原因是每一位成年穆斯林，只要在经济条件、身体健康的情况下，一生至少要到麦加朝圣一次。由此可见，马来族对于这些在政治方面有影响的人物都不会直呼姓名，而是会加上“Dato'Sri”这样一个封号来表示尊重。

(二)风俗习惯

每一个种族都有他们各自的风俗习惯,对于马来西亚华族和马来族来说,两种族都有求雅避俗的习惯。以性或身体部位为例,不管是华族还是马来族对于此类话题都是十分忌讳的。在马来西亚社会中,由于马来族信奉的是伊斯兰教,女性在日常生活中不宜穿过分暴露的衣服,通常都是长袍加身,甚至需要把自己的头发用头巾包起来。这么做最开始是为了保护女性的身体不被异性骚扰或侵害。所以,马来族不会在公开场合直接说女性的身体部位。一般来说,人们都会用另一个较为含蓄的词语来代替身体部位。如马来族不会直接使用"payudara"(胸部)而是用"buah dada"或"itu""yang atas" 来替代。华族也是如此,对于女性的胸部或阴处,通常用"上面"和"下面"来代替。

原本正常的生理现象,两族为了达到雅的要求,都不愿意直接说出,而是用委婉语来代替。如妇女来月经,华族通常会用"亲戚来找我""大姨妈""来例假了""来红"等来代替"月经"一词。马来族也一样,他们用"datang bulan"、"ABC"(Allah BagiCuti)、"buangkotor"、"berdarah"等代替。如厕,华族习惯用"方便一下""去上大号或小号""去洗手间"来代替小便或大便;马来族对于这一现象也采取相同的回避策略,如"kentut"(放屁)会替换成"buangangin"(放风),"kencing"(小解)会替换成"buang air kecil"(放水)。因为在日常交际中涉及排泄物会让人觉得恶心、不舒服,尤其是在吃饭过程中,所以才衍生出以上的禁忌语。

(三)心理原因

死亡是每个人都需要面对的事情,但是人们往往对死亡有着一种恐惧害怕的心理,因为这是人们不愿意去面对的一件事情。所以在人们提及死亡时通常伴随着害怕、痛苦、恐惧的心理,由此就引生出很多有关死亡的禁忌词汇。如华族在谈及死亡的时候通常会用"去世""逝世""走了"等委婉语来替代,对于古代一些帝王的死亡则会用"驾崩""西去"等词语来替代,会尽量避免直接使用"死",借此来表示对死者的尊敬,希望死者得以安息。马来族在谈及"死"的时候,他们也都会以委婉的语言来表述。如避开直接说"dia telahmati"或"dia baru mati"，而是说"dia telahmeninggaldunia""pulang ke rahmatullah""kembalikepadapencipta-Nya"等。这些话都是指死者已经离世、逝世或已回到"真主"身边。值得注意的是，马来西亚华人与马来人的葬礼有些不同，最大的不同是：如果马来人去世，通常他的尸体需要在24小时之内进行火化，而马来西亚华人习惯摆设一个灵堂，将尸体摆放在灵堂三至五天，期间会有亲戚朋友过来祭拜。尽管在对于葬礼的安排上，两种族有些不同，但是对于宣布或谈及死亡时，两种族都会采用委婉语来代替。

六、马来西亚华语和马来语的禁忌语不同的原因

由于华、巫两族宗教信仰、生活习惯上的不同，尽管两种族生活于同一片土地之上，但是有关禁忌语的内容，仍存在不同之处。以下主要是通过对两种族禁忌语的结构和修饰两方面来进行说明。

（一）禁忌语的结构

通过查阅多种资料、调查发现，马来西亚华族的禁忌语的确比巫族禁忌语多。受到华语多音字、一字多义等的影响，马来西亚华语存在更多的禁忌语，而马来文只是简单的字母拼接而成。相对于马来西亚华族而言，马来族的语言显得更为简单些，汉字的复杂性也导致了华族禁忌语结构的多样性。以下是对两种族间禁忌语结构方面的分析，主要分为动宾结构和由于谐音造成的禁忌语两部分。

1. 动宾结构

汉字结构的复杂性导致了禁忌语结构的多样性。比如马来西亚华族针对上厕所这个事情，人们常说"去洗手间"，这是一个很典型的动宾结构。但马来族则会说"buang air kecil"，马来语习惯把宾语提前，将动词放在宾语的后面。这是造成马来西亚华语和马来语禁忌语不同的其中一个原因。

2. 谐音造成的禁忌语

由于汉字的博大精深、汉语中特有的声调，很容易由于谐音而造成一些误会，同样由于谐音也会产生一些禁忌语。如邢福义在《文化语言学》一书中

指出："许多禁忌语都是由谐音联想而产生的。"[①]比如在送礼物方面，华人不会选择送时钟或者伞，因为"送钟"和"送终"谐音，"伞"和"散"谐音，两者都表示不吉利的意思。由于谐音产生的还有"梨"，一般我们不把梨子分着吃，把梨分开来吃就意味着分离，同样也是不讨喜的说法。同样地对于数字，马来西亚华族也会考虑到由于谐音产生的禁忌，如华人喜欢数字"8"和"6"，因为"8"同"发"，"6"同"顺"，但是对数字"4"却很忌讳，因为数字"4"与"死"谐音。在马来社会中很少有，甚至没有禁忌语是因为谐音产生的，主要是因为马来语只是字母的简单拼凑，同样马来族对于数字方面也没有什么明确的禁忌。

(二)禁忌语的修饰

造成马来西亚华族和马来族禁忌语不同的另一大原因是对于禁忌语修饰的不同。虽然马来西亚华族和马来族的禁忌语的产生主要是回避的心理造成的，但两种族对禁忌语的修饰有些不一样的地方。以下主要对姓名禁忌语、职业性禁忌语、亵渎性禁忌语及动物性禁忌语进行举例分析。

1. 姓名禁忌语

上文中提到关于姓名的禁忌，两族都有着尊崇长幼有序的观念，对于比自己年长或受尊重的行业的人，都不会直呼姓名。但是，马来西亚华族在姓名上有另一个禁忌。马来西亚华人不允许在爬山的时候直呼对方的姓名，不管是同辈之间或是长辈称呼下一辈。华族认为在山上或是森林里存在很多人们肉眼看不到的妖灵，如果叫了人的名字，就意味着妖灵会缠着那个人，使他在森林或山中迷路。所以，当华族去爬山或是去森林的时候，大家会用"喂"来称呼对方。对于马来族而言，在去爬山或是去森林的时候，对于姓名方面，不会加以修饰，还是会直接称呼他的姓名或者相对应的称谓。

2. 职业性禁忌语

有些禁忌在一些特定的职业中才流行得起来，在职业中会产生一些凶祸性禁忌。渔民和航海业内部通行对"倒、翻(帆)、搁、沉、住、完、没有"的禁忌语，"倒掉"称为"卖掉""卖脱"，"倒水"称为"清水"，"盛饭"称为"添粮"。甚至

① 邢福义:《文化语言学》，湖北教育出版社1991年版，第223页。

是在吃鱼的时候都会讲究不要翻面，翻面就意味着“翻船”。再者，在商业中也存在着其特有的凶祸性禁忌语。产生商业禁忌语的原因是商业的不确定性，从而导致了商人迷信的心理。做生意的人非常忌讳“折”（shé），经商的最怕折本，因此“舌、折”都是很忌讳的字眼。所以针对这些职业性禁忌语，马来西亚华族也会加以修饰，但是对于巫族而言，并没有这一现象。

3. 亵渎性禁忌语

对于马来族而言，因为他们的宗教，马来族很忌讳使用“babi”（猪）一词。如果迫不得已需要说“babi”（猪）时，他们会选择用阿拉伯语的“khinzir”来代替“babi”（猪）。

但是对于华族来说，猪是一种象征吉祥的动物，最典型的例子是12生肖里有猪，由此可见，华族对猪这个动物并不反感。

4. 动物性禁忌语

由于原始的马来人多数居住在森林附近，所以他们对一些野生动物存在害怕和畏惧心理，如老虎、蛇和大象。他们认为森林为他们的生活提供了很多资源，如果他们在森林里直接叫这些动物，那么这些动物就会出来攻击他们，所以就导致了巫族对这些野生动物产生一种毕恭毕敬的态度。这些态度可以从他们对这些动物的称呼中反映出来，例如他们称“Harimau”（虎）为“Pak Belang”（斑纹叔叔），“Belang”指代老虎身上的斑纹。“Ular”（蛇）会替换为“Akar”（树枝），这是由于蛇的形态和树枝相似。通过对动物的名称加以修饰，从而来体现对之畏惧的心理。他们这么做的原因是，用一些其他词汇来避免直接称呼这些动物，这样可以避免给自己或家人带来不必要的灾祸。对于马来西亚华族而言，通常对于动物的名称都是直言不讳的，不会加以适当的修饰。

七、对于跨文化交际与教学的影响

禁忌不但关系到语言和行为，而且也关系到人们的思维和生活，假使不了解或不注意尊敬彼此的禁忌，就会很容易破坏人与人之间的感情。在跨文化交际中，禁忌语的使用有许多不同的含义。人们试图通过诸如行为习惯等未言说的语言来寻求文化的语言表达，然后通过行为表达探索文化价值模型。在日常生活中，华族和巫族之间不可避免地要进行交流联系。当两种族沟通交流时，应当知道双方不同的禁忌语，这样才能避免不必要的文化误解和冲突。探讨禁忌语在跨文化交际中的应用，旨在分析不同文化背景下禁忌语的异同。最终，彼此可以对对方的文化有一个较好的理解，通过提高交流技巧，删减跨文化交际过程中不必要的误会和冲突以实现和平共处、和谐成长的目的。

如何能够避免一些由于不同文化禁忌产生的误会或矛盾，其中一种见效较快且较为方便的方式就是教学。在学校教育中，适当地加入一些禁忌文化，能够使两种族更加了解彼此的文化；同时能有效地去避开一些由于禁忌产生的误会或矛盾；也能够让两种族能彼此理解接纳对方的文化。

(一)对于跨文化交际的影响

在马来西亚这个多民族、多文化的国家，有必要在外来文化中培养禁忌的宽容性，并适应这种语言的禁区。在日常交流过程当中，可能会无意触犯到他族的禁忌语或被触犯。当遇到这种情况时，大家就应该抱着宽容的心态去面对这一现象，而不是开始争执甚至互相伤害。

此外，委婉语和其他替代品应该尽可能地用来解释禁忌行为、对象、事物和语言表达。例如2009年在嘉阳改编出版的马来儿童版《西游记》(*Pengembaraan Ke Dunia Barat*)中猪八戒的插图，就以光环这种象征方式取代佛教具体的菩萨形象。

学习外语的学生应当充分利用好这种补救技巧，以避免在交际过程由于不小心而导致的禁忌语。所以，有必要提高外语学习者的跨文化交际能力，提高他们对外语的理解能力。只有这样，我们才能跨越外来文化中的禁忌言行、对象以及客观事实的屏障。

(二)对于教学的影响

对于马来西亚华族与马来族来说，在学习语言的过程中应当尽可能地去适应禁忌语境，而且能够深刻地认识和理解其他文化中出现的禁忌现象，从而克服交流障碍。尤其是在马来西亚这个多元种族的国家中，就更有必要了解好各族的禁忌语之间的差别。因此在教学过程中可以开设一门专门学科来学习两种族的禁忌语，但更重要的是教师在教学活动中应该将禁忌语的教学无形地贯彻其中。

对于教师而言，他们要充分了解彼此的禁忌文化，给学生树立一个好的榜样，同时也需要培养学生对异族文化中的禁忌语的容忍度；对于学生而言，要积极主动地学习彼此文化间的不同之处，这样有助于两种族间的交流，从而实现共同进步、共同繁荣。万一在日常交流中不小心打破了禁忌，此时就需要一些补救技巧来避免冲突。因此就要求老师能够教学生一些有效的补救措施，同时学生还需要提高自己的跨文化交际能力，加强对外来文化的理解。

只有这样，我们才能跨越不同民族文化中的禁忌词语、行为、对象和客观事实，达到真正的和谐。

八、结　论

首先，对于马来西亚华族与马来族来说，了解彼此的禁忌语不仅是了解其语言形式，更重要的是了解语言形式背后的文化内容。正如美国人类学家卡·恩伯与梅·恩伯夫妇在《文化的变异—现代文化人类学通论》一书中所指出的："一个社会的语言能反映与其相对的文化，其方式之一表现在词语内容或者词汇上。"①意思是说我们平时常说的禁忌语不单单是语言形式的一种，更重要的是禁忌语背后所蕴含的文化内涵。语言是交流的用具，学习掌握任何一门语言的最终目的都是为了交流与运用。为了实现更好地沟通与文化交流，避免一些不必要的误会，研究两种族间的禁忌语显得尤为重要。

其次，世界的各个民族都存在着禁忌文化，禁忌文化是一种普遍存在的社会现象。尽管马来西亚华族与巫族生活在同一片土地上，但是由于文化大背景的不同，也促使两种族之间有着跨文化交流。日常的交流即是跨文化的交流，研究华族与巫族禁忌语的异同可以有助于两种族间的跨文化交流。在跨文化交际中，人们能够突破各自的文化制约，并且采取求同存异的态度，同

---

① ［美］C.恩伯、M.恩伯著，杜杉杉译：《文化的变异——现代文化人类学通论》，辽宁人民出版社1988年版，第131页。

时懂得欣赏和认识其他文化的特点。这样，人们就可以减少误解和矛盾，进而促进跨文化交际的顺利有序进行。

综上所述，马来西亚华人和马来民族都有自己的文化习俗。禁忌语的使用存在异同。本文主要对华、巫两族之间各种禁忌语，比如称谓、宗教及凶祸禁忌，以及存在于各民族中特有的禁忌语，比如谐音、数字、姓名、动物及亵渎性禁忌展开研究。得知两种族都会采用几乎相同的语用策略来避免说出一些让对方感到不舒服，甚至是反感的话语。因此，为了让说话人和听话人保持一种舒服的关系，说话者应该用委婉语去代替一些禁忌语，这样才能使交流得以顺利地进行。生活在马来西亚这样一个多元种族的国家，人们想要得到别人的尊重就要先学会尊重别人，这样大家才能形成一种互相尊重的好的社会风气。所以，在一定的场合之中，我们要学会用委婉语去代替禁忌语，这样才能使马来西亚华族与马来族愉快地生活在同一片土地之上。

参考文献

[1] 许慎. 说文解字[M]. 北京：中华书局出版社，1963.
[2] 卡·恩伯与梅·恩伯夫妇. 文化的变异——现代文化人类学通论[M]. 沈阳：辽宁人民出版社，1988.
[3] 邢福义. 文化语言学[M]. 武汉：湖北教育出版社，1991.
[4] 林超伦. 实战口译(学习用书)[M]. 北京：外语教学与研究出版社，2004.
[5] 葛校琴. 英汉语言禁忌的深层文化映现[J]. 外语与外语教学，2001(2).
[6] 马伟林. 禁忌语语用功能探究[J]. 西安外国语学院学报，2001(4).
[7] 吴小平. 英汉禁忌语语用文化比较[J]. 南昌航空工业学院学报：社会科学版，2004(1).
[8] 严莉芬. 中西禁忌语、委婉语差异的对比研究[J]. 中南民族大学学报(人文社会科学版)，2005(5).
[9] 王新华. 禁忌与避讳的文化阐释[J]. 山东大学学报(哲学社会科学版)，2005(5).
[10] 滕永青. 浅谈汉语禁忌语[J]. 安徽文学，2008(9).
[11] 王丽坤. 民俗文化中的禁忌语初探[J]. 辽宁教育教学行政学报，2008，25(3).
[12] 李智儁. 马来语和汉语的语言禁忌比较研究[J]. 现代语文：语言研究版，2016(1).

[13] 岳书羽.英汉委婉语的语用功能对比研究[J].海外英语,2017(10).

[14] 邵华,张阔.浅析中西方文化禁忌语[J].语文教学通论·D刊(学术刊),2017(10).

[15] 侯晓丽.Taboos and English Learning[J].校园英语,2016(11).

[16] 冯燕.On Chinese and Western Cultural Differences Viewed from Euphemisms and Taboos[J].海外英语,2017(19).

[17] Kristin L. Jay,Timothy B. Jay. Taboo word fluency and knowledge of slurs and general pejoratives: deconstructing the poverty-of-vocabulary myth[J]. Language Sciences,2015(52).

[18] Felix Y. B. Sze,Monica Xiao Wei,Aaron Yiu Leung Wong. Taboos and euphemisms in sex-related signs in Asian sign languages[J]. Linguistics, 2017,55(1).

[19] Kiel Christianson,Peiyun Zhou,Cassie Palmer,et al. Effects of context and individual differences on the processing of taboo words[J]. Acta Psychologica,2017,178(1).

[20] 李君富.跨文化交际背景下的中英文禁忌语对比研究[D].东北财经大学硕士论文,2007.

[21] 姜瑞姝.中英文化中的禁忌习俗对比研究[D].西南大学硕士论文,2008.

[22] 刘娜娜.跨文化交际背景下的中英文禁忌语对比研究[D].上海师范大学硕士论文,2009.

[23] 刘艳.汉英禁忌语的文化差异与对外汉语教学[D].苏州大学硕士论文,2014.

[24] 周晓焕.面向汉语国际教育的跨文化非语言交际研究[D].辽宁师范大学硕士论文,2016.

[25] 陈翰.穆斯林文化禁忌的社会支持与应对方式研究[D].河北大学硕士论文,2017.

语境与对外汉语教学策略研究

王馨翊

摘　要：随着国际交流的日益频繁，越来越多的外国人通过各种途径来学习汉语，希望能更好地认识并了解中国，了解中国文化。因此，对外汉语教学是我国教育事业不可或缺的一部分。而语境在汉语的理解和使用中有着非常重要的作用。对语境的理解及运用是否正确是语言功能能否实现的重要标志。如何才能有效地在国际上推广汉语，让汉语真正地走向世界？借助语境的知识可以解决对外汉语教学中的一些问题。本文将从对外汉语教学与语境的关系入手，对教学中出现的三种语境冲突——上下文语境冲突、情景语境冲突和民族文化语境冲突进行分析研究，透析其产生原因，并找出可以借助语境用于对外汉语教学的策略。通过对对外汉语教学案例的研究发现，将语境理论应用到对外汉语教学中，如词汇教学、中国文化教学等，对激发学习者的学习兴趣，提高学习者的理解和记忆能力，提高课堂教学效率，有着重要的作用。

关键词：对外汉语教学；语境冲突；上下文语境；情景语境

从 20 世纪 90 年代起，我国的综合国力不断增强，国际交流也变得愈发频繁，一股学习汉语的热潮风靡了全球。越来越多的外国人对中国的语言和文化感兴趣，并为了提高自己的汉语水平，通过不同的方式学习汉语，从而更好地认识、了解中国，了解中国的文化。现如今对外汉语教学已成为中国教育的重要组成部分。对外汉语作为一门以将汉语作为第二语言的人为教学对象，以汉语为教学本体的学科，它的目的是使学习者形成汉语思维并同时具备运用汉语的能力。世界各地区之间的交流与沟通因世界经济全球化的发展趋势变得更加密切，语言交际能力成为交流和沟通的关键。随着 2005 年 7 月 20 日第一届世界汉语大会的顺利召开，汉语迈着更加快速的步伐走向世界，因此，汉语成为全球最新的强势语言，对外汉语教学的需求也变得愈发迫切。

而语境在汉语的理解和使用中有着非常重要的作用。语言功能能否实现的重要标志是对语境的理解和运用是否正确。例如：中国人打招呼时经常挂在嘴边的一句话是："吃了吗？"这句话在不同的语境中就包含了不同的意义。如果是对走路时迎面碰到的朋友或同事说的，那么这句话实质是一种礼貌的问候或者寒暄；如果是在刚好要吃饭的时间对对方说的，那么这句话实际的意思可能是对方发出一起去吃饭的邀请；如果是母亲对生病的孩子说的话，那么实际上是在询问孩子有没有听话按时吃药……通过这些例子我们可以看出身为高语境文化的中国，同样的一句话，在不同的语境下表达的意思也不完全相同。这对低语境文化国家中想要学习汉语的人是一个不得不理解和突破的汉语难点。

怎样做才可以有效地在国际上推广汉语，让汉语真正地走向世界？如何才可以适应时代的需要，科学有效地发展对外汉语教学？这些都是在对外汉语教学中无法忽视的问题，而消除对外汉语教学中的语境冲突对这些问题的解决起着尤为关键的作用。

针对这一问题，笔者从对外汉语教学、语境、跨文化交际及语境冲突等方面进行调查研究，发现目前对语境冲突本体、对外汉语教学本体的研究已经非常完善，语境理论在对外汉语教学中的运用、对外汉语中的语境教学等方面的文献也颇多，但对语境冲突对对外汉语教学的影响的研究还是比较少的，只有少部分文献就语境冲突中的文化语境冲突有比较笼统的概括论述。本文将从对外汉语教学中的语境冲突入手，对教学中出现的两种语境冲突——文化语境冲突和情景语境冲突进行分析研究，剖析其产生原因，并提出相应的解决策略。

一、语境的认知

可以说，在对外汉语教学的实践过程中，教师都或多或少在教学过程中自觉或不自觉地运用语境学的教学工作理论。同时留学生也会在学习中意识到语言运用与语境的关系，如在中国进行学习交流的留学生常会问老师，当拜访一个中国家庭时，如何表达对别人的礼貌和尊重，对长辈和地位尊贵的人与和普通人说话有什么不同等。即使这样,语境学的理论并没有渗透到对外汉语教学的每一个环节中,仍有很多尚且无法解决的问题。因此,有引进语境学的理论的必要,用来进一步解决对外汉语教学中可能出现的语境冲突问题。

语境的概念一直没有定论,有不同的说法。在字面意义上,语境是指语言环境。语用学研究的是语言的使用,以及如何让学习者能更好地掌握正确地和适当地使用目标语言的能力。要想正确地和适当地使用目标语言,语境作为语用学的重要基石,是一个至关重要的因素。

(一)语境的概念、分类、内容及基本特征

"语境"(Context)这个专业术语是1923年由波兰籍人类语言学家马林诺夫斯基(B. Malinowski)提出来的。他将语境分成了两类:文化语境(Context of Culture)与情景语境(Context of Situation)。

之后,"伦敦学派"的鼻祖弗思(John Rupert Firth)将马林诺夫斯基提出的"语境"概念进行了扩充,指出除了语言本身的上下文以及在语言出现的环境中人们所从事的活动之外,整个社会环境,文化,信仰,参与者的身份、经历,参与者之间的关系等,都构成了语境的一部分。[①] 他创立了比较完整的语境理论,将语境分为了两个部分:上下文(Contest)(由语言因素构成)和情景上下文(Context of Situation)(由非语言因素构成)。

而韩礼德(M. A. K. Halliday)从弗思的"情景语境"的理论中得到了启示,提出了"语域"(Registers)这个专业术语,事实上就是"语境"。他将"语域"分成了三个方面:话语的范围(Field),即言语活动涉及的范围,如政治、科技、文艺、日常生活等;话语的方式(Mode),即言语活动的媒介,如书面方式,口头方式;话语的风格(Tenor),即交际者的地位、身份、关系等。

随后美国社会语言学家海姆斯(Hymes)把语境的脉络分为八个部分:"形式与内容,论述目标,参与者,背景,色调,风格,相互作用,规范。"海姆斯指出,人们进行社会交际时,需要在一定的地点、时间、场合说出相应而又恰当的话语的能力,即所谓的"交际能力"。这种交际能力是由于人和社会环境

① 索振羽:《语用学教程》,北京大学出版社2013年版,第18页。

相互作用而形成的。人们说话既要符合语言规范，又要适应言语环境。[①] 而到了20世纪60年代，我国有一些学者从修辞学或语体、风格等方面进一步研究语境问题，取得了不少新的成果。

从上述内容可以看出国内外语言学界的语言学家都非常重视语境，但如何给“语境”下一个确切的定义，说明“语境”的研究内容是什么，到目前为止，国内外语言学界还没有完全一致的说法。

但索振羽在《语用学教程》中对语境下了一个较为恰当的定义：语境是人们运用自然语言进行言语交际的言语环境。这个定义说明：我们的研究是在言语交际中使用的自然语言，并非人工语言；言语交际要有成效地进行必须依赖言语环境。综上所述，我们认为“语境”是指言语环境，并非语言环境。语境这一概念的研究内容包括三个方面：①上下文语境，包括书面语的上下文和口语的前言后语；②情景语境，包括地点、场合、时间、思想、交际参与者的身份、职业、教养、话题、心态等；③民族文化传播语境，包括社会规范和习俗、历史文化背景、价值观。与争议较小的①②两点相比，第③点民族文化传播语境有较大的争议，但因言语交际涉及面非常之广，谈古论今，沟通中外，要做到这些我们就需关注到中外差异和古今差异。中外差异包括不同民族的历史文化背景差异、价值观差异、风俗习惯差异。古今差异则指同一民族不同历史时期的差异。

本篇论文中运用的“语境”的概念，以及其研究内容都基于索振羽先生提出的理论。

(二)世界文化按语境的不同的分类

1976年美国文化人类学家爱德华·T.霍尔(Hall·E.T)出版了《超越文化》，在书中提出文化具有语境性这一观点，并将语境分为高语境(High Context，即HC)和低语境(Low Context，即LC)两种语境。霍尔认为：“任何事物均可被赋予高、中、低语境的特征。高语境(HC)事物具有预先编排信息的特色，编排的信息处于接受者手里及背景中，仅有微小部分存于传递的信息中。低语境(LC)事物恰好相反，大部分信息必须处在传递的信息中，以便

① 索振羽：《语用学教程》，北京大学出版社2013年版，第20页。

补充语境中丢失的部分(内在语境及外在语境)。”[①]

Gudykunst 等人根据霍尔的理论,按照高语境到低语境的顺序将 12 个不同文化背景的国家排列为:中国→日本→阿拉伯→希腊→西班牙→意大利→英国→法国→美国→斯堪的纳维亚→德国→瑞士。[②]

高语境文化中的人在交际时运用信息的意义在于需要借助言语和词汇,更需要借助环境和其他因素来判断说话人的真实意图。意思是想表达的信息主要存在于物质语境中,很少存在于那些被传递的编码清晰的信息中。由此可以看出,由于历史及传统的原因,高语境文化中信息内容的变化是很小的,因为言语并不是获取信息的主要渠道。高语境文化下的人们对微妙的环境提示较为敏感,诸如交流时添加的手势、所处的空间、个人穿着、交流时的沉默、谈吐风格等,都能给交际者带来所需的参考信息。

而在低语境文化中,讲话者真实的意图只需要通过言语的意思,包括词句、语调、语音、身体语言等,就可以表达得很清楚了,不需要借助环境去揣摩推测,交际过程中大部分的信息由被传递的编码清晰地负载,只有少量的信息蕴涵在隐性的环境之中。因此,在低语境文化中的人专注于语言本身的沟通和交往,需要详细的背景知识,大部分的信息必须明确表示可以理解。而隐藏在语境中的及参与者本身的内容,如交流时添加的手势、所处的空间、个人穿着、交流时的沉默、谈吐风格等几乎不起任何的作用。

相较低语境文化而言,高语境文化在交际中非常依赖语境,其语言交流的特点是注重礼貌却不真诚,婉转而含蓄;而低语境文化在交际过程中对语境的依赖相对于高语境文化显得更弱,其交际行为多表现得直率而坦荡,并且更加注重理性思维和逻辑思维,交际过程注重言传,其字面意义就是其最大化的含义。

在上面的排序中,我们可以看到中国属于典型的高语境文化的国家,而以美国、德国、法国等为代表的西方文化属于低语境文化的国家。对以英语国家的人们为教学对象的人而言,中国属于高语境文化,交际重“意会”,所以外国人很难理解汉语的字面含义会因语境的不同而产生变化的情况,有时其字面含义并非代表其其话语的全部含义,只有对汉文化有一定的了解才能真

---

① Hall · E. T.:《超越文化》,居延安,等,译,上海文化出版社 1988 年版。

② 唐德根:《跨文化交际学》,中南工业大学出版社 2000 年版。

正地领悟其话语的内在含义。而这种语言背后的深层含义常是影响英语国家的人们运用汉语进行准确表达和交际的最主要障碍。

对外汉语教学正是由高语境文化对低语境文化的教学，而高语境文化与低语境文化之间的差异将导致语境冲突，拿中国人经常挂在嘴边的一句话——“你吃了吗?”举例，这句话在不同的语境中就包含了不同的语境意义。交际者的意图并非真的是问你有没有吃饭这么简单。如果是对走路时迎面碰到的朋友或同事说的，那么这句话实质是一种礼貌的问候或者寒暄；如果是在刚好要吃饭的时间的人与人的交流，那么这句话实质的意思可能是对方发出一起去吃饭的邀请；如果是母亲对生病的孩子说的话，那么实际上是在询问孩子有没有按时听话吃药……通过这个例子我们可以看出身为高语境文化的中国，同样的一句话，在不同的语境下表达的意思也不完全相同。这对低语境文化国家的想要学习汉语的人是一个不得不理解和突破的汉语难点。因此，找出对外汉语教学中可能出现的语境冲突，并针对其进行分析，找出原因，最终提出相应的解决策略，这对对外汉语教学而言显得极为重要。

(三)从语言的发展和传播来看汉英语言的差异

各种语言由于文化和历史条件不同，其发展轨迹也不尽相同。比较东西方的语言研究，我们发现东西方的语言研究都起源于语言教育和对语言传授的需要。[①] 但其发展的形态却有所不同。拿中国的语言教育和西方的语言教育做对比来看，中国的语言教育起源于对儿童的识字教育，识字意味着一个人有文化，便可以继承并很好地传承祖先的文化。从《说文解字·叙》中的“周礼八岁入小学，保氏教国子，先以六书”可以看出中国最早的语言研究始于对字的分析，即“六书”的理论。尽管“六书”的名称和内容直到汉代的文献才有所记载，但上述这段话说明从周代开始便已经有了对文字的分析，这便开创了中国独特的语言研究传统。再来看看西方的语言研究，从古希腊的情况来看，他们所关注的重点并非像中国的语言研究一样是书面语。由于欧洲语言众多、商业活动频繁，口语交流是一个大问题，因此语言教育的重点便是

① 潘文国:《英汉对比与翻译》，上海外语教育出版社 2012 年版，第 4 页。

外语的教育。由此可见，西方的语言教育传统是从外语开始的。由于古代印欧各语言都是形态复杂的屈折语，西方的语言研究从一开始便将语言研究的重点放在了语法上。语言研究发生学上的差异形成了不同的语言研究传统，更造成了语言之间的差异，为两种语言在日后的交流活动中因言语差异形成的冲突埋下了伏笔。

而在同一种语言里，其语言研究的各个分支学科的发展并不是同步的，其发展条件取决于物质条件、文化的需要乃至其他学科发展提供的条件。汉语中语言研究的各学科的发展顺序大体是：文字学→训诂学→方言学→音韵学→文章学→语法学。而在英语国家语言研究的各学科发展顺序大体是：形态学→句法学→词汇学→语音学→篇章学。① 各学科不同的发展顺序直接影响了其语言的表达，也就造成了不同语言表达的差异。

语言研究还在不同国家、不同文化之间流动与传播，有的是平等交流，有的是从强势语言流向弱势语言。② 产生的影响有消极的也有积极的。如19世纪末，中国和日本引进了西方式的语法，日本有大槻文彦(FumihikoOtsuki)著的《日本文典》(1897)，中国则有马建忠著的《马氏文通》(1898)，并分别以此为基础构建了自身的语法体系。在此之前两国都没有语法学，只有文章学。由此可见，语言与语言学现象并不是孤立存在的，它与周围世界有着各种各样的联系。因此语言离不开交流，为了更好更准确地对外国人进行汉语的教学，对外汉语教学需要避免各种各样的语境冲突，以此来达到最佳的交流效果。

二、语境与对外汉语教学

对外汉语教学也是第二语言的教学，语境在教学过程中也因此具有重要的作用。语境的构成因素在对外汉语教学中可以找到对应的各环节，显示其独特功能。

---

① 潘文国：《英汉对比与翻译》，上海外语教育出版社2012年版，第6页。

② 同上，第7页。

(一)上下文语境与词语教学的关系

上下文语境由语言因素构成,包括:书面语的上下文和口语的前言后语。可以让学生全面而系统地掌握语境及其所对应的意义。人们对语言或文章的意义的理解离不开句子与句子之间的关系、句子的内部结构关系、句子和整篇文章的结构关系。这三种关系中涉及的问题便和上下文语境有关。

在汉语教学中,教师可以借助上下文语境来解决词语教学的问题,如可以利用上下文语境的知识来解释词语的各种表达方式所特有的语用功能,并可以以此来展现相近词语之间的语用差异。如"上""下"等词就可以利用上下文语境来解释。可以举一些例子,如:①苹果在桌子上面。②你要不要上来啊?③我们在下一站下车。三个例句中,例①中的"上"为介词。例②中的"上"为动词。例③中的第一个"下"为介词,第二个为动词。汉语中有很多的兼类词,我们可以利用上下文语境来解释这些兼类词,使其意义变得更加明晰。

举一些和学生的日常生活有关系的例子,让学生自己发现两者的区别,这在中小学的教育中都是很好的方法,而这对于对外汉语教学同样有效,甚至更加有帮助。因为有些词对于把汉语作为母语的我们来说不用解释也会使用,与之相近的词,我们虽然可能说不出确切的区别,但在使用中却能够正确地使用。这对外国留学生来说,却是一个很难突破的要点。

利用词语的背景知识用于对外汉语教学,可以使外国留学生理解各种有着那些特殊的语用功能表达的话,还有一些在汉语中才有的词与词之间的类似的语用差异。这样做同样有利于帮助对外汉语教师分析、理解特殊语法结构的句子,可以使课堂教学模式变得更加灵活多样,同时有助于提高学习者、交际者的阅读理解能力。

(二)情景语境与言语交际的关系

情景语境由非语言因素构成,是培养学生实际交际能力的关键点,包括:地点、场合、时间、思想、交际参与者的身份、职业、教养、话题、心态等,是这些交际活动时的具体因素的综合。

人与人的交际离不开情景的支撑，这便是情景语境与言语交际的关系。在汉语的表达中有很多“中国式”的省略，如：①（　）票！②（　）吃饭了！例句①是在火车站、机场等场所的检票口，检票员对乘客经常说的话。例句②或许是妈妈刚做好晚饭叫自己的孩子快来吃饭。这两个例子完全是受情景语境的影响所做出的省略句。在这样的场合中，例①中的检票员无须完整说出“请把您的车票出示一下，我要检票”这样的话。同样由于会话发生时的情景和时间信息作补充，会话时表示时间的成分便可以被省略，例②补充完整后的句子应该为“我们现在吃饭了”。而由于言语交际的省力原则，没有把句子说得特别完整的必要，这一点就使汉语中出现了很多独特的“中国式”省略。这对学习汉语的外国人来说是一个理解的难点。

因为对外汉语教学的对象是不同文化背景的人，面对同一情景，不同文化背景的人的反应会各有差异。许多学习者在母语文化中无可厚非的说法放在汉语语境中，听起来会很别扭，甚至让人觉得无礼。如在《国际汉语教学案例与分析》一书中，第 123 个案例提到在意大利罗马的成人商务汉语业余班的教学活动中，学习者在情景模拟练习中说：“您好，我是李明超的秘书，是谁？”[①]在这个例子中的“是谁？”在其文化中是可以这样说的，但在汉语的语境下直接这样说就显得非常的没有礼貌、不客气，中国人可能会说：“（您是）哪位？”

进行对外汉语教学时，尤其要考虑情景语境对交际效果的影响因素，掌握学习者的不同文化背景，从而做到对不同情景下产生的问题进行合理的解释和调和，进而提高学生观察问题、解决问题的能力和语言交际能力。

（三）民族文化语境与语法教学的关系

民族文化语境，包括：社会规范和习俗、历史文化背景、价值观。由于各民族的自然、生态环境的差异，造成了道德、宗教等社会环境的差异，也因此形成了各自独特的语言环境，进而产生了各种不同的风土人情、风俗习惯和社会文化。

一般来说，人与人之间沟通的语言，习惯用自己独特的说话方式来解释

---

① 朱勇主编：《国际汉语教学案例与分析》，高等教育出版社 2013 年版，第 372 页。

对方所说的话，这种沟通的习惯如果直接用于第二语言的学习中，会导致语用失误。在教学中，语言和文化是两个相接的圆，语言教学完全脱离文化几乎是不可能的。对外汉语教学是语言教学，同时也是文化教学。比如在讲解语言结构的时候常常会涉及文化因素，其中系统完善却又复杂多样的汉语亲属称谓对汉语学习者而言是个理解的难点。拿英语中的“wife”一词来举例，汉语里可以有“妻子”“老婆”“太太”“夫人”“爱人”“老伴儿”等不同的说法与之相对应。这些说法的产生在其背后有着深厚的民族文化作为支撑，了解其背后的民族文化对教学有很大的帮助，由此可见民族文化语境与语法教学有着千丝万缕的关系。因此，把民族文化传播语境的相关知识引入对外汉语教学中，可使学生更加恰当地理解日常交流中的语言内涵，可使语用的失误降到最低程度。可以让学生正确理解言语的内涵，减少语用的失误。

三、语境与对外汉语教学策略

（一）上下文语境与对外汉语词汇教学策略

如同上文所说，人们对语言的意义或重要性的文章的理解离不开对句子之间的关系结构、句子的内部结构和全文的把握。因为有些词的用法对于把汉语作为母语的我们来说不用解释也会使用。与之相近的词，我们虽然可能说不出确切的区别，但在使用中却会正确地使用。这对没有这样的“优势”的外国留学生来说，汉语词汇的学习就变成了一个学习汉语中躲也躲不掉的难点。而将上下文语境的相关知识用于对外汉语教学，可以使外国留学生理解各种有着那些特殊的语用功能表达的话，还有一些在汉语中才有的词与词之间的类似的语用差异。这样做同样有利于帮助对外汉语教师分析理解特殊语法结构的句子，可以使课堂教学模式变得更加灵活多样，同时有助于提高学习者、交际者的阅读理解能力。

下面举例说明上下文语境在对外汉语教学中的作用：

如“这么”和“那么”。

从词性来看，它们都是指示代词，而两者的意思、在句中的位置和用法都基本相同。它们的不同在于：“这么”指代的事物离说话人比较近，是近指；

“那么”指代的事物比较远，是远指。[①]

举5个例句来比较它们的异同。①你姐姐有我这么高吗？②你姐姐有站在那里的那个人那么高吗？③昨天那么热，今天怎么这么冷？④你都做了这么多了，快休息一下吧。（可用“那么”替换）⑤这里的夜色那么美丽。（可用“这么”替换）。具体分析下例句：例①中的“这么”代指的是“我”的身高，而“我”在这里是近指，所以用“这么”。例②中指代的词是“站着的那个人”的身高，是远指，所以用“那么”。例③中的“昨天”相较“今天”而言是一个比较远的时间点，用“那么”，而“今天”比较近，用“这么”。例④⑤并不代指具体的某个程度，而是表示程度高，带有感叹的语气，像“多么”的意思，在这样的情况下，两个词是可以互换的。[②]

再如能愿动词“肯”。当需要一个人做出一定的牺牲或是需要付出一定的努力去做什么事情的时候，这个人用行为或语言表现出接受，我们可以说这个人“肯”做某事。[③] 虽然表示一个人对做某件事的态度，但因上下文语境不同而有着差别。如例句：①他肯去那里吗？——肯。②他本来不愿意去，我说了半天好话，他才肯去。③他特别努力，又肯吃苦，所以在工作上进步很快。例①中说想请他去那里，他同意了。这是不可以说“非常肯”。再如例②中他心里其实不想去，可能是因为我求他，他同意去了。例③中的“肯吃苦”并不是有人要他吃“苦”，而是说每当需要吃苦时，他表现出的态度总是愿意吃苦的，这时可以用“很肯吃苦”。经过比较就可以看出例①和例②都是在别人的要求下去做具体的某件事，这时前面不可以加程度副词。而例③是没有人要求，自己主观上愿意付出。而用于说某人平时的表现，这时可以换成另一个意思相近的词“愿意”，且前面可以有程度副词来修饰。而“愿意”用来表达一个人心里的感觉，即心里面没有不高兴的感觉，自己心里接受甚至喜欢去做某事。[④] 如④你愿意帮我这个忙吗？——愿意。⑤我愿意一生陪着你。例④询问了“你”心里想不想帮助我，而回话的人表示很乐意帮助他。例⑤表示“我”很乐意，很高兴陪着“你”。“愿意”在任何情况下都可以加程度副词“很、非常”。

---

① 彭小川、李守纪、王红：《对外汉语教学语法释义201例》，商务印书馆2004年版，第87页。

② 同上，第88页。

③ 同上，第52页。

④ 同上。

词汇因上下文的情况不同而具有不同的意思，像这样的情况，在汉语中很常见。汉语中有些词语在其他语言中不容易找到直接对应的词语，如“这么”“那么”如果直接用“like this”“like that”来解释，对每一个例句的理解都会变得晦涩难懂。这样的词，在汉语的语境中不能直接套用理解；要么所对应的词语只有一个，如“愿意”“肯”，对应在英语中为一个短语“be willing to”。但“肯”有两种不同的情况，与“肯”相似的“愿意”，它们有着细小但明确的差别，在理解时都需要借助语境来造出贴近生活、易于区别意义的句子。作为中国人，汉语是我们的母语，虽然可能没有意识到这个现象的存在，但在对外汉语教学中，我们面对的是把汉语作为第二语言的外国人，在让他们理解一些具有很多含义的词语时，难免会产生语境冲突的问题。这时我们可以采用举例法，将因上下文的不同产生不同用法的词汇用不同的例子展现在外国人面前，这会让外国人清晰明了地感受到因上下文语境的不同，词汇的含义也会有所不同，这样做可以有效避免一定程度的因上下文语境不同产生的语境冲突。

总而言之，上下文语境可以用于解决对外汉语教学中的词汇教学的问题，对对外汉语教学是有着实际的意义的。如在生词的教学过程中，教师便可以借助上下文语境来使学习者对生词的理解变得更加容易。

1.展示生词

板书生词并领读生词，带写生词，帮助学习者建立生词的音、形、义三者之间的联系。与此同时，解释新词语时应在黑板上写出这个词的英文解释、汉语拼音及简单的中文解释。

2.解释生词

(1)通过课文中的生词和存在生词的句子，从生词所在位置为出发点，对上下文进行语境的分析，引入生词，举例子并进行解释。

(2)教师有针对性地给几个典型的例子，解释这个生词在不同的语境下的使用情况，并引导学生判断在不同语境下同一个词所表达的不同的含义。

3.练习生词

(1)教师可以创建一个学生日常常用的语境，引导学生根据已掌握的词语搭配和语用知识，在具体的语境中使用、操练新掌握的生词。

(2)教师还可以带领学生在课堂上对作业进行纠错分析并总结，使生词在课后巩固的过程中得到进一步的强化和巩固。

4. 强化记忆

学生在教师的引导下掌握了生词基本的用法后可以做更多的课后自主练习，以此加强记忆和理解。

（二）情景语境与对外汉语言语交际策略

情景语境是培养学生实际交际能力的关键点。人与人的交际离不开情景的支撑，而对外汉语教学的对象是不同文化背景的人，面对同一情景，不同文化背景的人的反应会各有差异。

如上文中举的例子："您好，我是李明超的秘书，是谁？"[①]这样的情景在商务活动中处处可见。这时教师在教学中便可以问大家这样做好不好。学生会各抒己见，因文化不同，有的学生说可以，有的学生说不太好，因为在公司接电话、在自我介绍时还应该加上公司名称。

许多在学习者母语文化中无可厚非的说法放在汉语语境中，听起来会很别扭，甚至让人觉得无礼。如上述例子中的"是谁？"，在其文化中是可以这样说的，但在汉语的语境下直接这样说就显得非常的不客气，中国人可能会说："（您是）哪位？"在教学中加入不同的情景来调动学习者的积极性，并通过不同的情景来发现不同文化对同一问题的不同理解和看法，这对汉语教学很有帮助。对不同情景下产生的问题的讨论，可以提高学习者观察问题、解决问题的能力以及进行语言交际的能力。这是情景语境对对外汉语教学的帮助。

因为对外汉语教学面对的是拥有不同文化背景的人，在言语交际和日常学习中，我们会遇到各种各样因为情景语境而产生的交际问题，这时就需要借助情景语境来解决在对外汉语的言语交际中实际会出现的问题。

1. 教师首先要了解和熟悉学生的母语文化。母语文化对学生在中国的学习和生活会产生很大的影响，熟悉了学生的母语背景，教师就可以理解学生做出某些"特别"行为的原因。

2. 要促进学生之间的交往，让学生彼此了解。教师要在班级里营造出一种多元的文化氛围，文化没有高低贵贱之分，大家在对同一问题产生争执的时候，应最大限度地求同存异，让学生感到自己的母语文化受到了尊重，这样

---

① 朱勇主，编：《国际汉语教学案例与分析》，高等教育出版社 2013 年版，第 372 页。

在面对教学中因情景语境而产生的冲突时，教师才可以有足够的余地从容地解决问题。

3. 教师可以多组织一些文化活动，让学生有更多的机会展示自己的母语文化，这样可以促进学生在多元文化背景下的交流和沟通。在教学中，教师可以拟定题目，让学生通过演讲的方式来介绍自己国家的文化，或者自己国家对某一问题的看法及所持的态度。这样做不仅可以帮助学生练习口语交际能力，也可以促进学生之间的相互了解，使彼此有更多的包容和和谐。

（三）民族文化语境冲突与对外汉语语法教学策略

对外汉语教学是语言教学的同时也是文化教学。在《国际汉语教学案例与分析》一书中，第 66 个案例提到在法国雷恩为初中四年级的学生讲授中国历史地理知识，尤其是古代历史的时候，若按照朝代更替的顺序来讲解历史，学生容易混淆各个朝代。再加上讲的大多是几千年前的事情，学生难免会觉得枯燥，有的学生甚至会产生一些别的想法，比如“中国真是封闭的国家”“中国太古老了，一点儿都不现代”等等。[①] 从这个案例中我们可以看出，如何上好文化课对对外汉语教师是一个很大的挑战。同时也可看出，对外汉语教学中民族文化传播语境的运用有着很重要的地位。如何让其发挥其应有的功效，值得我们去探究。

教师如果只是照本宣科地讲授中国的历史、地理等文化知识，讲得费力不说，学习者也有可能听得云里雾里，对文化知识的理解效果可能并不理想。而文化教学效果不理想的原因可能有以下几点：①若教师一味地用讲授的方式介绍文化知识，尤其是有着几千年历史的离学习者实际生活太远的中国历史故事，未免太过枯燥；②海外的学习者缺乏目的语文化环境，虽通过教师的讲解和书本上的知识学习了很多文化知识，却很难直观地感受到真实的中国文化。

文化教学要联系当前实际，让几千年的历史文化融入当今生活。因为跟第二语言教学紧密结合的主要是当代共时文化（周小兵，1996），文化最终也

---

① 朱勇主，编：《国际汉语教学案例与分析》，高等教育出版社 2013 年版，第 202 页。

需要为交际服务。[①]

在教学中,语言和文化是两个相接的圆,语言教学完全脱离文化几乎是不可能的。比如在讲解语言结构的时候常常会涉及文化因素,拿汉语亲属称谓举例,在《国际汉语教学案例与分析》一书中,第 67 个案例提到在教授混合年龄中级国际班的学生的作文讲评课时,老师拿出一些用词不当或有语法错误的病句来分析,以此加深学习者的印象,避免其再次出现类似错误。其中一个句子是这样的,"在我生命,我三次做这样的言,第一次对我的老太太……",学习者很快将其改为了"在我生命中,我三次说这样的诺言,第一次对我的老太太……",学习者觉得错误已经改完了,其实不然,教师将句子的后半段"第二次是对我的新太太"补充完整后,一些学习者就觉得"老太太"没有错。"old wife 不就是老太太的意思吗?""老太太是老奶奶的意思。"[②]学习者众说纷纭。由此可见,系统完善却又复杂多样的汉语亲属称谓对汉语学习者而言是个理解的难点。比如英语中的"wife"一词,汉语里可以有"妻子""老婆""太太""夫人""爱人""老伴儿"等不同的说法。而这些说法适合什么阶段的学习者,适用于什么场合,是教师教学中需要注意的问题。对此,我们可以借助语境知识来帮助学习者理解。大家都知道,说话要看场合和对象,要恰到好处。说话太随意了,会得罪人,让对方觉得不被尊重。

在对外汉语教学中还未出现一个"汉语文化教学大纲"来供对外汉语教师进行参考。那么教师应该选择什么中国文化教给学生?在不同的阶段应该教什么?如何利用民族文化语境来教授中国文化?在基础阶段,教师有根据教材的内容适当进行文化导入的必要。如讲到问候语时,可以补充中国人见面喜欢说"吃了吗?""出去啊?"等交际用语。而这一阶段的文化导入可以根据学生的实际学习需要,选择那些与学生交际直接相关的,具有实用性的内容,如亲属称谓、见面约会、邀请、问候语等。在汉语词汇中的谦敬语、委婉语、独特称谓、成语、俗语、惯用语及新词新语中都包含有很多文化因素。[③] 在进行词汇教学时,不能仅限于音、形、义的层面,也要重视理解词汇背后的文化意义。在介绍的时候尤其要注意提醒学习者对比本国文化和中国文化的不同之处。等到了中高级阶段,学校一般都会开设专门的文化课,如中国概

---

① 朱勇主,编:《国际汉语教学案例与分析》,高等教育出版社 2013 年版,第 203 页。

② 同上,第 205 页。

③ 同上,第 373 页。

况课、中国文学课等，通过这些课程的学习，学习者会对中国文化产生一定的了解。这也是利用民族文化语境对对外汉语语法教学的意义所在。

四、结　论

本文坚持理论联系实际进行研究的原则，从语用学理论和外语教学理论出发，结合课堂教学的实际情况，探讨了语境和对外汉语教学策略的关系。

身为高语境文化的中国，同样的一句话，在不同的语境下表达的意思也不完全相同。这对低语境文化国家的想要学习汉语的人是一个不得不理解和突破的汉语难点。案例表明，将语境理论应用到对外汉语教学中，如词汇教学、中国文化教学等，对激发学习者的学习兴趣，提高学习者的理解和记忆能力，提高课堂教学效率，起着重要的作用。

根据对对外汉语教学的案例的分析，给了我许多的启示，可概括为以下两点：

第一，对外汉语教学中对生词和句子的理解要突破传统的教学模式，即“先教生词，后讲课文”的教学模式，我们可以从课文现有的上下文语境出发，从课文中找出可利用的生词进行操练，结合课文情景或者与学生的生活相近的情景来讲解生词的含义，随后给出一些具体的情境，帮助学生加深理解和记忆。

第二，教师在课堂上要发挥主导作用，但与此同时，需要重视学生的主体地位，培养学生的语境意识，让其有自己借助语境来分析、解决问题的意识。引导学生在不同的语境下用适当的词语和句子表达自己的想法，并应及时、适当地根据语用失误，有选择性地改正自己的错误。

随着中国在世界的影响力不断增强，汉语在国际交流中的应用将会越来越重要，为了方便世界了解中国文化，提高教师的对外汉语教学能力势在必行。本文探讨了语境与对外汉语教学的结合，富有实际应用价值，对提高学生的学习效率和对外汉语教学工作有着重要意义。

参考文献

[1] Hall・E. T.. 超越文化[M]. 居延安，等，译. 上海：上海文化出版社，1988.
[2] 张榕. 试谈语境对语言的制约[J]. 江西教育学院学报(综合版)，1989(1).
[3] 爱德华・霍尔. 无声的语言[M]. 上海：上海人民出版社，1991.

[4] Larsen Freeman. An Introduction to Second Language Acquisition Research [M]. London: Longman Group UK Limit ed,1991.
[5] 西槙光正.语境与语言研究[M].北京:北京语言学院出版社,1992.
[6] 赵永新,毕继万.汉外语言文化对比与对外汉语教学[M].语言出版社,1997.
[7] 陈迪宇.跨文化交际中的语境意识[J].外语与外语教学,2000.
[8] 唐德根.跨文化交际学[M].长沙:中南工业大学出版社,2000.
[9] 高立平.对外汉语教学中的文化意识高立平[J].南京社会科学,2002.
[10] 付永钢.跨文化交际语境与跨文化交际外语研究[J].外语研究,2002.
[11] 李柏令.汉语作为二语习得的语境习得研究刍议[J].绍兴文理学院学报(哲学社会科学版),2005(3).
[12] 王未.语境理论在对外汉语教学中的作用[J].江苏社会科学,2007.
[13] 李雷.论对外汉语中的语境教学[J].辽宁教育行政学院学报,2007(3).
[14] 杨淑云.论语境理论在对外汉语教学中的运用[J].广西民族大学学报(哲学社会科学版),2007(1).
[15] 康健.全球化语境下对外汉语教学中的跨文化教育[J].西华师范大学学报(哲学社会科学版),2009(1).
[16] 庄杨.浅议第二语言习得研究与对外汉语教学[J].才智,2010.
[17] 刘晓玲.跨文化交际中的语境冲突及解决策略[J].内江科技,2010.
[18] 金晓琳,丁薇.高语境文化与低语境文化下的言语表达[J].宜宾学院学报,2010(1).
[19] 李美杰.浅析语境、语境导向与对外汉语教学[J].佳木斯大学社会科学学报,2011(3).
[20] 张珍珍.对外汉语教学中文化冲突问题研究[J].华中师范大学,2011.
[21] 陈习东.英语教学中跨文化交际语境冲突及解决策略[J].中国成人教育,2012.
[22] 张心.浅析对外汉语教学中的文化冲突及其消解策略[J].现代语文(学术综合版),2012.
[23] 潘文国.英汉对比与翻译[M].上海:上海外语教育出版社,2012.
[24] 王雪松.论语境在对外汉语教学中的应用[J].吉林大学,2013.
[25] 朱勇.国际汉语教学案例与分析[M].北京:高等教育出版社,2013.
[26] 索振羽.语用学教程[M].北京:北京大学出版社,2013.

[27] 彭小川,李守纪,王红. 对外汉语教学语法释疑[M]. 北京:商务印书馆,2013.

[28] W. Phillips Shively. Power and Choice Fifth edition[M]. The McGraw-Hill Companies, INC.

对外汉语中与“头”有关的成语教学研究

段华丽

摘　要：与“头”有关的成语教学是针对留学生存在学习成语的问题而提出来的，主要是含“头、首、元”这三个字眼的成语，从成语的来源作为切入点；其次是从“头”“首”“元”字成语的意义来分析，来挖掘这类成语的词义演变，三个字都由最初表示“人或者动物的脑袋”，“头”和“首”的词义演变出很多相同意思，如都有“最先，第一，初始”等意思，其次是在演变的过程中都充当了量词的作用，不同的是“头”的意思比“首”和“元”更多，而且使用范围更广，如“头”有表示“头发”的含义，再从与“头”有关的成语修辞手法来展开分析，一方面可以了解这类成语的意思，另一方面学生可以从夸张、隐喻和转喻等修辞角度来更好地掌握这类成语，最后总结概括这类成语在对外汉语教学中的难点，主要是这类成语的词汇掌握得不够好和成语的搭配问题与同义词容易搞混等一些常见的问题，从而提出一套行之有效的教学策略。

关键词：对外汉语；头；成语；教学策略

随着中国经济水平不断提高，越来越多的外国人开始学习汉语，世界范围内掀起了一股“汉语热”。汉语学习者的人数逐年攀升，而且汉语已成为一门比较热门的语言，越来越多的人涌入中国学习汉语，为了给学习者提供统一、舒适及高质量的教学条件，现如今很多的地方“孔子学院”如雨后春笋般涌现，这一方面有利于中外的经贸合作，另一方面使各国的文化相互交织碰撞，将产生一种新的文化结晶。

词汇是语言最基本的组成单位，是交流的基础。而对于汉语学习者来说，掌握好词汇显得极其重要，而成语在词汇中有着重要的一席之地，能够折射出中国的传统文化，具有丰富的内涵，成语是汉语学习中必不可少的一部分，所以成语学习成为外国留学生词汇学习和对外汉语词汇教学中一个难点。

关于成语的定义有很多，如齐沪扬的《现代汉语》对成语的定义是：成语是人们长期以来习惯使用的、形式简洁、意义精辟的固定短语。[①] 成语的数量繁多，与人体部位有关的成语即包含头（首）、心、口、骨、毛、身（体）、发、眼（目）、眉、脚（足）、血、耳、牙（齿）、唇、手、面、指、腹、背、脑、肉、胆、肠、舌、肝、肺、皮、肩、胸[②]，但较少有人将与人体有关的某一个部位的成语进行专门分析。本文选取人体部位中的一小类，是与“头”有关的成语，主要是含“头”“首”“元”字的四字格成语来进行分析，从这类成语的来源、意义、修辞这几个角度展开论述，总结概括出留学生学习成语中的一些问题，再提出教师在教授留学生与“头”有关的成语时应该注意的一些学习策略，一方面是为了让留学生能够更好地掌握这类成语，更好地利用这些成语进行交流学习；在另一方面也可以帮助教师能够系统地掌握这类与人体部位有关的成语，在教学中能够理清思路，建立一套系统的与人体部位有关的成语的理论体系。

一、与“头”有关的成语的分析

（一）与“头”有关的成语的来源

成语是人们长期以来一直沿用的，是随着历史的发展而不断演变形成的，因而成语的来源有很多。齐沪扬的《现代汉语》一书中，将成语的来源归为以下几个方面：古代典籍中的语句、故事、民间流传和现当代的创造。[③] 而张斌的《新编现代汉语》一书中成语的来源主要是：神话寓言、历史事件、诗文语句和口头俗语。[④] 而通过笔者对与“头”有关的成语进行统计和分析，本文与“头”有关的成语的源流分为以下四类。

1. 历史事件

现代人对中国古代历史上发生的一些真人真事进行简单明了的概括从而形成的这类成语，与“头”有关的成语中，不乏有很多这样的成语，如“痛心

① 齐沪扬：《现代汉语》，商务出版社2010版，第232页。

② 阮玉千金：《含人体部位的汉越成语对比研究》，广西民族大学硕士学位论文，2013年。

③ 齐沪扬：《现代汉语》，商务出版社2010年版，第233页。

④ 张斌：《新编现代汉语》，复旦大学出版社2010年版，第254页。

疾首、抱头鼠窜、垂头丧气”等一系列的成语。如成语“抱头鼠窜”，说的是楚汉战争时期，在萧何的极力推荐下，刘邦任用韩信为大将军，抄了项羽的后路，破赵取齐，占据黄河下游地区，被封为齐王。蒯通积极鼓动韩信与项羽、刘邦三分天下，举出当年常山王张耳抱头鼠窜，归降了汉王并出兵消灭了生死与共的好友陈余的例子。就这简短的四个字，就能包含很多故事，让人有了解历史故事的兴趣。

2.典籍著作

古代的典籍著作十分丰富，这就是成语来源的一个重要途径之一，而且很多成语被人们世世代代所传承并广泛地使用。如“开国元老、连中三元、头晕目眩、昂首阔步”等等。“开国元老”出自《北史・赵普传》：“伏见山南东道节度使赵普，开国元老，参谋缔构，厚重有识。”①这个成语中的元老是指政界年辈资望高的人，而整个成语的释义是指建国时资历声望高的人。

3.外来文化

中国的文化一直都有很强的包容性，特别是对于异国的文化，我们都可以接受，最重要的是将其本土化，并使其能够长久地生存在本民族文化中，而成语也不例外，在中国的成语当中有很多都是外来的文化，最后经过长期发展而被人们所使用，最主要的受佛教的影响，产生了一些与佛教有关的成语，但数量不是特别多，与“头”有关的佛教成语也有，如“回头是岸、当头棒喝”等等，这类成语是由于佛教传入，佛经的翻译有关，这类成语现代人们还在使用。

(二)与“头”有关的成语的意义

与“头”有关的成语，本文选取了含“头”“元”“首”字的这三类成语，每种成语都相应地承载着自己的文化。包含这三个字的成语的发展演变，都与这个字原有的意思有着紧密相连的关系，随着使用范围的不断扩大和人们的需要，这三个字在原有的意思的基础上相应地产生了一些其他的与本义相近的意思。

---

① 李延寿：《北史第五册传》，中华书局 1998 年版，第 121 页。

1.含“头”字成语的意义

“头”这一词在《汉语大字典》中对其有一些详细的解释，首先可以看“头”的繁体字为“頭”，字典中对这字的字源解释为形声字，页为形，豆为声[①]。本义指首，即脑袋。20世纪50年代，在政府主导下进行了大规模的文字改革，更是为了方便书写，对汉字进行简化字形和精简异体的工作，这就使得汉字形成了现代我们所使用的。关于“头”的释义有六种：

①人或动物的身体的最上部分或最前部分。李白的《静夜思》中：“举头望明月，低头思故乡。”还有“头重脚轻”，指头脑发胀，脚下无力，指身体不适。

②物体的顶部或两端。徐宏祖《徐霞客游记·游黄山记》：“既登峰头，一庵翼然，为文殊院。”如成语“刀头舔蜜”，这里的“头”指的就是刀的顶部。

③头发。白头如新、白头偕老。

④首领，头目。韩愈《论淮西事宜状》：“或被分割队伍，隶属诸头。”

⑤开始，初端。岳飞《满江红》：“待从头，收拾旧山河，朝天阙。”“头绪”、“没头没脑”等等，这里的“头”表示“开始，初端”之意。

⑥计量牲畜的数量。班固《汉书·苏武传》：“陵恶自赐武，使其妻赐武牛羊数十头。”

综上所述，我们不难发现，“头”的内涵已经从最初的表示人或动物的脑袋发展为六项引申义，这个发展历程是与“头”的最原始的意思有关，从而引申出一些与“头”相关或意思相类似的其他意思。通过粗略地收集含“头”字成语，共两百个左右，有为数一半左右的“头”的意思还是保留着原有的意思，也有一些成语当中的“头”字的意思发生了改变，这都是为了适应时代的发展变化和人们使用所需，相应的有了引申义。

2.含“首”字成语的意义

“首”字，与“头”字是互为一家的关系，《说文·页部》中解释为：“头，首也。”[②]“首”是象形字，我们可以从甲骨文或者金文中形象地看出首是长着头发的人头或是一只眼睛突出，它的本义是指头。不难看出，古人在造字时充分利用了字原有的形状和外表，这就使得很多汉字是象形字，人们根据它的外表就能够记得住，如汉字中的山、月、日等等，汉字的基础字基本都是属于

① 《汉语大字典》，四川辞书出版社2010年版，第678页。

② 许慎：《说文解字》，中华书局2001年版，第503页。

象形字。

根据《说文》中对“首”字的解释，我们就可以知道，“首”字的第一个意思是表示“头，脑袋”的意思，如“首尾相应”中的“首”就是表示“头”的意思，最初的意思是头和尾相互接应，而为了适应发展的需要，衍生出了其他的意思，一种是指作战相互接应，第二种是形容诗文结构严谨。这两种意思，本质上还是从“头”字的本意上扩展出去的。而在这两个意思上衍生出“第一、最高；最先、最早”这两个意思，除此之外，“首”还是量词，多用来指诗歌。

3. 含“元”字成语的意义

“元”字，在《说文解字》里的释义为“元，始也。从一从兀。”[①]而对于“元”的解释，它的基本解释是：头、首、始、大。所以元在“开国元勋、开国元老、连中三元”等这些成语中都是这个含义。随着人们交往的需要，又有了“基本”的意思。如“元气大伤”等，其中的“元气”是指人的基本的精气。后来，又有“未知数和朝代名”这两种意思。而如今，“元”字也可以做一个量词，用于钱财，如“一元钱”。

（三）与“头”有关的成语的汉外对比

汉英成语都源远流长，数量极多，在人们的生活当中也应用十分广泛，成语是人们长期智慧的结晶，可以说是社会生活的一个真实反映。由于中英两国的人们生活有相似之处，但又有很多的差异之处，所以使得两国的成语有联系但又有不同。

英语属于印欧语系，而汉语是汉藏语系，两种不同的语系就使得这两种语言有一些差别。如英语中会根据时间的状态词语会发生相应的变化，可分为过去时、现在和将来这三种常见的时态，而根据特定的语境，还可以进一步的详细划分，而汉语则不会因为时态而发生变化，最明显的就是会说明时间，词语是不会有变化的。英语是拼音文字系统，如“head”会有灵活丰富的形式变化，如“headed、heads、heading”，还会出现后缀来构词，“headless、headship、header”等。但是汉语是方块字，字形上不会有变化，只能和其他的字组合成复合词。

---

① 许慎：《说文解字》，中华书局 2001 年版，第 828 页。

与“头”相关的成语有很多都蕴含特定的中国文化，如“抱头鼠窜”这个成语有其历史典故，说的是常山王张耳抱头鼠窜，归降了汉王并消灭好友陈余之事。“抱头鼠窜”这个成语当中的“鼠”这个动物，在中国的文化当中是一个不好的动物，如“过街老鼠，人人喊打”，而“抱头”这个动作在现在看来也是不怎么好的表现，所以我们就可以知道这个成语是贬义的。这个成语翻译成英语是“flee helter-skelter”，字面意思是“狼狈的逃跑”，我们不难看出，成语或者是习语用英文来表达缺少了文化内涵，而且变得不生动形象了，让人不能一目了然其意思。再如成语“连中三元”，这里的“三元”是指在古代科举考试时，接连在乡试、会试、殿试中获得第一名。而这个成语如果是翻译成英语，最简陋的是“get the three highest literary degrees in succession”，具体翻译还是要结合语境来翻译，所谓的具体问题具体分析。

(四)与“头”有关的成语的修辞手法

修辞学作为一门学科，一直都被人们所关注，并且为大家所广泛地使用。我们最常使用的修辞手法主要有：比喻、比拟、借代、夸张、对偶、排比、设问、反问等。而本文主要选取比喻和夸张这两种修辞方法，来论述与“头”有关的修辞手法。

1. 夸张

夸张，其定义为：为了达到某种表达效果的需要，对事物的形象、特征、作用、程度等方面着意夸大或缩小的修辞方式，也叫夸饰或铺张。在语言表达方面，很多的作家都喜欢用夸张的修辞手法，使得某事物让人更加印象深刻，成语也不例外，也会有夸张的手法用于当中。扩大夸张，是故意把客观的事物描写得“大、多、高、强、深”等这样的夸张形式。如在文学当中，李白形容蜀道的陡峭用了这样一句话：“蜀道难，难于上青天。”这就是扩大夸张的效果，给人一种无限的遐想空间。而在与“头”有关的成语当中，也有很多这样扩大夸张的效果，我们可以一起来看下。

千头万绪：根据此成语的字面意思，我们可以看出该成语的意思是有很多的头绪，不知道从何入手。那么我们可以来看看，这真的是指有一千个头吗？不然，成语“千头万绪”是采用了扩大夸张的修辞手法，关于该成语的出处是三国时期魏国曹植《自试令》：“机等吹毛求疵，千端万绪，然终无可言者。”其中的“千端万绪”随着人们的使用而逐渐演变成“千头万绪”这个成语。可以看出“千头”这是一种扩大夸张的修辞手法，指的是有很多的头绪，不知从何做起。

2. 隐喻

隐喻作为一种修辞的格式，这是传统的研究，而现在对隐喻开创了一个新途径，隐喻的本质是借用他类事物来理解、体验抽象和陌生的事物。而人体的器官是隐喻的一个重要的、基本的借用材料。最近几年，越来越多的学者对人体有关的隐喻进行了研究。

关于与“头”有关的成语的隐喻方式，一共有很多类：

(1)保留本意，指人或者动物的器官“头”的含义，成语没有隐喻义。如“首尾相应”表示头和尾相互接应；再如“摇头摆尾”指的是动物们摆动它们的头和尾巴的一种样子；

(2)单独的与“头”有关的成语由人体域映射到非人体域的隐喻，如“竹头木屑、剑头一吷、马首是瞻”等成语中的“头”或“首”字的用法都是从他们的所处的位置映射到物体的顶端和前端，这些都是通过其相似性的联想认知周围事物，而且“竹”“木”“马”等名词都可以换成其他的名词；

(3)与其他词合起来构成整体的隐喻义的成语。在这样的一类成语中，与“头”有关的成语中的“头”“首”“元”等还是使用本义。但如果和其他连在一起构成就有了隐喻。如“白首穷经”中的“白首”原意是“头发花白的”，以此来隐喻出“年老”的意思。“燕颔虎头”中的“虎头”两字构成一个整体，比喻义是威猛的意思。

3. 转喻

所谓的转喻，就是用一种事物来指代另一种事物。转喻作为指代的功能，有利于人们的理解，其次是有利于人们日常生活的交流、思考和行动。转喻在与“头”有关的成语中，类型比较单一，很多都是属于部分代整体。如：黄童皓首、头会箕敛，这样的成语由“头”这一部分来指代“人”这个整体；还有一些与“头”有关的成语是和其他的器官构成一个成语，多样器官共同组成由整体代部分，如成语“评头论足、肥头大耳”等分别指代的是相貌和体态。除了部分代整体外，也有极个别的成语是整体指代部分，如“披头散发、白首如新”等这些成语都用整体来指代某一部分，其中“披头散发”中用头发散乱来指代仪容不整洁。通过分析，我们可以看出，与“头”有关的成语中转喻的借代关系并不是单一的，而是一个双向的，既可以整体代部分，也可以部分代整体。

二、与“头”有关的成语在对外汉语教学中的难点和策略

（一）与“头”有关的成语在对外汉语教学中的难点

1. 与“头”有关的成语的二语习得问题

成语，对于汉语母语的人而言都不能完全地掌握好，更何况是第二语言的学习者，所以，留学生学习成语时，会出现很多问题。如第二语言学习者会产生语际迁移，也就是母语的正迁移和负迁移，当母语和目标语相似，学习者把母语的内容移到目标语中而不发生错语就是母语的正迁移，反之，则是母语的负迁移。而与“头”相关的成语当中，他们的意思都含有“第一，开始，首先”这样相类似的意思，如果和他们的母语是英语，那么就会把含“首、元”字的成语全都搞成含“头”字的成语，这就会加大他们的学习难度。其次是学习者过分地归纳含“头、元、首”字的成语，为了更好地学习，而过分归纳成一类，会造成一个问题，就是学习者十分的刻板，只知道那一类成语，而如果稍加变化就不明白。

2. 与“头”有关的成语的搭配问题

关于成语的搭配问题，一直困扰着很多的留学生，所以关于与“头”有关的成语的搭配，我们可以一起总结下：首先是要了解与“头”有关的成语的词性问题，只有先了解了成语的词性，才能知道该成语适合在何种情况下使用。如多是指贬义词的成语有“头面人物、搔首弄姿、畏首畏尾、元奸巨恶”等，留学生就不能造这样的句子：“他是一个元奸巨恶的人，经常在别人有困难的时候帮助他人。”这样的与“头”有关的成语是贬义的用法，不能把它当褒义词使用。其次是教师在教留学生时应该教会学生看成语的使用语境。如句子“战士们昂首挺胸，相继从悬崖上跳下去。”根据这个句子，我们就可以推断出“昂首挺胸”是一个什么样子的成语，因为例句中后面半句给我们提供了线索，所以留学生在不明白成语的全部意思时，可以再结合造句来判断其大致的意思。可知“昂首挺胸”是指一个人仰着头，挺起胸膛，多形容精神饱满的样子。

除了这两个方面之外，还应该从意义、情感色彩和文化内涵等多个方面来理解与“头”有关的成语的搭配问题。

3. 与“头”有关的成语的同义词问题

同义词的辨析在对外汉语教学中是一块十分重要的内容，很多的教师会将同义词整合在一起，给留学生进行讲解。不管是常见的词汇还是成语，都有同义词，留学生也会经常选错或者说错，这是留学生学习汉语的一道难题。如成语“刀头舔蜜”和“虎口拔牙”是一对近义词，都是指利大于弊。留学生学习汉语作为他们的第二语言，很多教科书上都是汉英对照着的，而英语的很多释义和汉语不是完全对应的，所以在一定程度上给留学生造成迷惑性，不太利于他们学习。

4. 与“头”有关的成语中的文化问题

中国的成语蕴含着丰富的汉民族文化知识，特别是很多的成语都含有浓郁的历史典故，使得它们都能流传很久。成语虽只有四个字，但却能高度概括成一个寓言故事、历史事件等。如“抱头鼠窜、蚕头燕尾、连中三元”等，这些成语都含有一定的寓意，有些是借用其他的事物来指代某类事物，所以留学生在学习这样的成语时，要了解中国人的文化和思想。所谓的“抱头鼠窜”是指人们一种狼狈的状态，这与中国人认为老鼠是一种不好的动物有关，所以就衍生出“过街老鼠，人人喊打”的说法。因此留学生要了解中国人的文化，才可以进一步地知道该成语的褒贬义。再如“连中三元”这个成语，要知道何为“三元”，是古代科举制度中在乡试、会试、殿试这三个考试中取得第一名，分别是解元、会元、状元，这三个合称“三元”。当留学生知道了一些中国的传统文化知识后就可以知道某些成语的用法，所以留学生要想学好一个语言，了解一个地方的文化知识显得很重要。

(二)与“头”有关的成语在对外汉语教学中的策略

1. 追根溯源法

成语的发展历程十分的漫长，成语的演变发生了一定的变化，要了解一个成语的用法及词性，必须对该成语有着一定的深入了解。我们前面已经知道了与“头”有关的成语的来源，那么教师在给留学生讲解与“头”有关的成语时，要注意给留学生讲解这类成语的“源”，所谓的“源”，就是成语的一些典故及一些成语的比喻义和引申义，这样留学生知道了成语的“源”之后就可以更好地学会并运用这类成语，如“首丘夙愿、马首是瞻、压倒元白”等成语都可以追溯其源头，使得留学生能更好地掌握该成语。所谓的“压倒元白”中的“元白”指代的是人物，分别是指唐代诗人元稹和白居易，这两位在唐朝的时候在诗词领域是占据了一席之地的，所以从整个成语我们可以理解为是“把元稹和白居易都压倒了”，那么就引申出其意思是“比喻作品胜过同时代的有名的作家”。“首”的最初的含义是“脑袋”，随着人们的生活与生产的需要，逐渐衍生出其他与之类似的含义。如成语“马首是瞻”，原来是指“作战时士兵看主将的马头行事”。那不难看出这里的“首”是“头”之意，这里是比喻服从指挥或依附某人，由原来的字面含义而演变出来比喻义，字面义含有贬义，那么比喻义也是一种贬义，也就是说这个成语是贬义的。

2. 汉外对比法

英语中将成语称为“idiom”，英语中的很多成语都是出自《圣经》，因为基督教在英美国家都被普遍接受，而且不管是上至达官显贵，下至普通的百姓，都对《圣经》这部作品耳熟能详，所以出自这里的成语很多。相比较，中国受佛教影响比较大，所以很多成语都是与佛教有关，如“立地成佛”“回头是岸”等。其次，关于汉外的成语比较最为重要的区别是汉语中的成语一般的格式是四字成语，所以汉语的成语相比较而言都是比较和谐并且是对称或是押韵的，而英语是拼音文字，他们的“idiom”并不是有特别的格式要求，字数可多可少。汉语四个字成语要表达出深刻含义，对于学习者来说会有一定难度。在学习成语时，英语中出现“head”，有时把它翻译成汉语，却没有与“头”有关的字眼，如“have one's head in the clouds”，翻译成汉语成语是“想入非非”。所以，学习者在学习这样的成语时，把它们翻译成英语时，要注意并非是一一对应的关系。

3. 语法结构

成语的结构体现着语法功能，前人们对于成语的语法结构都有了一定程度上的研究。汉语成语按其内部组成关系可分为并列关系和非并列关系。而成语的语法功能主要有谓词性和提词性两大类。一般来说，成语在句子中充当的最常见的是主语、谓语、宾语、状语进和补语等这几类。成语的主要功能是充当谓语，而留学生使用成语时也是最容易出错的。什么时候需要加宾语什么时候不加，什么时候“的”是多余的，教师在教授学习者成语时应具体成语具体讲解。如“这次考试他没考好，一直都是垂头丧气地低着头。”这里“低着头”和“垂头丧气”意思重复，所以要把后面“低着头”去掉。

4.建立与“头”有关的语义场

人体的构成是复杂的系统，而很多成语也多使用与人体器官有关的词，从而构成一个完整的成语。人体的很多器官都可以组合成成语，如：心、口、嘴、手、脸、脚、脑等等，组成的成语如：心直口快、七嘴八舌、手忙脚乱、呆头呆脑、口是心非等，这些成语不单单是一个器官组成成语，还可以是一个、两个甚至三个。人体的器官可以形成一个整体与部分的语义场，整体的“人体”，部分可分为“头、躯干、上肢、下肢”这样的几个部分。

而本文着重指出的是建立与“头”有关的语义场，与“头”有关的成语主要是选取了含“头、首、元”的成语，这三个字都有表示“头”的含义，从而形成一个同义关系的语义场。

所谓的同义语义场，是指词与词之间的关系是有同有异，但是基本都是大同小异的。这里所指的同是指它的基本义是相同的，或者表现为有一部分基本义是相同的。

与“头”有关的成语中的“头”“首”“元”，这三个词的相同意义都是有指“人或者是动物的脑袋”的意思。其次，这三个字都表示“第一，最顶端”的含义，如成语“首当其冲、开国元老”等。

与人体器官有关的有很多，教师可以在备课的时候，收集相同语义场的器官，如“口”和“嘴”“脚”和“足”等这样有着相同的意思的词，在学习时有什么区别，留学生在学习时应注意它们的异同点，这样运用对比的学习方法，使得留学生能更好地掌握这一类的成语。

三、结　论

成语学习是提高留学生表达能力的一个有效途径，也可以在一定意义上帮助留学生克服文化障碍。从人体器官的某一个部分的成语来论述，一方面缩小了成语的范围，只写与“头”有关的成语，含“头、首、元”这三个字眼的成语，另一方面因为这三个字的成语有很多的共同意思，有时可相互使用，但在具体的情况之下又有很大的区别。

首先了解这一类成语的来源，使得留学生们在学习这类成语时对这类成语的语义展开分析，让大家了解成语的根源与发展过程，使人印象深刻。再从这类成语的修辞展开论述，可以进一步掌握好这类成语，最后找到在教授留学生时常常遇上的一些问题，针对一些常见的问题，以及让留学生掌握好这类成语所提出的教学意见，教师在教授留学生学习这样的一类成语时，可以进行归类，或者是形成一个同义的语义场，特别是与人体器官有关的成语，可以分门别类地进行归纳和总结，如意思相同的人体器官的成语“嘴和唇”“脚和足”“眼和目”等，这类成语的最大相同点是意思相同或相近，但在成语使用时又有差别，我们通过分析这样一类成语，由此来分门别类地建立含人体器官的成语在对外汉语教学中研究，以此来降低留学生学习成语的难度。

参考文献

[1] 王若江.留学生成语偏误诱因分析——词典篇[J].暨南大学华文学院学报，2001(3).

[2] 洪波.对外汉语成语教学探论[J].中山大学学报论丛，2003(2).

[3] 王美玲.试论对外汉语教学中的成语教学[D].湖南师范大学硕士学位论文，2004.

[4] 闵兰棋.汉英成语对比[J].乌鲁木齐职业大学学报，2005(2).

[5] 崔希亮.汉语熟语与中国人世界[M].北京：北京语言大学出版社，2005.

[6] 齐沪扬.现代汉语[M].北京：商务印书馆，2007.

[7] 廖艳平.英汉人体词“head(头)”的隐喻研究[J].现代语文(语言研究版)，2007(1).

[8] 沈莉娜.近十年来对外汉语教学中的成语教学综述[J].语文学刊(高教版)，2007(7).

[9] 曹素冉.对外汉语成语教学[D].北京师范大学硕士学位论文，2008.

[10] 冯艳艳.对外汉语教学中的成语教学初探[D].上海外国语大学硕士学位论文，2008.

[11] 彭小南.汉语成语中“头”的概念隐喻分析[J].河北经贸大学学报(综合版)，2009(4).

[12] 黄碧蓉.人体词语语义研究[M].上海：复旦大学出版社，2010.

[13] 邹华清.汉语大字典[M].成都：四川辞书出版社，2010.

[14] 谭远超.汉英成语比较及其对外汉语成语教学研究[D].重庆师范大学硕士学位论文,2011.

[15] 旷笔升.新 HSK 词汇中成语的结构与功能探析[D].南昌大学硕士学位论文,2013.

[16] 阮玉千金.含有人体部位的汉越成语对比研究[D].广西民族大学硕士学位论文,2013.

[17] 李亚.汉语数字成语在对外汉语教学中的应用探索及建议[D].重庆大学硕士学位论文,2013.

[18] 索伦嘎.汉蒙人体成语对比研究[D].东北师范大学硕士学位论文,2013.

[19] 何珊珊.语义场理论与对外汉语词汇教学[D].山东师范大学硕士学位论文,2013.

[20] 许慎.说文解字[M].北京:中华书局,2013.

[21] 任连明,李登桥,念颖.《说文解字》人体部位字研究[M].成都:四川大学出版社,2014.

[22] 庄心梅.汉英成语对比及对外汉语成语教学策略[D].鲁东大学硕士学位论文,2014.

[23] Anahit Hovhannisyan. Idioms and Discourse [D]. S Gyumri State Pedagogical Institute, 2011.

[24] Noorolhoda Saberian. Idiom Taxonomies and Idiom Comprehension: Implications for English Teachers[D]. Islamic Azad University, 2011.

汉语惯用语的文化内涵分析与对外汉语教学

刘彦君

摘　要:“惯用语通常指人们口头上习惯使用的比较形象的固定短语。”[①]其特点也同样简洁鲜明,如:它大众化的熟知度,口语化的使用特点,结构的相对简练和固定,表意的准确,寓意上的生动形象又不失活泼等。惯用语所蕴含的文化内涵分析,本文列举了物态文化中的衣、食、饮三方面;制度文化中的经济、政治地位、社会管理三方面;行为文化中的人际交往、婚嫁文化、禁忌文化三方面。本文将从语言与文化的角度出发,并结合语用学相关知识对惯用语所蕴含的文化内涵进行分析,在此基础上明确惯用语在对外汉语教学中的重要地位,结合实际,对惯用语在对外汉语教学中出现的主要问题进行分析,并尝试提出一些可行的对策,进而达到在对外汉语教学中把对汉语惯用语教学的重视提升到一定的水平,从文化导入中让学习者对我们的汉语感兴趣,最终掌握并熟知我们的文化。

关键词:汉语惯用语;文化内涵;对外汉语教学

一、引　言

惯用语是汉语词汇中熟语的一部分,在汉语词汇中的地位不可替代。它是长期活跃在人们口头上的一种洗练、含蓄的语言表达形式,形式上由较为固定的词组构成,其表意一般借用比喻手法表达其虚指的意义。而这种表意能力却超越了构成惯用语的词组的本身意义。例如:打秋风;狗头军师。前者指借各种名义向人索取财物,而不是单独“打”和“秋风”的意义的简单合

① 齐沪扬:《现代汉语》,商务印书馆出版2010年版,第236页。

成；后者指在背后给人出不好或不高明主意的人，而不是"狗头"和"军师"的意义的简单合成。而这也正是惯用语区别于词组的主要之处。

在当前对外汉语教学热的大背景之下，针对对外汉语教学的研究也呈现出多元、多角度的详细而又深入的局面，惯用语的教学在对外汉语教学中有必要被单独提出来，这不仅是因为它极富口语化的语言使用和表达的形式，更是因为它背后所隐含着的丰富的汉民族文化内涵。本文将会通过对惯用语所蕴含的文化内涵进行较为详细地分析，在此基础上结合对外汉语惯用语的教学，根据分析发现其中的问题并尝试有依据地去解决这些问题，以达到对对外汉语惯用语教学的完善和顺利进行。

二、汉语惯用语

（一）惯用语的界定

惯用语通常是指人们口头上习惯使用的一种比较形象的固定搭配，多三音节结构，如"拍马屁""开小差"等，也有些为四音节及以上的结构，如"唱对台戏""鸡蛋里挑骨头"等。它是长期活跃在人们口头上的一种洗练、含蓄的语言表达形式，形式上由较为固定的词组构成，其表意一般借用比喻手法表达其虚指的意义。而这种表意能力却超越了构成惯用语的词组的本身意义。例如：打秋风；狗头军师。前者指借各种名义向人索取财物，而不是单独"打"和"秋风"的意义的简单合成；后者指背后给人出不好或不高明主意的人，而不是"狗头"和"军师"的意义的简单合成。由于惯用语大部分都来源于民间，它反映的是特定时期人们的日常生活，因此它势必也会反映出一个民族特有的社会生活、风俗习惯、历史文化等诸多方面的内容。

关于惯用语这一名称的来历是20世纪七八十年代的事，但作为一种语言形式和语言现象的惯用语却早在战国时期就已出现，如《庄子·盗跖篇》中的"料虎头"[①]，即可看作为当时流传的惯用语。到了清代，如钱大昕的《恒言录》、胡朴安的《俗语典》等书中就保留了不少惯用语。不过这些古籍中记载

① 料虎头：本意为挑弄虎头，比喻冒险。

的惯用语绝大部分已经被淘汰或转化成其他语类了。而我们目前所接触到的惯用语大多是在近代和现代广为流行的以及一些源于方言区但最终突破方言区成为全社会共同语言的惯用语,如“耍贫嘴”“摆龙门阵”等。

(二)惯用语的特点

(1)一般被人们熟知,比较大众化。

(2)惯用语由于有表意简明、生动等特性,所以一般常在口语中运用。

(3)惯用语比较短小。

(4)惯用语在构成形式上是一种固定的词组,比如“醋坛子”“半边天”“吃后悔药”“二百五”“老大难”等。

(5)惯用语是民间劳苦大众在长期的生产生活中由口头创造而来,其表意准确简练。

(6)惯用语的使用常常是以一种借物表意的比喻手法来形容或指代某种事物或行为,所以它的意义往往不能从字面上去做简单地推断。

(7)惯用语虽然是一种较固定的词组,但定型性比成语要差些。

三、汉语惯用语所反映的文化内涵

惯用语作为一种源于民间社会的口头语言形式,因此它势必会涉及人们在社会生活的方方面面,在这样的语言产出背景之下形成的惯用语也势必会隐含着丰富的文化内涵,这也是毫无疑问的。

(一)惯用语与物态文化的关系

1.与“衣饰”相关的惯用语

衣饰的出现是人类文明的标志之一,在人们的日常生活中是不可或缺的重要物质,服饰在传统文化中更多显示出的是一种礼仪观念,不同服饰词汇在惯用语中所蕴含的意义也不尽相同。在汉语惯用语中就有这类相关词汇,它们从不同面反映着人类服饰衣着文化。

惯用语中的衣饰穿戴以戴为最多,而“帽”又是其中最有代表性的一类,如:“乌纱帽”,《新惯用语词典》解释为:封建时代官员戴的帽子。代指官职。由于其特殊指代,时间一久,乌纱帽便成为官职的象征。在惯用语中,做官了叫“戴乌纱帽”,丢官了叫“丢乌纱帽”,想办法保住官职叫“保乌纱帽”,官职被罢免时叫“摘乌纱帽”。

由于“乌纱帽”是官职的象征,拥有乌纱帽的人社会地位也自然而然就高了,所以当人们给别人“戴高帽子”时便有了恭维奉承对方的意思。

并非所有的帽子都会受到人们的喜爱和追捧,像有些“帽子”便是“罪名”的代言,如:

戴帽子:比喻给人加以某种罪名或名称。

扣帽子:比喻给人强加罪名。

摘帽子:比喻除掉坏名声或不符合实际的罪名。

以上与帽子相关的惯用语,这种语言现象在我国“文革”时期的运用最为广泛。像这样的语言现象都是在特定的历史时期形成的极富时代气息的独特文化现象。

2.与“食”相关的惯用语

“食”在我们人类的日常生活中有着无可替代的地位和作用,它是我们人类赖以生存的第一物质条件,人类文明发展至今,饮食文化已然同样变得丰富多彩又多元了,也已成为民族文化的重要组成部分。中华饮食文化博大精深,我们可以说一个不懂得“吃饭”的人就不会懂得中国文化,在日常生活中有关饮食的词语就这样在人们的口口相传之中形成并最终沉淀为我们今天所熟知的一些惯用语。

(1)带有“吃”字的惯用语

带有“吃”字的惯用语有很多,在温端政主编的《现代汉语惯用语词典》中,光以“吃”字开头的惯用语就有166条。

在这些形形色色的带有“吃”字的惯用语中,除了从其本义引申而来的如“吃喝拉撒”“吃白饭”“吃大锅饭”“吃不到葡萄说葡萄酸”。另外还有:

吃白酒:指白吃酒席不掏钱。

吃白眼:指受到歧视或冷遇。

吃白食:本指不付钱就白吃了饭。泛指在没有付出任何代价的前提下而获得钱或物。

吃死饭:比喻只消耗,不创收,靠旧有的家产过日子。

吃了驴肉发马疯:斥责人说话、做事违背常情。

吃了黄连强说甜:指吃了苦头还故作镇定,在他人面前表现出轻松愉快的样子。

吃软不吃硬:形容个性顽强,不怕强硬。

吃猪肉的没事,听猪叫的倒霉:比喻真正动手的人没受到处罚,而周围的人却受到了牵连。

吃饭对我们每个人的重要性是不言而喻的,无论何种年代人们都要通过辛勤劳动来实现自己和家人的衣食无忧。今天,对于我们大多数人来说,从事工作最直接的目的依然是满足基本的生活物质保障,如吃饭穿衣,所以"吃"在人们的日常生活中就被赋予了"赖以生存的事物和职业"的意思。如:

吃皇粮:指在行政事业单位工作,靠国家拨款养活。

吃公家饭:指在政府部门工作。

吃软饭:指靠女人养活的男人。

吃月份:靠每月领取固定薪水生活。

吃粉笔灰:过去指从事教育工作的人。

"吃"也可表示"人生遭遇不幸和不好的事情"之意,但是这种意义究竟是在何种社会心理之下形成并发展运用的至今仍有待考察。但是含有这种意思的惯用语在今天我们的社会生活中仍然使用广泛且频繁,如"吃哑巴亏""吃眼前亏""吃苦头""吃苦果""吃官司"等。

当今社会是一个多元而又充满竞争的复杂环境,吃饭是人人都需要的,谁都想吃得饱吃得好,无论在哪一行业我们都能听到这样的说法"混口饭吃",但是在社会资源有限的前提下我们的生活是处处存在着竞争关系的,所以"吃"在这里又表示在人际、行业等关系中的一种不正常的竞争方式。如"大鱼吃小鱼""人吃人""不怨狼吃羊,倒怨羊上坡"等。

(2)带有"油水"的惯用语

我们所处的社会发展至今虽然已有了翻天覆地的变化和进步,但是有些社会心理和长期沿袭的社会习俗仍旧在我们身边存在着,我们都知道在日常饮食生活中有一样东西是必不可少的,而且它的多寡和质量高低在一定意义上也标志着我们生活水平的高低,它就是"油水","油水"既然在我们的日常生活中是一种珍贵之物,那自然就会有人希望得到或占有它。这一点在惯用语中就有很明显的体现，在惯用语中“油水”多指“额外的通过不正当手段获取的收入”。如：

捞油水：比喻使用不正当手段获取本不该得到的好处。

挤油水：比喻用施加压力等强制手段在别人身上获取好处。

榨油水：比喻通过敲诈勒索等手段获取钱财。

(3)带有“豆腐”的惯用语

豆腐是中国人民最喜爱的传统食物之一，豆腐的出现不仅丰富了人们的饮食结构，而且还为人们提供了营养。

我们都知道豆腐质地软而嫩，人们根据它的这一特点就引申其意，并最终有了如“刀子嘴，豆腐心”“豆腐嘴，刀子心”的惯用语，前者用来形容嘴像刀子一样锋芒，而心肠却像豆腐一样柔软，后者的意思则与前者刚好相反。

豆腐除了质软的特点之外它还有脆弱易碎的特点，针对这一特性，将其引申之后就可用来形容我们日常生活当中的一些事物，如惯用语“豆腐渣工程”就用来形容质量不过关的建筑工程项目。“吃豆腐”指占女子便宜之意或欺负弱小者。

豆腐做成之后，对于如何成形的问题人们的通常做法是将豆腐切成小块，这样做是为了便于保存和运输，像豆腐干就是最好的例证。我们经常会听到这样的说法“你写的这是什么豆腐块文章啊！”，其意是说这文章写得篇幅太小。像这样的把文章比作“豆腐块”是因为通常像这样的小文章一般在报纸或杂志上只有很小的篇幅，就像被切成块的豆腐一样。

(4)其他与食相关的惯用语

半瓶醋：指对事物一知半解的人。

炒鱿鱼：比喻被解雇或自动辞职。

大锅饭：比喻实施平均主义，不论贡献大小待遇却一样。

大杂烩：指由不同事物拼凑合成的混合体。

一锅粥：比喻场面极其混乱。

一刀切：指不顾客观实际，按同一模式解决问题。

3. 与“饮”相关的惯用语

中国人自古以来就与茶、酒不分离，中国人的饮品中茶跟酒在他们心目中的地位就好比西方人对咖啡的钟爱一样，而它们也是这个民族在长期发展中一直继承和保留的重要部分。

(1)带有“酒”的惯用语

酒无疑是社会发展到一定阶段后才出现的，作为一种文化现象的产生和代表，在长期的发展和演变中自然而然就形成了我们今天所熟知的“酒文化”。那么与酒有关的惯用语都有哪些呢？如：

喝喜酒：比喻去参加婚礼。

吃清明酒：指举行一年一度的祭祀。

旧瓶装新酒：喻指旧形式中注入新内容。

在中国社会文化中，酒有着一种特殊功能，这种功能我们叫作“酒桌文化”，在我们的生活工作中，酒既可以是调解人际关系的桥梁，也可以是调和人事的一种“调和剂”。在汉语惯用语中就有反映酒在这方面的作用，如“有酒好说话”“无酒难留客”等。

(2)带有“茶”的惯用语

中国的茶文化，闻名世界。茶在中国社会文化中扮演着多重角色，它是人们休闲、娱乐、交际、礼仪、养生的一种高贵而又清新淡雅的活动。饮茶之风在历代盛行并流传至今形成了我们所熟知的“茶文化”。在惯用语中的体现更能为其盛行进行佐证。如我国汉族婚俗文化中的“受茶”①“吃茶”②“茶金”③“茶礼”④。

除此之外，涉及“茶”的惯用语还有：

茶不思，饭不想：比喻心里有事放不下，感到烦躁慌乱，干什么都没有心情。

柴米油盐酱醋茶：比喻人们日常生活中离不开的事情。

吃苦茶：比喻遭受痛苦或磨难。

茶来伸手，饭来张口：形容懒惰的人不付出劳动就获得食物，坐享其成。

一家人不吃两家茶：比喻女子不跟两个人家定亲。

---

① 受茶：指订婚。

② 吃茶：指结婚。

③ 茶金：指订婚的定金。

④ 茶礼：指彩礼。

(二)惯用语与制度文化的关系

1.与经济相关的惯用语

无论社会发展到何种程度，经济发展始终是衡量其发展成效的重要指标，只有经济的发展才能使得社会拥有前进的动力，才能让人民生活水平得以提升。所以说，经济的发展最终影响的是社会的方方面面。在这一过程中就会有一些能够反映社会经济兴衰，经济体制改革更替以及商业诚信等方面的惯用语的出现和使用。如我们日常生活中接触最多的表示生意兴隆、经济兴旺之意的惯用语就有“暴发户”“抱金砖”“发洋财”“发利市”等；相反，有表达生意兴隆、经济兴旺之意的惯用语就有表示经济不景气的惯用语，如亏空、欠债之意的惯用语，如“拉饥荒”“填窟窿”“补窟窿”等；还有一类能够反映商业倒闭、经商诚信缺失的惯用语如“砸牌子”“倒牌子”“投机倒把”“贴标签”等。

词汇本身就具有时代气息，我们完全可以从中考察并发现某一特定时期的一些真实的社会现象和当时人民生活中的某些事实。所以在这些与经济相关的惯用语中我们也可以很直观清晰地从它们的出现、使用和消亡的演变过程中了解一个时代的发展和人民生活方式的不同。我们都知道中华人民共和国成立至今，中国的经济发展演变大致可分为两个大阶段。一个大阶段是计划经济时期，在这一时期人们的工作生活基本推崇的是集体主义的行为规范，工作由国家分配，能得到国家分配工作的这部分人基本上就可以过上衣食无忧的日子，这种现象在惯用语中的体现就是我们耳熟能详的“饭碗”，“饭碗”就是拥有生活保障的象征，随后又衍生出像“金饭碗”“铁饭碗”这样用来形容工作待遇高低的惯用语。当然，并非有了“饭碗”就真的可以高枕无忧了，得到“饭碗”你还必须得保住这个“饭碗”，如果失去这样的工作那就是“丢饭碗”了。另一个大阶段就是发展到我们今天的这种市场经济时期，那是不是到了今天“饭碗”对我们来说就不再重要了呢？答案是“饭碗”在今天依然是我们拥有一份好工作的象征，但是有所变化的是今天的这个“饭碗”得靠我们自己去争取，因为我们的经济体制与早期相比发生了根本性的改变，在以市场经济为主导的今天，更多强调的是自由分配，在这一前提下出现的关系更多的是一种竞争关系，如果你想得到一份好的工作就得自己去“找饭碗”或

"寻饭碗",但是我们在这一过程中不得不面对的一个现实境况就是"抢饭碗",通过与其他人的竞争来获取自己想要的工作。

2. 与政治地位相关的惯用语

阶级社会的出现是人类社会进步的一大重要标志,因为在这一时期出现了国家,在国家出现之后就产生了政治,就中国而言,在我们绵延几千年的封建历史长河中,由于受到森严的封建等级制度的支配,在这些时期人们被分为三六九等,个人在社会中的政治地位和身份高低的观念深存已久,直到今天,虽然社会发展有了根本性的改变,但是由于贫富差距的存在和不断地扩大使得人们在社会中所处的地位仍旧不同,社会阶层依然存在着,所以那些反映人们社会地位和职业身份的惯用语依然得以沿袭和使用。如:

乌纱帽:封建时代官员戴的帽子。代指官职。

戴乌纱帽:表示某人任职了某个官位并获得了相应的权利。

三朝元老:比喻任职久、资历老的人。

跳龙门:比喻中举、高升等飞黄腾达之事或比喻逆流前进奋发向上的精神。

坐江山:比喻执掌国家获得重权。

以上是反映身份地位高的一些惯用语,相反的就有一些反映身份低下、无权无势的一些惯用语,如"芝麻绿豆官""穷光蛋""火头军""矮半截""泥腿子"等。

3. 与社会管理相关的惯用语

社会管理方式的变化直接影响着我们的社会运转正常健康与否,作为普通群众这一社会最大最为重要的一个群体,虽然他们不能直接参与进社会管理的领域中去,但是不能否认的一个事实就是广大人民群众与整个社会是连为一体的。职能部门等权力组织机构的管理方式都能或多或少地影响到他们日常生活的方方面面。而相应地与社会管理过程中的一些管理方法、领导方式、工作作风等有关的惯用语就有不少,如:

定调子:比喻在开会或进行某项工作之前就已经确定好了观点和方法。

搞一言堂:指领导干部作风不民主,听不进不同意见或建议,一个人说了算。

踢皮球:比喻职能部门把本该自己做的事相互推诿。

钦差大臣满天飞：指上级派出的办事人员太多，随处可见。

还有一些能够反映不良工作作风问题的惯用语如“讲排场”“摆门面”“做表面文章”“唱高调”等。这些反映社会管理的惯用语虽然以负面之意居多，但是我们在今天更多使用它们是为了讽刺和告诫那些在社会管理中拥有权力但不履行和没能履行好他们相应职能的权力机构和当权者，希望他们能够改正错误，履行好自己的职责，为人民群众谋取福利。

(三)惯用语与行为文化的关系

1. 与人际交往相关的惯用语

我们每个人都是一个独立的个体，拥有独立的思考和行为方式，由于每个人的个人价值观有很大不同，所以在人际交往中，如何正确恰当地处理好人与人之间的关系就成为人们日常工作生活中比较重要而又显得迫切的一个问题。在人际交往过程中我们比较常见的关系就有合作、竞争、吸引、排斥、领导、服从等方面的相互交错关系，而这些现象在我们的惯用语中也有体现，如：

反映人与人之间互帮互助的惯用语就有“心连心”“拧成一股绳”“结对子”“合脚步”“鱼帮水，水帮鱼”等。相反，也有一些反映人与人之间在交际过程中人心不齐，甚至一方做一些有害另外一方事情的惯用语，如“当面一套，背后一套”“面和心不和”“针锋相对”“拉下水”“打黑枪”“放冷箭”“打闷棍”“设圈套”“往脸上抹黑”“穿小鞋”“倒打一耙”等。

此外，在人际交往关系中还有一些使用流言伤人，搬弄是非，挑拨离间等话语的惯用语，如“放冷风”“嚼舌头”“说风凉话”“煽风点火”“上眼药”等。

2. 与婚嫁文化相关的惯用语

我们常说婚姻是维系一个家庭的纽带，婚姻在我们的日常生活中是人生中的一件大事，人类的生存和发展终究是要靠男女双方的婚姻关系来实现的。那么婚姻作为我们社会生活中的一个重要组成部分和一个重要的社会文化现象，能够反映它的惯用语那自然会有不少，如：反映男女结缘相识的就有“月下老人”“牵红线”“喝冬瓜汤”等；反映夫妻双方恩爱，婚姻幸福的有“比翼鸟”“小日子”“比目鱼”等；反映夫妻之间关系的有“吹枕边风”“吃醋”“开枕头会”等；反映婚俗的有“茶金”“茶礼”“带姑娘酒”等；反映生育、延续香火的有“续香烟”“坐月子”“老绝户”等。

在男尊女卑的封建社会中，封建制度在婚姻方面更多的是对于女性的束缚，如对女性就要求她们在婚姻中要“三从四德”“从一而终”“守活寡”“嫁鸡随鸡，嫁狗随狗”等。

但是随着社会文明程度的不断提升，女性在社会中的地位也不断提升，女人也是半边天。相应地她们在婚姻中的地位也得到了很大程度的提升，反映这一转变的惯用语就有“打八方”，指随着女性社会地位的提高，原先只有男人在婚姻中可以休妻的特权，而今女性也可以在婚姻中提出解除婚约的要求。此外还有像“妻管严”是用来形容在婚姻中丈夫受到妻子管束，惧怕老婆的意思。

3.与禁忌文化相关的惯用语

人类社会的发展势必会经历从蒙昧无知到科学明了的一个转变过程，在这一过程中我们会遇到许多复杂并且难以理解和解决的问题或者现象。一直以来我们对于自己难以理解并且无法用已有知识去解释的一些超自然现象会冠以神秘或超越人类的某种象征，在这一前提之下人们就会为了克服心理上的恐惧和自我保护的需要制定一些禁忌习俗出来，并在民间逐渐流传开来甚至有些还沿用至今，而这在我们的惯用语中也有体现，“死”在中国文化的历史长河中向来都是被视为最不吉利的事情，和“死”相关的惯用语就有很多。如：

翘辫子：即死。清朝被执行死刑的男子，其辫子会被执刑的刽子手提起，所以翘辫子就成了杀头的同义词，后来借指死亡事例；

进棺材：进“棺材”[①]意为死的意思；

吃黑枣：比喻被暗杀；

灭门祸：指害死全家的灾祸；

风中烛：比喻那些随时都可能会死去的老年人。

除以上一些，和“死”有关的惯用语还有“上西天”“归西”“见阎王爷”“寻短见”“吃枪子”等。

① 棺材：也叫寿棺，老房，四块半，寿方，是装载死人尸体的空匣子，通常在葬礼中使用。

四、惯用语与对外汉语教学

（一）惯用语在对外汉语教学中的地位

惯用语在划分上属于熟语范畴，而熟语则是汉语词汇的重要组成部分，在对外汉语课堂教学中词汇教学是教学重点的同时也是教学难点，所以惯用语的教学亦同样被重视，因为它是民间人民群众在长期的生产生活实践中日益积累起来的极富文化内涵的一类日常用语词汇，所以更值得加以研究，让汉语学习者在掌握这些常用词汇的同时也能领略其所蕴含的中国传统文化知识。

（二）对外汉语惯用语教学中的常见问题及对策

1. 惯用语教学中存在的问题

教师重视度的不足。

我国推行对外汉语教学工作时间并不是很长，也正是因为对外汉语教学事业起步晚的缘故，我们目前在对外汉语教学的道路上是处于一种边摸索、边总结、边发展的路子。在这样的大前提之下，我们在对外汉语教学工作中势必会有许多问题没能及时解决。首先，惯用语作为现代汉语词汇教学部分的一类特殊群体，由于其表情达意的程度不一和对语言使用环境有着特殊要求，而有些教师在惯用语的教学讲解过程中过于简单，一带而过，举例不够准确典型，使得学习者对惯用语的掌握也只是一知半解。其次是有些教师对惯用语课前的准备不足，大多数教师在课堂中仅凭借其对母语的感知和认识而去做一些简单解释，他们并未从理论上对学生做出解释说明。再次，由于对学习者汉语基础的担忧，有些教师在课堂中对惯用语的解释也只是停留在课本中最为基础的简单解释，他们很少会从惯用语的来源着手去给学生解释和分析。

学习者学习和使用过程中的问题。

(1)在语义上的问题

①在感情色彩上的偏误

每个民族都有其自身的文化价值取向,这些文化反映在文字上有时候则会更加直观,语言是文化的载体,惯用语作为语言的一种表现形式,它所蕴含的丰富文化背景知识,如果在实际应用过程中没有得到应有的重视,这种教学往往会以失败告终,这不仅是因为惯用语所反映的是中国传统社会文化的价值取向,还在于它极为鲜明的褒贬色彩。作为汉语学习者的留学生,他们来自不同国家和地区,如果不重视这种客观的文化背景差异,结果往往会让人哭笑不得,因此出现使用不当甚至错误的现象也就不难理解了。如:

a.一年不见,你进步多了,说的比唱的好听。

b.我爷爷已经上西天很久了。

c.老师是马屁精,经常夸奖我们有进步。

d.我们的老师特别喜欢笑,像一只笑面虎。

在a中“说的比唱的好听”本是一种讽刺、挖苦的贬义用法,可用在此处完全背离了说话人的本意表达。b中“上西天”虽有死的意思,但它属于贬义色彩,“爷爷”本是我们尊敬的长辈,用“上西天”对已经逝世的老人就显得太不尊重。c中把老师对学生的鼓励说成了老师在拍学生的马屁,很明显学生在这里把“马屁精”当成褒义词在使用。d中的“笑面虎”我们常用来形容那些外表看似善良、内心却十分凶狠的人,其贬义色彩浓厚,而使用者则是简单地理解成了“喜欢笑的人”。如果学习者对惯用语的感情色彩和我们的社会文化内涵有足够的了解,那么类似的偏误则是可以完全避免的。

②在字面意义与实际意义上的偏误

对汉语惯用语稍有了解的人都会知道,惯用语所表达的意义并不是其构成成分字面意义的某种简单相加。多数惯用语的表意效果主要是凭借比喻、夸张、借代等修辞手法来体现其实际使用意义的,并且这种实际意义与其字面意义往往相距甚远。而对于那些对汉文化没有过多了解的汉语学习者,由于文化背景的不同,在实际学习和使用过程中就很难将这种字面意义与实际意义联系起来,因而,他们对惯用语的使用则更多的只是停留在其字面意义之上了。如:

a.在我们国家,很多人都喜欢三天打鱼,两天晒网的工作。

b.今天的鸡蛋里有鸡蛋壳。你不要鸡蛋里挑骨头。

在 a 中学生想表达的意思是很多人都向往的既可以认真工作又可以娱乐休闲的工作方式，但他们只停留在了字面意思的理解上，并没有理解“三天打鱼，两天晒网”其实是对那些做事没有毅力、不能坚持的人的一种比喻意。而 b 中“鸡蛋里挑骨头”比喻故意挑毛病，喻在没有毛病也要找出毛病。但作为惯用语，它已经失去了其本意。而学生如果只从字面意思去理解就完全不对题了。

③在语义不明上的偏误

语义不明在这里是指使用者在惯用语的使用过程中出现了惯用语在句中表意不明，使人不解的情况。如：

a. 昨天吃过晚饭后就去公园散步，不想却碰了钉子。

b. 我跟女朋友去饭馆吃饭，我们睁一只眼闭一只眼。

在 a 中存在着表意不明的问题。去公园散步“碰钉子”，表意是公园没开放呢？还是同行人失约了呢？让人不知何故。b 中的“睁一只眼闭一只眼”其表意本指对待人或事抱着一种迁就容忍的态度，在发现之后却假装没看见，这种用法多出现于对待那些不应该和不好的事上面，但是在 b 中，其表意究竟是对周围其他顾客的某种不良行为的假装视而不见呢？还是对该饭馆的服务不周假装视而不见呢？这让人不得而知。

(2)在语用上的问题

①不明惯用语使用的场合

在惯用语的特点中我们不难得知，大众化、口语化是它最大的特点。正如陈光磊所言：“如果要考察惯用语的语源，大多属于俗语源性质。”[①]因此，惯用语的交际语境通常都出现在非正式场合之中。如果学习者不了解这一点，同样会出现使用上的偏误。如：在一次非常正式的外国留学生迎新招待晚会上，一位韩国留学生称赞他们的中国生活老师对他们日常生活关爱有加，这位韩国留学生居然当着晚会全场所有人的面自豪地说“我们的中国老师是管家婆。”不难想象，在这种场合下被夸为“管家婆”的那位中国老师该有多么尴尬！

②惯用语使用的对象错误

惯用语在句中使用对象的错误。如：

a. 小宝最近在课堂上的表现不好，老师决定炒他的鱿鱼。

---

① 陈光磊：《中国惯用语》，上海文艺出版社 1999 年版，第 54 页。

b. 最近天气走下坡路，庄稼的收获量减少了。

在 a 中的“炒鱿鱼”其意本为解雇、开除某人。而且多用于领导对下级、老板对员工。而 a 中的老师和学生是师生关系，并非雇佣关系，所以“炒鱿鱼”在这里的使用出现了对象上的错误。另外一句中的“走下坡路”多用于形容事物发展变化的趋势越来越不好。而天气的变化是一种反复无常的自然现象，用“走下坡路”来形容它的变化这显然是错误的。

教学大纲和教材中对惯用语的收录不足。

就目前国内一些高校所开设的对外汉语教学而言，无论在教学大纲的要求中还是在所使用的教材中都没有单独提出或明确对于汉语惯用语的教学要求和知识板块，以北京语言大学出版社出版的对外汉语系列教材为例，书中所收录的汉语惯用语也只有少数，即使有所体现也多出现在中高级阶段教材的长篇阅读中，在教学安排中也并未单独提出作为一个知识点去安排讲解。

2. 针对惯用语教学中存在的问题的一些对策

(1)结合语境教学

惯用语来源虽然广泛，但是它们都有着各自特定的使用情景，对外汉语惯用语的最终教学目标是要让学习者在理解其意义的基础之上学会如何恰当地使用，而并非是单调地在那里给学生讲解其含义，我们在教授惯用语的过程中更多的应该是让学生在理解其意的前提下结合典型例句和语境让他们多进行交际训练。如在讲解“炒鱿鱼”时，首先告诉学生它所表达的意思是开除或解雇员工，并且跟学生强调该词语只限于针对员工或职工的使用，不应该针对学生使用，一定要明确它的适用对象；再如，在讲解“半瓶醋”时，同样先告诉学生其意为形容某人的能力或水平不高，然后要向学生说明该词用在别人身上时为贬义用法，而用于自身时则表达的是自谦之意。

(2)适当使用对比法进行教学

惯用语并非汉语所独有，在其他语种中惯用语同样存在，由于存在文化等诸多因素的差异，这些惯用语有些跟汉语的惯用语存在着较大的差异，而有些则又跟汉语惯用语有着相同或相似之处。例如在汉语中级口语课的教学中所讲的“睁一只眼闭一只眼”，来自俄语系的留学生就提出了在他们所使用的俄语中也有类似的说法，他们的表达为“闭两只眼”；而在讲到“脸红脖子粗”时，一位来自比利时的留学生则告诉我们，荷兰语中的“脖子粗”指的是那些自以为是的人，这显然和我们汉语中的意思是大相径庭的。我们都知道母语在第二外语习得的过程中具有迁移的作用，如果我们能在汉语惯用语的教学过程中对学生的母语加以区分对比，分析出其中的异同，再充分利用第二外语习得过程中学生母语对目的语的正迁移作用，加深学习者对汉语惯用语的理解，我相信这样一定会减少他们在对汉语惯用语使用时所产生的偏误。

(3)注重传统文化知识的教学

语言是文化的载体，而词汇又是语言的重要组成部分，它与文化联系密切。我们的汉语惯用语就是一种典型的汉民族文化词汇，它所反映的是汉文化的特点，它包含了汉民族的思维方式、审美情趣等深刻的文化因素，从中反映出的是我们中国人的生活方式和价值观念。因此，在对外汉语惯用语教学中去广泛地联系汉民族传统文化不但能够增强对外汉语教学的趣味性，而且在教学效果上可能还会取得事半功倍的效果。汉语惯用语作为中国历史文化发展长河中的一个缩影，其本身就蕴含有丰富的传统文化知识。如“跳龙门”在过去是用来比喻那些科举考试及第的人，而如今多用来比喻人通过自身努力彻底改变原先低下的地位和身份。而“跳龙门”并非凭空就有此意，它是取自“鲤鱼”跳过龙门就可以变成“龙”的这样一个传说。如果我们的老师能够给学生介绍一下中国文化中对于“龙”的重视，我想学生一定会在感兴趣的前提下轻松理解的。纵观全球其他一些外语的对外传播，我们不难发现，在语言传播的过程中实质上就是两种文化的相互碰撞。所以，在汉语惯用语的教学过程中，我们对于民族传统文化背景知识的重视应该像重视语言知识一样。

(4)加强并规范对惯用语的收录和注释

在对外汉语教学环节中，教材的编写和选用在对外汉语教学发展过程中备受关注，然而就现行的对外汉语教材编写和使用情况而言，对于惯用语的选取还没有一个明确和成熟的教学方案，虽然在《中高级对外汉语教学等级大纲》《高等学校外国留学生汉语长期进修教学大纲》等对外汉语教学大纲中都有出现对惯用语的教学要求，但由于教材选用在各大高校没有一个统一的选用标准，所以即使大纲中有对惯用语教学的明确要求，而在实际教学过程中也会由于教材选用的差异出现惯用语教学不足的问题，就浙江越秀外国语学院在留学生汉语教学中所使用的由北京语言大学出版社出版的《汉语阅读教程》、北京大学出版社出版的《汉语口语》、上海外语教育出版社出版的《汉语综合教程》等对外汉语系列教材而言，就有这样的问题存在，与此同时，目前国内有对外汉语惯用语教学的教材，如：由北京语言大学出版社2003年出版的《汉语口语习惯用语教程》，由北京大学出版社2007年出版的《汉语惯用语学习手册》以及由复旦大学出版社2008年出版的《惯用语教程》，但是在国内一些具有留学生汉语教育培训资质的高校中并没有选用这些教材并使用。在惯用语词典收录方面，目前我们所能接触到的国内主流的有关惯用语的词典有温端政的《中国惯用语大辞典》、陈光磊的《中国惯用语》等，在这些惯用语词典中对于已收录惯用语的注释上则又过于简单，有些则是纯粹地罗列，且多限于意义，缺少对功能的注释。另外，有的教材对惯用语意义的解释多采用英语，容易误导学生。针对汉语学习者的特殊性问题，我认为，在惯用语的注释上应当使用汉语进行释义，并且尽量对惯用语的搭配、功能等进行一定的简单描述说明，从而使学习者对惯用语有一个较为全面的理解和认识，并最终让他们在学习和使用过程中减少偏误的发生。

从留学生学习和使用惯用语出现的偏误来分析，目前对惯用语的研究还不够充分。我认为，应加强对惯用语句法功能、语法功能的进一步研究，以满足外国人学习惯用语的需要。

五、结　论

惯用语在我们的生活中使用广泛，不同文化背景的人都有自己的惯用语，在不同文化背景之下要想学通各种惯用语，这就需要学习者用心求索，汉语惯用语在汉语教学中所扮演的角色相对较重，如何在繁杂的教授对象里找到恰当合适的教授办法是我们对外汉语教学工作中的重点所在。汉语惯用语来源广泛而且历史久远，留学生在学习过程中难免会遇到各种各样的问题，而这些问题，或出在语义、句法、语用等大的前提之下，或出在对象、顺序、感情色彩等这类详细的背景中，无论哪种偏误，我们都要帮其发现问题，纠正问题，让全世界正在学习汉语或将要学习汉语的朋友都能够正确掌握和使用我们的汉语惯用语。

参考文献

[1] 崔希亮. 汉语熟语与中国人文世界[M]. 北京：北京语言文化大学出版社，1997.

[2] 崔希亮.语言学概论[M].北京:商务印书馆,2012.
[3] 陈枫.对外汉语教学法[M].北京:中华书局,2012.
[4] 陈光磊.中国惯用语[M].上海:上海文艺出版社,1991.
[5] 车晓庚.惯用语在对外汉语教学中的难点与应对策略[J].语言文字应用,2006.
[6] 陈华琴.现代汉语惯用语及其文化内涵分析[D].中央民族大学,2007.
[7] 陈忠.现代汉语惯用语研究及在对外汉语教学中的应用[D].山东大学,2008.
[8] 邓春琴.惯用语初探[J].成都:成都师范学院,2003.
[9] 刁晶晶.对外汉语教学视角下的惯用语研究[D].山东师范大学,2013.
[10] 高歌东.惯用语再探[M].济南:山东教育出版社,1986.
[11] 高燕.对外汉语词汇教学[M].上海:华东师范大学出版社,2008.
[12] 谷俊.惯用语和成语的色彩义比较[J].西南民族大学学报(人文社科版),2004.
[13] 李明.对外汉语词汇教学与习得研究[M].北京:中国大百科全书出版社,2011.
[14] 马国凡.谚语.歇后语.惯用语[M].辽宁:辽宁人民出版社,1961.
[15] 马国凡,高歌东.惯用语[M].呼和浩特:内蒙古人民出版社,1983.
[16] 齐沪扬.现代汉语[M].北京:商务印书馆,2010:232—241.
[17] 苏新春.文化语言学教程[M].北京:外语教学与研究出版社,2013:77—128.
[18] 孙维张.汉语熟语学[M].长春:吉林教育出版社,1989.
[19] 孙治平,叶敏华.惯用语一千条[M].上海:上海文艺出版社,1999.
[20] 孙光贵.惯用语的定义与熟语的分野[J].长沙理工大学学报(社会科学版),2002.
[21] 邵东蕊.汉语惯用语文化内涵研究及对外汉语教学[D].天津大学,2010.
[22] 孙花萍.对外汉语教学的惯用语研究[D].中国海洋大学,2010.
[23] 万艺玲.汉语词汇教学[M].北京:北京语言大学出版社,2010.
[24] 温端政.现代汉语惯用语词典[M].上海:上海辞书出版社,2009.
[25] 王德春.新惯用语词典[M].上海:上海辞书出版社,1996.
[26] 辛菊,唐华.浅论包含服饰语素惯用语的文化意蕴[J].长治学院学报,2006.

马来西亚华语教学中语码混合现象研究

莫晟昱

摘　要：马来西亚是一个多文化相碰撞而交融的国家。在此语言背景下，语码混合现象普遍存在，它是以不合乎规范的语言变体为主要特征，在汉语中夹杂着其他多种语言成分。语码混合不同于语码转换，从句子整洁度上看，语码混合相对于语码转换而言较为杂乱。非标准变体的语码混合现象对马来西亚华语教学具有直接影响作用，我们以马来西亚丹绒马林重新国民型小学、霹雳丹绒马林公教国民型中学，以及马来西亚苏丹依德里斯教育大学学生群体为调查对象，通过实地考察法、问卷调查法和文献法等多种教育研究方法进行有层次地研究，认为由于个人因素和社会因素的共同作用造成马来西亚华语教学中的语码混合现象具有多样性、阶段性和社会性。我们基于研究成果，提出马来西亚华语教学应重视本位教育、因材施教和壮大师资力量的个人见解。

关键词：马来西亚；华语教学；语码混合；语码转换

一、引　言

伴随全球一体化持续升温，国家与地方间的交往日益密切，大范围的语言融合现象日趋显著。人们更加主动地接受外来文化，不断丰富自身原有文化。

我们立足于马来西亚多元社会背景，结合语码混合现象在马来西亚华语教学中出现的三种特性，并提出个人见解。

二、马来西亚社会多语环境概况

(一)马来西亚语言状况

根据马来西亚国家统计局最新人口普查数据显示，马来西亚总人数约为330,638,600人，其中马来人和土著民族加起来占总人口的62.5%、华人占22.6%、印度人占6.7%以及非马来西亚公民占8.2%。[①]如图1-1所示。

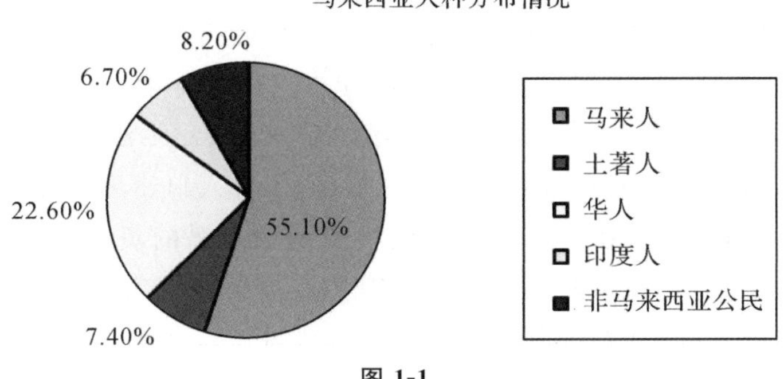

图1-1

多民族现象是马来西亚产生多语言环境的主要因素之一。自马来西亚独立以来，马来西亚政府通过制定一系列法律法规进行语言规划。《马来西亚联邦宪法》第152条规定马来语为国语，它也是马来民族母语。《马来西亚国家语言法》根据《1961年教育法令》巩固马来语的地位，在1967年把马来语确立为官方语言，并深入贯彻马来文为教学媒介语这一法规。

国家单元化的语言规划虽然巩固马来语作为国语的地位，与此同时也压制其他少数民族语言发展的空间，导致多种语言间的斗争。我们认为不合理的语言教育规划导致了马来西亚语言生态的不平衡，加剧了华语的非标准化现象。

① The World Facebook. People and Society: MALAYSIA[July 2017 est.]. [EB/OL]https://www.cia.gov/library/publications/resources/the-world-factbook/geos/my.html.

(二)马来西亚华语现状

汉语在马来西亚当地被称为“华语”,华语是华人社会的共同语言之一。根据世界人口统计马来西亚大约有500万人使用华语,主要分布在马来半岛、沙巴和沙捞越地区。[①] 华语是在马来西亚社会环境和语言环境中形成并发展起来的标准普通话的区域变体。[②] 其内部存在着较大的区域差异,出现本土化现象。

由于受到教育政策影响,马来西亚政府对马来语过度保护,马来西亚华人需要同时或是前后掌握马来语和华语。我们通过翻阅世界语言谱系发现:马来语属于南岛语系印度尼西亚语族,它是一种分析型语言,即黏着语,定语在名词之后,状语在动词之后,语法顺序为主宾谓。华语属于汉藏语系汉语族,即孤立语,语法顺序为主谓宾,用词序和虚词来表示语法意义。

我们通过比较马来语和华语之间的差异,结合人口密度对语言环境的影响,认为马来西亚华人在学习华语过程中受到马来语的负迁移的消极影响,从而得出的结论是:马来西亚华人用语言进行交际的过程中,出现的语码混合现象并非偶然,而是必然现象。

(三)马来西亚华语教学

我们从内部和外部两个因素对马来西亚华语教学进行分析。

1. 内部因素

全州性的学源锐减是马来西亚主要华语教育问题。我们以马来西亚两个地区里的华文中学为例,分别为马来西亚呲叻和南华。

(1)马来西亚的中学办学性质主要有两种,分别是国立中学和独立中学。1961年改制之初,马来西亚霹雳州14间华文中学的办学性质都是独立中学,独立中学的模式是一校两制。但是没过几年,由于学源不足而导致

---

① The World Facebook, People and Society: MALAYSIA: https://www.cia.gov/library/publications/resources/the-world-factbook/geos/my.html。

② 邓巧琳(Charlene Thien Chiao Ling):《马来西亚华语与标准普通话的语法差异及针对性汉语教学策略》,南京大学博士学位论文,2012年。

了一系列问题，华文独立中学纷纷倒闭，如今在马来西亚吡叻仅剩七所独立中学。

(2)马来西亚南华独立中学在 1962 年改制时，位于马来西亚南华地区的国立中学的学生数量有 500 多名，华文独立中学的学生有 300 多名。在改制之初就已相差 200 余名，之后随着发展，学生数量越来越悬殊。如表 3-13 所示。

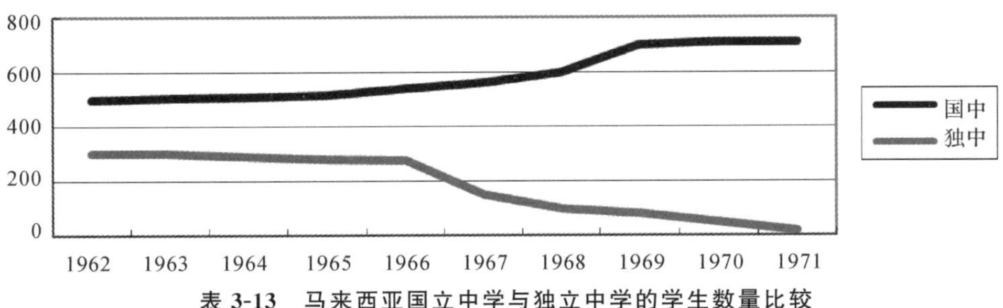

表 3-13 马来西亚国立中学与独立中学的学生数量比较

2. 外部因素

自 1854 年至 1908 年间，新加坡萃英书院、马来西亚槟城中学学堂、吉隆坡尊孔学校和怡保育才学校等新式学校的相继创办，华语教学就以私塾的形式出现在马来半岛。[①]华文教育在马来西亚虽已有百年历史，但始终生存于一种政治误解之下——马来西亚华人越热爱母语，就越是倾向民族沙文主义者；越捍卫母语学习，就越不愿融入社会。这是一种典型的文化歧视，不仅不利于各民族间正常交往，也会出现民族语言衰败甚至语言死亡现象。

在当今社会中，汉语国际教育正在被越来越多的人所接纳。对于马来西亚华语教学本身而言，世界一体化所带来的不仅仅是一次机遇同样也是一项挑战，标准化的华语教学对象不仅仅是学习母语的本族华裔青年，还有需要满足各种学习目的的非华裔人群。我们在文中着重讨论以马来西亚华语作为第一语言的教学。

① 陈烈甫：《东南亚洲的华侨、华人与华裔》，正中书局 2006 版，第 439—440 页。

三、相关概念基础

(一)语码

语码也被称为“语言代码”,它既是任何一种语言也是一种语言的变体。[①]

Verschueren 把语码定义为:Code is defined as any distinguishable variant of a language, involving systematic sets of choice, whether linked to specific geographical are, a social class, an assignment of functions, or a specific of use.[②]

我们将其理解为:语码是语言变体的一个单位,它与其他社会影响因素息息相关。

(二)语码转换

语码转换指的是在多种语言接触下,交谈中转换使用两种或两种以上的语言、方言或语体的现象。[③]郭熙则认为它是“现代社会的必然”。[④]

语码转换是目前为止讨论最多的接触性演变的机制,Myers Scotton 认为语码转换是接触性演变中的唯一机制。[⑤]

(三)语码混合

宋恩敏指出:语码混合是以一种语码为主而夹杂其他语码的语言现象。[⑥]

---

① Ronald Wardhaugh An Introdution to Socialinguistics, Blackwell Publishers Ltd 2000 年版,第69 页。

② Verschueren. J.: Understanding pragmatics. London, New York, Sydney, and Auckland: Arnold,1999 年版。

③ MyersScotton: Code-switching, Coulmas, Ed.: The Handbook of Sociolinguistics, Oxford Blackwell Publishers Ltd,1997 年版。

④ 郭熙:《中国社会语言学》,浙江大学出版社 2008 年版,第 169 页。

⑤ MyersScotton, Carol. Dueling Language: Grammatical Structure in Code-switching, Clarendon Press,1993 年版,第 174 页。

⑥ 宋恩敏:《论当今社会不可或缺的语码混合现象》,《重庆三峡学院学报》2008 年第 2 期,第67—69 页。

说话人将两种语言或者多种语言里的某些单词一起混合运用，达到语言上的平衡状态。Hudson 认为“语码混合的目的是象征一种颇为模棱两可的情境。在这个情境中，两种语言本身并不是十分正确”。[①]

我们认为，马来西亚教学中出现的语码混合属于非标准变体，在语音、词汇和语法上不合乎规范的语言变体，在汉语中杂糅其他多种语言成分。

（四）比较“语码转换”和“语码混合”

关于语码转换和语码混合的关系，学者们大致有三种看法：

其一，二者之间存在区别；

其二，二者之间无差异；

其三，二者之间的差异难以判断。

我们认为语码混合和语码转换之间存在区别，针对马来西亚华人在使用华语过程中出现的不同现象进行区分。

其一，语码转换是语句外部的变体。

例 1：Homewards，from home to home to another home. 话说，接下来几天有人要约吗？

例 1 为汉语与英语转换的复句，由两个句子组成。前一句仅由英文构成并完整地表达意思，后一句仅由中文构成并完整地表达意思。

其二，语码混合是语句内部的变体。

例 2：我不知道要用什么言语形容了，在此谢过雕发城老板介绍这一个 treatment，期间动员老板娘和戴着口罩看不到脸的口罩男，辛苦他们了，因为这款 treatment 实在呛，我全程关眼睛，一开始就被辣到，坐在外面的朋友都说眼睛睁不开了，但是效果惊人，赞一个！

---

① Hudson、R. A.：Sociolinguistics(Second edition)，Cambridge University Pres，2000 年版，第 53 页。

例 2 为汉语、汉语方言和英语之间的混合，下画线部分为汉语方言。基础语的成分是汉语，英语和汉语方言是嵌入语，“一个 treatment、雕发城”是混合成分。

经过对以上典型的案例分析后，我们发现：从句子整洁度上看，语码转换是比较整洁的，语码混合则相对杂乱。

(五)总结

人们使用语言进行交际的过程，简单概括为：编码→发送→传输→接受→解码而世界上的语言有六千多种，随着社会现代化的发展，各种语言之间的相互接触始终会伴随着民族间以及国家间的交流，每个文化都会吸收其他的新的内容，并且依照自身文化的固有模式，将吸收进来的新内容加以改造。

当新事物发展到原有语言没有能与之对应的替代词时，除了创造新词或扩展原有词语的新含义，更常用的方法就是直接借用或归化外来词。因此，语码混合现象与当今社会与现代化的社会发展结伴而行，尤其是在语言教学方面。

四、马来西亚华语教学中语码混合现象的分析

我们根据华语教学中的不同方面，即课堂教学、教师专业用语以及师资培训机构等作为研究内容，并根据年龄特征将调查对象分成三组：一是少儿组(6—11 岁)，二是青少年期(12—19 岁)，三是青壮年期(20—30 岁)分别来自丹绒马林重新国民型小学、霹雳丹绒马林公教国民型中学以及苏丹依德里斯教育大学。

其中，经统计后得到的语料共计 3276 个字：丹绒马林重新国民型小学组 1721 个字，霹雳丹绒马林公教国民型华文中学组 616 个字，苏丹依德里斯教育大学组 939 个字，共出现 206 个语码混合的词语和句子。其中霹雳丹绒马林公教国民型华文中学组最多，有 122 个，占了 59.22%，丹绒马林重新国民型小学组 44 个，占 21.36%，苏丹依德里斯教育大学组最少，共计 40 个，占 19.42%。如表 3-14 所示。

表 3-14　数据统计表

	华文小学组	华文中学组	大学中文组
语料总数(个)	1721	616	939
语码混合数量(个)	44	122	40
语码混合数占总混合数的比例(%)	21.36	59.22	19.42

(一)课堂教学的分析(以丹绒马林重新国民型华文小学为例)

我们以丹绒马林重新国民型华文小学为例,通过对课堂教学中的三个基本要素教学内容、教学方法和教学效果进行分析。

1.教学内容的分析

我们通过丹绒马林重新国民型华文小学三年级华文课文单元 18(一)《月亮风筝》课文,如例 3 所示:

> 假期里,我和家人到吉兰丹游玩,看到当地人放的风筝特别大,长、宽约一米。这些风筝外形像月牙儿,和我平常看到的不一样。表哥告诉我,这种风筝称为月亮风筝(Waubulan)。

其中"月亮风筝(Waubulan)"中的 Waubulan 是马来语,这是马来西亚教育部对"双语言课程"在教材上的实施,目的是提高国民对国语的掌握能力,直接锐减了华语在教学上的使用,这间接地解释了马来西亚华语教学出现的语码混合现象的首要原因。

2.教学方法的分析

我们翻阅丹绒马林重新国民型小学华文一年级课本时,发现华语语法练习以华语和国语两种语言的形式出现。其主导华文小学马来语、英语双语的翻译教学手法,暴露了教材编写者语文素养不足,导致学生对语言学习方法的掌握不够扎实。

以下是关于双语语法上的两个教学案例:

例 4:这件屋子　是　两　层　的。

Rumah　ini　bertingkatdua.

例 4 中,华语成分为:(这件)屋子是两层的。其中数量词“这件”与名词“屋子”搭配错误,应该为“这间屋子”。

一句完整的马来文由 subjek 和 predikat 两部分组成,subjek 是主语,predikat 包括谓语和宾语。在例 4 中,“Rumah ini 属于 subjek,即主语。bertingkatdua 属于 predikat,即谓语加宾语。它不能被拆开的原因是:bertingkatdua 意思等同于 kata kerjataktransitifberpelengkap.

例 5:他　只是　摇　头　当　被问。

Dia　hanya　menggeleng　kepala　apabiladisoal.

例 5 中,华语不规范,它是根据马来语“主宾谓”结构相对应。华语正确语序应为:他[在被问时][只是]摇头。

例 5 中的马来文中,Dia 属于 subjek,即主语,hanya…disoal 属于 predikat,hanya 是助词,等同于 kata bantu,menggeleng 既是谓语也是动词,kepala 属于 objek,即宾语。apabiladisoal 是 keterangan,即正在进行时态。

英语或马来语的语言形式同时出现在马来西亚华小教科书的现象并不少见,这直接导致了教师和学生在教与学上出现语码混合现象。我们还发现当地华文教师并没有把重点放在发现和掌握不同语言间的对应或是转换规律上,而是以直接教授为主的填鸭式教学。华文教师在教学过程中容易忽视华语和马来语在句型间的差异,这不利于马来西亚华人在多语学习中达到预期水平。

3. 教学环境的问卷调查分析

马来西亚在华语教学中出现的语码混合现象不仅不是个别现象,还是一种社会现象。在一个不稳定的语言环境下,学生很容易因此而受到影响。我们认为在如此脆弱语言环境的背景下,教学环境对马来西亚华语教学中的语码混合现象的泛化起到直接影响作用。教育主体在选择教学环境同样间接导致语码混合现象的普遍性。

基于马来西亚华文小学的华语教学现状，我们设计了关于教学环境选择上的问卷调查。本次问卷调查使用的方式是随机抽样，设定的研究对象是对马来西亚丹绒马林重新国民型小学的学生家长进行问卷调查。

本次调查时间为 2016 年 12 月至 2017 年 1 月，发放的调查问卷总计 150 份。在家长回答问卷前，先对家长事先说明此调查研究的意义，以最大限度保证所填内容的真实客观性。最后得到的有效问卷数量为 143 份，回收率为 95.33%。问卷调查结果如下表 3-15 所示。

表 3-15　数据统计表

	精英班上最后十名	普通班中等	普通班后十名	后面班前十名
选择人数(人)	34	114	11	4
所占比例(%)	23.78	79.72	7.69	2.80
有效问卷数量(份)	143			
回收率(%)	95.33			

根据调查数据表 3-15 表明，选择“普通班，孩子成绩是班上中等”的华小学生家长最多，共 114 人，约占 80%；选择“精英班，孩子成绩是班上最后十名”的华小学生家长数量位于第二，共 34 人，约占 24%；选择“普通班，孩子成绩是班上前几名”的华小学生家长偏少，共 11 人，约占 8%；选择“后面班，孩子成绩是班上前十名”的华小学生家长最少，共 4 人，约占 3%。

通过对数据结果的分析，我们发现绝大多数的华文小学家长更愿意把孩子放在学习水平、学习能力和学习效果相近的普通班中。当我们询问原因时，一位家长给出如下的答复：

> 不希望孩子有太多压力，希望孩子能够在健康的教学环境下学习华语。如果精英班里全班读书风气旺盛，同学们互相指导学习，就算孩子是最后一名，学习的时候也不会有压力，而且学得多。如果在后面班，多数的同学上课不专心，对老师教授的知识点难以掌握。老师也必须顾及大多数班上学生的成绩而把所教的简化或减化。孩子就算在班上拿到第一名，学到的也很少，用当地华人华语特色的话来说，就是这一代父母没有其他人说得那么 kiasu(闽南话，怕输)。

以上的答复以及数据表明，马来西亚华人希望给孩子一个比较舒适的学习环境，这跟有些逼着让学生在紧张的学习环境中学习的家长而言有很大的不同。

4.小结

6—11岁的学龄儿童在听说行为方面相对于少儿而言更加自如，也更易受环境的影响。他们没有一个明确的辨别对错、优劣的评定标准，判断能力随周围环境而定。他们运用他们的“内部语言”进行第一语言的口语交际，以致语码混合现象趋于普遍化。①

马来西亚的华裔适龄儿童在小学一年级就开始学习汉语拼音，但随着学生年龄逐渐增长，华文学校则不再进行汉语拼音的教学，如果学生遇到不理解的汉字，就必须请教华文老师。但学生为了应试，作文中出现的较难理解的成语、俗语、歇后语等好词好句都是靠死记硬背，并非加以自己的理解，未能够真正掌握中文的要义，即所谓的填鸭式教学模式，让学生快速取得好成绩而并非有效掌握。

（二）教师专业素质的分析（以霹雳丹绒马林公教国民型中学为例）

1.教师用语的分析

我们通过教学课堂中出现的语码混合现象对霹雳丹绒马林公教国民型中学的12—19岁青少年进行分析。我们在霹雳丹绒马林公教国民型中学听课，并通过录音笔记录听课笔记。听课内容是有关于陈德勇老师对高一数学（上）的教学：

例6：第一章是一元二次方程，除了知识点。接下来，当然我们需要多一点联系，所以在高一需要练习题，因为 **practice makes perfect**！所以要常常联系，并不是说看了就全懂honn……我们看这个练习题，可以看到 **step by step** 的解法，以及这边有一些重点的提示……接下来我们看看几个 **video** 是有关于这个一元二次方程式

① Carol. K. Sigelman、Elizabeth A. Rider：《生命全程发展心理学》，北京师范大学出版社2009年版，第663—665页。

的，首先我们来看 1.1 的部分，一元二次方程式它的 **defination**，我们来看它的 **video**……

高一数学课虽然不是华文课，但华文中学生在其他学科的课堂上以华语作为第一语言进行教学。例 6 为汉语、汉语方言和英语混合，加粗部分是英语，下画线部分为汉语方言。基础语的成分是汉语，英语和汉语方言是嵌入语，“practice makes perfect”“honn”“step by step”“video”和“defination”是混合成分。

2. 教师媒介语的分析

马来西亚官方为保持马来语国语的地位，在《2013—2025 国家教育发展大蓝图》里规定了教学媒介语统一为马来语，这是一种压制国民对少数民族语言学习的手段。

联合国教科文组织指出，母语教育是最直接和最有效的教学媒介语。但在马来西亚，双语言课程的落实减少了以华语作为教学媒介语的上课时间。我们通过统计发现，华文小学以华语作为教学媒介语有 710 分钟，约占 65%。如图 3-1 所示。

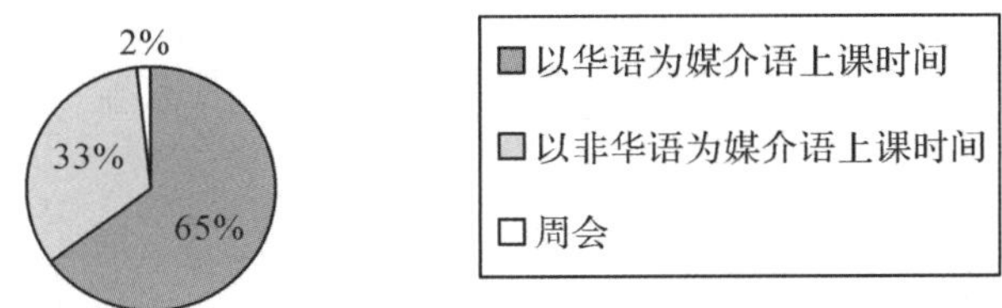

图 3-1　马来西亚教学分布时间

但经过“双语言课程”的落实后，华语作为媒介语的上课时间只剩下 690 分钟，约占 46%。如图 3-2 所示。

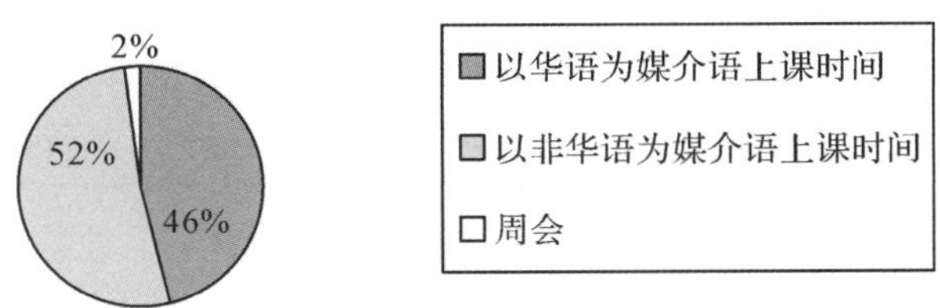

图 3-2　马来西亚教学分布时间

母语作为媒介语的上课时间锐减，直接导致了华文小学性质的变质，在教学过程中出现非标准变体的现象，即语码混合现象。

多语言社会要求马来西亚华人不仅需要掌握第一语言(华语),同样也需要掌握第二语言(马来语)和第三语言(英语或泰米尔语)。由于马来西亚语言教学条件和教学时限的限制,往往导致了三种或多种语言掌握不扎实,种种语言之间的对应、沟通、互译成了需要克服的主要问题,而且对教师语言条件要求较高,这使得马来西亚在华语教学中出现用第一语言学习第三语言,或是用第二语言学习第三语言的现象。这导致华文学校的中学学生不能够将语言间的异同点分清楚,最终导致相互混淆,相互干扰。

3.小结

在1967年马来语成为国语之前,英语曾作为国语在马来西亚使用。虽然英语在马来西亚地位已经被改变,但在政府、商贸活动和社会科学方面仍然得到广泛使用,也是马来西亚的中学教学用语。

可见,马来语与华语在结构上需要完全不同的教授模式,各种语言的教学模式必然导致语言间的竞争问题,在马来西亚尤其突出的是官方语言和少数民族语言之间的竞争关系。多种语言间的竞争关系导致了马来西亚华语教学过程中出现复杂的语码混合现象。

(三)师资培训机制的分析(以苏丹依德里斯教育大学为例)

1.苏丹依德里斯教育大学华文组

随着教育部的师范学院不再培训中学华文师资后,苏丹依德里斯教育大学成了目前培训中学华文师资的唯一教育机构。然而这几年来,苏丹依德里斯教育大学每年通过大学毕业生文凭课程所培训出来的中学华文师资不到60人,无法填补国民型中学华文师资的空缺。我们通过统计得出数据,如下表3-16所示。

表3-16　数据统计表

	2007年	2008年	2009年1月	2010年7月
学员人数(人)	13	0	21	21

2008年因宣传不足而开办不成华文组,2009年分两次录取学员。在2009年7月的21位学员中,8位是“大学毕业生文凭课程”的华文组学员,另外13位是“大学毕业生文凭课程”其他学科学员。

即使培养中学华文教师的渠道已经非常有限，马来西亚教育部门还是于2010年取消了“大学毕业生文凭课程”的华文组，进一步加剧中学华文师资不足的问题，同时也造成中文系毕业生没有机会接受师资培训。

2. 苏丹依德里斯教育大学中文教育系

据我们调查了解发现，随着“大学毕业生文凭课程”华文组停办后，唯一仅存的中学华文师资培训课程是由苏丹依德里斯教育大学于2008年首次开办的四年制的中文教育系课程。这项课程是录取持有马来西亚高等教育文凭，并具有马来西亚教育文凭华文资格者接受培训，以此成为中学的华文老师。据我们了解，第一批中文教育系课程的学院于2012年已经毕业。如下表3-17所示。

表3-17　数据统计表

	2008年7月	2008年12月	2009年	2010年
学院人数(人)	48	49	89	20

通过表3-17可以发现，自2008年开班以来，苏丹依德里斯教育大学中文系的学员人数不断减少，马来西亚华语教学前景令人担忧。

3. 小结

在现今的教育模式下，具体实施教学设计的主体就是任课教师。教师在教学过程中熟悉教学大纲之后，需要运用自己的教学方法，将语言知识和技能传授给学生。[①]提高马来西亚华人华语水平这个任务，马来西亚华文教师的责任重大，不仅仅需要教师提高自身的华语水平，还需要各教育学校加强提高教师的培训工作和相关部门政策的大力支持，以此提高马来西亚在华语教学上的效率。

(四)总结

我们在搜集语料的过程中，发现马来西亚华语教学中出现的语码混合现象具有明显的年龄差异，即在同一个言语社区内的不同年龄层的华人在使用语言变体上出现的差别。例如，在马来西亚华语中存在新华语和老华语的使

① 张先亮、聂志平，主编:《语言学概论》，高等教育出版社2011年版，第258页。

用差异，青年人使用新华语的比例明显高于老年人。

另外，我们由马来西亚华文学校来对语码混合现象的特点进一步分析：

其一，从华文学校学生的角度来看。学生的发展过程是由身体和心理两个方面发生变化的结果，是内外部因素综合发挥作用的结果，教学环境、教育政策以及师资力量都是影响华文学校学生学习的重要因素，而因受到几代人语码混合这一交际策略的历史影响下，华文学校学生在教学过程中出现的语码混合现象具有普遍性和不自觉性。

其二，从华文教师的角度来看。由于马来西亚教育政策对华语教学的误解，导致在教学媒介语的运用和教师自身汉语文化水平的限制，这一主导性原因所导致的汉语不标准化是很明显的。另外华文教师在整个的教学活动中始终扮演的是一个具有标榜性示范者的角色。经我们调查发现，培训中学华文教师的渠道非常有限，而且师资力量根本不能与中国相提并论。

其三，从华语教学内容的角度来看。双语或者多语教学方法的使用，已经用另外一种语言成分充当中介语去教授汉语，汉语的标准化教学难以得到体现。非规范的汉语难以发挥其独特的魅力，难以获得充分的、积极的学习动机，这弊端不仅仅出现在学的方面，同样也在教的方面上显现出来。

五、马来西亚华语教学中语码混合现象的特点

经过对马来西亚华语教学中出现的语码混合现象进行分析，我们认为马来西亚华语教学中语码混合现象的特点有三：社会性、多样性和阶段性。

(一)社会性：基础属性

我们认为马来西亚华语教学中出现的语码混合现象具有社会性。我们根据社会这一整体出发，从三方面入手，分别是：语言与文化、生产与实践和教学与运用。

1.语言与文化

一个社会的发展情况可以从社会里的语言显现出来，伯恩斯坦的“社会语言学语码取向”认为社会语境规定的语域受语码的控制和修改，这种观点是站在一个特定亚文化角度进行研究的。

语言与文化都是社会的产物，都离不开社会的影响。每一阶段都具有不同的历史性，每一阶段的历史性都是由语言与文化体现出来。

2. 生产与实践

言语是人们使用语言沟通而来，语码混合的概念从人们社会生活中产生而来，所固有的社会性同样也在马来西亚华文教学过程中显现出来。马来西亚华人使用华语在语言社团中进行交际，在语言社团里的华人由华人社团等社会组织联系在一起，在交际中所自然使用的语言相同，并形成社会交流网络。

3. 教学与运用

经我们走访发现，大多数华文学校由当地华人社团建成或在其支持下发展下去，学校的校董也均以华人占大多数，在办学理念上体现了华人社团的意志，在学校这个小社会环境下，语言随时把现实经验和人际关系加以编码，而教师和学生在教与学的过程中同时也在对社会语言进行解码。

4. 小结

综上所述，我们认为马来西亚华语教学中语码混合现象的社会性从语言与文化、生产与实践以及教学与运用体现出来，从各个方面体现社会性这一基础属性。

（二）多样性：前提条件

通过对在华语教学过程中出现语码混合现象中夹杂的不同语言成分进行分析，我们从汉语方言、马来语和英语出发进行调查研究。经我们统计出的数据，共出现 144 个语码混合现象的例句。其中嵌入语为英语的语码混合例子最多，共有 63 个，占总数的 43.75%；嵌入语为汉语方言的语码混合例子为 59 个，占 40.97%；嵌入语为马来语的数量最少，共计 22 个，占 15.28%。我们调查数据如下表 3-18 所示。

表 3-18　数据统计表

	英语	汉语方言	马来语
出现个数（个）	63	59	22
所占比例（%）	43.75	40.97	15.28

在一些大众传媒媒介中，这种多种语言成分混合现象层出不穷。我们在翻阅当地华文报纸时，发现有一篇关于《经济治安改善，华裔选票回流》的报道，评价内容如下：

例 7：总费讲说过马华会胜，结果输到一碌一卜！现在这个傻佬 ah chong 也是这样讲，这轮不懂会输到看不到路吗？好心啦！少说 ax she 的话了。Very ngai him！

例 7 句中，基础语的成分是汉语，英语和汉语方言是嵌入语，“一碌以卜”“傻佬”“ah chong”“ax she”和“Veryngai him”都是混合成分。其中，“一碌一卜”是粤语，形容跌倒后的惨烈程度；“傻佬”是粤语，形容做傻事的人；“ah chong”是指粤语拼法的名字；“ax she”为粤语读音；“Very ngai him”中“Very…him”是英语句式，意思是“很…他”；“ngai”是粤方言“呓”的读音，表示“嫌弃”的意思。所以“Very ngai him”意思是“我很嫌弃他。”

1. 汉语与汉语方言混用部分例句及分析

马来西亚华人的祖籍大多以中国东部沿海城市为主，原有汉语方言对马来西亚华人在交际策略的选择上的影响可以说是占主导地位。我们根据调查列出的部分汉语方言词汇。如下表 3-19 所示。

表 3-19　数据统计表

词汇	词性	来源	词义	频率(%)
甫士	名词	粤方言直译	姿势、样子	24.58
高企	形容词	粤方言	处于高位	36.61
货柜	名词	粤方言	集装箱	36.52
朦查查	形容词	粤方言	糊涂的样子	0.02
山龟	形容词	闽南方言	形容没见过世面的样子	0.03
食风	动词	闽南方言	兜风	0.43
死火	动词	粤方言	熄火	0.45
头家	名词	闽南方言	老板	1.53
头手	名词	闽南方言	在范围内技术最好的人	0.95

马来西亚华人因移民而形成的方言岛，从而导致语言在不同地区的地域变体。[①]通过表 1-7 看出："高企"和"货柜"出现频率最高，分别是 36.61%和 36.52%，"朦查查"出现的频率最低，出现次数为 1 次。其中经济类名词出现次数偏多，分别是"甫士""高企""货柜""头家"和"头手"。

2. 汉语和马来语混用部分例句及分析

表 3-20 是根据我们调查列出的部分马来语词汇。

表 3-20　数据统计表

词汇	类别	词义	频率(%)
Kampong	交通类	乡村；村落；村庄	2.58
sergeant	职业类	警阶的一种	0.52
kopi-O	食品类	只加糖的咖啡	1.03
kebaya	服饰类	一种传统服饰	6.70
duit	经济类	钱；钱财。Duit 融入了闽南语"钱"的意思	2.06
rojak	食品类	指大杂烩的沙拉，比喻杂凑拼合的事物	6.70
dutuk	政治类	由马来西亚各个州的苏丹所颁授的最高勋衔	34.7
kaki lima	交通类	人行道	17.1

通过表 3-20 看出，"datuk"出现频率最高，"sergeant"出现的频率最低，共出现 1 次。其中"datuk"是政治类词汇，出现较多原因是因为马来西亚华人希望自己能够担任此职位，达到飞黄腾达的期许。表中食品类的马来语比较多，说明马来西亚的文化是多种多样的，涉及各行各业，特别是与人息息相关的生活类。

另外，我们通过《东南亚华文语料库》进行检索，发现"巴刹""峇峇"以及"娘惹"等大量音译词在东南亚海外华人语言社区中被使用。例如，"巴刹"是马来语"pasar"的音译，意思是市场、集市、菜市。"巴刹"在《东南亚华文语料库》中共出现 2638 个例句，大量的例句表明这个音译词已经被广泛使用。但有些音译的特有词并没有出现在华人语言社区中，而在当地直接以原文的形式进行交流，不再进行音译。例如，"你不要 kacau 我了"，"kacau"意思是打扰。

① 齐护扬、陈昌来，主编：《应用语言学纲要》(第二版)，复旦大学出版社，2016 年 2 月，第 207 页。

3. 汉语与英语混用部分例句及分析

我们通过调查发现，马来西亚华人使用华语和英语的交际策略的原因有以下三点：

其一，词义上的不完全对应导致了汉语音译词的大量产生以及使用；

其二，英语在马来西亚是三大通用语之一，在马来西亚的地位和影响显而易见；

其三，英汉的混合满足多种语言形式的要求，尤其是马来西亚华裔青年。

表 3-21 是根据我们调查列出的部分英语词汇。

表 3-21　数据统计表

类型	原句	对应意思
人称	谢谢你 bro！	兄弟
语气词	考完试就可以 high 了！	很高兴
动词	我 back up 起来的东西。	备份
名词	听说会驾 motor 的女生很帅	摩托车
专有名词	Assignment 在等着我回家。	论文
缩略词	招待那么多天 VIP，今天自己坐一坐 VIP 位置。	贵宾
短语	我的 5-month-old 阿弟快长高长大啊！	年龄
	房间要自己打扫，要开始我的 study hours 了。	学习时间
	看到这门，立刻想起尸速列车“train to busan”。	电影名称
	happy end 好感人！	喜剧结尾

原句中其基础语的成分是汉语，英语是嵌入语，“bro”“high”“back up”“motor”“assignment”“VIP”“5-mouth-old”“study hours”“train to busan”和“happy end”属于混合成分。

通过表 1-9 可看出，汉、英语的混用在一定程度上满足了简洁、强调和新奇的交际策略。另一方面，这也违背了语言的标准性和完整性。

4. 小结

语言的社会地位高低与其功能的大小取决于它自身所处的环境影响和语言使用范围的大小。

虽说汉语是马来西亚华人的母语，但是掌握的程度可能还不及国家官方语言或其他语言。我们对受教育不同程度的马来西亚华人在使用华语时的语码混合进行分析发现:马来西亚华人在表达上同时使用三种语言形式的例子在我们调查过程中十分普遍,三语并用的局面在马来西亚保持着相对平衡,双语言的教学模式在马来西亚华文学校屡见不鲜,多样性的语码混用现象存在着必然性。

(三)阶段性:路线要求

我们认为马来西亚华语教学中出现的语码混合现象具有阶段性。我们站在教师的角度上来看知识个体发生的一般模式阐述阶段性这一特点,根据年龄层次划分为三个阶段,分别是:小学教育教育阶段、中学教育阶段和意义表达阶段。

1. 小学教育阶段:教学媒介影响性

6—11 岁年段的学生处于一个过渡性学习的小学教育阶段,是口语学习阶段向书面语学习阶段的过渡期,运用内部语言进行口语交际后转化为独有的书面文字。

6—11 岁的学龄儿童在听说行为方面相对于少儿而言更加自如,也更易受环境的影响。他们没有一个明确的辨别对错、优劣的评定标准,判断能力随周围环境而定。由于这年段的大部分学生是场依存型风格,从众心理牵制着学习的心向。

综上,我们认为马来西亚华语教学中出现的语码混合现象的阶段性在小学教育阶段是以教学媒介影响性为主要特征而显现。

2. 中学教育阶段:教师主导影响性

12—19 年段的学生处于一个具有组织性学习的中学教育阶段,是以书面语为主要的学习内容,能够利用事物的特质定义事件的性质,相对于小学阶段的学生而言更具有专业性和区分型。

根据 12—19 年段的个体学习的一般模式,我们认为针对此年段学生的教学活动应更具系统组织性。但由于马来西亚语言教学条件和教学时限的限制,往往导致了三种或多种语言掌握不扎实,三者语言之间的对应、沟通、互译是需要克服的主要问题,多种语言间的竞争关系导致了马来西亚华语教学过程中出现复杂的语码混合现象。

复杂的教学语言环境对教师的语言条件要求较高，由于马来西亚教育政策对华语教学的误解，导致对教学媒介语的运用受到教师自身汉语文化水平的限制。马来西亚当地华文教师通过模仿原先华语教学方式后，自身华语素养较低，这直接导致马来西亚在华语教学中出现用第一语言学习第三语言或是用第二语言学习第三语言的现象。这对于华文学校的中学学生不能够将语言间的异同点分清楚，最终导致相互混淆，相互干扰。

综上，我们认为马来西亚华语教学中出现的语码混合现象的阶段性在中学教育阶段是以教师主导性为主要特征而显现。

3.表达意义阶段：个体与社会相结合

20—30 岁年段的学生所处的知识个体发生的一般模式以如何表达意义为主的语言学习，是个体语言和社会语言相结合的语言学习阶段。

经过对数据进行分析，我们发现：由于不同年龄段的学生对待新事物的态度不同，大学组在语言上的变化要快于小学组和中学组，接受一些时尚的词语、随潮流的表达方式，能够更加适应社会发展的方向。

综上，我们认为马来西亚华语教学中出现的语码混合现象的阶段性在表达意义阶段是以个体与社会相结合为主要特征而显现。

4.小结

根据年龄学段的划分，与三组调查对象相对应分别是 6—11 岁的丹绒马林重新国民型小学、12—19 岁的霹雳丹绒马林公教国民型中学以及 20—30 岁的马来西亚苏丹依德里斯教育大学。

综上所述，我们认为马来西亚华语教学中语码混合现象的阶段性从小学教育阶段的教学媒介影响性、中学教育阶段的教师主导影响性和表达意义阶段的个体与社会相结合而体现出来。

（四）总结

我们通过实地走访、问卷调查以及结果分析，总结出马来西亚华语教学中出现的语码混合现象有三个特点，即阶段性、多样性和社会性。

我们整理发现，三个特征相互影响、相互促进。个体的知识学习模式的阶段性对整个意义系统的形成提供了路线，而个体与整体的多样性为意义系统提供前提条件，二者共同构成了社会性这一基本属性。

马来西亚华语的语言社区中出现的语码混合现象是一个复杂的、混合的综合体，它是文化发展水平、政治发展水平、经济发展水平、人口条件和地理条件共同作用下产生的社会化语言现象。

六、马来西亚华语教学中语码混合现象产生的原因

(一)内部因素

初代马来西亚华人为了在当地生存与生活，需要使用与当地人相同的交际工具与当地人进行语言沟通。久而久之，当华人群体运用语言沟通时，就使得华语里出现夹杂马来语或英语的现象。

我们通过对马来西亚各大高校统计，发现大部分大学的教学媒介语是英语，其中马来西亚高等教育文凭属于英系教育系统，相当于中国国联认证技术证书 A 级的水平，这个文凭是受全世界认可的。所以大部分大学生从高校毕业时，对于英文的掌握熟练度远远大于对华文的掌握程度，对一些事物不知道如何用华文表达，对于想要表达的内容在自己的语料库中难以一时间找到相匹配的词汇，所以在第二语言习得的交际策略上选择避免原则，而采用英文或马来文的形式表达。

(二)外部因素

1. 政治因素

政府为保护马来语作为国语的地位，在华语推广上形成了各种形式的阻碍，华人身上的中华文化渐渐变质，这使得汉语在不同种族间的分享在马来西亚这个国家难以健康地发展下去。

2. 文化因素

大众传媒对华人使用语言方式上起到重要作用，尤其是华裔青少年他们追求时髦的心理和他们容易受环境影响而模仿的特点。媒体为配合大众文化需要，以及顾及少数马来人的需求，在各类媒体工具上，使用马来文与华文

夹杂的形式出现在社交网络、报章杂志及教材编排上等十分常见。比如Facebook这类社交网站。但这类社交网站对于语言规范上没有一个标准的界定，纯粹是为了迎合多数人口味而和盘托出，导致语码混合的现象扩大化。

七、针对马来西亚华语教学中语码混合现象的个人思考

(一)重视本位教育

马来西亚在华语教学中出现的语码混合现象需要从基础教学开始规范。马来西亚华语作为母语的语文教学过程中需要强调本位教育，即“字本位”。我们发现，马来西亚华语新教材以拼音学习为起点。拼音属于表音文字，而汉字属于其相对的表意文字，将两者进行比较，表音文字比表意文字在传播过程中更容易发生变化。

学习拼音和学习汉字是两种不同的语言系统，识字教学需要指导学习者从了解字面意思、明了用意、借助语境使用和解读文本四个层级逐次掌握，通过改善教学顺序，改变学生的学习方式，对学生的逻辑思维能力进行训练，提高思维水平的质量，提倡发现式教学。

(二)开展更多有针对性的教学活动

在马来西亚华语教学中，不能照搬对中国学生所使用的方法，要注意华文学生学习华语的特点，尤其要针对他们的掌握情况来进行教学，采用因材施教等方式以提高华语教学的质量。通过优秀汉语读本这一媒介将中华文化与华人文化对接起来，让学习者沉浸在优秀的中华文化中，潜移默化地感受博大精深的中华文化，将工具性动机逐渐转化为融合性动机，从而形成良好的语言学习态度，开设问题情景模式，保护好奇心，激发学生高级学习动机，对华文产生积极的学习兴趣，保持高涨的学习氛围。

同样地，在进行语言教学的过程中，针对不同气质类型的学生采用不同的疏导策略，可以从组建班集体活动入手，将教育深入到学生内心，使得教学活动有意义。

(三)培养更多的专业中文教师

转变教师的教学方式,多采用启发式教学,让马来西亚华语师资力量更加专业化。

从马来西亚苏丹依德里斯教育大学中文系的华文课程设置来看,它的培养计划集中在语言语法和具体的文学课程中,对于教学法的培训时间所占比例较少,主要有中国语言学(Linguistik Cina)、翻译学(Teori Penterjemahan)、词汇学(Morfologi Bahasa Cina)、现当代文学(Kesusasteraan Cina Moden)和马来西亚华文化学(Pengantar Sosio Budaya Dan Pendidkan Cina Di Malaysia)……

在今后华文教学中,马来西亚华文大学需要培养更多既熟悉华语,又熟悉其他民族语言的本土教师;既懂得双语教学规律和教学法,又了解国家民族政策和民族语文政策的双语教学教师,能够区分不同类型的语文教学模式;既能够进行华语教学,又能够开展文化培养的中文教师。在保证量的基础上,也有质的提升。

参考文献

[1] 高华年.语言学概论[M].南宁:广西人民出版社,1983.
[2] 卢绍昌.华语论集[M].新加坡:金昌印务,1984.
[3] 邓晓华.人类文化语言学[M].厦门:厦门大学出版社,1993.
[4] 邓炎昌,刘润清.语言与文化[M].北京:外语教学与研究出版社,1994.
[5] 陈章太.语言规划研究[M].北京:商务印书馆,2005.
[6] 陈烈甫.东南亚洲的华侨、华人与华裔[M].南京:正中书局,2006.
[7] 郭熙.中国社会语言学[M].杭州:浙江大学出版社,2008.
[8] 程孟辉,等.世界主要语言手册[M].北京:商务印书馆国际有限公司,2008.
[9] 卡拉·西格曼,伊丽莎白·瑞德尔.生命全程发展心理学[M].北京:北京师范大学出版社,2009.
[10] 张先亮,聂志平,主编.语言学概论[M].北京:高等教育出版社,2011.
[11] 张卫国.双语学纲要[M].北京:中央民族大学出版社,2014.
[12] 韩立德.作为社会符号的语言[M].苗兴伟,等,译.北京:北京大学出版社,2015.

[13] 齐沪扬,陈昌来,主编.应用语言学纲要[M].上海:复旦大学出版社,2016.

[14] Rajend Mesthrie. English in Language Shift: The History, Structurel [M]. Gambridge:Cambridge University Press,1988.

[15] Myers-Scotton,Carol. Dueling Language:Grammatical Structure in Code-switching[M]. Oxford: Clarendon Press,1993.

[16] Myers-Scotton. Code-switching [M]. Coulmas, Ed. The Handbook of Sociolinguistics. Oxford: Blackwell Publishers Ltd, 1997.

[17] Verschueren · J. Understanding pragmatics[M]. London, New York, Sydney, and Auckland: Arnold, 1999.

[18] Hudson, R. A. Sociolinguistics (Second edition) [M]. Cambridge: Cambridge University Press,2000.

[19] Ronald Wardhaugh. An Introdution to Socialinguistics [M]. Oxford Blackwell Publishers Ltd,2000.

[20] A Brice. Code switching and code mixing: Dual language issues affecting the school speech-language pathologist [J]. Tejas Texas Journal of Audiology & Speech Pathology,1997(22).

[21] 王瑾,黄国文.语码转换之结构研究述评[J].外国语言文学,2004(2).

[22] 宋恩敏.论当今社会不可或缺的语码混合现象[J].重庆三峡学院学报,2008(2).

[23] 叶婷婷,吴应辉.马来西亚的华语作为第二语言教学教材探析[J].云南师范大学学报:对外汉语教学与研究版,2010,8(4).

[24] 康晓娟.海外华裔儿童华语学习、使用及其家庭语言规划调查研究——以马来西亚 3—6 岁华裔儿童家庭为例[J].语言文字应用,2015(2)

[25] 郭彩霞,张治国.马来西亚中小学语言教育政策研究[J].长春教育学院学报,2015(12).

[26] 王睿欣."一带一路"战略背景下马来西亚华语教学发展的新趋势[J].马来西亚新纪元大学学院教育系,2017,7(4).

[27] 吴文芯(Doreen Ng B. S).从华语的应用探讨汉语与汉字在马来西亚的发展状况[C]."汉语与汉字关系"国际学术研讨会论文提要. 2015.

[28] 黄婉桦.马来西亚华语和汉语标准语词语差异研究[D].暨南大学,2010.

[29] 邓巧琳(Charlene Thien Chiao Ling).马来西亚华语与标准普通话的语

法差异及针对性汉语教学策略[D]. 南京大学,2012.

[30] 黄建通. 马来西亚华裔和非华裔小学生汉语书面表达对比分析及调查研究[D]. 南京大学,2013.

[31] 赵凌梅. 马来西亚华语教育历程及发展研究[D]. 福建师范大学,2015.

[32] 贾蕾. 本土教材《基础华语》中的马来西亚华语词汇研究[D]. 北京外国语大学,2016.

[33] 李璘.《马来西亚华语教材〈华语入门〉字词选编研究》[D]. 华中师范大学,2016.

[34] 中国侨网:大马教总反对华小推行双语课程,称破坏华小特质[EB/OL]. http://www.chinaqw.com/hwjy/2016/05-20/89207.shtml.

[35] The World Facebook. People and Society: MALAYSIA [EB/OL]. https://www.cia.gov/library/publications/resources/the-world-factbook/geos/my.html.

论对外汉语教学中非语言交际的运用

相舒娜

摘　要：非语言交际指的是在一定交际环境中除了语言因素以外的，对输出者或接受者含有信息价值的那些因素。这些因素可以是人为生成的，也可以是由环境造就的。其可分为四大类：体态语、副语言、客体语、环境语。适度、得体的非语言交际行为能有效地辅助语言交际。在零起点的汉语教学中，采用恰当的非语言交际行为有利于学生对语言要素的学习；而在中高级汉语教学中，非语言交际行为可用来辅助语言技能的教学。在不同阶段的不同课型中，非语言交际行为的运用具有倾向性。此外，语境也属于非语言交际的范畴，语境中的上下文语境和情境语境在对外汉语教学中起着重要作用。因此，非语言交际是对外汉语教学中一个比较重要的方面，它不但能提高学生的课堂参与程度，提高学习效率，还有利于加强课堂管理。同时，教师在非语言交际的运用过程中，应注意其表现形式并遵守其原则。

关键字：对外汉语教学；非语言交际；体态语；环境语

一、引　言

人类的交际方式可分为语言交际和非语言交际两种，非语言交际指的是语言行为以外的所有交际行为，在整个交际过程中是不可或缺的。从某种程度上来说，非语言交际所传递的信息跟语言交际相比更简单，更生动，更真实，更显示其独特的魅力和强大的功能。从非语言交际的角度来说，教师的体态语，声音的变化，以及利用实物、图片、卡片、多媒体 PPT 来传递信息，从而提高学生学习兴趣的方式，都属于非语言交际。

课堂教学是师生交往最频繁、最集中、最典型的情景，非语言交际作为师生交际的一个重要渠道，对课堂教学活动有着重要的影响。尤其是在汉语课堂教学中，教学对象来自不同的国家，有着不同的民族文化背景，而且汉语学习能力也不同，汉语教师需要在汉语和他们的母语中寻找一些共同点来辅助语言教学。在日常生活中，我们可以看到聋哑人或无法用同一种语言沟通的人总是通过手势、画图或指示事物来进行交流，这说明人们对于大部分客观事物的认识是相同的。所以，在汉语课堂上，教师可通过实物、图片、体态语、PPT 等非语言交际手段来传递信息，进行教学，给予学生视觉的刺激。心理学研究表明，人之所以能在脑海中建立起观念，基于视觉经验为 40%，而听觉仅为 25%。看过的比听过的所记住的内容多 1.66 倍，由视觉和听觉结合起来获得的知识可达 65%。[①] 因此，汉语教师的非语言交际手段的使用能够提高学生对知识点理解的敏捷度，同时还能让学生理解知识运用的语境和时机，从而提高学习效率。

二、非语言交际行为

(一)非语言交际行为的界定

对于非语言交际的定义，国内外的学者、专家有着不同的意见。有的定义为“非语言交际指的是在一定交际环境中语言因素以外的，对输出者或接受者含有信息价值的那些因素。这些因素可人为生成，也可由环境造就。”[②]我国传播学领域的学者关世杰将非语言交际行为定义为“在交流环境中除去语言刺激以外的一切由人类和环境所产生的刺激，这些刺激对交流双方具有潜在的信息价值，或者说，它是在语言之外进行交流的所有符号。”[③]还有的定义为“非语言交际是不用言辞表达的，为社会所共知的人的属性或行为，这些属性和行为由发出者有目的地发出或看成是有目的地发出，由接受者有意识地接受并有可能进行反馈。”[④]

① 牛志芳：《浅谈英语教学中体态语的使用》，《当代教育论坛》2007 年 09 期。

② Samovar L. et al. Understanding Intercultural Communication，Wdsworth，1981 年。

③ 关世杰：《跨文化交流学》，北京大学出版社 1995 年版，第 21—22 页。

④ 杨平：《非语言交际述评》，《外语教学与研究》1994 年第 3 期，第 1—6 页。

综上所述,我们可将非语言交际定义为:任何除了语言行为以外的交际行为。

(二)非语言交际行为的分类

非语言交际行为的涵盖范围很广,对于其分类,学者们也有不同的看法。从跨文化交际教学的角度出发,毕继万将非语言交际行为分为如下四种,前两种归为非语言交际行为的范畴,后两种归为非语言交际手段的范畴。

1. 体态语

体态语,也叫作身势语或者体语。包括身体的基本姿态、基本的礼节性动作(礼貌性的微笑、握手、拥抱)、人的面部表情和肢体动作(如头部动作、手势、眼神等)所提供的信息。不同的动作,含义各不相同。在教学过程中,体态语起着重要的作用。各种肢体动作具有象形、指示、表情、达意的功能,在交际过程中能辅助语言交际,使语言交际所传递的内容更生动,从而提高语言的准确性。

2. 副语言

副语言,也叫作类语言或者伴随语言。副语言这个概念有广义和狭义之分,广义的副语言指的是除言语声音现象以外,还将某些书写符号、体态动作、面部表情以及言语交际情景都包括在内。而狭义的副语言指的是伴随言语的某些声音现象如音量、语速、音调、音色等。不过大部分的学者都从副语言的狭义方面着手进行研究。在课堂中,面对同样的教学内容,有的教师讲得绘声绘色,而有的教师却讲得枯燥无味,副语言在其中起着非常重要的作用。

3. 客体语

客体语,指的是物质的一切有意和无意的展示,包括个人的衣着打扮、发型、装饰品,这些物品具有两个特征:实用性与交际性。若从交际角度出发,这些物品可用来传达某些非语言信息,比如,着装可反映一个人的职业,一个人的价值观念,一个人的信仰,甚至可以反映一个人的个性和性情。

4. 环境语

环境语包括课堂环境、空间信息、时间信息、建筑设计与室内装修等。在课堂上,教师与学生在同一个空间,周围的环境因素也会间接影响师生的情绪。例如，教室中的座位排列，不同的课型应安排不同的座位顺序。此外，图片、板书、多媒体 PPT 的使用也归为这一范畴。

三、非语言交际行为在不同阶段的对外汉语课堂中的应用

(一)在初级汉语课堂中非语言交际的应用

在初级汉语课堂中，学生是汉语零基础，以前从未学习过汉语。如果还用死记硬背的传统方法来授课，很容易使他们在潜意识中对汉语产生排斥心理。尤其是在语音和词汇学习的初级阶段，总是要进行大量的机械性练习，教学过程单一，学生很容易感到厌倦、疲劳，无法调动他们的学习积极性。所以，教师在授课的时候要有一定的教学技巧，如通过非语言交际手段(动作、音响、图像等)来调整教学内容及方法，将教学重点化难为易，化繁为简，消除初期语言学习时的枯燥感。再如运用肢体语言辅助语言教学，来帮助学生辨正语音，识别汉字，让学生感到汉语并不难学，鼓励学生努力学习汉语。

1. 非语言交际与语音教学

语音教学是零起点汉语教学的开始，教师的示范和讲解、学生的模仿发音是这一阶段最重要的教学内容。教师要指导学生运用正确的口型和舌位来发音。在这一教学过程中，学生如果不能准确地掌握发音要领，就会出现发音不准的问题。通常对外汉语教师会倾向运用体态语来辅助语音课堂教学。

在发音时，学生难以直观地看到口腔内舌头、牙齿、上颚的相对位置及动作变化，教师可用双手模拟发音器官，动态地展示口腔中发音器官的动作过程。如用右手手掌向下四指微微弯曲表示上颚和牙齿的位置，用左手手掌向上表示舌头，来模拟演示 z、c、s 和 zh、ch、sh 两组舌尖音的发音部位。具体来说，在进行 z、c、s 发音时，舌尖的接触位置是上齿背，可用左手指伸直，顶住右手的指尖来演示。在表示 zh、ch、sh 发音时，舌尖上翘，接触上齿龈，可用左手指微微弯曲，顶住右手第二关节处来演示。采用这一方法，双手相配合可演示很多音的发音部位和发音方法，也便于学生更好地了解发音要领。

此外，在教圆唇音时，教师可用手在嘴前画圈；教辅音时，教师可指导学生把手指轻放在喉头来感受声带是否震动；教声调时，可用头的摆动或手指

的划动来表示四声的变化模式，这些视觉性的动作可以进一步加强语言讲解的效果。

2. 非语言交际与词汇教学

在初级汉语词汇教学的课堂上，教师倾向使用体态语和环境语来辅助语言教学。例如，运用环境语来解释词语，尤其是在方向、方位词的教学中。教师可以利用教室的布置、课堂周围环境，通过课桌椅、黑板、讲台等来解释“上下”“左右”“前后”等方位词，利用门、楼梯、走廊等来解释“走进来”“走出去”“走上来”“走下去”等趋向补语。在进行词语操练时，学生之间可互发指令，做出相应的动作，来加深对词语的理解。

在汉语教学的初级阶段，学生的词汇量不足会限制教师运用汉语来解释生词的水平。而非语言交际行为的运用，则有利于教师将一些抽象的教学内容变得简单化、具体化。例如，在给学生解释高兴、生气等词语时，教师就可以运用面部表情来告诉学生这些词语的含义。双目圆睁，嘴角下拉表示生气；眉开眼笑，嘴角上扬则表示高兴。另外在解释一系列与手有关的动作性较强的词语时，如“打”“推”“提”“拉”“抱”“挽”等词，直接用动作解释就比较容易，所以教师只需要在课堂上演示这些动作，学生便一目了然，同时也容易帮助学生记忆。

3. 非语言交际与语法教学

由于汉语的语法意义和语法规则很抽象，所以，在语法教学过程中，许多汉语教师采用环境语（如图片法）来进行教学，充分利用学生擅长形象思维的特点，尽量将抽象的语法理论转化为学生对教学知识的主观感受。

如利用图片法来进行“正在……呢”这一语法点的教学，其表示动作进行中。首先采用单图讲解，汉语教师先准备几张不同的图片，每张图片都可以单独展示，而图片之间没有意义上的联系。

图 3-3 看图说话

图 3-4 看图说话

教师问："他们正在做什么呢？"
学生答："踢足球。"
教师："是的，他们正在踢足球呢。"
教师问："小红正在做什么呢？"
学生答："看电视。"
教师："是的，小红正在看电视呢。"

其次，教师讲解"正在……呢"的语法意义，表示动作进行中。教师可采用组图的形式，即一张图片中有很多个场景存在。例如，展示学生上体育课的图片。

图 3-5　看图说话

如图所示，A 和 B 正在打羽毛球，C 和 D 正在打乒乓球，E 和 F 在跳绳，还有六个同学正在踢足球，四个同学正在跑步，三个同学正在打篮球。教师可以指着图片中的某位同学，让学生练习说句子，来检验学生是否理解这个语法点。

教师："A 和 B 正在干什么呢？"
学生："A 和 B 正在打羽毛球呢。"
……

最后可通过图示小结该语法：

	正在	+V+O+呢
我	正在	唱歌呢
玛丽	正在	跳舞呢

4. 非语言交际与汉字教学

汉字教学是汉语初级阶段每天都要进行的教学环节，学生只有经过反复的认读、辨认才能有效地记住这些汉字并且准确地书写汉字。在这一过程中，教师需借助环境语来辅助课堂教学，帮助学生记住一些简单的汉字，了解汉字中所蕴含的中国文化，从而激发起他们学习汉语的兴趣。

汉字由笔画组成，即先是由笔画组成部件，再由部件构成整个汉字。首先学生要学习基本的笔画；其次，再让学生了解写汉字时的基本笔顺。因为只有掌握了汉字的字形，并养成了按笔顺书写的习惯，才能写出端正和美观的汉字。这就要求汉语教师利用现有课堂资源、设备和学生的实际学习情况进行教学。如，使用 flash 动画演示汉字笔画、笔顺的演绎过程，而且还可根据学生自身的实际情况，来重复显示某一笔画。

在汉字的操练上，教师可采用一些游戏或比赛的形式，让学生在趣味性的活动中进行练习。比如，教师可以用识字卡片，让学生来进行一些认读汉字的比赛：教师拿出几张卡片，学生先选后念。首先，学生先选一张卡片；其次，要求他念出卡片中的汉字，如果念正确了，那么就可以把这张卡片拿走；最后，学生可以比一比谁手中的卡片最多，最多的那个人就是获胜者。

此外，汉字是表意文字，教师可通过图片进行讲解，也可通过动画的形式来介绍汉字的来源及其演变过程。

（二）在中高级汉语课堂中非语言交际的应用

在后续汉语教学中，学生已经掌握了基本的语言结构，有了一定的词汇量，能用汉语进行日常交流，但若要成段地表述，他们仍会面临表达不恰当的问题。学生急切地想提高自己的语言技能，用准确的汉语来表达自己的想法。这时，教师的非语言交际行为就要运用得更灵活，更多样化，来增强有声语言的表达效果，丰富教学内容，营造一种活跃、积极的课堂气氛，提高课堂教学效率。

1. 非语言交际与听力教学

听力就是人们利用听觉器官对语言信号的接受、解码的过程。听力教学的重点是提高学生的听力技能，即辨别分析能力、记忆储存能力、联想猜测能力。若要提高学生辨音辨调的能力，则需要加强学生对副语言交际的理解。在进行听力训练的过程中，能迅速分辨出听力材料中的语音、语调、停顿、连续等，能正确地理解所听到话语的意思。例如，有以下两个句子：我想起来了。我看到他很高兴。在这两句话中，停顿的地方不同，语法意义也会变得不同。前一句可切分成，我/想起来了和我想/起来了；后一句可切分成，我看到他/很高兴和我看到/他很高兴。因此，学生在听的过程中，若没有正确理解句子的停顿之处，那么就会错误地理解语句的意思。

在听的过程中，对于语气、语调的正确理解也是至关重要的。例如，学生在听到"她已经回学校了吧？"这一句话时，若能理解其中的语气词"吧"，以及句尾上扬的特征，那么就可以判断这是说话人由于对事情的不确定所做出的推测，而且希望得到听话人的确认。因此，在听力课堂上，教师要指导学生通过对副语言的理解，来加强对所听句子的核心意思的理解，从说话人的语气、语调中判断各种语义。例如，陈述语气表达肯定、否定；疑问语气表达询问；祈使语气表达请求、命令；感叹语气表达喜悦、惊讶等情感。

2. 非语言交际与阅读教学

在传统的阅读课堂上，教师总一味地强调阅读课文，课堂氛围过于沉闷，学生容易感到疲劳，无法激发学生的主观能动性。在非语言交际辅助的课堂中，教师可以采用多媒体 PPT、图片展示的方法进行教学，增强课堂的活跃性。例如，在阅读前，教师以展示 PPT 的形式来复习旧课，并配以图片来引导学生回忆上节课所学的内容，以旧带新，再用图片来导入新课，增加学生的学习兴趣。

3. 非语言交际与会话教学

会话课的教学重点是提高学生的口头表达能力，能够使用准确的语音、语调、语速来进行话语表达。在教学过程中，教师可借助环境语来辅助语言教学。其中，图片法和卡片法的运用尤为重要。例如，在描述人物形象的时候，教师可以先展示出重点词汇：男的，女的，年轻，圆脸，眼睛，头发，发型，个子，胖，瘦。其次，再展示几张人物图片，让学生通过图片并结合课堂演练的句型，准确地描述出人物的长相。学生之间也可互相描述，然后请其他同学根据提示猜出正确的人物。再如，准备若干张名词卡片。教师在黑板上画出几种学生已经学过的交通工具，再请同学来说说它们的使用方式。如：坐公共汽车，骑自行车，坐飞机等等，同时在每种交通工具下面写出可以到达的地方，请学生完整地表述。

4. 非语言交际与写作教学

在汉语写作教学中环境语的使用频率最高，尤其是多媒体 PPT 的运用。与传统的课堂教学方式相比，多媒体教学具有以下优点：减少了教师写板书的时间，增加学生练习的时间；增强直观性，易于学生感知和理解。

在写作时，即使学生有一定的汉语基础，也常常会处于无从下笔的状态，这主要是因为学生没有积累写作素材。教师可通过 PPT 内附图片和文字的展示，让学生更好地掌握写作素材。

例如，本堂课的教学内容为写人记叙文的学习，其中相貌描写和叙述都是为了表现出被写的这个人的特点。教师要先教学生如何描写人的外貌，而人的外貌包括容貌、身材及表情。然后，教师要教学生怎样把写人和记事结合起来，做到叙述、描写、抒情三者相结合。

步骤一，教师用 PPT 展示两篇范文，要求学生仔细阅读。

范文1：

善良的妈妈

妈妈，一个多么让人感到温暖的词语。每当我想起我的妈妈，一股暖流就涌上心头。

她中等个子，身体很结实，虽然已经四十多岁了，可是见过我妈妈的人都说："你妈妈的眼睛真美。"是的，我的妈妈或许不是很漂亮，但她却有着一双明亮的大眼睛，给人的印象很深。俗话说："眼睛是心灵的窗户。"看到这双明亮的眼睛，你就知道我的妈妈有一颗善良的心。

妈妈很善良，记得小时候，有一天，我们一家去动物园玩儿。其中一个娱乐项目叫做"山羊拉车"。一头怀孕的山羊拉着一辆小车，小孩儿坐在车上玩，一元一次。那天正好是国庆儿童节，动物园的生意好的不得了，老板一会儿工夫就赚了不少钱，但是那只可怜的山羊，快要做妈妈了，却不得不被迫拉着沉重的车，一圈一圈地给主人赚钱。不懂事的我也叫嚷着要去坐"山羊车"，回头却看见妈妈的眼睛里噙满了泪花，她轻轻地说："我们不坐，山羊要做妈妈了，不能累坏了她。"说完，我的妈妈走到老板跟前，大概是跟他商量什么，只记得妈妈从兜里掏出了一些钱，山羊的主人很不情愿地结束了这个游戏。也许是因为妈妈的诚恳打动了他。

回家的路上，妈妈说："山羊和我们一样，有妈妈，有宝宝，我们都要爱护她。"现在我已近长大了，但这句简单的话却深深刻在我的心里。这就是妈妈给我人生的最大财富——一颗金子般善良的心。

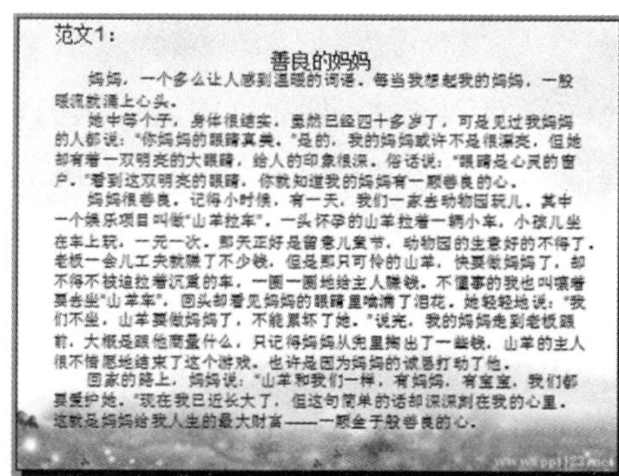

图 3-6　范文一

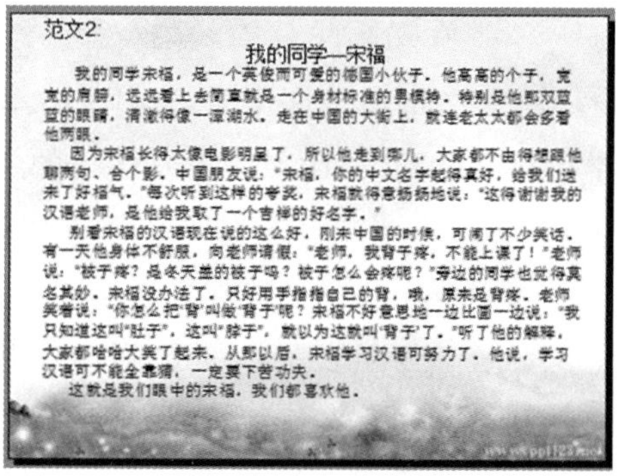

范文2：

我的同学—宋福

我的同学宋福，是一个英俊而可爱的德国小伙子。他高高的个子，宽宽的肩膀，远远看上去简直就是一个身材标准的男模特。特别是他那双蓝蓝的眼睛，清澈得像一潭湖水。走在中国的大街上，就连老太太都会多看他两眼。

因为宋福长得太像电影明星了，所以他走到哪儿，大家都不由得想跟他聊两句、合个影。中国朋友说："宋福，你的中文名字起得真好，给我们送来了好福气。"每次听到这样的夸奖，宋福就得意扬扬地说："这得谢谢我的汉语老师，是他给我取了一个吉祥的好名字。"

别看宋福的汉语现在说的这么好，刚来中国的时候，可闹了不少笑话。有一天他身体不舒服，向老师请假："老师，我背子疼，不能上课了！"老师说："被子疼？是冬天盖的被子吗？被子怎么会疼呢？"旁边的同学也觉得莫名其妙。宋福没办法了，只好用手指指自己的背，哦，原来是背疼。老师笑着说："你怎么把'背'叫做'背子'呢？宋福不好意思地一边比画一边说："我只知道这叫"肚子"，这叫"脖子"，就以为这就叫'背子'了。"听了他的解释，大家都哈哈大笑了起来。从那以后，宋福学习汉语可努力了。他说，学习汉语可不能全靠猜，一定要下苦功夫。

这就是我们眼中的宋福，我们都喜欢他。

图 3-7　范文二

步骤二，根据这两篇范文，请学生思考并回答以下问题。(PPT 展示)

仔细阅读范文，思考并回答以下问题。

1. 作者要写的是一个什么人？

2. 他(她)给作者留下的印象如何？(相貌、性格)

3. 文章写了他(她)的几件事？

4. 作者对他(她)有着什么样的感情？

图 3-8　问题思考

步骤三，通过学习这两篇范文，让学生理解写人记叙文的一般写作结构和要点。（PPT 展示）

写人记叙文的文章结构和写作要点：

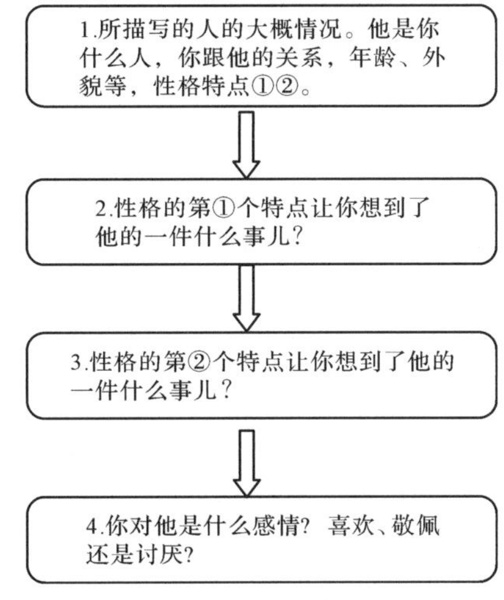

图 3-9　文章结构与要点

步骤四，教师通过几张 PPT 来展示写此类文章的常用词语和句式。

表 3-22　描写人物时常用的词语

	男性	女性
个子	高大、中等、矮	高、中等、矮
身材	瘦小、胖、魁梧	苗条、纤细、胖
脸庞	英俊	漂亮
脸型	国字脸、四方脸、长方脸、尖脸	苹果脸、鸭蛋脸、瓜子脸、娃娃脸
脸色	红润、红扑扑、白净、苍白、黝黑	
发型	短发、平头、分头、分发	齐耳短发、披肩长发、卷发
发色	乌黑、棕色、金黄色	
眉毛	浓黑、细长	细长、柳叶眉
眼睛	双眼皮、单眼皮、炯炯有神、浓眉大眼、锐利	双眼皮、单眼皮、明亮美丽、水汪汪
鼻子	又高又直、尖尖的、高高的、挺直小巧、微翘	
嘴巴	棱角分明	红润、樱桃小嘴

表 3-23　描写人物外貌时的常用句式

格式	例句
1. AA 的	①他高高的个子，宽宽的肩膀。 ②她短短的头发，白白的皮肤。
2. 又……又……	①眼睛又大又圆。 ②鼻子又高又直。
3. ……V 着＋数词＋量语＋……的名词	①鹅蛋脸上长着一双明亮的眼睛。 ②她长着一张小小的嘴巴。
4. 像……似的	她的脸很可爱，像个红苹果似的。

步骤五，学生操练：提出写作要求，模仿范文写一篇作文。以“我的×××”为题，介绍一位你身边的人，字数 300 字左右，可使用上课所教的词语和表达句式。因此，在写作课上，运用非语言交际行为（如 PPT）通过视觉图像符号的展示来加强学生的记忆。

在讲评作文时，如果采用原始的方法：一边读一边评，这样不仅浪费课堂时间，又破坏了作文的整体性，学生也无法直观地了解作文的优缺点。教师可通过 PPT 的形式，将原文展示在屏幕上。

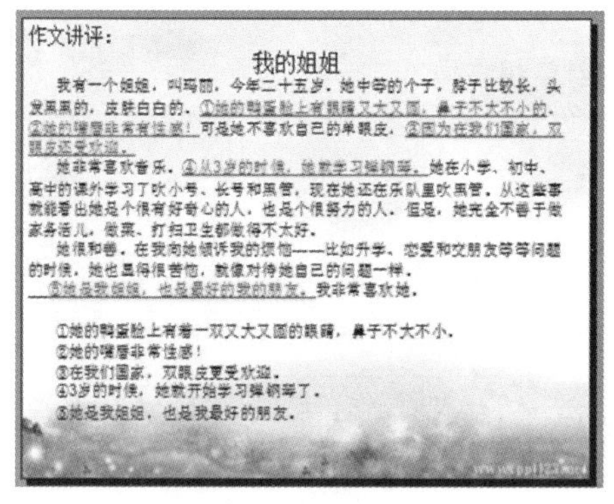

图 3-10　作文点评一

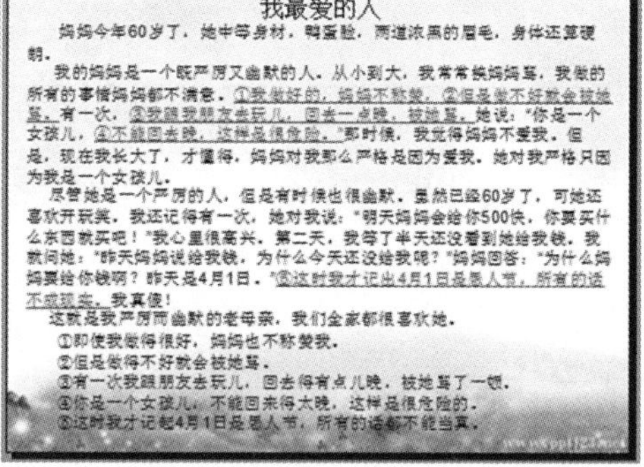

图 3-11　作文点评二

学生通过视觉感知与听觉感知相结合的形式，更能清楚地了解教师所点评的文章中的优点和不足之处。对优点和不足之处有更深刻地认识，从而取长补短，有利于自身写作能力的提高。

四、语境作为非语言交际手段在对外汉语教学中的运用

（一）语境的概念

语境是语用学研究中的一个重要的方面，在语用意义的研究中具有举足轻重的作用。它影响着语用交际的成败，是语用的条件和背景。通俗地讲，语境指的就是语言的环境。而作为一个语言学术语，“语境”这个概念的界定就十分宽泛了。例如，何自然在《语用学探索》中提出：“语境指的是在语言运作过程中与之有关的语言或非语言成分，是产生话语的环境。”①也有学者认为：“语境是指‘语言的语境’和‘言语的语境’的总和。包括作品的上下文，说话的前因后果，说话或写作的社会环境、文化环境、自然环境、语体环境以及说话人或写作者的心理因素、背景知识、交际话题等。”②

综上所述，暂且可将语境理解为：语境是话语意义得以生存的环境，是被交际双方所共同理解的，以保证交际过程顺利进行。既是静态的，又是动态的。从某种程度上理解，非语言交际与语境具有共性。

索振羽把语境的构成因素分为三部分：上下文语境、情景语境和民族文化传统语境。上下文语境指的是口语的前言后语、书面语的上下文。情景语境指的是时间、地点、话题、场合、交际参与者。民族文化传统语境指的是历史文化背景、社会规范习俗、价值观。③ 在实际的汉语学习过程中，学生主要在特定的情景中学习，交际技能受到上下文语境的制约。由此可见，上下文语境和情景语境在汉语教学过程中作用最为明显，直接影响到所学语言的准确性和得体性，而民族文化传统语境在上下文语境和情景语境中都有所体现。

（二）对外汉语教学中的语境教学

1. 直接语境法

直接语境法指的是教师通过实物或课堂语境来展示教学内容，把人的感

① 何自然：《语用学探索》，暨南大学出版社 2012 年版，第 191 页。

② 罗国莹、刘丽静、林春波：《语用学研究与运用》，中国书籍出版社 2012 年版，第 36 页。

③ 索振羽：《语用学教程》，北京大学出版社 2000 年版，第 24—36 页。

知与具体事物联系起来，使事物与观念同时形成一种认知方式。其最大的优点是能够让学生感知和体会到最直接、最真实的情景，从而更容易掌握教学内容，理解并运用知识点。例如，在教红、黄、蓝、黑、紫等表示颜色的词时，拿出具有这些典型特征的实物，每个物体都对应一个颜色词，给学生一个真实的语言环境，通过视觉在脑海中直接建立起生词的音义联系。另外在进行操练时，请同学说说自己穿的衣服都有哪几种颜色。

课堂环境中所呈现出的课堂语境也是属于“直接语境”的范畴，课堂状态、课堂中的师生关系都可以用来辅助汉语教学。例如，在教“比”时，教师可以通过学生之间的身高来进行对比，讲台与课桌之间的对比来帮助学生理解这个生词，从而有效地使用各种比较的方式。

2. 间接语境法

随着学生汉语水平的不断提高，词汇量的不断扩大，到了汉语的中高级阶段，许多教学内容都无法用直接语境法来进行教学。尤其是词汇的教学，它们大多为抽象的动词、副词、形容词，很难利用具体的实物或有限的课堂环境来教学。在教近义词的辨析时，它们的语义只有细微的差别，若要让学生真正理解，就需要汉语教师创造一个对比的语境来进行教学。例如，在“宝贵”“珍贵”这一组近义词的教学中，两者都是形容词，都可以形容某些抽象的和具体的事物，词义即极具价值，很珍贵，像珍宝似的。这时，我们可以列出含有这两个词语的句子：

博物馆里收藏的文物都是很珍贵的。
我很珍惜我们之间珍贵的友谊。
熊猫是一种珍贵的动物。
不要把宝贵的时间花在玩电脑上。
她献出了自己宝贵的生命。
他这种宝贵的精神值得我们学习。

通过上下文的比较可以发现两者的不同。宝贵，可形容某种具体事物，但常用来形容抽象事物。而珍贵指的是稀有的，罕见的，可以形容一些抽象事物（比如友谊），但常用来形容具体事物。教师可通过创造语境来讲解教学内容，学生也可以通过例句语境中的上下文因素来辨别学习，同时也要经过总结和归纳。

再如，上听力课时，在听到"我一边听音乐"这句话时，如果抓住了其中的"一边"那么就可断定后一分句也会用"一边"，并可猜测下文一定是一件同时在做的事情。抓住这些特定的语境，可通过已知信息来推测新信息的方法，也都有助于学生在听的过程中进行预测推理，或跳跃障碍。

五、非语言交际应注意的原则

(一)共识性原则

非语言交际行为必须是双方都能接受、领会、掌握并合理运用的，要尽可能避免会引起冲突的交际行为。从交际双方的交际目的出发，采用双方认同的交际方式，有利于交际得以进行。在汉语课堂上，教师采用明确的体态语、图片语，有利于学生对知识点的理解，紧跟教师的上课思路，从而提高学习积极性。否则，师生很可能出现交流的南辕北辙，难以沟通。此外，非语言交际的使用要符合学生的习惯，适合学生的年龄特点和接受水平。

(二)统筹一致原则

教师的非语言交际行为必须与交际的气氛，具体的情况和环境相统一、相协调，还应注意学生的个体差异。这也要求教师的非语言交际行为不仅要符合中国人的行为规范，同时还要考虑到学生的文化价值观，在教学的过程中避免做出与学生母语文化相冲突的行为。此外，在教学过程中，一方面教师要把非语言交际行为与语言交际有机地结合起来，相辅相成，取长补短，起到各自单独运用时所表达不到的效果，从而加强、补充语言教学。另一方面各种非语言交际行为要综合运用，互相配合，协调一致，以达到最佳效果。

(三)程度控制原则

非语言交际的行为要恰当、适度，不能过多过滥，而削弱语言交际的表达效果。不同的非语言交际行为表达着不同的信息，适度地运用非语言交际可营造出一种轻松活泼的气氛。此外，交际双方在运用非语言交际行为时，要简洁明了，避免使用过度，变化过于频繁，纷杂无序，互相干扰。在汉语教学过程中，教师的非语言交际行为必须要适度，过量使用会让学生感到反感，用少了又会显得课堂气氛变得呆板、严肃。非语言交际行为要与语言所表达的内容相统一，争取做到整齐划一，这样就会达到事半功倍的效果；否则，会给交际带来障碍、阻力。

（四）自我意识原则

教师的言行会对学生的情绪和学习态度产生深刻的影响。这就需要教师具备高度的自我意识，加强自身修养，在教学过程中经常保持良好的形象，带给学生积极向上的人生态度，要避免在不知不觉中流露出消极的非语言信息而影响教学。同时，在非语言交际的过程中应该要表达出内心的真实感受，只有自然、真实的非语言交际行为的运用，才能满足各项表达功能的要求，同时也符合审美准则，给人以美感。

六、结　论

非语言交际行为在对外汉语课堂教学中是不可或缺的，它对语言交际教学起着辅助作用。尤其是在初级汉语课堂教学中，师生之间的语言交际具有相对的局限性，语言的信息量在传递的过程中会减少、扭曲，给语言交际带来很大的不便。因此，在汉语课堂中，教师要通过有效地使用非语言交际手段来实现教学目标。

本论文从非语言交际方面入手，探讨了非语言交际在不同阶段的汉语教学中的运用，在初级汉语课堂中，非语言交际辅助语言要素的教学，在中高级汉语课堂中，非语言交际在语言技能的教学中起着重要的作用。此外，语境作为非语言交际的一个重要方面在对外汉语教学的过程中也起着重要作用。

在汉语教学过程中，教师在对教学内容进行解释说明时，非语言交际行为作为一种直观手段来描述事物的性质，能加强感知、理解。从非语言交际角度来说，教师的肢体行为，以及所利用图片、卡片、展示 PPT 等方式给予学生视觉的刺激，以及利用声音的变化度使学生集中注意力、提高学习兴趣。

参考文献

[1] 毕继万. 跨文化非语言交际[M]. 北京：外语教学与研究出版社，1999.

[2] 崔永华. 对外汉语课堂教学技巧[M]. 北京：北京语言大学出版社，1997.

[3] 杜红玉. 试论对外汉语课堂教学的艺术性[J]. 广西大学学报(哲学社会科学版)，2009.

[4] 郭莎. 对外汉语课堂教师身势语的语用失误分析[J]. 青年作家，2010(4).

[5] 顾嘉祖. 跨文化交际[M]. 南京：南京师范大学出版社，2000.

[6] 胡新颖. 利用非语言交际手段提高外语教学质量[J]. 北京工业大学学报(社会科学版)，2005.

[7] 刘珣. 对外汉语教育学引论[M]. 北京：北京语言学院出版社，2005.

[8] 李育卫. 英汉跨文化非语言交际对比研究[J]. 云南师范大学学报，2004.

[9] 李沫薇. 副语言在对外汉语教学中的运用研究[D]. 吉林大学，2010.

[10] 李威. 用非言语交际优化英语教学[J]. 遵义师范学院学报，2008(6).

[11] 李杰群. 非语言交际概论[M]. 北京：北京大学出版社，2002.

[12] 廖秋忠. 篇章与语用和句法研究[J]. 语言教学与研究，1991 第四期.

[13] 马秀芹，薛瑞莉. 跨文化与语言与非语言交际[C]. 山东省青年管理干部学院学报，2005(6).

[14] 孙雁雁. 体态语在对外汉语教学中的意义与应用[J]. 语言教学与研究，2004(2).

[15] 尚春雅. 中小学课堂教学非语言交流的理论与实践研究[D]. 河北大学硕士论文，2007.

[16] 佟文晶. 浅谈图示法在对外汉语教学中的应用 [A]. 渤海大学，2011.

[17] 温秀杰. 课堂教学中的非语言交际研究[D]. 四川外语学院学报，2001(3).

[18] 吴隽然. 非语言交际在外语课堂中的研究与应用[D]. 东南大学，2005.

[19] 尉万迟，张鲁昌. 非语言交际手段在对外汉语教学中的运用[J]. 云南师范大学学报，2003(5).

[20] 王添淼. 对外汉语教学中教师体态语的运用[J]. 汉语学习，2010(6).

[21]王春容. 英语教学中的非语言交际及其能力培养[A]. 湖南农业大学学报(社会科学版)，2008(5).

[22] 王德春，陈晨. 现代修辞学[M]. 上海：上海外语教育出版社，2001.

[23] 许珣.非语言交际在初级汉语课堂教学中的应用研究[D].山东师范大学,2013.

[24] 杨逸鸥.浅谈图片在对外汉语教学中的运用[J].语言教学研究,2007.

[25] 颜学金.非言语行为的跨文化交际研究[A].西南民族学院学报,2002(9).

[26] 张新明.简明对外汉语教学法[M].上海:学林出版社,2012.

[27] Samovar, Larry A, Porter, Richard E. & Stefan, Lisa A. Communication Between Cultures[M]. Foreign Language Teaching and Research Press,2000.

[28] Nonverbal Communication in human interaction and Education[M]. Holt Rinehart and Winston,1978.

《世说新语》情感动词语义场研究

张 飘

摘 要:语义场理论是从系统性的角度着眼于词义研究,是现代汉语语义中最重要的研究理论之一,它解释了词的子语义场之间是一个相互关联又相互区别的系统,反映了语义的聚合关系。我们选取中古时期一部口语性较强的文献《世说新语》作为研究语料,以情感动词语义场作为研究对象。所谓情感动词,是指喜怒哀乐爱欲惧,且喜和乐拥有大量相同的义素,故本文将喜和乐放在一起研究。通过对各子语义场的分析描写,我们从整体上把握了情感动词语义场的面貌,对其发展演变也有了初步的认识。

关键词:《世说新语》;语义场;情感动词

一、引 言

汉语词汇是否成为系统性的问题是汉语词汇学研究的重点,词汇是否能成为一个系统,是词汇学研究中关乎大局的问题。语音、语法都具有系统性,汉语词汇是否也应该构成一个系统?20世纪90年代后,汉语词汇是一个系统的看法已经被大多数人所接受。从此以后,针对汉语词汇系统的具体表现形式进行了研究,得出了语法、语音、文字、词形、语义等词汇系统表现形式,并且进一步验证词汇是一个系统。

在词汇系统研究当中许多哲学家和语言学家都试图对语言中的概念和词进行分类。“场”作为科学术语本指物质存在的一种根本状态,如“引力场”“电磁场”“基本粒子场”等。语义场理论是从系统性的角度着眼于词义研究,是现代汉语语义中最重要的研究理论之一,理论解释了词的子语义场之间是一个相互关联又相互区别的系统,反映了语义的聚合关系。

《世说新语》则作为汉语词汇系统研究常用词的口语语料，它在语言运用上有很多显著的口语化特点，是中古口语性较强的语料常用词，这突出表现在一些表示人称的词语和情感动词的运用上，和古代汉语中这些词语的含义、用法有很大的差别。心理动词关系到人的感知、情感和认知，情感类心理动词是心理动词中重要的一类。情感类心理动词根据情感程度和情感状态细分为七小类，每一小类的语义特点和语义内容既有共同点也有差异点。所谓情感类心理动词，以“情感状态”语义要素为核心，是指喜怒哀乐爱欲惧，且喜和乐拥有大量相同的义素，故本文将喜和乐放在一起研究。通过对各子语义场的分析描写，我们从整体上把握了情感动词语义场的面貌，对其发展演变也有了初步的认识。

二、理论渊源及语料选择

（一）语义场理论

语言学研究的其中一项是词语的意义。按照研究方向的不同从而得出不同的理论和方法，研究词语的意义及其相互之间的系统关系。其中语义场理论是语义学的主要理论，“场”概念源于物理学。语言学界语义场理论的开端就是洪堡特关于语言学系统的理论，这一理论针对当时普遍存在的孤立的研究语言成分的方法，强调语言体系的统一性和语境对表达式的意义和影响。

一组在语义上互相限制、互相区别、相互关联、互相依存的词项构成的聚合体叫语义场，这个聚合体所概述的语义范围叫作这个语义场的场域。一个语义场起码拥有三个条件：

①必须有自身的组成要素，语义场的组成要素就是义项。

②要素之间必须存在着互相区别、相互关联的语义关系，语义关系一般都具有一定的逻辑关系。

③一个语义场的外部必须同其余的语义场彼此联系，就是说，语义场之间是相互有联系的。

(二)语料选择——《世说新语》

刘义庆的《世说新语》在语言的运用上，有一个非常显著的特点，那就是口语化，由于口语的运用，书中很多词语的用法既有别于前代古籍，也不同于后代作品，而且其中有一部分词语历来辞书没有著录，比较突出地反映了语言的时代特点和地区特点。

《世说新语》从写作上看，因为作者不刻意求古，不管是记录行为，或是记录语言，都相对来说较为接近那个时代的口语交际的现实情况，所以在《世说新语》中，保留了魏晋时期大批量的口语，不但明显地表现了语言的地区特点和时代特点，与此同时，也给语言研究提供了颇有价值的材料。

三、《世说新语》情感动词语义场分析

(一)“喜悦”子语义场研究

“喜悦”子语义场的核心义素是“快乐，喜悦”。这一子语义场在《世说新语》中共有五个成员。“喜”“欣”“乐”“怡”和“欢”，下面我们分别进行分析。

1. 喜

喜。《说文・口部》：“喜，乐也。从壴，从口。歖，古文喜从欠，与欢同。”《玉篇・口部》：“喜，悦也。”[①]

喜：在《世说新语》中一共出现 23 处。分别表示下列 2 个义项，其中表示“喜悦，开心”义的出现 14 处，表示“爱好，喜欢”义的出现 3 处。如：

(1)为“喜悦，开心”义。如：

①“宣武得笺大喜，即诏转公督五郡。”[②](《世说新语・捷悟第十

① 本文提到的字书、韵书及训诂著作有：《说文解字》，东汉许慎撰；《玉篇》：南朝梁顾野王撰；《广雅》，魏张揖撰；《集韵》，宋丁度、贾昌朝等编撰。

② 余嘉锡：《世说新语笺疏》，中华书局 2007 年版，第 685 页。

一》)

②"大喜曰:蟹有八足,加以二螯。"[①](《世说新语·纰漏第三十四》)

③"与嵇康居二十年,未尝见其喜愠之色。"[②](《世说新语·德行第一》)

(2)为"爱好,喜欢"义。如:

①"卿喜传人语,不能复语卿。"[③](《世说新语·品藻第九》)

②"喜同行,时人谓之连璧。"[④](《世说新语·容止第十四》)

2. 乐

乐。《说文·木部》:"乐,五声八音总名,象鼓鞞,木,虡也。"《广韵·觉韵》:"乐,姓。"《广韵·铎韵》:"乐,喜乐。"《集韵·铎韵》:"乐,娱也。"

乐:在《世说新语》中一共出现 65 处。表示下列 1 个义项,其中表示"喜悦,愉快"义的出现 11 处。如:

(1)为"喜悦,愉快"义。如:

①"公大笑乐。"[⑤](《世说新语·言语第二》)

②"朕应天受命,卿何以不乐?"[⑥](《世说新语·方正第五》)

③"既与人同乐,亦不得不与人同忧。"[⑦](《世说新语·识鉴第七》)

3. 欣

欣。《说文·斤部》:"欣。笑喜也。从欠,斤声。"《玉篇·欠部》:"欣,喜也。"

---

① 余嘉锡:《世说新语笺疏》,中华书局 2007 年版,第 1070 页。

② 同上,第 10 页。

③ 同上,第 602 页。

④ 同上,第 720 页。

⑤ 同上,第 78 页。

⑥ 同上,第 381 页。

⑦ 同上,第 467 页。

欣：在《世说新语》中一共出现13处。表示下列1个义项，表示“喜悦”义的出现11处。如：

(1)为喜悦。如：

①“君何所欣说而忽肥?”[①](《世说新语·言语第二》)

②“公欣然曰：白雪纷纷何所似?”[②](《世说新语·言语第二》)

③“相见欣然，谈话弥日。”[③](《世说新语·赏誉第八》)

4.怡

怡。《说文·心部》：“怡，和也。从心，台声。”《玉篇·心部》：“怡，和也。”[④]

怡：在《世说新语》中一共出现4处。表示下列1个义项，其中表示“安适，舒畅”义的出现4处。如：

(1)为“安适，舒畅”义。如：

①“然后令送著门外，怡然不屑。”[⑤](《世说新语·简傲第二十四》)

②“加已处之怡然，亦有以自得，声名乃兴。”[⑥](《世说新语·栖逸第十八》)

③“处之怡然，不异胜达。”[⑦](《世说新语·任诞第二十三》)

5.欢

欢。《说文·欠部》：“欢，喜乐也。从欠，雚声。”《广雅·释诂一》：“欢，乐也。”

---

① 余嘉锡：《世说新语笺疏》，中华书局2007年版，第88页。

② 同上，第89页。

③ 同上，第502页。

④ 本文提到的字书、韵书及训诂著作有：《说文解字》，东汉许慎撰；《玉篇》，南朝梁顾野王撰；《广雅》，魏张揖撰；《集韵》，宋丁度、贾昌朝等编撰。

⑤ 余嘉锡：《世说新语笺疏》，中华书局2007年版，第904页。

⑥ 同上，第771页。

⑦ 同上，第883页。

欢：在《世说新语》中一共出现 8 处。表示下列 1 个义项，其中表示“欢乐”义的出现 8 处。如：

(1)为“欢乐”之义。如：

①“二人欢极，丞相便命使入己帐眠。”[①]（《世说新语·雅量第六》）

②“比入至庭，倾身引望，语笑欢甚。”[②]（《世说新语·假谲第二十七》）

6. 比较子语义场成员之间的异同

“喜”“乐”“欣”“怡”与“欢”都用来描述心态和感情。在《世说新语》中都表达了“喜悦、欣喜、欢喜、欢乐”等义。

表 3-29　子语义场成员的组合能力表

成员	词语组合	词义	出现次数
喜	诞喜、自喜、同喜、欢喜、大喜若狂、喜气、喜爱、喜悦、喜上眉梢	喜悦、欢喜、高兴、欢悦、喜好、喜庆之事、怀孕	23 次
欣	欣喜、欣仰、欣快	喜悦、爱戴	13 次
乐	快乐、欢乐、宠乐、文乐、喜乐	欢乐、喜欢、声色、安乐	65 次
怡	怡心、怡目、怡色	和悦、喜悦	4 次
欢	幽欢、欢乐、欢声笑语	快乐、欢心	8 次

由此可知，“喜”的组合能力要远远强于“欣”“乐”“悦”与“欢”。

在《世说新语》中，从使用频率来看，“乐”>“喜”>“欣”>“欢”>“怡”。在使用上，“喜”和“乐”比较灵活，而“怡”“欣”和“欢”的意义用法都比较简单，分别是“喜”>“乐”>“欢”>“欣”>“怡”。显然，在《世说新语》的“喜”语义场中，“喜”和“乐”是核心成员。

下面将分析“喜”和“乐”的区别，以及“欢”“欣”与“怡”的区别。

“喜”于声，是从声音方面表现出来的“喜”的心情和气氛。“喜”于貌，

---

① 余嘉锡：《世说新语笺疏》，中华书局 2007 年版，第 434 页。

② 同上，第 987 页。

“喜”必动与心，显于色，侧重于对“喜”的动作、情貌或状态等的描摹。“喜”于心声，主要是表现心灵的愉悦，内心的兴奋。

“乐”是人精神上的一种愉悦，是一种心灵上的满足。它是抽象的，亦是具象的；它是无形的，亦是有形的。我们触摸不到快乐，但它却能够表现在我们的脸上。

“欢”表示一种欢呼雀跃的“喜悦”，赋予一种体态动作。

“欣”表示一种和颜悦色的“喜悦”，也是一种体态动作。

“怡”是应和双方面色上的轻松、快乐，表现一种状态。

(二)“生气”子语义场研究

“生气”子语义场的核心义素是“生气，谴责。”这一子场在《世说新语》中共有三个成员“怒”“愤”和“嗔”，下面我们分别进行分析。

1. 怒

怒。《说文・心部》：“怒，恚也。从心。奴声。”朱骏声通训定声：“与左形右声字别。”《广雅・释诂一》：“怒，责也。”[①]

怒：在《世说新语》中一共出现 17 处。分别表示下列 2 个义项，其中表示“生气，大怒”义的出现 15 处，表示“谴责”义的出现 2 处。如：

(1)为“生气，大怒”义。如：

①“薄言往，逢彼之怒。”[②](《世说新语・文学第四》)

②“车骑大怒，摧使持去。”[③](《世说新语・贤媛第十九》)

(2)为“谴责”义。如：

“友人便怒曰：非人哉！”[④](《世说新语・方正第五》)

---

① 本文提到的字书、韵书及训诂著作有：《说文解字》，东汉许慎撰；《玉篇》，南朝梁顾野王撰，《广雅》：魏张揖撰；《集韵》，宋丁度、贾昌朝等编撰。

② 余嘉锡：《世说新语笺疏》，中华书局 2007 年版，第 278 页。

③ 同上，第 790 页。

④ 同上，第 366 页。

2. 愤

愤。《说文·心部》:"懑也,从心,贲声。"《字汇·心部》:"愤,怒也。"

愤:在《世说新语》中一共出现2处。分别表示下列2个义项,其中表示"忿怒,怨恨"义的出现1处,表示"郁结于心"义的出现1处。如:

(1)为"忿怒,怨恨"义。如:

诸将甚愤恨之。"①(《世说新语·简傲第二十四》)

(2)为"郁结于心"义。如:

"右军遂称疾去郡,以愤慨至终。"②(《世说新语·仇隙第三十六》)

3. 嗔

嗔。《说文·口部》:"嗔,盛气也。从口,真声。"《广韵·真韵》:"嗔,怒也。"

嗔:在《世说新语》中一共出现4处。表示下列1个义项,其中表示"生气"义的出现4处。如:

(1)为"生气"义。如:

①"大嗔曰:三祖寿乐器,虺瓦吊,孙家儿打折。"③(《世说新语·轻诋第二十六》)

②"丞相见长豫辄喜,见敬豫辄嗔。"④(《世说新语·德行第一》)

4. 比较子语义场之间的异同

"怒""愤"与"嗔"都用来描述心态和感情。在《世说新语》中都表达了:"愤怒、生气、怨恨、郁结于心"等义。

---

① 余嘉锡:《世说新语笺疏》,中华书局2007年版,第905页。

② 同上,第905页。

③ 同上,第986页。

④ 同上,第45页。

表 3-25　子语义场成员的组合能力表：

成员	词语组合	词义	出现次数
怒	忿怒、愤怒、嗔怒、震怒、天怒人怨、怒生、怒目横生、怒水、怒目而视	谴责、愤怒、超过、奋起、激怒、猛烈、威武	17 次
愤	愤怒、奋不顾身、愤切	郁结于心、充盈、旺盛	2 次
嗔	嗔怒、嗔心、嗔色	发怒、责怪	4 次

由此可知，“怒”的组合能力要远远强于“愤”与“嗔”。

在《世说新语》中，从使用频率来看，“怒”>“嗔”>“愤”。在使用上，“怒”较为灵活，而“愤”和“嗔”的意义用法都比较简单，分别是“怒”>“愤”>“嗔”。显然，在《世说新语》的“怒”语义场中，“怒”是核心成员。

下面分析“怒”“愤”和“嗔”的区别。

“怒”于声，是从声音方面表现出来的“怒”的心情和气氛。“怒”于貌，“怒”必动与心，显于色，侧重于对“怒”的动作、情貌或状态等的描摹。“怒”于心声，主要是表现心灵的愤怒，内心的愤怒。

“愤”是人精神上的一种愉悦，是一种心灵上的愤慨。它是抽象的，亦是具象的；它是无形的，亦是有形的。我们触摸不到愤怒，但它却能够表现在我们的脸上。

“嗔”表示的嗔怒，赋予一种体态动作，表现一种状态。“嗔”经常出现于佛法，“不生嗔害是名知忍”。

(三)“悲伤”子语义场研究

“悲伤”子语义场的核心义素是“怜悯，悲伤”。这一子语义场在《世说新语》中共有五个成员“哀”“悲”“痛”“伤”和“恸”，下面我们分别进行分析。

1. 哀

哀。《说文·口部》：“哀，闵也。从口，衣声。”《广雅·释诂二》：“哀，痛也。”[①]

哀：在《世说新语》中一共出现 24 处。表示下列 1 个义项，其中表示“悲

---

① 本文提到的字书、韵书及训诂著作有：《说文解字》，东汉许慎撰；《玉篇》，南朝梁顾野王撰；《广雅》，魏张揖撰；《集韵》，宋丁度、贾昌朝等编撰；《正字通》，著者及成书年代有争议，至迟为清代。

伤,悲痛”义的出现21处。如:

(1)为“悲伤,悲痛”义。如:

①“王戎虽不备礼,而哀毁骨立。”[①](《世说新语·德行第一》)

②“闻之哀恨终身,遂不复畜妾。”[②](《世说新语·德行第一》)

③“中年丧于哀乐,与亲友别,辄作数日恶。”[③](《世说新语·言语第二》)

④“哀至则哭,何常之有?”[④](《世说新语·言语第二》)

⑤“止道声无哀乐、养生、言尽意,三理而已,然宛转关生,无所不入。”[⑤](《世说新语·文学第四》)

2. 悲

悲。《说文·心部》:“悲,痛也。从心,非声。”伤心的意思。《正字通·心部》:“悲,感也。”

悲:在《世说新语》中一共出现5处。表示下列1个义项,其中表示“哀痛”义的出现5处。如:

(1)为“哀痛”义。如:

①“王悲不自胜。”[⑥](《世说新语·伤逝第十七》)

②“既闻不悲,因语左右:殡时可道。”[⑦](《世说新语·伤逝第十七》)

3. 痛

痛。《说文·病部》:“痛,病也。从疒,甬声。”《玉篇·疒部》:“痛,伤也。”

痛:在《世说新语》中一共出现9处。分别表示下列3个义项,其中表示

---

① 余嘉锡:《世说新语笺疏》,中华书局2007年版,第30页。

② 同上,第45页。

③ 同上,第87页。

④ 同上,第97页。

⑤ 同上,第287页。

⑥ 同上,第752页。

⑦ 同上,第758页。

“疼痛，痛楚”义的出现4处，表示“悲伤，伤悼”义的出现2处，表示“极，尽情地”义的出现2处。如：

(1)为“疼痛，痛楚”义。如：

“非为痛，身体发肤，不敢毁伤，是以啼耳。”[①]（《世说新语·德行第一》）

(2)为“悲伤，伤悼”之义。如：

“陈主上幽越、社稷焚灭、山陵夷毁之酷，有黍离之痛。”[②]（《世说新语·言语第二》）

(3)为“极，尽情地”义。如：

“我欲先痛骂王武子，然后爵之。”[③]（《世说新语·方正第五》）

4. 伤

伤。《说文·人部》：“伤，创也。从人，𥏻省声。”《字汇·人部》：“伤，损也。”

伤：在《世说新语》中一共出现8处。分别表示下列2个义项，其中表示“损，损害”义的出现7处，表示“悲伤，伤痛”义的出现1处。如：

(1)为“损，损害”义。如：

①“恐伤盛德。”[④]（《世说新语·贤媛第十九》）

②“道逢刘尹，语曰：安石将无伤？”[⑤]（《世说新语·任诞第二十三》）

---

① 余嘉锡：《世说新语笺疏》，中华书局2007年版，第20页。

② 同上，第89页。

③ 同上，第388页。

④ 同上，第801页。

⑤ 同上，第877页。

(2)为“悲伤,伤痛”义。如:

“尝行从棺邸下度,流涕悲伤。”[①](《世说新语·纰漏第三十四》)

5.恸

恸。《说文·心部》:“恸,大哭也。从心,动声。”《广韵·送韵》:“恸,恸哭,哀过也。”《玉篇·心部》:“恸,哀也。”[②]

恸:在《世说新语》中一共出现14处。表示下列1个义项,其中表示“极度悲伤,大哭”义的出现13处。如:

(1)为“极度悲伤,大哭”义。如:

①“大恸哭曰:郎邪王伯兴,终当为情死!”[③](《世说新语·任诞第二十三》)

②“简服其言,更为之恸。”[④](《世说新语·伤逝第十七》)

6.比较子语义场之间的异同

“哀”“悲”“痛”“伤”和“恸”都用来描述心态和感情。在《世说新语》中都表达了“悲哀、哀伤、痛苦、伤心”等义。

表3-26 子语义场成员的组合能力表:

成员	词语组合	词义	出现次数
哀	默哀、哀子、哀切、悲哀、哀怨、哀求、哀玉、哀告、哀角、哀兵必胜	悲痛、悲伤、哀求、慰问、哀道、怜悯、哀悼	24次
悲	慈悲、怜悲、一悲一喜、大慈大悲	哀痛、悲壮、怜悯、感动、	5次
痛	生痛、痛恨、痛入心脾、痛不欲生	疼痛、痛心、痛苦、痛惜	9次

① 余嘉锡:《世说新语笺疏》,中华书局2007年版,第1082页。

② 本文提到的字书、韵书及训诂著作有:《说文解字》,东汉许慎撰;《玉篇》,南朝梁顾野王撰;《广雅》,魏张揖撰;《集韵》,宋丁度、贾昌朝等编撰;《正字通》,著者及成书年代有争议,至迟为清代;《字汇》,明梅膺祚编撰。

③ 余嘉锡:《世说新语笺疏》,中华书局2007年版,第867页。

④ 同上,第756页。

续　表

成员	词语组合	词义	出现次数
伤	伤心、哀伤、惜伤、伤痛	创伤、悲伤、伤害	8 次
恸	震恸、感恸、哀恸、伤恸	极度悲痛、感动、痛哭	14 次

由此可知,“哀”的组合能力要强于“悲”“痛”“伤”与“恸”。

在《世说新语》中,从使用频率来看,“哀”>“恸”>“痛”>“伤”>“悲”。在使用上,“痛”比较灵活,而“哀”“悲”“伤”和“恸”的意义用法都比较简单,分别是“痛”>“哀”>“悲”>“恸”>“伤”。显然,《世说新语》中的“哀”语义场中,“哀”和“痛”是核心成员。

下面将分析“哀”和“悲”的区别。

“哀”于声,是从声音方面表现出来的“哀”的心情和气氛。“哀”于貌,“哀”必动与心,显于色,侧重于对“哀”的动作、情貌或状态等的描摹。“哀”于心声,主要是表现心灵的悲哀,内心的哀痛。

“悲”是人精神上的一种悲哀,是一种心灵上的悲伤。它是抽象的,亦是具象的;它是无形的,亦是有形的。我们触摸不到悲伤,但它却能够表现在我们的脸上。

(四)“情爱”子语义场研究

“情爱”子语义场的核心义素是“喜爱,仁爱”。这一子语义场在《世说新语》中共有三个成员“爱”“恋”和“忱”,下面我们分别进行分析。

1. 爱

爱。《说文・夊部》:“爱,行貌。从夊,㤅声。”《广雅・释诂四》:“爱,仁也。”《玉篇・夊部》:“爱,仁爱也。”[①]

爱:在《世说新语》中一共出现 31 处。分别表示下列 3 个义项,其中表示“亲爱,对人或事物怀有很深的感情”义的出现 11 处,表示“喜欢,爱好”义的出现 16 处,表示“怜惜,爱惜”义的出现 1 处。如:

---

① 本文提到的字书、韵书及训诂著作有:《说文解字》,东汉许慎撰;《玉篇》,南朝梁顾野王撰;《广雅》,魏张揖撰;《集韵》,宋丁度、贾昌朝等编撰;《正字通》,著者及成书年代有争议,至迟为清代;《字汇》,明梅膺祚编撰。

(1)为“亲爱,对人或事物怀有很深的感情”义。如:

①“陈元方兄弟恣柔爱之道。”①(《世说新语·德行第一》)
②“母于是感悟,爱之如己子。”②(《世说新语·德行第一》)

(2)为“喜欢,爱好”义。如:

“又重其不以爱憎匿善。”③(《世说新语·识鉴第七》)

(3)为“怜惜,爱惜”义。如:

“抚其背曰:奴好自爱。”④(《世说新语·方正第五》)

2. 恋

恋。《玉篇·心部》:“恋,慕也。”《广韵》:“力卷切,去线来。”

恋:在《世说新语》中一共出现2处。表示下列个1义项,其中表示“思念”义的出现2处。如:

为“思念”义。如:

“亦深有情恋,乃凄然愍之。”⑤(《世说新语·规箴第十》)

3. 宠

宠。《说文·宀部》:“宠,尊居也。从宀,龙声。”⑥

宠:在《世说新语》中一共出现8处。表示下列1个义项,其中表示“受宠,

---

① 余嘉锡:《世说新语笺疏》,中华书局2007年版,第8页。
② 同上,第17页。
③ 同上,第432页。
④ 同上,第387页。
⑤ 同上,第655页。
⑥ 本文提到的字书、韵书及训诂著作有:《说文解字》,东汉许慎撰;《玉篇》,南朝梁顾野王撰;《广雅》,魏张揖撰;《集韵》,宋丁度、贾昌朝等编撰;《正字通》,著者及成书年代有争议,至迟为清代;《字汇》,明梅膺祚编撰。

宠爱”义的出现 7 处。如:

(1)为“受宠,宠爱”义,如:

①“此君近不惊宠辱,遂古之沈冥,何以过此?”[①](《世说新语·栖逸第十八》)

②“甚有宠,常着斋后。”[②](《世说新语·贤媛第十九》)

③“甚获宠。”[③](《世说新语·纰漏第三十四》)

4. 比较子语义场之间的异同

“爱”“恋”与“宠”都可描述心态和感情。在《世说新语》中都表达了“爱恋、疼爱、宠爱、留恋”等义。

表 3-27　子语义场成员的组合能力表:

成员	词语组合	词义	出现次数
爱	恋爱、性爱、爱戴、笃爱、爱情、爱情、爱意、爱屋及乌、敬贤爱士	仁惠、仰慕、舍不得、爱护,具有深厚真挚的感情	31 次
恋	恋人、恋土、恋主、恋酒迷花	留恋、爱慕、思念	2 次
宠	宠爱、宠信、宠幸、宠别、宠位	疼痛、痛心、痛苦、痛惜	8 次

由此可知,“爱”的组合能力要强于“恋”与“宠”。

在《世说新语》中,从使用频率来看,“爱”>“宠”>“恋”。在使用上,“爱”较为灵活,而“恋”和“宠”的意义用法都比较简单,分别是“爱”>“宠”>“恋”。显然,在《世说新语》中“爱”语义场中,“爱”是核心成员。

下面分析“爱”“恋”的区别。

“爱”于声,是从声音方面表现出来的“爱”的心情和气氛。“爱”于貌,“爱”必动与心,显于色,侧重于对“爱”的动作、情貌或状态等的描摹。“爱”于心声,主要表现心灵的爱恋,内心的仰慕。

“恋”是人精神上的一种愉悦,是一种心灵上的满足。它是抽象的,亦是

① 余嘉锡:《世说新语笺疏》,中华书局 2007 年版,第 787 页。

② 同上,第 797 页。

③ 同上,第 1071 页。

具象的；它是无形的，亦是有形的。我们触摸不到快乐，但它却能够表现在我们的脸上。

(五)“欲望”子语义场研究

“欲望”子语义场的核心义素是“欲望，爱好”。这一子语义场在《世说新语》中共有三个成员“欲”“想”和“意”，下面我们分别进行分析。

1. 欲

欲。《说文·欠部》：“欲，贪欲也。从欠，谷声。”《广韵》：“余蜀切，入烛以。屋部。”①

欲：在《世说新语》中一共出现194处。分别表示下列2个义项，其中表示“想，想要”义的出现184处，表示“欲望，想要达到某种目的或得到某种东西”义的出现12处。如：

(1)为“想，想要”义。如：

①“欲结援吴人，请婚陆太尉。”②(《世说新语·方正第五》)

②“王、庾诸公欲用孔廷尉为丹阳。”③(《世说新语·方正第五》)

③“时人欲题目高坐而未能。”④(《世说新语·赏誉第八》)

④“超曰：伊以率任之性，欲区别智勇。”⑤(《世说新语·品藻第九》)

⑤“桓公停欲言，中悔。”⑥(《世说新语·品藻第九》)

⑥“帝欲申宪，乳母求救东方朔。”⑦(《世说新语·规箴第十》)

⑦“妇欲试之，令婢以钱绕床，不得行。”⑧(《世说新语·规箴第十》)

---

① 本文提到的字书、韵书及训诂著作有：《说文解字》，东汉许慎撰；《玉篇》，南朝梁顾野王撰；《广雅》，魏张揖撰；《集韵》，宋丁度、贾昌朝等编撰；《正字通》，著者及成书年代有争议，至迟为清代。

② 余嘉锡：《世说新语笺疏》，中华书局2007年版，第387页。

③ 同上，第398页。

④ 同上，第522页。

⑤ 同上，第632页。

⑥ 同上，第623页。

⑦ 同上，第676页。

⑧ 同上，第677页。

(2)为“欲望,想要达到某种目的或得到某种东西”义。如：

①“而欲敌道戏,试以观之。”①(《世说新语·方正第五》)

②“清真寡欲,万物不能移也。”②(《世说新语·赏誉第八》)

③“王夷甫妻郭氏贪欲,令婢路上檐粪。”③(《世说新语·规箴第十》)

2. 想

想。《说文·心部》:“想,冀思也。从心,相声。”希望;打算。④

想:在《世说新语》中一共出现12处。分别表示下列3个义项,其中表示“情怀,心境”义的出现2处,表示“思念,怀念”义的出现2处,表示“思索,思考”义的出现8处。如：

(1)为“情怀,心境”义。如：

“故自有天际真人想。”⑤(《世说新语·容止第十四》)

(2)为“思念,怀念”义。如：

“恒怀存想,发于吟咏。”⑥(《世说新语·惑溺第三十五》)

(3)为“思索,思考”义。如：

“人想王荆产佳。”⑦(《世说新语·言语第二》)

---

① 余嘉锡:《世说新语笺疏》,中华书局2007年版,第381页。

② 同上,第503页。

③ 同上,第650页。

④ 同上,第798页。

⑤ 同上,第1080页。

⑥ 本文提到的字书、韵书及训诂著作有:《说文解字》,东汉许慎撰;“玉篇”,南朝梁顾野王撰;《广雅》,魏张揖撰;《集韵》,宋丁度、贾昌朝等编撰;《正字通》,著者及成书年代有争议,至迟为清代;《字汇》,明梅膺祚编撰。

⑦ 余嘉锡:《世说新语笺疏》,中华书局2007年版,第78页。

3. 意

意。《说文·心部》:“要,身中也,象人要自臼之形。从臼,交省声。”意向;愿望。《广雅·释言》:“意,疑也。”

意:在《世说新语》中一共出现141处。分别表示下列6个义项,其中表示“意思,意义”义的出现57处,表示“意向,愿望”义的出现36处,表示“意气,气势”义的出现22处,表示“怀疑”义的出现4处,表示“思想”义的出现5处,表示“感情,情义”义的出现17处。如:

(1)为“意思,意义”义。如:

①“非大将军意,正是平南所为耳。”[①](《世说新语·仇隙第三十六》)

②“使人受意失旨。”[②](《世说新语·仇隙第三十六》)

③“或问此意。”[③](《世说新语·言语第二》)

④“上意欲令小加弘润。”[④](《世说新语·政事第三》)

⑤“与公意异,争之不从。”[⑤](《世说新语·政事第三》)

(2)为“意向,愿望”义。如:

①“有人葬母,意欲借而不敢言。”[⑥](《世说新语·德行第一》)

②“服在外车上与人说己注传意。”[⑦](《世说新语·文学第四》)

(3)为“意气,气势”义。如:

“以手板批杀之,抚军意色不说。”[⑧](《世说新语·德行第一》)

---

① 余嘉锡:《世说新语笺疏》,中华书局2007年版,第1081页。

② 同上,第1082页。

③ 同上,第87页。

④ 同上,第198页。

⑤ 同上,第102页。

⑥ 同上,第54页。

⑦ 同上,第266页。

⑧ 同上,第34页。

(4)为“怀疑”义。如：

“然素闻虔名，意疑之。”[①](《世说新语·文学第四》)

(5)为“思想”义。如：

“了不异人意。”[②](《世说新语·文学第四》)

(6)为“感情，情义”义。如：

“谢注神倾意，不觉流汗交面。”(《世说新语·文学第四》)

4.比较子语义场之间的异同

“欲”“想”与“意”都可描述心态和感情。在《世说新语》中都表达了“欲望、想要、意向、愿望”等义。

表 3-28　子语义场成员的组合能力表：

成员	词语组合	词义	出现次数
欲	欲望、欲求、欲好、欲念、欲界、欲益反损、欲盖弥彰、欲速则不达	贪欲、情欲、愿望、安、须要、贪求、将要、愿望	194 次
想	猜想、想象、理想、想入非非	猜想、考虑、怀念	12 次
意	意志、意思、意义、诗情画意	意志、意思、情感	141 次

由此可知，“欲”的组合能力要强于“想”与“意”。

在《世说新语》中，从使用频率来看，“欲”＞“意”＞“想”。在使用上，“欲”较为灵活，而“想”和“意”的意义用法都比较简单，分别是“欲”＞“想”＞“意”。显然，在《世说新语》中“欲”语义场中，“欲”是核心成员。

下面分析“欲”和“想”的区别，“欲”程度比“想”更强烈，非常想的意思。

“想”于声，是从声音方面表现出来的“想念”的心情和气氛。“想”于貌，

① 余嘉锡：《世说新语笺疏》，中华书局 2007 年版，第 301 页。

② 同上，第 302 页。

“想”必动与心，显于色，侧重于对“想”的动作、情貌或状态等的描摹。

“欲”是人精神上的一种欲望，是一种心灵上的想要满足。它是抽象的，亦是具象的；它是无形的，亦是具形的。我们触摸不到欲望，但它却能够表现在我们的脸上。

（六）“恐惧”子语义场研究

“恐惧”子语义场的核心义素是“恐惧，戒惧”。这一子语义场在《世说新语》中共有两个成员“惧”和“恐”，下面我们分别进行分析。

1.惧

惧。《说文·心部》：“惧，恐也。从心，具声。”《广韵·遇韵》：“惧，怖惧。”[①]

惧：在《世说新语》中一共出现10处。表示下列1个义项，其中表示“恐惧，害怕”义的出现9处。如：

(1)为“恐惧，害怕”义。如：

①“凡在朝者，人怀危惧。”[②]（《世说新语·言语第二》）

②“魏明帝深惧晋宣王战。”[③]（《世说新语·方正第五》）

2.恐

恐。《说文·心部》：“恐，惧也。从心，巩声。”畏惧；害怕。恐怕，担心。

恐：在《世说新语》中一共出现35处。分别表示下列2个义项，其中表示“恐怕，担心”义的出现28处，表示“畏惧，害怕”义的出现7处。如：

(1)为“恐怕，担心”义。如：

①“恐子之金石。”[④]（《世说新语·文学第四》）

---

① 本文提到的字书、韵书及训诂著作有：《说文解字》，东汉许慎撰；《玉篇》，南朝梁顾野王撰；《广雅》，魏张揖撰；《集韵》，宋丁度、贾昌朝等编撰；《正字通》，著者及成书年代有争议，至迟为清代；《字汇》，明梅膺祚编撰。

② 余嘉锡：《世说新语笺疏》，中华书局2007年版，第89页。

③ 同上，第376页。

④ 同上，第266页。

②"峤曰：武子俊爽，恐不可屈。"[①]（《世说新语·方正第五》）

③"江曰：恐不得尔。"[②]（《世说新语·方正第五》）

（2）为"畏惧，害怕"义。如：

"戎湛然不动，了无恐色。"[③]（《世说新语·雅量第六》）

3. 比较子语义场之间的异同

"惧"与"恐"都可描述心态和感情。在《世说新语》中都表达了"惧怕、恐惧、担心、害怕"等义。

表 3-29　子语义场成员的组合能力表：

成员	词语组合	词义	出现次数
惧	惧内、惧服、恐惧、惧怯、惧怕	恐惧、戒惧、忧虑、病	10 次
恐	恐惧、恐吓、恐怯、恐篇章、恐防、恐急、恐惑、恐竦、争先恐后	畏惧、恫吓、担心、害怕、使人畏惧之事	35 次

由此可知，"恐"的组合能力要强于"惧"。

在《世说新语》中，从使用频率来看，"恐"＞"惧"。在使用上，"恐"比较灵活，而"惧"的意义用法都比较简单，是"恐"＞"惧"。显然，在《世说新语》中"惧"语义场中，"恐"核心成员。

下面分析"恐"和"惧"的区别，"惧"的程度要远远大于"恐"。

"恐"于声，是从声音方面表现出来的"害怕"的心情和气氛。

"惧"是人精神上的一种害怕，是一种心灵上的恐惧。

四、结　语

许多语言学家提出，词汇系统可能存在着一种自我调节机制，当内部失去平衡时，其自身会通过词义的分化而求得系统内新的平衡。如果一个字所

① 余嘉锡：《世说新语笺疏》，中华书局 2007 年版，第 366 页。

② 同上，第 376 页。

③ 同上，第 446 页。

承担的义位过多，就容易在使用中发生歧义，影响沟通，这种现象可能导致一种结果：变成复合词，因为动词的多种意义和用法在句中容易发生歧义，如果同义连用，两个动词就可以相互制约，相互衬托，他们所表示的意义就更加单一准确了。如：喜悦、愤怒、悲哀、伤恸、恐惧等。

典型如：喜悦。在“喜”的使用过程中，承担着高兴、欢悦、喜好、喜庆之事、怀孕等义。在“悦”的使用过程中，代表了喜悦、爱慕、悦服等义。为使用方便，避免歧义，词汇系统主动选用复合词“喜悦”来代表开心、快乐之义。

“汉语是有系统的，不仅仅是语音语法有系统，词汇也同样井然有序。无论词义发展还是双音词甚至多音节组合，都有规律可循。可是要彻底探究出这些隐藏在浩瀚典籍中的规律，还是很困难的……如果能够发现一点点规律性的东西就很知足了。”① 本文以《世说新语》中的单音节心理动词为研究对象，通过对 21 个情感动词语义场的研究，希望能够发现情感动词之间的关系与演变的一些规律。我们所做的努力包括以下几个方面：

（1）通过对《世说新语》中存在的“喜”“怒”“哀”“欲”“惧”6 个语义场成员之间的分布、使用频率、语法用处进行的分析比较，得出语义场成员之间的异同；

（2）通过《世说新语》中存在的“喜”“怒”“哀”“欲”“惧”6 个语义场成员的分析，得出情感动词的语义影响与演变。

总之，本文的研究工作只是一个浅显的尝试，只能算是我的学习和借鉴的过程，文中对情感动词语义场的分析、探讨也肯定存在很多不当之处，希望得到读者的批评指正！

参考文献

[1] 余嘉锡. 世说新语笺疏[M]. 北京：中华书局，2007.

[2] 王云路. 中古汉语论稿[M]. 北京：中华书局，2011.

[3] 邓永艳.《说文解字》中“情绪类心理动词”概念场词汇研究[M]. 昆名：云南大学出版社，2012.

[4] 钟明立，陈旸斌. 从〈世说新语〉看六朝口语疑问句和疑问词的特点[J]. 九江师专学报(哲学社会科学版)，1993(2).

[5] 张洵. 浅谈〈世说新语〉的口语化特点[J]. 内蒙古电大学刊(哲学社会科学

① 王云路：《中古汉语论稿》，中华书局 2011 年版，第 506 页。

版),1999(3).

[6] 丰竞.现代汉语心理动词的语义分析[J].淮北煤炭师范学院学报(哲学社会科学版),2003,24(1).

[7] 张玉来.现代汉语词汇系统的问题[J].临沂师范学院学报,2005(2).

[8] 周国光.语义场的结构和类型[J].华南师范大学(社会科学版),2005(1).

[9] 王凤英.语义场理论和篇章研究[J].外语与外语教学,2007(9).

[10] 王枫.先秦"叙说"类动词语义场基本特征[J].内蒙古大学学报(哲学社会科学版),2009,41(2).

[11] 王军.《世说新语》"有"字句研究[J].河西学院学报,2009,25(1).

[12] 郭英杰,赵青.语义场及其词汇类型研究[J].石河子大学学报(哲学社会科学版),2010(1).

[13] 闫春慧.先秦"洗涤"语义场探析[J].阴山学刊,2010,23(4).

[14] 吴伟民.汉语词汇系统性问题研究述评[J].西南大学学报(社会科学版),2011,4(1).

[15] 张荆萍."买""卖"语义场交集动词演变探析[J].宁波大学学报(人文科学版),2011,24(5).

[16] 李春蓉.语义场理论和语篇建构[J].长春理工大学学报(社会科学版),2012(5).

[17] 闫春慧.从《金瓶梅》《红楼梦》等看宋元明清汉语"洗涤"语义场[J].阴山学刊,2013,26(5).

[18] 施真秀,贾秀秀.魏晋"虱"语义场及其历时演变[J].学术探索,2014(3).

[19] 陈振东.汉语词汇的系统性问题研究[J].华中科技大学学报,2007.

[20] 黄金金,李天贤,杨艳琴.情感类心理动词的再分类及其语义分析[J].宁波大学科学技术学院,2013.

[21] 何珊珊.语义场理论与对外汉语词汇教学[J].山东师范大学(社会科学版),2013.

[22] 邰高娃.汉语"给予"类单音节动词语义场研究[J].内蒙古大学学报,2013.

[23] 赵倩."济渡"类动词语义场历史演变研究[J].河北师范大学学报,2014.

[24] Halliday,M. A. K. & Hasan. R. Cohesion in English [M]. London:Longman,1976.

[25] Ullmann. S. Semantics[M]. Oxford:Blackwell,1962.

论魏金枝小说中的方言词语

裘宇梵

摘　要:魏金枝小说创作总是运用方言土语,产生了强烈的艺术效果。他所用的方言是浙东山区嵊县(今浙江省嵊州市)方言,类型很多,囊括了名词、动词、形容词、代词等实词,也涉及语气词和拟声词等虚词,也涉及方言句式,并引用家乡话中的惯用语来建构小说语境。运用方言,不仅避免了民族共同语书写的单调性,使小说语言丰富多样,雅俗共赏,而且刻画出越东山区底层小人物的品行,彰显其美善与丑恶,再现了越东地区的乡土风情。魏金枝持续运用方言进行创作既有主体内在的情感动力,也有外部社会运动的引导,还有主体艺术追求的努力。

关键词:语言研究;方言运用;魏金枝小说

鲁迅在《门外文谈》中说:"方言土语,很有些意味深长的话,我们那里叫'炼话',用起来是很有意思的。恰如文言的用古典,听者也觉得趣味津津。"①文学是语言的艺术。作者通过组合语言符号生成文本,读者对文本的接受也最先从语言层面切入。文学语言的艺术特质离不开语言自身的多样性。这种多样性不仅表现为不同民族往往使用不同的语言,还表现为同一民族语言内部有共同语和方言之分。现代汉语就是现代汉民族共同语(普通话)与方言共生的复杂体系。汉语方言在语音、词汇、语法诸方面与普通话拉开距离,成为独具特色的语言资源,一经作家巧手妙用,就转化为增强文本陌生化效果的重要材料。这在中国现当代文学史上多有实例,魏金枝即是其中的代表。魏金枝是20世纪著名的小说家,他的创作多次受到鲁迅的褒奖和肯定,其方言土语的运用产生了强烈的艺术效果,这一点已为学界所关注。刘桂萍

① 鲁迅:《鲁迅全集》第六卷,人民文学出版社2005年11月版,第100页。

率先论述了魏金枝运用方言活化人物性格的问题①；刘家思揭示了方言运用与魏金枝小说浓郁的乡土特色的密切关系。② 后来，他们在专著《魏金枝传》《魏金枝浙东山区世界的审美表现——魏金枝小说创作研究》中又继续予以了探讨。这是开创性的成果，具有重要的学术价值和参考价值。但是，因为论题与视角的原因，他们没有从语言学——方言的角度进行专门的语言运用研究，留下了值得进一步阐释的学术空间。本文拟对魏金枝小说中的方言运用问题进行较为全面、细致的探讨。

一、魏金枝小说中的方言归属及要素类型

方言作为全民语言的变体，实际上包括社会方言和地域方言，但在现代汉语研究中一般仅指地域方言。魏金枝小说所用的方言基本上是作者的家乡话——浙东山区嵊县（今浙江省嵊州市）方言。它在《中国语言地图集》上属吴语区—太湖片—临绍小片。如果从地域文化的角度看待，则嵊县方言是越地（越文化）方言的组成部分。

魏金枝小说中的方言要素包括方言词汇和方言句式，但以方言词汇为主。方言词汇广泛进入魏金枝小说文本，类型很多。依据现代汉语词类划分标准，囊括了名词、动词、形容词、代词等实词，也涉及语气词和拟声词等虚词。此外，魏金枝还引用家乡话中的惯用语来建构小说语境。总体来说，都收到了很好的艺术效果。不仅增强了地域色彩，而且强化了艺术表现力和审美感染力。但方言句式——实际上只有倒装句，偶尔为作者所化用，其艺术效果并不突出。下文重点就方言词汇的运用进行一些分析，而对方言句式只简单提及一下。

（一）直接入文的方言词汇

1. 方言名词

从语义上看，魏金枝小说中的方言名词基本可归为表人和表物两大类。表人的名词，一是表示亲属关系的称谓名词，这集中体现在《活路》一文中。

---

① 刘桂萍：《魏金枝小说〈活路〉之我见》，《大庆师范学院学报》2013 年第 2 期。

② 刘家思：《魏金枝乡土小说的创作历程、审美特征和艺术渊源》，《浙江工业大学学报》2017 年第 2 期。

它们有的与普通话“同形异义”，如：“伊又推搡我格肩膀，轻轻介讲：‘白无常今朝同伊拉尼姑老妈讨相骂……。’”(《活路》)“老妈”是“妻子”的意思，与“母亲”义大相径庭。也有的与普通话存在词源上的联系，“异形同义”。如“三老爷格尾巴头”中的“尾巴头”指“儿子”，由尾巴的本义引申而来。类似这样的词还有“内眷”(妻子)、“娘娘”(祖母)、“囡头”(女儿)等。二是附带职业属性的名词，如：“中央人”(为双方介绍买卖、调解纠纷等并做见证的人，见《七封书信的自传》)、“肚仙”(巫婆的一种，见《做肚仙的人》)等。这些称谓名词和职业名词往往不能望文生义，细究其含义后则带给读者新奇之感，从而吸引其深入文本。

相较于表人方言词，表物的方言词在魏金枝小说中的呈现情况更为复杂。通常都是用多音词，增加表达的准确性。如，“弄堂”(小巷，见《活路》)、“灶间”(厨房，见《蜒蚰》)等词语，展现的是地方建筑特色和民居结构要素的组成。还有一些词，除了使表达更加准确之外，还显示出一些地方民众的心理与情绪，具有很强的修辞意义。例如，“洋钿”(银圆，见《焦大哥》)、“洋财”(原指对外贸易所得财物，见《白旗手》)等，反映了外资侵入后民众的情绪，具有鲜明的时代印痕；再如，“天公”(天气，见《裴君遗函》)、“羊眼癫”(癫痫，见《做肚仙的人》)、“脚船肚”(小腿，见《家庭琐事》)、“背脊”(背部，见《坟亲》)等都具有修辞格的特征，不仅十分形象，而且主观色彩十分突出。这种词语，不胜枚举，都显示出浓郁的浙东山区话语色彩。

除了表示具体的人、物，魏金枝小说中还有一些方言名词只具备抽象意义。如时间名词，“时光”(见《沉郁的乡思》)、“辰光”(见《活路》)，都是“时候”的意思；处所名词，如“间壁”(隔壁，见《小狗的问题》)等。它们在一定程度上促使文本的语言风格更为多样化。

2.方言动词

魏金枝小说中的方言动词数量众多，显示了浙东山区表意的独特性，赋予了作品特有的美感。在浙东山区，一般的方言动词都非常精准，比较容易理解，魏金枝在其作品中加以运用。如：踱(慢步走，见《留山镇上的黄昏》)、湛(突出，见《想挂朝珠的三老爷》)、相骂(对骂，见《磨捐》)等……这些词表意精炼，均可通过文字形式或借助上下文推测其意义，理解难度不大。但是浙东山区嵊县的方言中，有的个别能愿动词兼有双重词性，如“好”字就是这样的。魏金枝也经常运用这种双性词。如：“我和阿孔是顶好的，阿孔一定会对我说，去，我们到那里去说。”（《沉郁的乡思》）这里的“好”是形容词，意为友爱、和睦。再如：“好吃中饭了，那堂兄弟才发现了他，于是将他背到了家里。”（《做肚仙的人》）这里的“好”就用作动词，表示应该、可以的意思。这种一词多性的方言用法对于嵊县方言区以外的读者来说，是不容易理解的，恐怕会误解为用错了词。

值得关注的还有一些保留了古汉语用法的动词。其中一部分是越地方言在与北方方言融合的历史过程中保持了自身表达习惯的结果，它们与普通话语素次序颠倒，但意义相同。魏金枝的小说中用了不少这种词，读其小说时值得注意。例如：“要到我自己愿意，要到我自己欢喜！”（《七封书信的自传》）“欢喜”就是普通话“喜欢”。又如：“老婆么，起首是爱着的，可是后来生孩子了，一直生了五个，于是一切都变了，活像一只干瘦的狗娘，把孩子们打着骂着，烦厌死了，……”（《校役老刘》）“烦厌”就是普通话中“厌烦”的意思。

还有一部分是对古汉语词类活用现象的继承，也达到了使用动词的表达效果。例如：“药杀的老鼠是见过的，那畜生简直不愿死似的还睁着眼睛吓，我想它在寻找药死它的人啦。”（《前哨兵》）“药”本是名词，这里却活用作状语，“药杀”“药死”相当于“用药杀”“用药杀死”，起到了用动词“毒”一样的效果。再如：“啥人困？自然是给演员客人困的！”（《义演》）“困”本是形容词，指“疲倦欲睡”，这里活用为动词“睡觉”。

总的来说，魏金枝小说中的方言动词有强化场景真实性、服务人物性格刻画等作用，但需要根据具体语境来解读。

3.方言形容词

魏金枝小说中使用了不少的方言形容词。这些词语的运用，大都反映了乡村社会的传统秩序和底层农民的普遍心理，同时也契合了小说书写现实的主基调。例如：“那男子，二十多岁的酒鬼鸦片鬼，胡天胡地地浪荡着……”（《报复》）本来农村的男子应该趁着年富力强辛勤耕耘，才是生活的正轨，但作品中的“男子”沉迷酒精和毒品，成为常人眼中的“非人”，因此给了他两顶“鬼”帽子。传统的农民敬天乐土，天地崇拜是农民的信仰，这男子的堕落行为显然背离了这一信仰，故而被形容为“胡天胡地”。再如：“他还要比别的做儿子的人格外的勤力，使家里的人们欢喜他，——他自己也就快活了。”（《父子》）这是《父子》的主人公之一“小废物”的心理独白，因为自身残疾遭家人嫌恶，因此觉得自己要“勤力”些。文中“勤力”就是勤劳的意思，在农民眼里，勤劳的表现就是肯花力气种田、畜牧、渔猎……勤力的人才为人欢喜，不违本心。“小废物”的心理也就成了传统农民心理的真实写照。作为“中国最成功的农民作家”①，魏金枝对农村、农民有深刻的洞察，这些方言形容词的切中肯綮，可为一项佐证。

4. 方言代词

魏金枝小说中，也用了不少方言代词。这里既有名称代词，也有指示代词，还有疑问代词。除疑问代词“那介（怎么样）”和少量的指示代词“介”（这样）、“带”（读作[tᴀ]，这儿）、“亨”（读作[mu,]，那儿）以外，最具地域色彩的是人称代词。它们包括表示第一人称的：我拉、外（“我拉”的快读）；表示第三人称的：伊、伊拉、野（“伊拉”的快读，读作[ia]）；还有表示第二人称的“乃”（“侬拉”的快读）等。其中，《活路》用得最多，表现得最为典型，但“侬拉”未在《活路》中出现。从音节数量上看，这些人称代词又可分为单音节的“外、伊、野、乃”和双音节的“我拉、伊拉”两类。前一种情况除了“伊”，均基于连读而造成部分音位的脱落，反映了嵊县方言的某些音变特征。后一种情况，“拉”等同于“们”，表示复数，体现了嵊县方言的形态变化。这几组形式多样的人称代词，集聚在一部短篇小说中，折射出魏金枝在人称的选择上，注意了同中有异的艺术取向。

5. 方言虚词

魏金枝小说中也运用了方言虚词，虽然类型不及实词丰富，但复现率高，几乎在每篇小说中都有所体现，尤其是语气词和拟声词。语气词主要有“吓”“么”“末”，拟声词有“悉索”（见《前哨兵》）、“杭育”（见《跟着他走》）、“卜碌”（见《活路》）等。这两类词在小说中的区别是：前者多用于语句的结尾，特别是人物对话的结尾，形式上多为单音节；后者只出现在特定语境中，在语句中的位置不固定，音节数量也视具体情况而定。此外，《活路》篇中还出现了介词“拨”（把），连词“搭”（和），助词“格”（的）。这些虚词的运用，更加强化了方言运用的效果。

6. 方言熟语

熟语与专有名称一起构成词汇中的固定短语，它包括成语、谚语、歇后语

① 该赞誉出自1931年上海湖风书局出版魏金枝小说集《七封书信的自传》时所打的广告，转引自刘桂萍、刘家思、周桂华：《魏金枝传》，中国社会科学出版社2016年版，第77页。

和惯用语等。魏金枝小说中出现的熟语多是嵊县民间的惯用语。这些惯用语数量不多,但往往运用得恰到好处,十分生动。有的为行文平添幽默,语境轻松活泼。如:“田地?哼!田地就好像粪缸里的蜜枣,丢了它可惜,有了它也不见得有什么口味!”(《赌》)“粪缸里的蜜枣”就是嵊县人口中食之无味、弃之可惜的“鸡肋”式事物,用它来比喻田地,一下子就把说话人天法叔对于田地的矛盾心态刻画得活灵活现,还揭示出天法叔为人比较粗鄙,故而打起比方来也不甚高雅。“灶头打来脚船肚上”也是一句幽默的嵊县惯用语,指一个人四处游荡混吃混喝,就如同做饭的炊具是附在腿上的一般。再如:“伊话:‘伊那好做保长!伊做保长,灶头打来脚船肚上,我那里去寻伊?’”(《活路》)这是作品中人物罗乡长形容白无常的话,借助这句正巧妙地点出白无常游手好闲的性格,不靠谱、不事生产的为人和生活方式,颇令读者会心一笑。有的熟语,则使语境变得沉重,引人深思。例如:

> “现在什么人都讲漂亮引女人了,我反对这种样子。”老刘有一次对他的同辈发表他的意见。
>
> “老棺材,棺材里子,闭了你的嘴巴!”一个青年同辈就骂。
>
> ——《校役老刘》

棺材是民间的不祥之物,是为人所忌讳的。青年同辈用“老棺材”“棺材里子”当面代指老刘,实际上就是诅咒老刘去死,不伤身却诛心。两个恶毒的比喻体现了青年同辈这类压迫者的恶毒心态,以及老刘这类被压迫者悲惨的遭遇。再如:

> 令我记起年幼的时分,近家的山上发现了个大的土坑,里面备有饮食坐卧之物,我们的长者都说:“这是十节尾巴九节黄时的遗物,……”
>
> ——《裴君遗函》

“十节尾巴九节黄”源自一种古老的传说:人类曾经是有尾巴的,分十节,待到九节都变黄的时候,人就临近死亡了。这些人不愿拖累后辈,就会自行找一个僻静处等死,而其后辈也装作不知。这一传说,实际上反映了生产力不发达时期残酷的“弃老”现实，强调个体只顾自己“不受苦痛”，不顾所谓“正义大道”“朋友六亲”。《裴君遗函》是漂泊异乡的“我”写给爱人的遗书，作者在这里引用这句熟语，表现了“我”无依无靠的悲惨境遇与冷漠无情的人际现实。

(二)方言句式

此外，在魏金枝的小说中，也化用了一些方言句式。我们知道，现代汉语的基本句型包括陈述句、疑问句、祈使句、感叹句四种，而在此基础上总结出的一些特殊的句子结构即是句式。方言的口语化特征明显，语法上比较随意、不严谨，因而出现了与普通话语序相颠倒的句式——倒装句。魏金枝小说也时而使用了一些嵊县方言中的“倒装句”。例如：“帮着你们？自然我是帮着你们，我去帮谁呢。”(《磨捐》)在这里，“自然我是帮着你们”的正常语序应该是“我自然是帮着你们”，句子结构为主语＋状语＋谓语＋宾语。可魏金枝在小说中采用了句首状语“自然”＋中心语“我是帮着你们”的形式，突出了帮助的理所应当及帮助者的主动性，这正是嵊县方言为强调局部而灵活组织语序的表现。再如：“硬它不过，还是吃了吧！”(《父子》)“硬它不过”在普通话中的语序是“硬不过它”，为述宾补结构。在小说中，补语“不过”则出现在了宾语“它”之后，这也是方言特有的表达，在客观上突出了说话人较劲(“硬”在这里表示较劲的意思)的对象。显然，魏金枝小说运用的方言句式，使人物更加真实，具有生活质感。

自然，不同于方言词汇运用上的异彩纷呈，魏金枝小说中对于方言句式的运用比较少，似乎只是家乡话印记在其创作中的不自觉流露，但增添了人物对话或内心独白的口语化色彩。

二、魏金枝小说方言运用的艺术效果

方言是鲜活的，一旦巧妙地进入文学文本的具体语境，其通俗性、生动性、地域性的特征就能发挥其特有的审美功能，不仅能够更好地彰显民族性特征，而且能够多层次地拓展小说的审美价值。就魏金枝的创作而言，方言的运用充分发挥了通雅俗、绘善恶、记风土的作用，凸显了民族性特征，更增强了小说的审美功能。

(一)增强了语言书写与表达的效果

方言是民族共同语——普通话的重要补充。普通话是现代汉民族的共同语,它以北京语音为标准音,以北方话(官话)为基础方言,以典范的现代白话文著作为语法规范,这种现代标准汉语对于南方人在本色的交流与表达中,其效果客观上难以与方言相比。因此,适当地运用方言,能够增强语言书写与表达的效果。魏金枝的小说创作,不仅以较为规范的普通话作为主要的表达工具,而且在行文中巧妙地穿插方言,甚至通篇以方言创作,如《活路》。可见,他对方言的重视。但是,魏金枝不滥用方言,只是用方言来弥补现代汉语书写的不足,打破了单调性,使小说的语言风格更为多样化。特别是前述方言称谓词和方言代词,往往都是越文化地区独有的表达,与普通话这一以北京方言为基础的语言系统相差很大,它们解放了共同语带给作者的思维束缚,使其得以用更为自由的书写方式来调和小说语言的共性和个性。

方言的成功运用促成了魏金枝小说雅俗共赏的特色,奠定了更广泛的接受基础,有助于扩大小说的受众面。"地方话又称'土话',不论是旧时说的'乡谈''俚语',或者至今还在通行的'平话''白话',都是着眼于它的'俗'"。[①]嵊县本地人提及家乡话,从来只称"嵊县土话",究其心理动因,恐怕就和"土"字附着的民间情调和通俗色彩有关,唯其通俗易懂,故而为大众普遍接受,广泛使用。魏金枝小说选用的方言土语,至今仍通行于嵊州地区,人们一直用它进行日常交际。对于本地读者而言,即便文化程度不高,仍然会因小说言语的"接地气"而备感亲切,从而进入其中的审美世界。而体现全民性和典雅性的共同语占据小说言语的主体,又使得小说能进入外地读者与学院派的视野,方言制造的阻距性也吸引他们深入文本,从而使作品不断地被理解或误解,一次次地激活作品的生命力。由此可见,以共同语为主方言为辅的书写特色,无疑帮助魏金枝小说争取了更多的阅读、欣赏及批评对象,从而为拓宽小说的解读视域奠定了某种基础。

---

① 李如龙:《汉语方言学》,高等教育出版社2001年版,第1页。

(二)刻画底层小人物性格的利器

通过分析方言补充共同语书写这一观点，我们可以感受到方言自身之于魏金枝小说具有独特的审美价值。但它是魏金枝小说创作的一种技巧。魏金枝指出，“技巧到底只是表现形式的问题，灵魂还在于内容。只有内容才能决定形式，形式是不能决定内容的。”[①]小说创作的核心内容是通过塑造人物形象来表现思想。在创作中，魏金枝运用方言这一艺术技巧，也是为其小说的人物塑造、环境展现等内在艺术世界服务的，显示了作者的思想倾向。这种方言的运用，对文本形象和意蕴生成，意义重大。下面就方言词语表现小人物性格与乡村自然、社会环境方面的功用详加说明。

魏金枝小说塑造了身份各异的人物形象，但总的来说都是些“小人物”。这些人物社会地位低下，普遍受到社会的压迫。他们出身平凡、身处社会边沿和底层，多生活在山乡村野之间，这种相对闭塞的世界对人性发展有利有弊。一方面，保护了人性中的淳朴质实，培育了一颗颗真善美的心灵。作者描述他们时运用方言词汇，也包含着他对人物的喜爱、赞美之情。如《老牯和小牯》中，儿子小牯形容母亲是个老实人，说她“肚肠是直的”(指性格直爽，品性正直)，这是嵊县地区评价人正直厚道的习惯说法。魏金枝本人就被认为“他性格憨直，说话坦率，从不拐弯抹角，是我们浙东俗语所说的‘一根肠子通到底’的人物”[②]。小说中的小牯母亲确是正面的传统农妇形象，虽然文化素质不高，新中国成立前也不理解丈夫老牯为何闹革命，但还是努力尽到为人妻、为人母的职责，勤劳地操持家庭，而且热情好客，即使和丈夫闹情绪也还能积极地款待“我”这样的“外人”。魏金枝借小牯之口夸她“肚肠直”，是对传统农妇美德的肯定。另一方面，身处穷山恶水之中，生存是第一要务，为了实现自身利益的最大化，人性中的黑暗一面也就暴露了出来。地主压迫贫户，贫农之间也尔虞我诈，山村社会内部凸显出种种矛盾。这时，作者在方言书写中始终寄予对弱者的同情，同时也开始反思弱者自身的缺陷。如《野火》中的放高利贷的地主炳生阿太，作者称她为“老活尸”，是有深刻寓意的。一来

---

① 魏金枝:《漫谈技巧》,魏金枝:《编余丛谈》,作家出版社 1962 年版,第 66 页。

② 王西彦:《向死者告慰》,《新文学史料》第 2 期,第 119 页。

因为她行将就木，多年来不事生产而靠放高利贷过日子，活像一具吸血僵尸；二来在嵊县方言语音中，“老活尸”谐音“老弗死”，意为“老而不死是为贼”（《论语·宪问》）。作者对地主罪恶的暴露与鞭挞，凝聚在这简短的绰号中。又如《做肚仙的人》中的洪焕叔遭逢谷贱、捐税重、虫灾泛滥，处境确实是可怜的，但他装起“肚仙”欺骗同村难民的钱财，却又是可恨的了；而以见林太婆为代表的愚昧农民极为相信这种巫术，为了请洪焕叔作法招来儿子的鬼魂，愿意把“归老衣”（寿衣）也拿去当，足见封建迷信对农民的荼毒之深，故而这个形象也是发人深省的。《做肚仙的人》被认为是魏金枝现实主义创作道路由主观同情农民向客观审视农民发展的转折之作，“揭示了农民在遭遇虫灾、颗粒无收的绝境中，人性被扭曲和异化的程度”①，从作者选用“肚仙”“归老衣”等方言词设置情节的安排来看，这一观点是可以得到印证的。

人性是复杂的，受环境的影响。当外部世界的矛盾冲击古老山村的时候，人性在动荡的变革面前迷失了方向。魏金枝的小说就表现了人类在社会不同的环境中的异化状态，一些人在抗日战争时期自觉或不自觉地成为卖国贼、恶保长等等，为虎作伥。魏金枝在塑造这类人物时，方言就成为作者批判这些人物形象的工具。譬如，在《想挂朝珠的三老爷》中，作者写到三老爷做了汉奸以后，在村里“巡逻”的样子：“踱着方步，脱出眼珠”。三老爷早年就在村里臭名昭著，为众人嫌恶不敢在白天出门，而今投靠了日本人，居然就敢挺直腰板“踱”起来了。这一个看上去气定神闲的动作，表现出三老爷“狗仗人势”以后嚣张的气焰和内心的膨胀，“脱”字则描摹出其凶恶的神情，与他残害同胞的种种行为形成照应。简单的两个方言动词，就勾勒出一个典型的汉奸形象，也表达了作者对这一卖国群体强烈的讽刺与愤慨。又如“凑巧保长”王德昌，跟王家宅的其他两个保长比，业务上“头挑”（最好的），不但“不揩油”（不占公家便宜），还肯赔点油水。可他做这一切不过是为了升官，甚至尽责到强抓过路理发师充壮丁，人品十分卑劣。作者褒词（语）贬用，反讽了国民党统治下的基层统治者保长群体一心向上爬而不顾别人死活的丑态。

---

① 刘家思：《浙东山区世界的审美表现》，中国社会科学出版社 2018 年 3 月版，第 60 页。

(三)精彩表现越东四明山区的风土人情

从越文化视角研究魏金枝的成果显示,他的小说始终以越地东部的四明山区为原型,不仅反映了四明山的大山文化给予人物性格上的影响,而且直接展示了四明山区的自然景观与人文风俗。魏金枝小说创作中对方言词语的选用,更好地突出了越东四明山区的风土人情,显示了很强的地方色彩。

在魏金枝小说中,反映越东山区的方言词,首先是一些指称土物特产的名词,如苞芦(见《磨捐》)、番薯胖(见《老牯和小牯》)等。"苞芦"就是玉米,在当地又称"六谷"(作为传统"五谷"的补充之意);"番薯胖"是一种零食,番薯切薄片炸制或在高压炉中烘焙后体积会膨胀,似人变胖,故曰"番薯胖"。嵊县至今尚有民间艺人制作"番薯胖""六谷胖""米胖"等,他们被称为"弹(tán)胖佬"。越东地形素有"七山一水二分田"的说法,平原土地稀缺,在科技不发达的年代,稻米产量低,农民选择种植苞芦、番薯这些对地形依赖程度不高的"杂粮",是适应生存环境的做法。因此,魏金枝在《磨捐》中描写妇人磨苞芦,在《老牯和小牯》写老牯一家用番薯胖招待"我"这样的情节,是建立在真实地了解四明山区真实的自然地理环境基础上的,经得起推敲。

魏金枝小说中还有一些方言熟语来自越东地区的风俗习惯,反映了该地区人民的生活方式和思想意识。如倒灶(见《赌》等)、送夜头(见《山地》等)、吃福肉(见《山地》等)、请财神(见《竹节命》《跟着他走》等),等等。"倒灶"是"倒霉"的意思。"灶"是一种传统炊具,在今天的越地农村仍有较多人使用,民以食为天,煮饭的家伙倒塌了,自然生活也就触了霉头。"送夜头"是一种驱鬼的方式,用羹饭"贿赂"鬼怪,祈盼除病消灾;"吃福肉"则是在祭祖之后,吃掉"沾了福气"的猪肉,以获得祖宗的庇佑。这两种习俗反映的是吴越地区的鬼神崇拜。"祖先是作为善鬼,它对下代子孙是保护的,……孤魂幽鬼却是祸害人的恶鬼,所以对他们也须小心伺候,不能得罪。"①"请财神"是越地土匪代指"劫财"的黑话,反映了闭塞山区民风剽悍、盗匪盛行的现实。但在魏金枝小说的语境中,"请财神"更多地渲染了土匪的侠义精神。氽来在绑票过程中保护了"财神"家无辜的小姑娘,庞大海为营救在爱国运动中被捕的师母而

---

① 姜彬:《吴越民间信仰民俗》,上海文艺出版社1992年版,第71—72页。

“大义灭亲”——绑架了可恶的地主舅父杜重山。作者叙述这些人物的“请财神”，一定程度上是对“嵊县强盗”行侠仗义精神的肯定。

总而言之，魏金枝运用方言描绘越东山区的社会风物和人情世态，不仅奠定了其小说塑造典型性格的生活基础，也进一步浓化了魏金枝小说的地方色彩和民间情韵，突出了现实主义的创作特色。

三、魏金枝小说运用方言的原因

就笔者搜罗到的魏金枝小说来看，魏氏在其第二篇小说《官衙》的写作中已经使用了方言。自此至其封笔之作《义演》，每篇小说都能寻到方言运用的踪迹。可以说，将方言融入创作是魏金枝自觉的选择。这种选择源自以下几个方面：就内在心境而言，受到浓厚乡土情结的驱动；就外部社会环境而言，是文艺大众化运动提倡方言的引导；就文学审美上说，这是在政治强化的环境中坚持维护文学审美追求的一种策略。

（一）乡土情结的内驱作用

魏金枝的小说，基本上都是乡土小说。所谓乡土小说，是指“靠回忆重组来描写故乡农村（包括乡镇）的生活，带有浓重的乡土气息和地方色彩的小说”。[①] 魏金枝自五四至“文革”近半个世纪里创作的小说，一直取材于故乡四明山区、黄泽江畔的村镇，表现越东风土人情，进而审视社会的发展进程。乡土情结，一直萦绕在魏金枝的心头。这种情结使他在创作中自觉地运用了一些方言。

情结，简单地说就是深藏在心里的感情，乡土情结即个体对家乡的魂牵梦萦。柯灵说：“辽阔的空间，悠邈的时间，都不会使这种感情褪色。”[②]热爱家乡、怀念家乡是魏金枝乡土情结的基本内容。魏金枝从青年开始辗转沪杭，中年之后长期定居上海，但一直乡音无改，不能不说是眷恋家乡、羁愁难解之故。这种情思植根于他从出生到初离家乡之间十七年的农家子弟生活，也就

① 钱理群、温儒敏、吴福辉：《中国现代文学三十年》，北京大学出版社1998年版，第82页。

② 柯灵：《乡土情结》，《柯灵文集》第一卷，文汇出版社2001年版，第492页。

是说，魏金枝乡土情结的深层因子是农民意识、农村意识。左泥曾回忆魏金枝的生活方式像个农民；魏金枝自己也说正是早年农村生活给他“打下了坚实的写作基础”“农村生活是最丰富的，也是获得文学资源最便当的”[①]。魏金枝曾在1935年前后写过《潮海老伯那一辈》《故乡风光》《“的笃戏”小史》等一批专门回忆家乡生活的散文，尽管批判了家乡落后、衰败的气象，但也真挚地赞美了家乡人淳朴厚道的优秀品质，深情地怀念了儿时苦中有乐的生活，并在灰暗的主调中羼进了希望的亮色。在他的小说创作中，方言恰如其分地表现地方色彩，成为其主体乡土情绪的最佳载体。反过来说，正是浓郁的乡土情愫，驱动魏金枝在小说创作中选择乡土题材，运用方言书写。方言既为作者用以日常交际，则惯性必然影响创作思维；它又是可以直接“拿来”且极富语言张力的资源，亦不能不入魏金枝的法眼。

（二）文艺大众化的积极实践

文艺大众化是五四时期开始出现的创作取向，在20世纪30—70年代被广泛提倡，备受重视。魏金枝的小说是紧随时代潮流的，又呈现出阶段性特征，受到外部社会潮流的影响。他的方言书写就是这种外部影响内化的具体表现，是贯穿20世纪30—70年代的文艺大众化运动引导及其具体实践。

“文艺大众化”是伴随左翼文学思潮而兴起的，从20世纪30年代起受到格外重视，“左联”曾就这一议题展开了几次大讨论，魏金枝直接参与讨论，他认为“中国现在的文学需要大众化，实在是格外的迫切”，迫切的一个重要原因“就是言文脱离这一点”。[②] 魏金枝赞成“言文合一”，即口头说的话和写在纸上的话要一致。魏金枝说：“我曾参加过早年左联的活动，多少受到过党所领导的当时文艺运动的影响，知道一些文艺为劳苦大众服务的道理……”[③]因此，魏金枝小说创作受到直接影响。在1934年掀起了大众语讨论的热潮，有一派观点就认为大众语应吸收方言。如鲁迅提出“到大众中去学习，采用方

---

① 魏金枝：《谈谈失败的经验》，《编余丛谈》，作家出版社1962年版，第136—141页。

② 魏金枝，等：《〈北斗〉杂志社文学大众化问题征文》，文振庭，编：《文艺大众化问题讨论资料》，上海文艺出版社1987年版，第144页。

③ 魏金枝：《我为我们的工人作者祝福》，魏金枝：《编余丛谈》，作家出版社1962年版，第200页。

言”[1]。夏丏尊也强调白话要“在可能的范围以内尽量吸收方言……方言只要有人使用,地方性就会减少”。[2] 魏金枝创作中的方言书写,应当说是对鲁迅、夏丏尊观点的实践,即通过建构大众语促成“言文合一”,进而推动文艺的大众化。魏金枝在创作、生活上都曾受到过鲁迅的指点、帮助,其小说从思想意蕴和艺术技巧上的确深受影响,加上二人的母语系统十分接近,他接受鲁迅的这一提倡而积极运用方言写作也是顺理成章的。到 20 世纪 40 年代,毛泽东在延安文艺座谈会上指出大众化“就是我们的文艺工作者的思想感情和工农兵大众的思想感情打成一片。而要打成一片,就应当认真学习群众的语言”。[3] 这不能不影响到魏金枝小说创作,使其坚持用方言表达,保持大众化取向。也许正是这样,他的小说受到毛泽东主席的青睐。

(三)平衡政治性和艺术性的努力

从 20 世纪 30 年代起,文学创作强调突出阶级性和政治性,到“十七年”文学时期达到高峰,如何既坚持政治性又把握艺术性,对作家而言是一个很大的考验。如何平衡政治与艺术在文学创作中的地位,使许多作家陷入矛盾之中。自然,魏金枝也是不可避免的。他在《漫谈技巧》一文中明确提出作品好坏的标准是“政治第一、艺术第二”;其“十七年”小说也确乎一致增强了政治性,歌颂新中国,歌颂中国共产党和毛主席。但强烈的艺术良知又促使魏金枝专门撰文《反对教条主义和公式主义》,拒绝概念化写作。魏金枝在本时期的方言书写,实际上是他试图在政治和艺术上保持平衡的一种努力,反映了他的矛盾心境。

语言是代表意识形态的,方言很大程度上受到民间文化的影响,承载了民间意识形态。魏金枝融方言入小说,就是要传达来自民间的声音,反映社会底层的真实面貌。从《活路》中的老唐开始,魏金枝塑造了一批所谓的“中间人物”,包括《一个危险的计划》中的朱志林、《老牯和小牯》中的老牯等。他们尽管愿意接受新社会,但由于小农思想的限制,往往出现不理解政策的情

---

① 鲁迅:《致曹聚仁》,《鲁迅全集》第 13 卷,人民文学出版社 2005 年版,第 188 页。

② 夏丏尊:《先使白话文成话》,文振庭,编:《文艺大众化问题讨论资料》,上海文艺出版社 1987 年版,第 224 页。

③ 毛泽东:《在延安文艺座谈会上的讲话》,《毛泽东选集》第 3 卷,人民出版社 1991 年版,第 851 页。

况。所以,老唐觉得解放军要他自述保长经历是“骗工来啦”(指骗人),朱志林在中华人民共和国成立后做了新农村干部,面对村务建设却像个“敲瘪锁”(指言行吝啬,脾气蔫),老牯觉得干部总给他“戴大帽子”(指上纲上线,夸大罪名)。这些方言描写,真实表现了人物,反映了新中国建立之初民间意识疏离、抗衡官方意识的现实,使“中间人物”具有了“生气”。作者正是顺从内心的艺术自觉,才采取了这样的书写策略。应该说,魏金枝借助塑造中间人物、描写方言等艺术技巧,一定程度上弥补了突出文学政治性所带来的艺术审美的不足。

综上所述,魏金枝小说中的方言要素类型多样,涉及方言实词、虚词、熟语的直接入文和方言句式的化用。他运用方言,不仅避免了民族共同语书写的单调性,使小说语言丰富多样,雅俗共赏,而且刻画出越东山区底层小人物的品行,彰显其美善与丑恶,再现了越东地区的乡土风情。魏金枝持续运用方言进行创作既有主体内在的情感动力,也有外部社会运动的引导,还有主体艺术追求的努力。

古龙武侠小说中的语用预设研究

倪乾熙

摘　要：语用预设是指在具体语境中，交际双方话语中所隐含的背景信息。本文选用古龙武侠小说作为语料进行研究。语用预设在武侠小说中可以按表现形式分为指称预设、对象预设、语境预设以及背景预设四种，通过对这四种预设的观察，我们发现语用预设在古龙武侠小说文本中体现出作为人们主观意念的主观性；在故意设置预设时的单向性；满足语境所需的合适性和作为共同背景知识时的共知性。同时，语用预设的特点使得它在古龙武侠小说中让语言更加经济，增强话语说服力以及突出篇章中的信息焦点，还能起到对语篇信息的组织作用。为了理解语用预设为何能起到上述作用以及更好地了解语用预设的概念，我们可以对古龙武侠小说中的语用预设分为语言顺应角度、语篇角度、认知语言学角度这三个角度来进行研究，来观察语用预设在古龙武侠小说中所扮演的角色。语用预设在古龙武侠小说中不仅使得作者的写作目的得以实现还能有效地吸引读者，通过语用预设和武侠小说的相结合，来观察武侠小说中语用预设的作用，能够扩充预设研究的语料库，还能更好地研究古龙武侠小说中的写作策略。

关键词：古龙；武侠小说；语用预设；指称预设；对象预设

一、引　言

预设也叫作前提、先设、前设，是指说话者在传达新信息时所依赖并且设定自己和受话者都知道的知识，被称为是保证信息交流顺利进行的前提。它最早是由德国数学家、逻辑学家和哲学家弗雷格在1892年的著作《论意义和指称》中提出的，弗雷格提出“预设”这个观点用以解释一些语义逻辑现象之后，又有英国哲学家罗素、斯特劳森对弗雷格的观点进行深入和发展，这时预设在语义学范围内得到了充分的发展，它用以研究命题的真值条件，侧重逻辑关系。之后斯塔纳克将预设带入语用领域，他将预设与说话人和语境相关联，指出预设应该更多地关注语境和语段以及说话人和语段的关系。斯塔纳克尔 1974 年从语用的角度对预设提出了以下定义：一个命题 B 是说话人在某一语境中的语用预设，当且仅当说话人假定或相信 B，假定或相信他的听话人假定或相信 B，并且假定或相信他的听话人认识到他有这些假定或相信。之后语用预设便给预设研究带来了新的研究视角。之后不断有人研究预设这一独特的语言意义现象，使它冲出哲学和逻辑学的樊篱，逐渐成为语用学一个重要的课题。

语用预设的概念提出之后，一直是语用学中的热门话题，它被认为是保障交际能够按照意愿进行的重要条件，被认为应该适合任何形式的言语活动，因此人们将其置于篇章领域来研究语用预设在篇章中的作用，并以此来观察语用预设的语篇和语境特征，已经有人将推理小说、新闻、剧本等文本与语用预设相结合，但是目前还没发现有人运用武侠小说作为语料库与语用预设相结合，因此本文要将武侠小说与语用预设相结合。我认为可以从武侠小说中研究语用预设主要有以下理由：(1)武侠小说相较于其他文学类别拥有着更多的对白，也就是意味着有更多的语料；(2)武侠小说的通俗性要求文本不断吸引读者阅读，而想要达成这个目标，语用预设一定参与其中；(3)在阅读武侠小说的过程中，读者接受的各种信息比如角色的性格或是剧情的发展都是作者所安排的，其中也存在着语用预设。因此选择武侠小说来与语用预设相结合无疑是可行的。

进入近代以来，武侠小说因为它的通俗性被广大读者所追捧，一批才华横溢的作者使得武侠小说进入了一个新时代，最具代表的是金庸、梁羽生、古龙三人，其中古龙对于武侠小说有着极大的创新，他将许多不同的新元素带入传统武侠，又将自己对人生的理解融入其中，运用放荡不羁的文笔写法，形成独树一帜的写作风格，因此本文选择将古龙武侠小说作为研究对象，其中具体的理由将在下文中阐述。

(一)研究背景

古龙武侠小说写于金庸和梁羽生之后，在他开始写武侠之前，金庸和梁羽生无疑已经声名在外，很多人认为金庸已经将武侠表现到极致，因此古龙必须形成自己的特色，写出和金庸等人不同的武侠小说。于是我们可以看到古龙武侠小说非常具有“辨识度”，因为他的写法独具一格，他将武侠中的招式简化，不像金庸那样描写复杂的武功招式，而是不断简化，甚至于一刀、一剑就已经结束打斗，并且古龙将比武决胜的关键往往定在精神力量上，李寻欢、楚留香、沈浪都是因为他们强大的精神力量而最后打败敌人。对于招式的省略，使得读者阅读快感减少，那么古龙必须有所弥补，因此古龙对于气氛烘托的描写有很多，由上所述，本文选择古龙的武侠小说为对象的主要理由为下：(1)因为对其他细节描写的减少，古龙武侠小说中角色对白远远多于金庸武侠小说，获取语用预设更为简单；(2)因为古龙对于气氛的大力烘托，使得我们很容易可以观察到在不同语境下角色的对话，从而可以更好地观察语用预设的语境特征。

对于预设的语用研究始于国外，是斯塔纳克最先开始涉及，之后为数众多的学者对预设的各个方面进行了研究，语用预设进入国内之后，陈晓兰先开始提出在语篇对其进行研究，但是对于文学作品中的语用预设研究涉及不多，因此本文选择研究古龙武侠小说中的语用预设。

(二)研究目的

由于武侠小说的畅销程度以及受到的喜爱，越来越多的人关注武侠小说，对于武侠小说的研究也呈现欣欣向荣之势，大部分研究通过文学角度来研究武侠小说，来说明武侠小说的文学性，以及作者的写作策略。不过在以往对武侠小说的解读中，从语用角度来理解的很少，因此我们可以从语用预设的角度来对作者的写作策略和作品的文学性进行分析。

关于预设，学者们已经有了为数众多的研究成果，但是以文学作品为语料的研究也不多，因此将预设置于武侠小说中研究或者说将武侠小说置于预设中研究具有很大的研究空间。

本文的目的主要是在以往预设的研究基础上初步研究武侠小说中的语用预设，并以此说明武侠小说的文学价值，同时提供新的阅读武侠小说的思路，以语用预设来理解作者的写作策略。

二、用预设在古龙武侠小说中的类别

语用预设在武侠小说中依据不同的表现形式，其可以分为不同的类别，分别为指称预设、对象预设、语境预设和背景预设。

(一)指称预设

指称预设揭示语篇上下文中不同称名手段在所指对象方面的预设关系，由表达事物概念的第一性称名预设其他称名手段的所指对象，使后者在特定的言语环境中获得新的指称意义。[①] 作者在引出人物、介绍人物时，常常会用到指称预设，这也是指称预设在武侠小说中主要的作用。人物的第一性称名即人物的姓名，根据其在篇章中出现的顺序，我们可以将指称预设再次细分。古龙的武侠小说向来以简短为特点，语言上的简短却蕴含着大量的信息，古龙在引出人物时，经常在简短的语言中潜藏着巨幅的信息，造成信息爆炸的效果，有时作者意在在一定程度上渲染气氛。

1. 正向指称预设

通常第一性称名出现在相关代词之前即为正向指称预设，这种指称预设关系是明显的，会有顺序地、自然地介绍人物，使读者能够更好地接受作者提供的信息，比如下面的例子：

> 李寻欢打了个呵欠，将两条长腿在柔软的貂皮上尽量伸直，车厢里虽然很温暖，很舒服，但这段旅途实在太长，太寂寞，他不但已觉得疲倦，而且觉得很厌恶，他平生最厌恶的就是寂寞，但他却偏偏时常与寂寞为伍。
>
> “人生本就充满了矛盾，任何人都无可奈何。”[②]

这一开场中，根据例子中的指称预设，作者预设了有李寻欢这么一个人，

① 陈晓兰:《语篇预设新探》,《解放军外语学院学报》1996 年第 1 期。

② 古龙:《多情剑客无情剑》,《古龙作品全集》,太白文艺出版社 2003 年版,第 1 页。

读者接受信息之后，作者便用代词“他”来介绍人物的一系列信息，让读者了解人物身上必定有着许多故事，并且将这篇文章开始的地点定在了旅途中，在小说不大的篇幅里，我们可以接收到一定的指称信息，读者不会疑虑“他”是谁，使得人物的基本信息很快地展现出来。

或许上面的例子还不够明显，那么再给一个例子，是《陆小凤传奇》中《决战前后》的片段：

> 九月十三。凌晨。李燕北从他三十个公馆中的第十二个公馆里走出来，沿着晨雾弥漫的街道大步前行，昨夜的一坛竹叶青，半个时辰的爱嘻，并没有使得他看来有丝毫疲倦之色。他身高八尺一寸，魁伟强壮，精力充沛，浓眉、锐眼、鹰鼻、严肃的脸上，总是带着种接近残酷的表情，看来就像是条刚从原始山林中窜出来的豹子。
>
> …………
>
> 十年以前，他就已是这京城中最有权力的几个人其中之一。距离他身后一丈左右，还跟着一群人，几乎要用奔跑的速度，才能跟得上他的步子。这群人之中有京城三大镖局的总镖头和镖师，有东西城“杆儿上的”的首领，有生意做得极成功的大老板和钱庄的管事。
>
> …………
>
> 因为李燕北习惯在晨曦初露时，沿着他固定的路线走半个时辰。这地方几乎已可算是他的王国。这时候他头脑总是特别清醒，判断总是特别正确，他喜欢他的亲信部下在后面跟着他，等着他发号施令。而且这已是他多年的习惯，就正如君王的早朝一样，无论你喜不喜欢，都绝不能违背。①

从上可获取李燕北的这些指称信息：八尺一寸、魁伟强壮、精力充沛、浓眉、锐眼、鹰鼻、权势滔天等等，读者很容易能知道人称代词“他”指的是谁，也很容易就能掌握这些指称预设信息，使得作者不必在连贯的篇幅中对一个对象反复使用一样的指称。正向指称预设同时也能使小说更加形象、生动：

① 古龙：《决战前后》，《古龙作品全集》，太白文艺出版社2003年版，第1页。

“这话倒有几分道理，他们的确都不是人，只不过——一个是仙佛，一个却是恶魔。”①

这里将李寻欢和上官金虹分别写成仙佛和恶魔，读者们不会误解仙佛指的是谁，也能指出李寻欢和上官金虹的形象特点，显示角色气质。

2.反向指称预设

反向指称预设是指第一性称名出现在其他称名手段之后，它同样可以使得一个人物的形象生动、鲜明，作者在通过他人的看法中将角色形象不断勾画出来，读者在不断地接受信息之后对于角色会有着直观的认识，不过这种手法通常是为了给人物蒙上薄纱，使得读者对其产生兴趣，增加阅读的兴趣，这种手法无论是在武侠小说还是其他的小说中都很常见。比如下面关于陆小凤出现的例子：

他目光四面一闪，就盯在小北京脸上，沉声道：“人呢?”

小北京道：“还在楼上天字号房。”

…………

刀疤大汉勒马四顾，沉声道：“你想他会不会在这镇上留。”

紫面大汉道：“会。”

“他也是个人，晚上他要睡觉的，只不过大家都知道他睡觉有个毛病。”

刀疤大汉道：“他若已留下来，留在哪里？”

紫面大汉想也不想，道：“迎春阁。”

迎春阁是这里漂亮女人最多的地方。“他”睡觉绝不能没有女人，这就是他的毛病。

…………

紫面大汉手里的鞭子忽然绕上了他的脖子，厉声道：“今天晚上这里有没有一个穿着大红袍的年轻人来过?”

这人已被鞭梢勒得连气都透不过来，只能不停地点头。

紫面大汉终于放过了他，道：“他还在不在？”

---

① 古龙:《多情剑客无情剑》,《古龙作品全集》,太白文艺出版社2003年版,第606页。

这人喘着气，又点了点头。

…………

刀疤大汉笑道："那小子虽然也是个王八蛋，但倒真是个好样的王八蛋。"

紫面大汉道："咱们这一趟走得倒还不冤枉。"

…………

铁面判官道："你这个朋友是不是姓陆？"

朱停忽然沉下了脸，道："你最好听清楚些，姓陆的只不过是她的朋友，不是我的。"

…………

铁面判官看着他，上上下下地看了几眼，面上忽然露出一丝恶毒的微笑，道："你老婆在客栈里陪一个有名的大色鬼喝酒，你居然还能在这里坐得住？"①

开篇写的是刀疤大汉和紫面大汉一直在找一个人，每当他们到一个地方，都似乎可以追到时，那个人却都脱身了，在这个过程中，作者一直没有写出两个大汉追的是什么人，每一次都用"他"来代替，这样使得读者不断被吸引着往下读，直到最后作者才点出来这个人就是陆小凤，这样无疑使得读者对了解陆小凤这个人产生了浓厚的兴趣。

铃铃咬着嘴唇，沉默了半晌，用眼睛瞟着李寻欢，道："若是只养一个人，你养得起吗？"她眼珠子一转，接着又道："那人吃得并不多，既不喝酒，也很少吃肉，每天只要青菜豆腐就行了，而且她还会自己煮饭，自己炒菜，菜做得好极了，你晚上睡觉，她会替你铺床，早上起来，她会替你梳头。"

李寻欢笑了笑，道："这样的人，她自己一定会活得很愉快，用不着跟我受苦。"②

---

① 古龙：《金鹏王朝》，《古龙作品全集》，太白文艺出版社 2003 年版，第 1—7 页。

② 古龙：《多情剑客无情剑》，《古龙作品全集》，太白文艺出版社 2003 年版，第 456 页。

在这段对话中，铃铃只用"一个人""那人""她"来代替自己，直到对话最后才透露出那人就是自己，这样的反向指称预设虽然是对于李寻欢这位书中的人物来使用的，但对于读者来说也算是同样手法，看过这段之后，一个对李寻欢怀着爱慕之意的活泼女孩跃然在读者脑海中。

(二)对象预设

言语是为了交际，交际的最终目的是互相传达信息，而语用预设正是服务于这一目的，想要传达信息要求交际的主客体之间相互理解，换而言之，就是需要考虑对方在交流时是否能接收和理解，只有在所要表达的讯息被对方所理解接受之后，才能完成交际。因此，言语交际中的词语选择及组合方式都是根据"心理相容的原则"进行的。[①] 也就是说在日常交际中，互相交流的两个人经常会采取不同的语言组织方式来使对方更容易接受信息，就是俗话说的"见人说人话，见鬼说鬼话"，那么在书面表达中，是否也会有这种情况呢？答案是肯定的。书面活动中，作者肯定需要事先预设读者也就是书面活动的对象的接受心理、生活经验、文化程度等等，从而才能扩大文章的感染力和表现力，以及确定作者自己的表现手法等，另一方面来说，在小说中角色之间的对白也会存在预设，而作者需要根据角色的个性来设计不同的对白。在武侠小说中，角色之间的对话中存在着听话人，阅读小说的人为读者，同时，作者在表达一些信息时，同样是将读者当作为听话人，因此在这里将小说中的对象预设处理为听话人预设和读者预设。

1. 听话人预设

作者在描写人物对话时都会考虑人物的个性情感以及当时的氛围，这些都可以通过听话人预设来窥探一二，并且通过这种预设来推动情节发展。

在《金鹏王朝》中，青衣楼试图将陆小凤捉回去，由于陆小凤不肯乖乖就范，于是青衣楼的使者威胁陆小凤：

> "我们那里没有老板，这里有！"[②]

① 刘焕辉：《言语交际学》，江西教育出版社 1986 年版，第 31 页。

② 古龙：《金鹏王朝》，《古龙作品全集》，太白文艺出版社 2003 年版，第 13 页。

陆小凤根据对青衣楼以往的手段的了解，理解了这句话的含意，并反过来威胁青衣楼若是敢动老板——朱停便要一把火烧光一百零一座青衣楼，青衣楼使者在威胁陆小凤之前，已经确定自己说的话陆小凤能懂，更是了解陆小凤重情重义的特点，因此以他的好朋友为要挟，如果陆小凤没有听懂这句话或者是根本不在意这个“老板”的死活那么威胁就无效了，这就是对听话人的预设，这种预设提高了小说里面对话的质量。这样的例子还有很多，比如，李寻欢被误认为是梅花大盗并且杀害了少林寺高僧心眉从而被包围，李寻欢说了一句话：

“不错，你们都不必来冒险的，反正少林门下有三千弟子，只要你们一声号令，会替你们送死的人自然不少。”[①]

这句话中，我们可以看出李寻欢的机智，他在话中假设了少林寺的高层会让少林门下弟子来抵挡小李飞刀，但是李寻欢了解一旦这样说，就可以让少林寺的众多弟子们不插手这场争斗，以此增加逃脱的机会。可以看出对于听话人的预设使得小说情节发展更加流畅连贯，增加对话的表现力。

古龙在使用听话人预设的时候，经常有意造成出人意料的效果。比如：

金九龄道：“能找出这个绣花大盗，揭破这些秘密的人放眼天下，也许只有一个。”

陆小凤的眼睛更亮，能解决这种难题的人，除了他还有谁？

但他却偏偏故意问道：“却不知你说的这个人是谁？”

金九龄道：“司空摘星。”

陆小凤怔了怔，道：“你说的是谁？”

金九龄道：“司空摘星。”[②]

在这里，听话人预设中那个能解决这种难题的人是陆小凤，但是古龙笔锋一转，却是司空摘星，这种落差的效果让读者不禁一怔，却又感到好笑，类

① 古龙：《多情剑客无情剑》，《古龙作品全集》，太白文艺出版社2003年版，第222页。

② 古龙：《绣花大盗》，《古龙作品全集》，太白文艺出版社2003年版，第14页。

似的例子在小说中俯拾即是，可以看到听话人预设在古龙武侠小说中独特的运用。

2. 读者预设

武侠小说作为书面语言，是一种商业文学，跟平常的口头交际不同，因为武侠小说从提笔之时或者说提笔之前，作者就知道会有读者这一群体的存在，作者还需要考虑到读者的喜好、生活经验等等，作者会预设自己的读者群体，这样才能使自己的小说更受欢迎。在古龙的武侠小说中，当然也存在读者预设。

首先，在古龙武侠小说中很明显的读者预设就是古龙的武侠小说主要的针对读者是男性。在《笑红尘》这本他自己的随笔、札记中，古龙就曾经说过自己对女性角色的塑造不够，他的武侠小说中，女性角色无一例外都是配角，即使是女性的大反派，也都是被男性主角的光辉所掩盖，也就是说古龙笔下的女性角色大都沦为陪衬的花瓶，甚至一些女性角色连名字也没有，这之中当然和古龙本人的大男子主义有关系，但是也有着因为他认为读他小说的读者主要为男性的原因，比如陆小凤和老友朱停吵架，但是为了保护朱停，就故意单独找朱停的妻子喝酒，朱停的妻子恼怒陆小凤的行为，于是冲他发火：

> “你跟他闹翻了，却又怕他被别人毒死，所以才故意让别人认为我跟你好，为了要表示清白，为了不想做寡妇，当然就会求你保护他，有了你保护他，别人就真要杀他，也不得不多考虑考虑了。”
>
> “可是你为什么不替我想想，我为什么要不明不白地背上这口黑锅?”
>
> 陆小凤道：“为了你老公。”
>
> 老板娘突然说不出话来了。女人为了自己的丈夫牺牲一点，岂非本就是天经地义的事。[①]

在这里，古龙已经预设了读者会认同“女人为了自己的丈夫牺牲一点，本就是天经地义的事”这件事情，这样的例子比比皆是，这是因为古龙预设了读

① 古龙：《金鹏王朝》，《古龙作品全集》，太白文艺出版社2003年版，第9页。

者为男性这一事情，在他自己的随笔里写过，有一个女生说自己喜欢他的武侠小说，让古龙吃惊不已，因为他认为只有男生才喜欢武侠小说。

在阅读武侠小说的时候，也可以说是在和书中的角色或者作者进行交流。古龙写了陆小凤系列，在他写陆小凤系列中第二部的时候，他就已经预设了读者看过前一部，因此在一些重要人物出现的时候就不再介绍，比如西门吹雪、司空摘星、花满楼等等，读者们都已经大概了解了这些人的基本信息，所以在《银钩赌坊》中，读者们读到陆小凤说道“因为我也有朋友，我也有很多的朋友，其中凑巧还有一两个会用剑”时，都大概猜到那个人是西门，也因此，在看到“明月夜，紫禁巅，一剑破飞仙”和“与叶孤城一战”这两句话，都会明白这是《决战前后》中的故事，也不需要作者多做解释，这是对读者经验的预设。

（三）语境预设

语用预设与语境息息相关，在小说中，作者常常会用语境预设来达到自己的某一目的，或是彰显角色性格，或是吸引读者。语境预设中的语境指的是言语环境，它在文本的构成包括文本的上下文，还有角色的思想、性情等，简单地说就是可以影响言语的环境因素，在小说中，我们可以发现作者总是会预设不一样的语境，通过角色在预设的语境下的言语活动来刻画角色。

> 没有人能想象世上竟有如此完美的躯体，现在，她已将躯体毫无保留地展示在李寻欢眼前。
>
> …………
>
> 在这诱人的躯体后，却有三具死尸，但这非但没有减低她的诱惑，反而更平添了几分残酷的煽动力。
>
> 那实在可以令任何男人犯罪。
>
> …………
>
> 这张脸实在美丽得令人窒息，令人不敢逼视，再配上这样的躯体，世上实在很少有人能抗拒。
>
> 就算是瞎子，也可以闻得到她身上散发出的那一缕缕甜香，也可以听得到她那销魂荡魄的柔语。

那是男人无法抗拒的。

…………

这赤裸着的绝代美人只是微笑着,没有说话。

因为她知道自己已用不着说话了。

她的眼睛会说话,她的媚笑会说话,她的手,她的胸膛,她的腿……她身上每分每寸都会说话。

她知道这已经足够了,若有男人还不明白她的意思,那人一定是白痴。

她在等待着,也在邀请。①

这一系列场景都是小说中号称天下第一美人的林仙儿试图勾引李寻欢的场景,作者不断描写林仙儿的美丽,不断预设没有一个男人能抵挡这种诱惑,构造了读者认为李寻欢会屈从诱惑的语境,但是李寻欢却是这样说的:

李寻欢也笑了,道:"一个女孩子不可以如此自信,更不可以脱光了来勾引男人,她应该将衣服穿得紧紧的,等着男人去勾引她才是,否则男人就会觉得无趣的。"

…………

李寻欢叹了口气,道:"我希望你以后记住几件事。第一,男人都不喜欢被动的;第二,你并没有自己想象中那么漂亮。"②

通过预设一个语境,然后再让角色在语境中表现出不符于语境话语,李寻欢在读者心中的形象无疑变得愈加鲜明,读者会更加了解角色的性格,还可以产生出人意料的效果。

林诗音道:"我知道你是为了龙啸云而不肯走,但你知不知道他……他……"

她忽又颤抖了起来,而且抖得比刚才更厉害,她用力捏紧双拳,

---

① 古龙:《多情剑客无情剑》,《古龙作品全集》,太白文艺出版社 2003 年版,第 46—47 页。

② 同上,第 48 页。

指甲都已刺入肉里，用尽了全身力气，挣扎着道："他已出卖了你，他本来就和那些人串通一气的……"

…………

谁知李寻欢的神色却没有丝毫变化，甚至连眼角的肌肉都没有跳动，反而笑了笑，淡淡道："你只怕是误会了他，他怎会出卖我？"

…………

她嘶声道："我亲眼看到的，亲耳听到的。"

李寻欢道："你看错了，也听错了。"

林诗音道："你……你到现在还不相信？"

李寻欢柔声道："这两天你太累，难免会弄错很多事，还是去好好睡一觉吧，到了明天，你就会知道你的丈夫是个很可靠的男人。"

…………

李寻欢闭起眼睛，似乎已不忍再看她，嗄声道："你为什么……"

话未说完，忽然喷出了一口鲜血。①

在这一段对话中，读者首先会好奇为什么李寻欢会不断否认林诗音的话，为什么不肯相信好友背叛了自己，但是看到最后李寻欢问"你为什么"并且喷出一口血的时候，读者就会明白李寻欢早就知道龙啸云背叛自己，但是李寻欢不愿意相信这件事情，读者会看到李寻欢那对朋友深切的友谊和闪光的人性，通过作者在这里预设的语境中李寻欢表现的镇静和对林诗音的安慰劝解，直至最后的吐血，让读者理解了主角心中的情感，看到了一位重情重义的人。可以看出，语境预设会让读者能准确把握作者想表达的信息，这在小说中很常见。

（四）背景预设

预设作为一种对话双方已知的信息，在交际中扮演着非常重要的角色，小说中同样需要考虑读者已知的信息，即背景预设。背景预设是指在小说中，作者为了让读者能有完整的阅读体验，或者说为了让读者完成阅读从而

① 古龙：《多情剑客无情剑》，《古龙作品全集》，太白文艺出版社2003年版，第193—194页。

假设读者已经知晓作品中省略的背景知识，比如文化背景预设、历史背景预设、地理背景预设，只有这样读者才能更好地把握作者在书面言语中所蕴含的信息。古龙的武侠小说和金庸的武侠小说不同，金庸往往将故事放置在一个特定的历史中，而古龙则更喜欢架空，金庸的武侠小说可谓是“精雕细琢”，会详细描述主角的成长，而古龙的武侠小说主角往往略去了之前的经历，也因此在古龙武侠小说中关于背景预设并不多，但是并不代表没有，在古龙的武侠小说中，依然有着对背景预设的运用。

不仅仅是古龙的武侠小说，所有的武侠小说的背景预设最明显的可能就是预设读者都知道“江湖”文化，“江湖”很难解释清楚，大概就是习武之人的生活圈，在江湖中，很显著的特点就是人们远离着当权者和法律的管辖，这些在江湖中的人们崇尚武力，所以读者看到武侠小说中的打打杀杀并不会觉得吃惊，对于动辄拔刀相向的场面也会默认为正常，不会觉得侠客们是“杀人犯”。而这种背景预设其实还有一层文化背景，即冷兵器文化，在武侠小说中一般是不可能出现热兵器的，而出现各种冷兵器就很正常了，比如各种剑、刀，读者们大致上都懂得一些常见兵器的分类和样式，这样的背景预设使得作者不用费力去介绍每一样在书中出现的兵器，比如一个角色使的是峨眉刺，作者不会去介绍峨眉刺长得什么样子，如何使用，这样不会影响读者去理解。几乎所有的武侠小说还存在一个同样的背景预设，即武功文化，读者在读小说的时候，并不会对于一个角色所使用的武功产生是否存在的怀疑，因为在武侠小说中，在作者和读者的认知中，它就是存在的，在《剑神一笑》中，老实和尚假扮陆小凤用龟息功装死，读者不会对龟息功这种武功的作用产生疑惑，因为大家都知道这是一门可以长时间闭气的内功。

古龙的武侠小说中，主角往往一出场就有着惊世骇俗的武功，可以说读者完全不了解这个人，那么古龙是如何让读者接受主角甚至是喜欢上这个角色的呢？这里面预设起到了很大的作用，作者不断将关于主角预设的信息置入文本，这些信息不断成为读者和作者的共同信息，将这些信息变为背景预设中的背景信息。比如在对李寻欢的刻画中，从一开始的出场，作者就在不断提供预设信息：

只见诸葛雷满头大汗如雨，脸已痛得变形，忽然咬了咬牙，将那柄小刀拔了出来，瞪着李寻欢狂吼道：“原来是你……我早该认出你了！

李寻欢长叹道："可惜你直到现在才认出我，否则你也许就不会做出如此丢人的事了！"

…………

少年也在凝注着，他忽又问道："你是不是个很有名的人？"

李寻欢也笑了，道："有名并不是件好事。"

…………

一人大笑着道："十年不见，想不到探花郎的宝刀依然未老，可贺可喜。"

…………

他却不知道这些人只不过仅将李寻欢多彩的一生，说出了一鳞半爪而已，李寻欢这一生的故事，他们就算不停地说三天三夜，也说不完的。

…………

突听虞二拐子沉着脸道："你们对李探花的故事实在知道不少，但你们可听过，小李神刀，冠绝天下，出手一刀，例不虚发！"①

从上面的这些对话中，我们可以得到这样的预设信息：李寻欢早在十年前就是一个很有名气的江湖之人，拥有着飞刀绝技。主角通过这些预设信息，将李寻欢介绍给读者，并将其作为共同背景知识在接下来进行运用，使得读者会了解到李寻欢武功非凡，从而可以省去多余的文笔来介绍，还有一个好处就是会让读者对角色产生兴趣，产生阅读的欲望。

古龙的武侠小说将推理元素融合进去，那么他必须将破案的线索呈现给读者，但是又必须误导读者免得读者知道得太快，因此作者会将一些错误的信息提供给读者作为背景预设，如在《绣花大盗》中，对于绣花大盗是捕快金九龄在之前就已经埋下线索，但是作者同时提供了错误的信息作为背景预设：

孟伟却拿起了那匣子，他对这匣子竟远比对金九龄关心，但匣子却是空的，什么也没有，他看了很久忽又欢呼："在这里了！"

---

① 古龙：《多情剑客无情剑》，《古龙作品全集》，太白文艺出版社2003年版，第19页。

> 秘密并不在匣子里却在匣盖上。若是仔细去看，就可以发现雕花的盖子上雕的竟是钟鼎文，一段有八个字“留交阿土，彼已将归”。
>
> …………
>
> 孟伟点点头，用火折子燃起了灯，磨墨，写信：“陆爷已得手，请金老总明夜子时，在蛇王老窝等候。”对一个从小在六扇门里混饭吃的人来说，他的字写得已算不错，文笔也算还通顺。
>
> 陆小凤微笑着，在旁边看着，忽然道：“你为什么不用小篆写？也免得书信万一落入别人手里，走漏消息！”
>
> 孟伟笑道：“我是个老粗，连大篆都转不出来，何况小篆？可是你尽管放心，这种信鸽都是金老总以前亲手训练出来的，路上绝不会出错。”①

这里面就埋伏着古龙想提供给读者的线索之一，即“孟伟”这个角色连小篆都不会却认得钟鼎文，要知道在交际中，人们会不断获得新信息，这些信息也将转化为交际者所拥有的背景知识，古龙在上面预设“孟伟”认得钟鼎文，在下面却预设了“孟伟”是一个大老粗，没多少文化，两者之间的冲突造成了新的预设：孟伟在撒谎。这样的背景预设只要读者抓住了，就可以明白幕后黑手的真实身份，但是古龙又必须要误导读者，因此上面发现匣子的片段中，还有一句话：

> 越明显的事，别人反而越不会注意，公孙大娘的确很懂得人的心理，用这种法子来传送消息，又有谁能想得到？她这是在通知一个人将一样东西交给阿土，因为阿土已经快回去了。②

这句话的预设很简单，这个匣子是公孙大娘放置的，也就是说公孙大娘就是绣花大盗，这样子的预设会在接下去成为读者的背景预设从而误导读者。

从上面我们可以看出来背景预设对于理解小说有着很重要的作用，并且背景预设还可以不断扩大，不断延伸。

---

① 古龙：《绣花大盗》，《古龙作品全集》，太白文艺出版社2003年版，第105、136页。

② 同上，第105页。

三、语用预设在古龙武侠小说中表现出的特点

语用预设在武侠小说中表现出主观性、单向性、合适性、共知性的特点，下面将分条陈诉。

(一)主观性

语言具有主观性的特点，因为语言被用来传达信息必定会携带发话人的主观情绪。从哲学层面讲，语言的主观性是指人用概念进行思维的过程，是人之所以为人、人区别于动物的基本标准。① 那么毫无疑问，语用预设作为一种和语境以及说话人息息相关的语言现象，必然也具有主观性。

小说作为作家的发声工具，蕴含着作家的主观情感，武侠小说自然不例外。武侠小说中的侠义精神一直受到读者推崇，这也是作者所推崇的，可以这么说，武侠小说中对抗传统以及追逐独立人格、对于道德的坚持都蕴含着作者的主观情感。古龙的武侠小说中，肯定人性之美、否定仇恨的主题尤为明显，我们可以肯定这是因为古龙在作品中渗透了自己的思想情感。这种思想情感在语用预设中也可以看出来。主观性还体现在对于预设的接受上，虽然之前有很多学者认为预设是人们谈话时所共知的，但是后来人们发现，预设有时候也会是一个新的信息，人们有可能在谈话时故意将新信息作为预设来使用，从而达到某种目的，这也造成了下面要说的单向性的特点。在这过程中新信息的发送携带着主观性，同时在接受信息时接受者也会携带自己的主观性，另一方面来说，即使是共同的背景知识，接受者在接受时也有可能会有着不同于说话者的理解，所以预设的接受也会带着主观性。

阿飞缓缓道："我最后再问你一次，这是最后一次了！绝不会再有第二次……我问你，翁天迸是不是你害死的？"

赵正义望着他那双漆黑得看不到底的眸子，只觉自己的骨髓都已冰冷，竟不由自主地颤声道："是……"

---

① 魏在江：《语用预设主观性的认知识解》，《解放军外国语学院学报》2011年第5期。

这“是”字自他嘴里说出来，中原八义俱都骤然变色。

公孙雨第一个跳了起来，怒骂道：“你这狗娘养的，做了这种事，居然还有脸到这里来充好人。”

阿飞忽然一笑，淡淡道：“各位不必生气，翁天迸之死，和他并没有丝毫关系。”

中原八义又都怔住了。

公孙雨道：“但……但他自己明明承认……”

阿飞道：“他只不过说明了一件事，那就是一个人在被逼迫时说出来的话，根本就算不得数的。”

赵正义脸色由白转红，中原八义的脸色都由红转白。纷纷怒喝道：“我们几时逼过他？”①

这段对话中，阿飞说的话里面预设了铁传甲是被逼而承认出卖中原八义中的老大，他认为铁传甲是冤枉的，这个预设代表了他的主观判断，中原八义接收到了这个信息，认为这伙人没有逼迫铁传甲，铁传甲不是冤枉的，从而才起了后来的争斗。

类似的例子在小说和日常生活中比比皆是，同时语用预设的主观性还造成了下面的这个特点。

(二)单向性

语用预设具有主观性，也就意味着语用预设未必全都是共知信息，说话人有可能会故意设置预设，因此，语用预设会具有单向性，即说话人在说出这句话的时候预设是只对于说话人的，听话人之前不知道这个信息，而是在说话人的话语中推断出来的，这种特点也可以叫作隐蔽性。语用预设的这个特点被用来作为语言陷阱，并且有时还需要结合语境来推理，也正由于语用预设的这个特点，使得其可以传递新信息，这个特点在古龙的武侠小说中很常见。

① 古龙：《多情剑客无情剑》，《古龙作品全集》，太白文艺出版社 2003 年版，第 130 页。

> 陆小凤已扶起金九龄，大声道："薛冰呢？薛冰在哪里？"
>
> 金九龄看着他，眼睛里竟又露出种奇特而残酷的笑意，轻轻道："我现在就要见到她了，你却要过很久很久才能见得到她，很久很久……"①

这个例子中，金九龄阴谋败露，与陆小凤大战被击败，陆小凤追问金九龄自己红颜知己薛冰的下落，金九龄只回答了"我很快要见到她了，你却还要很久"，在这里，金九龄即将死去，因此这句话预设了薛冰已经惨遭不幸不在人世，陆小凤通过结合语境很容易就可以推断出这个预设，这里语用预设的隐蔽性体现在将新信息隐含在预设中。就像之前举的例子，陆小凤问孟伟他为什么不用小篆来写信，预设了孟伟会写小篆，而其中还隐含这一个预设，就是孟伟看得懂钟鼎文，自然有文化，自然也就会写小篆，这个预设对于孟伟来说是不可知的，因此他回答不会写小篆时，就已经落入了陆小凤设下的陷阱，暴露了自己并没有文化这一事实。相同的例子亦有：

> 他不愿阿飞再想这件事，忽然抬头笑道："你看，这棵树上的梅花已开了。"
>
> 阿飞道："嗯。"
>
> 李寻欢道："你可知道已开了多少朵？"
>
> 阿飞道："十七朵。"
>
> 李寻欢的心沉落了下去，笑容也已冻结。
>
> 因为他数过梅花。
>
> 他了解一个人在数梅花时，那是多么寂寞。②

这里李寻欢询问阿飞知不知道梅花开了几朵时，隐含着一个预设，即阿飞数过梅花，如果阿飞没有数过的话就不会知道开了几朵，阿飞没有看出来其中隐含的预设，因此被李寻欢看出他与林仙儿在一起其实过得并不幸福。

从上面的例子中我们可以看到语用预设也可以传递新的信息，并且巧妙地利用语用预设的隐蔽性的特点可以对受话人设下巧妙的语言陷阱。

---

① 古龙：《绣花大盗》，《古龙作品全集》，太白文艺出版社 2003 年版，第 164 页。

② 古龙：《多情剑客无情剑》，《古龙作品全集》，太白文艺出版社 2003 年版，第 389 页。

(三)合适性

语用预设的合适性是指语用预设在语句中需要满足特定的条件,这个条件不仅仅是指要使对方能理解预设的条件,还指言外行为要能够顺利完成的条件,言外行为说的是说话者所期望或者意图的行为。这种特性需要结合具体的语境,包括了说话人的身份、年龄、性别、文化等等,只要满足了所需的这些条件,语用预设才能成立,因此可以说合适性是语用预设的基础。

在《决战前后》中,西门吹雪对即将到来的决斗没有信心,陆小凤为了恢复他的信心,就对西门吹雪说了这么一段话:

> 西门吹雪又点了点头,陆小凤道:"那么我告诉你,我几乎已有把握接住世上任何人的出手一击,只有一个人是例外。"
>
> 他盯着西门吹雪的眼睛,慢慢地接着道:"这个人就是你。"①

在这里,陆小凤之所以能让西门吹雪恢复信心,是因为他对西门说自己没有把握接住西门的出手,而陆小凤的绝技灵犀一指在以往的出手中从没有失败过,因此陆小凤坦言没有把握接住西门的出手时自然会让西门产生自信,正因为这句话是武功超群的陆小凤说的,所以才能产生如此的效果,这是因为陆小凤的武功对这句话具有合适性,西门相信他说的"几乎有把握接住世上任何人的出手一击",从而这句话才能产生应有的效果,这里合适性体现在只有陆小凤说出这句话,才会有鼓舞西门的作用。相同的例子在小李飞刀中也有:

> 吕凤先瞪着他,就像是从未见过这个人似的,过了很久,才冷笑道:"你第一次交易还未付出代价,就想要我做第二件事了?这算是什么样的交易?"
>
> 李寻欢道:"这不是交易,是我求你。"
>
> 吕凤先脸色虽很黯,眼睛却在发着光,道:"既然不是交易,我为

① 古龙:《决战前后》,《古龙作品全集》,太白文艺出版社2003年版,第151页。

何要答应?”

李寻欢微笑着,他的眸子平和、明朗而真诚。

他凝视着吕凤先,微笑着道:“因为这是我求你的。”[①]

文中位列百晓生兵器榜第五的吕凤先和李寻欢之前做了一个交易,即让吕凤先故意败于阿飞来唤醒阿飞的心,这之后李寻欢还想求吕凤先一件事,在说到凭什么要吕凤先答应时,他的回答就只有八个字:因为这是我求你的。在说这句话的时候,李寻欢的预设很明白,即李寻欢这样的人值得吕凤先给他一个情面,李寻欢的友谊是很珍贵的,这也是读者们所认可的,如果换做是别人说这句话,无疑是无效的。预设的合适性在小说中使得角色的对白更合乎情理,更符合角色的性格特征,也能让读者更好地理解对话。预设的合适性也告诉我们要将语用预设放入语境中去理解,这样才能更好地理解说话人的言语行为。

(四)共知性

语用预设的共知性也可以说是双向性,是指语用预设是交际双方或是说话人认为双方共有的背景知识,当然其中包括了说话人故意认为受话人拥有这个背景知识的情况,并且随着谈话的进行,预设都将成为双方共有的背景知识,语用预设的这个特点表现在:(1)交际者结合具体语境,才会明白所需的背景知识;(2)预设信息即使开始不是共知的,但是也会很快被理解接受;(3)在某些情况下,没有共同的背景知识会使得第三者理解不了交际者的交谈含意。因此对于非交际者来说,理解这种背景知识,才能更好地理解对话,对于交际者来说,拥有背景知识,才能互相顺利地完成交际,否则会出现失误。

此刻站在这里的,是武当的第十四代掌门教主木道人,是绝不容任何人轻慢的。

陆小凤心里告诉自己,一定要记住这一点。

然后他就整肃衣冠,大步走上去,长揖到地:“恭喜道长荣登大

---

① 古龙:《多情剑客无情剑》,《古龙作品全集》,太白文艺出版社 2003 年版,第 548 页。

位，陆小凤特来贺喜。”

木道人微笑，扶住了他的臂，道：“陆大侠千万不可多礼。”

陆小凤也在微笑，道：“道长历尽艰难，终于如愿以偿，陆小凤却还是陆小凤，不是陆大侠。”

…………

木道人道：“既然陆小凤还是陆小凤，老道士也依旧还是老道士，所以我们还是朋友，是不是？”①

这段话如果不给读者前文的相应背景，读者是不会理解其真正含意的，同理，陆小凤和木道人边上的其他人，也听不明白。这里说的是木道人成功地将自己的幕后黑手身份隐藏，而陆小凤虽然知道木道人就是幕后黑手，却苦于没有证据只能忍气吞声，因此陆小凤话中的“如愿以偿”预设的是木道人策划成为武当掌门的阴谋，而木道人也明白陆小凤话语中的预设，书中的角色除了陆小凤和木道人之外，别的人都不会真正明白他们两个人话语中真正的意思，只会以为陆小凤在道喜，木道人在表达和陆小凤的友谊之情，由此可以看出预设共知性对理解话语的重要之处。

在小李飞刀中有这么一段，讲的是游龙生为了杀一个实力超群的女人——大欢喜菩萨，忍气吞声在其身边卧底，最后与她同归于尽，他最后对李寻欢说的是这么几句话：

游龙生想勉强挤出一丝笑容，却失败了，只能挣扎着道：“我不是游龙生。”

李寻欢默然半晌，才沉重地点了点头，道：“你不是。”

游龙生道：“游龙生早已……早已死了。”

李寻欢黯然道：“是，我明白。”

游龙生道：“你今日根本未见到游龙生。”

李寻欢道：“我只知道他是我的朋友，别的我都不知道。”②

---

① 古龙：《幽灵山庄》，《古龙作品全集》，太白文艺出版社 2003 年版，第 245 页。

② 古龙：《多情剑客无情剑》，《古龙作品全集》，太白文艺出版社 2003 年版，第 455 页。

在这段对话中，游龙生说自己早就死了等等的话语都是为了告诉李寻欢之前卑躬屈膝极力讨好大欢喜菩萨的人不是自己，他不想丢了自己家族的脸面，李寻欢明白了他的意思，所以李寻欢回答他的话表明自己理解了游龙生话语的真正意思，李寻欢正是因为结合语境，接受理解了其中的预设，这其中的预设成为双方共知的信息，所以李寻欢才会回答“其他我什么都不知道”来表明自己的心意。

四、语用预设在古龙武侠小说中的作用

在古龙的武侠小说中语用预设明显地具有经济性、增强说服力、突出信息焦点、语篇组织这四点作用，语用预设是文本中保障话语质量、增强文本效果的重要手段。

(一)经济性

语用预设的存在使得话语更具经济性，它可以让作者在文章中省去很多不必要的笔墨，保证读者的阅读质量，具体表现在作者可以在文中直接省略读者已知的信息，将其作为预设处理，这样就可以使话语避免啰唆。比如前面说的指称预设，如果作者在文中一直只以角色的名字来称呼角色，无疑会让读者觉得厌烦无趣，通过指称预设，既避免了重复同一称名手段使得文章看上去冗长，也可以增加文章的趣味性。比如这一段：

> 一柄刀闪电般飞来，将这块银子钉在地上。
>
> 阿飞的脸一阵扭曲，抬起头，整个人突然僵硬。
>
> 一个人站在门口，瞧着他，柔声道：“这里的酒比外面的好，你若要喝，我去替你倒一杯。”
>
> …………
>
> 这人不太高，但也不矮，穿的衣服很破旧，两鬓已有了华发，看来只不过是个很落魄、很潦倒的中年人。
>
> …………
>
> 酒杯已送到阿飞手里。

他痴痴地望着这杯酒，两滴晶莹滚圆的眼泪，慢慢地从眼睛里流了出来，滴在酒杯里。

他一向只肯流血，他的泪一向比血更珍贵。

落魄的中年人眼眶也已有些湿了，热泪已盈眶，但嘴角却还是带着一丝微笑。

这微笑竟仿佛使这平凡而潦倒的人忽然变得辉煌明亮了起来，无论谁也想象不到一个人微笑的力量竟有如此伟大。

他也没有说话。

他的微笑和热泪所表示出的意思，世上绝没有任何人说得出来。①

在这一段文字中，作者从没有表述过“他”是谁，但是读者都能很轻易地猜出那人是李寻欢，作者通过预设，就可以省略介绍这个人的文字，但是却不会减少文章的魅力，反而对主角的形象产生了烘托的作用。

因为使用预设可以省去再传达共知信息的工夫，所以可以使得文字更具经济性，如下面这个例子更加明显：

陆小凤忍不住道：“好一着天外飞仙。”

叶孤城道：“那本是天下无双的剑法。”

陆小凤道：“我承认。”

叶孤城眼睛里忽然露出种奇怪的表情，问了句奇怪的话，“西门吹雪呢？”

陆小凤道：“我不是西门吹雪。”奇怪的问话，也只有用奇怪的话回答。

叶孤城笑了，凝视着陆小凤，缓缓道：“幸好你不是。”②

这里面叶孤城和陆小凤的对话不可谓不简洁，而能做到这样，正是因为预设的原因，如果把叶孤城的话里的预设补全说出来，就会变成：我知道有一个人叫西门吹雪，他的剑法也很好，既然说我的剑法是天下无双的剑法，西门

① 古龙：《多情剑客无情剑》，《古龙作品全集》，太白文艺出版社 2003 年版，第 604 页。

② 古龙：《决战前后》，《古龙作品全集》，太白文艺出版社 2003 年版，第 15 页。

吹雪也是天下人，那么西门吹雪的剑法比我弱吗？是不是觉得很繁杂，因此使用语用预设，可以使得话语更经济。

(二)增强说服力

前面曾说过，预设是人们所已知的共同背景知识，如果一个人将一个想要表达的信息进行预设处理，那么可以造成这个信息好像是共知且毋庸置疑的事实，如此便可以做到增强说服力。

> 若在两天以前，他实在猜不出普天之下，是谁有这么快的剑法。昔年早称当代第一剑客的天山"雪鹰子"，剑法虽也以轻捷飘忽见长，但出手绝不会有如此狠辣，何况自从鹰愁涧一役之后，这位不可一世的名剑客已封剑归隐，到如今只怕也埋骨在天山绝顶亘古不化的冰雪下了。
>
> 至于昔日纵横天下的名侠，沈浪、熊猫儿、王怜花，据说早已都买舟入海，去寻海外的仙山，久已不在人间了。
>
> 何况他们用的都不是剑！
>
> 除了这些人之外，李寻欢实在想不出世上还有谁的剑如此快，直到现在，他已知道是还有这么一个人的。①

这段文字是说阿飞以极快的剑法杀了6个人，李寻欢在发现尸体之后，作者预设了那个人的剑非常快，作者将这一信息作为预设处理，使得读者会在潜意识中相信阿飞的剑很快。

> 忽然间，门外传来一阵响亮的笑声。
>
> 一人大笑道："凭良心讲，你看他现在像是已中了毒的样子么？"
>
> 孙逵一惊，转身，厨房的小门前，不知何时已站着个青衣人，他身材并不矮，也不太高，神情悠闲而潇洒，一张脸却是青惨惨、阴森森的，仿佛戴着面具，又仿佛这就是他本来的面目。

---

① 古龙：《多情剑客无情剑》，《古龙作品全集》，太白文艺出版社2003年版，第27页。

他背负着双手，悠然踱了进来，喃喃叹着道："一个人若想在酒徒的酒中下毒，那么无论多么愚蠢的事他只怕都能做得出来了……你说是么？"

最后一句话他是问李寻欢的，李寻欢忽然发现这人竟有双最动人的眼睛，和他的脸实在太不相衬。

那就像是嵌在死猪肉上的两粒珍珠似的。

李寻欢望着这双眼睛，微笑着道："和赌鬼赌钱时弄鬼，在酒鬼杯中下毒，当着自己的老婆说别的女人漂亮——无论谁做了这三件事，都一定会后悔的。"

青衣人冷冷道："只可惜他们后悔时大多已来不及了！"

孙逵呆呆地望着他们，忽然冲过去攫起了那只酒壶。

李寻欢微笑道："你用不着再看，酒中的确有毒，一点也不假。"

孙逵嗄声道："那么你……"

李寻欢道："酒中是否有毒，别的人也许看不出，但像我这样的酒鬼，用鼻子一嗅就知道酒味是否变了。"

他笑着接道："这也是喝酒的好处，喝酒的人都应该知道。"

孙逵道："但……但我明明看到你将那杯酒喝下去的。"

李寻欢淡淡笑道："我虽然喝了下去，但咳嗽时又全都吐出来了。"①

有时作者亦需要误导读者，这样可以造成文章的起伏，这样做就需要通过一些手段来增强作者自己放置的误导信息的说服力，正如上面的例子，讲的是李寻欢误饮毒酒但是假装没中毒骗过了两个人，上面的例子中，作者无疑放置这一预设信息：李寻欢没有中毒。作者将这个信息作为预设来增强这个信息的影响力和说服力，使得读者深信不疑，达到作者误导读者的目的。

（三）突出信息焦点

信息焦点也就是说话人希望对方重点注意的部分，事实上它总是随着预设的变化而改变，交际者会把认为对方已知的信息作预设处理，这样就可以

---

① 古龙：《多情剑客无情剑》，《古龙作品全集》，太白文艺出版社 2003 年版，第 40 页。

使得不会有很多的信息同时被传递出去,从而突出信息焦点。因此,信息中心与语用预设有着十分密切的联系,语用预设决定着信息中心的选择,决定着信息中心在语句中的位置。也就是说,信息中心是随着语用预设的变化而变化的。[①] 上面的信息中心,就可以理解为信息焦点,以下是例子:

那是在今晚张三打了李四的脸。
今晚打了李四的脸的人是张三。
今晚张三打李四的地方是脸上。
今晚被张三打了脸的人是李四。

上面的几个句子表达的是相同的事件,信息焦点分别是时间、动手的人、打的地方、被打的人,各自的预设分别是:

张三在某个时候打了李四的脸。
有人在今天晚上打了李四的脸。
今晚张三打了李四的某个地方。
今天晚上有个人被张三打了脸。

这样我们就可以很明显地看出信息的焦点和预设有着密切的关联,也就是说作者在小说中想要表达的信息焦点可以通过预设来解读,同理,了解了作者的预设,也就可以抓住作者想要表达的信息焦点。

(四)语篇组织

随着语用预设研究的增多,人们开始认识到完全可以在语篇层面上来研究语用预设。有学者指出,在预设研究中,有必要将对单个句子中的谓词的分析转向对语篇结构的分析。[②]

语篇交流和言语交流其实是类似的,不是所有的信息都需要明确地表达

① 张克定:《语用预设与信息中心》,《外语教学》1995 年第 2 期。
② 朱永生、苗兴伟:《语用预设的语篇功能》,《上海外国语大学学报》2000 年第 3 期。

出来，如果将所有信息全部释放出来，必定会造成信息的多余，正如前面说过，作者需要在语篇中假设读者已知的信息并将其预设，或者将信息传递给读者再预设化，这样的话作者就需要选择一种方式来组织信息，导致作者在组织语篇上就会有着不同的选择，随着文章的推进，作者会选择不同的语篇组织策略，因为一些信息会被读者接受变成背景知识，而作者会将这些新的背景知识作为预设运用，因此可以说语用预设对语篇的组织发挥着巨大的影响。

> 孙逵沉吟了很久，才缓缓道："开酒店有个好处，就是常常可以听到一些有趣的事，……你可知道近来江湖中最有趣的事是什么？"
>
> 李寻欢道："我又没有开酒店。"①

这里李寻欢和孙逵的对话中，李寻欢借用了上面孙逵话中的预设，即开酒店可以得到一些消息，那么没开酒店就不会知道所谓的消息，正是语用预设使得李寻欢的话不会突兀和难懂，可以说其中的语用预设连接了语篇，使得语篇得以连贯，这正是作者对语篇的组织，体现出了预设在语篇的组织中的作用。

作者假设读者所拥有的背景知识之后，便会将其处理为预设，并且面对不同的情况会选择不同的语篇组织，下面是两次阿飞杀的人的尸体被李寻欢看到时他的反应：

> 李寻欢也不知是惊奇，还是欢喜，只是不住喃喃道："好快的剑……好快的剑……"
>
> 若在两天以前，他实在猜不出普天之下，是谁有这么快的剑法。
>
> …………
>
> 除了这些人之外，李寻欢实在想不出世上还有谁的剑如此快，直到现在，他已知道是还有这么一个人的。
>
> …………
>
> 他走上陵墓前的石级，就发现施耀先身上也没有什么别的伤痕，只有咽喉上多了一个洞！

---

① 古龙：《多情剑客无情剑》，《古龙作品全集》，太白文艺出版社 2003 年版，第 37 页。

是用一柄并不锋利的剑刺穿的洞!

李寻欢伏在虬髯大汉的肩头,两人凝注了半晌,一齐长长吐出了口气,嘴角竟似露出了笑容,齐声道:"原来是他!"[①]

上面两处我们可以发现作者在处理信息时的策略明显不一样,第一次作者着重表述了阿飞的剑之快,而第二次就没有再说明阿飞的剑有多快了,因为阿飞的剑法快已经成为预设,不需要再说明了,于是作者第二次就改变了语篇的组织策略,从中可以看到预设的组织功能。

五、语用预设在古龙武侠小说中分角度研究

语用预设的概念很复杂,因此很多学者从不同角度来对其进行研究,以图对其了解得更透彻。而在武侠小说中,我们同样可以对语用预设进行分角度研究,来了解作者使用语用预设的策略和语用预设发挥作用的方式。

(一)语言顺应角度

语言顺应是指语言在使用中被看作是交际者对于语言使用不断进行选择的过程,影响说话者对于语言结构以及语言策略的选择。选择的过程是语境和语言选择二者相互顺应的动态过程,在这个过程中,语言使用者对交际过程的意识程度通过语言选择突显出来。[②] 简单地说,就是语言顺应使得交际者可以最大程度发挥言语的交际意图。语用预设需要结合语境来分析,而语言顺应就是指在具体语境中说话者会选择不同的语言来使其适合语境。郅丽梅将语言顺应分为顺应心理世界、顺应社交世界和顺应物理世界三类,下面我将以此为基础,从语言顺应角度来对武侠小说中的语用预设进行分析。

正如在上面的例子中,陆小凤之所以对木道人说那样的话,是因为他想讽刺木道人,也想表明自己心中的怒气,这是顺应了陆小凤的心理,而木道人

① 古龙:《多情剑客无情剑》,《古龙作品全集》,太白文艺出版社2003年版,第27、60页。

② 李捷、何自然、霍永寿:《语用学十二讲》,华东师范大学出版社2011年版,第129—135页。

的回答也同样是对于自己心理志得意满的顺应，这是对于说话人心理的顺应，与此同时，陆小凤和木道人的话语都是对于当时的社交世界的顺应，因为木道人已经是武当派掌门，所以陆小凤不能有丝毫失礼，因此才将自己想要表达的信息藏在话里当作语用预设，而木道人则是因为身份使然，不能有任何言语上的失误，因此也以语用预设来表达自己想表达的话，这些都是对于社交世界的顺应。小说中还有对于听话人心理的顺应：

陆小凤故意叹道："我是想常常来的，可是薛冰总是不让我来。"

薛老太太道："哦？"

陆小凤道："她今天就不肯带我来。"

薛老太太："为什么？"

陆小凤眨了眨眼，道："我也不知道她为了什么，我猜她一定是在吃醋。"

薛老太太吃吃地笑了，眼睛开始闪亮，脸上的皱纹也在缩退。[①]

陆小凤对薛老太太说薛冰吃醋预设了薛老太太依旧年轻美丽，因此才会导致薛冰的吃醋，这个预设就是顺应了薛老太太的心理——只要是女生总是希望自己是美丽的，因此陆小凤的话才能让薛老太太如此高兴。

从上面我们可以看出，语言顺应会影响人们对于预设的选择，而在武侠小说中，为了体现角色的性格特点，利用语言顺应的原理来选择和使用预设无疑是一个重要的策略。语言顺应依据于语境，这告诉我们研究语用预设同样需要依据于语境，从语境顺应角度来研究预设，可以使得我们更清楚地认识到语境对于预设的作用，以及对于小说中的预设现象能够有着更好地分析理解。

(二)语篇角度

预设进入语用学领域之初，人们一直在对话中对其研究，后来，比如朱永生、苗兴伟等很多学者开始将语用预设放入语篇中研究，人们发现在语篇中

---

① 古龙:《绣花大盗》,《古龙作品全集》,太白文艺出版社 2003 年版,第 21 页。

它扮演着重要的角色。武侠小说作为语篇，语用预设在其中自然也起到了非常多的语篇作用，除了前文说过的经济性和对语篇的组织性之外，预设在武侠小说中起到的语篇作用还有许多。

武侠小说常常会构建一个虚拟的人物，而对于读者来说，这个人物的许多信息都需要在文中慢慢给出，而语用预设就可以作为一种手段将许多信息传达给读者。比如在前面说的《多情剑客无情剑》中关于李寻欢的描写，作者将李寻欢的很多信息都用预设隐藏在话中，既节省了笔墨，又可以让读者接受信息，还可以用语用预设的"共知性"来拉近读者与小说主角的距离，同理，在对陆小凤进行介绍时，开篇的话语就会让读者感觉和陆小凤拉近了距离，也使得读者对于陆小凤经历的奇怪的事情产生兴趣。

语用预设具有可取消性的特点，这个特点被用在语篇中，就会造成一种有趣的效果，作者会通过语篇的信息结构使得读者一开始产生错误的预设，之后再运用语篇的组织来将预设取消：

> 金九龄道："能找出这个绣花大盗，揭破这些秘密的人放眼天下，也许只有一个。"
>
> 陆小凤的眼睛更亮，能解决这种难题的人，除了他还有谁？
>
> 但他却偏偏故意问道："却不知你说的这个人是谁？"
>
> 金九龄道："司空摘星。"
>
> 陆小凤怔了怔，道："你说的是谁？"
>
> 金九龄道："司空摘星。"①

一直到金九龄说出能抓到绣花大盗的人是谁之前，作者给予读者的预设是陆小凤是那个人，甚至通过陆小凤的反应来加强预设，但是在金九龄说是司空摘星之后，之前的预设便被取消了，因此产生了令人错愕的效果，使得读者被文本吸引。

在古龙的武侠小说中，语篇组织可以以大量隐藏的三段论窥见一斑，比如在《银钩赌坊》中陆小凤对一个黑衣人说：

---

① 古龙：《绣花大盗》，《古龙作品全集》，太白文艺出版社 2003 年版，第 14 页。

陆小凤："我是为了你，为你庆幸，为你庆幸时我也同样会叹息。"

黑衣人："哦？"

陆小凤："你身佩这样的神兵利器，却为贾乐山这样的人做奴才，你们自江南一路前来，居然没有遇见我那个朋友，运气实在不错。"

黑衣人："若是遇见了你那个朋友又如何？"

陆小凤："若是遇见，这柄剑此刻已是他的，你的人已入黄土。"

在这里陆小凤话中的三段论是：

如果遇见那个朋友你就要死了（大前提）

你没遇见他所以你没死（小前提）

所以你运气很好（结论）

三段论可以很好地看出语用预设在语篇角度下可以更好地理解。

语用预设本身就是一种语言策略，因此在语篇组织中，作者通过谋篇布局来产生预设，也会通过已产生的预设来谋篇布局，通过语篇角度来研究预设，我们可以看到作者处理信息结构的策略，也可以从另一个方面看到语用预设在交际中的作用。

（三）认知语言学角度

认知语用学是指将人们认知活动的经验作为语言使用的基础，该学说认为，语言想要反映客观世界并不是直接反应，而是还需要通过人类的主观认识，即把人们对世界的认知加进语言中。王文博认为，预设的语用解释指交际双方共有的知识或背景知识，而预设的认知解释认为，预设是语言使用者对某个或某些领域里经验的统一和理想化的理解。[①] 也就是说，语用预设是言语中的隐性信息，这个隐性信息是共知的信息，也是读者可以通过认知活动经验来推导出来的信息。

---

① 王文博：《预设的认知研究》，《外语教学与研究》2003年第1期。

田七听而不闻，还是微笑道："你若肯写张悔罪书，招供你的罪行，我们现在就让你舒舒服服地一死，你也算求仁得仁，死得不冤了。"

李寻欢想也不想，立刻道："好，我说，你写……"

龙啸云失声道："兄弟，你招不得！"

李寻欢也不理他，接着道："我的罪孽实是四曲难数，罄笔难书，我假冒伪善，内心奸诈，夹私陷构，挑拨离间，趁人不备，偷施暗算，不仁不义，卑鄙无耻的事我几乎全都做尽了，但却还是大模大样地自命不凡！"①

这里面，田七让李寻欢写悔罪书，隐性信息是让李寻欢承认他是梅花盗，而李寻欢的话却丝毫没有提到梅花盗，因此李寻欢这句话与田七话中的预设即隐性信息是相悖的，因此原预设就消失了，而李寻欢这句话可以解释为两种，一种是李寻欢在骂自己，另一种是李寻欢指桑骂槐，而根据读者的认知语境，读者就会明白李寻欢其实在骂田七和赵正义。

通过认知语言学的角度来研究语用预设，我们可以揣测出言语中蕴含的信息，还可以更好地解释预设消失的情况，而在小说中，我们可以以此来理解角色之间的对话和作者的意图。

六、结　语

通过武侠小说中的语用预设研究，我们可以发现语用预设在小说中起着非常大的作用，这个作用不仅仅是在塑造人物方面还体现在推动情节抑或在语篇中对语言结构的影响。我们可以发现语用预设对于交际的作用也非常重要，在语用预设的帮助下，人们才能更好地理解话语的真实含意。

作者在小说中使用语用预设，可以使得自己的话语更具经济性，让读者与自己的心灵距离更加接近，总而言之，对于语用预设的巧妙使用，可以使得读者的阅读质量更高，这说明了用古龙武侠小说来作为语用预设的语料是成功的，也说明运用语用预设来写作是一种有效的手段。

通过三个角度来研究小说中的语用预设，来理解武侠小说中语用预设的

① 古龙：《多情剑客无情剑》，《古龙作品全集》，太白文艺出版社2003年版，第152页。

使用策略和语用预设的作用，证明语用预设作为能够顺利完成交际活动的前提，一种常见的语言现象，在文学作品中所起到的作用也并不比在口头交际中起到的作用小。语用预设和小说相结合起来研究，不仅可以观察到语用预设是如何为小说提高语言质量，还可以为预设提供新的语料，扩大它的研究范围。

参考文献

[1] 古龙.古龙作品全集[M].西安：太白文艺出版社，2003.

[2] 李捷，何自然.语用学十二讲[M].上海：华东师范大学出版社，2011.

[3] 罗国莹，刘丽静，等.语用学研究与运用[M].北京：中国书籍出版社，2013.

[4] 魏在江.语用预设的认知语用研究[M].上海：上海外语教育出版社，2014.

[5] 沈家煊.语用学论题之一：预设[J].国外语言学，1986(1).

[6] 王靖华，胡泽洪."预设"研究[J].哲学动态，1988(7).

[7] 束定芳.关于预设理论的几个问题[J].外语研究，1989(3).

[8] 沈秋潮.预设投射初探[J].外语研究，1989(4).

[9] 徐盛桓."预设"新论[J].外语学刊(黑龙江大学学报)，1993(1).

[10] 张克定.语用预设与信息中心[J].外语教学，1995(2).

[11] 刘颂浩.预设与阅读理解[J].语言教学与研究，1995(3).

[12] 胡泽洪.论语用预设[J].华南师范大学学报(社会科学版)，1996(2).

[13] 陈晓兰.语篇预设新探[J].解放军外语学院学报，1996(1).

[14] 许世茂.论预设[J].扬州大学学报(人文社会科学版)，1998(3).

[15] 陈新仁.论广告语中的语用预设[J].外国语，1998(5).

[16] 杨石乔.英汉语用预设与信息中心对比[J].外语学刊，1999(4).

[17] 陈新仁.广告语中的语用预设[J].修辞学习，1999(1).

[18] 周铁项.刍议预设的特征和种类[J].河南师范大学学报(哲学社会科学版)，2001(5).

[19] 朱永生，苗兴伟.语用预设的语篇功能[J].上海外国语大学学报，2000(3).

[20] 俆则宇，顾海悦.缺省预设：话语连贯的心理基础[J].解放军外国语学院学报，2000(3).

[21] 王文博.预设的认知研究[J].外语教学与研究,2003(1).
[22] 冯棉.预设的推理与推理的有效性[J].华东师范大学学报(哲学社会科学版),2003(4).
[23] 任晔,张燚.论语用预设的交际价值[J].新疆师范大学学报(哲学社会科学版),2003(4).
[24] 徐筠.预设的可接受性[J].湘潭工学院学报(社会科学版),2003(5).
[25] 金立鑫.预设的两大领域及其形式表达系统[J].修辞学习,2006(6).
[26] 黄华新,徐以中.预设的动态性和动态预设观[J].浙江大学学报(人文社会科学版),2007(5).
[27] 计道宏.预设的语用功能研究[J].东北师大学报(哲学社会科学版),2011(5).
[28] 郅丽梅.语用预设和交际语境顺应[J].山西财经大学学报,2011(2).
[29] 魏在江.语用预设的接受心理与认知期待[J].外语学刊,2012(5).
[30] 郎曼.预设连贯功能的认知研究——以德语新闻报道语篇为例[J].解放军外国语学院学报,2013(4).
[31] 倪海燕,唐德根.语用预设的语篇功能体现[J].求索,2015(11).
[32] David S. Schwaz. On pragmatic presupposition[M]. Linguistics and Philosophy,1977.
[33] Leech,G. Semantics[M]. Cambridge University Press,1983.

论秘书的语言艺术

吴慧琳

摘　要:秘书语言艺术作为秘书工作必须了解并全面掌握的重要方面,起着加强沟通交流、提高工作效率等作用。秘书语言艺术主要包括有声语言艺术及无声语言艺术,其中又有两者结合运用而产生的秘书公关语言艺术。在工作中秘书往往不能同时兼顾有声语言艺术与无声语言艺术,进而产生思维单一,缺乏逻辑性等问题。为此,本文通过多个角度分析秘书语言艺术的主要内容,并提出由"说"练"话",由"外"而"内",由"无声"到"有声"这三种方式来提高秘书语言艺术修养。

关键词:秘书;秘书工作;语言艺术

一、引　言

"秘书"一词的含义从最早在东汉时期指宫廷中秘密典藏的书籍到后来发展成为皇帝身边的辅助大臣,再到现如今职业大典中定义的"从事办公室程序性工作、协助领导处理政务及日常事务并为领导决策及其实施提供服务的人员",它起着承上启下、与内外沟通协调等作用。

在我国众多职业中,秘书这一职业群体所占比例极大。凡是有政府,有企业,有领导的地方,就必然会有秘书的存在。秘书作为领导身边不可或缺的参谋与助手,起着至关重要的作用,因此也决定了秘书必须要有其应有的高素质。"一个好的秘书要有冷静的头脑、丰富的处事经验以及待人接物的技巧。秘书是社会的珍贵资源。"①在21世纪,人们对秘书的职业素养要求发

① 范立荣:《现代秘书工作手册》,首都经济贸易大学出版社2012年版,第3页。

生了极大的改变，企业需要的已不再是传统意义上的秘书。与普通秘书相比，高级秘书除了能全面掌握英语听说读写能力，熟练拟写各种文件以及使用办公室自动化软件等之外，还需具备良好的交流、决策和组织能力，能快速、高效协调并解决问题。

我们可以从对高级秘书的要求中看出，秘书的各方面能力都离不开“语言”二字，这里的语言不仅指口头语言，它还包括书面语言、肢体语言，甚至是外表所展示出的穿着语言。在现今社会，真正能做到完善自身各种“语言”艺术的秘书少之又少，大部分秘书会写不会说，或是会说不会写，这也成了秘书职业发展的一大问题。为此，本文将通过多个角度分析秘书语言艺术的主要内容、所存在的问题，以及秘书语言艺术对于秘书职业发展的重要意义。

二、秘书语言艺术对于秘书工作的重要性

秘书工作正朝着多领域、多对象化发展，若一个秘书只专攻一项技能，那么秘书的工作水平将得不到提升，同时也会影响自身职业发展。在秘书工作中，有语言的地方就会有语言艺术，因此秘书语言艺术在秘书工作中有着特殊的地位和意义。

(一)有利于加强沟通交流

秘书在工作中所见的对象各有不同，不管是上级领导，同级同事或是群众客户，对话交谈都是必不可免的。面对领导，熟练掌握口头语言艺术可以让领导更加快速地理解自己所汇报的工作或是提出的建议。面对群众及客户时，则可以在回答问题或是提出问题上更加自然流利。总而言之，秘书掌握良好的语言艺术，可以更好地与众人沟通。口头语言、表情语言、体态语言，在沟通中占主要地位，不论是有声还是无声，良好的语言修养可以帮助秘书在领悟他人所表达的意思上更加得心应手，更有利于工作的开展。

(二)有利于提高工作效率

能说会道自古以来就是秘书的必备技能，掌握好各方面的语言技巧，是重要且必须的。“今天我们应该继承讲究口语这一优良传统，加强训练，善于

言辞，巧于说话，增进相互的合作与团结，成功地推动工作。”[①]例如，一篇语言运用得当的应用文不需要浪费过多时间去修改，省出的时间可以完成其他工作。又或是秘书代表领导与客户谈项目时，掌握说话技巧可以增加对方对自己的信任，有助于双方达成一致协议，增加成功率。此外，在工作中团队经常需要合作，秘书各方面语言运用得当也可以省下许多时间，对于自己与他人来说都是一种便利。

（三）有利于创建良好工作环境

工作环境有时并不仅指硬件设施，还指处于无形状态下的氛围环境。秘书作为领导身边最亲近的人，也是最容易得到领导赏识的人。在得到领导提拔之后，难免会遭到身边人议论，此时就会考验秘书的人际关系处理能力，如果一个秘书虽做事情优秀，却不善于处理人际关系，那么其工作环境自然不会舒适。处理好人际关系的方式有很多，但用言语处理却是最简便的，秘书在平时工作中应该利用语言艺术，树立自己在同事、领导、群众眼中的良好形象，以此创建一个良好的工作环境。

三、秘书语言在沟通上存在的问题

传统经济模式下的秘书，往往在工作上局限于本部门，与外部沟通交流甚少，这也造成秘书在思想层面上不具备多维性，容易被自身工作环境所禁锢。随着我国政治地位不断提高，国内外各种经济政治合作增多，社会更加要求新时期的秘书要提升自己的整体水平，跟上时代发展步伐。

一名秘书是否称职，主要体现在其工作成果的好坏上。如今，秘书从业人群在不断扩大，由于所受职业教育的专业程度不同，造成了我国的秘书从业人群资质良莠不齐，称职专业的秘书较少。秘书工作离不开有声语言和无声语言，因此秘书工作中出现的大部分问题也体现在各方面的语言沟通上。

---

① 尹杰：《浅论秘书的语言艺术》，《文学艺术》，2012 年第 3 期，第 71 页。

(一)秘书口头语言存在的问题

说话是一种艺术,它可以反映一个人的情商、应变能力等素质。但并不是每个人都能掌握这门艺术。现今社会的秘书普遍存在着一个问题,即工作时不是“不说”,便是“多说”。“不说”指秘书工作时缺乏主观能动性和积极性,不会主动劝谏,信奉“沉默是金”,只有在领导问起的时候才会说出自己的见解。这一类型的秘书看似谨慎小心,实则过于被动。“多说”型的秘书则过于主动,说话不分场合。例如在与领导一起接待客户时,过多发言抢领导风头,这在外人看来就是哗众取宠。还有的则是不顾领导想法,在不该说话的时候说话,引起领导不满。

口头语言本身就有许多需要注意的方面,有的秘书在汇报工作时容易出现逻辑不清,要点散乱的情况,这一点与秘书的心理素质有着极大的关系,最终将直接关联至秘书的工作结果。所以经验不足的秘书会更显胆怯,说话音量小,或是没有感情,显得呆板。同时,口头语言掌握不扎实的秘书在遇到突发情况时容易惊慌失措,不能很好地用言语稳定场面,也就失去了所谓的“气场”。由此我们也可以发现,影响口头语言的要素不只是秘书个人的学习能力,还涉及其心理素质。

(二)秘书书面语言存在的问题

虽然秘书职业发展日渐壮大,但我国高校中的秘书专业教育还存在着些许欠缺。现今的秘书学专业独立院校较少,多数都是依附于汉语言文学专业。学校里真正在秘书学这一领域精通的教师资源更是少之又少。学生在学习应用文写作时,往往学习与实践脱节,造成在今后真正从事秘书工作时,对书面写作半生半熟。专攻秘书学的学生尚且如此,更何况半路出家成为秘书者。

书面语言的重要性众所周知,秘书在撰写公文时最容易出现文体混淆、用词不当、语句杂糅等现象。一篇好的应用文,要做到逻辑清晰,要素齐全,能够简洁达意。而秘书在写公文时常常会感到不知从何下笔,这与秘书的职业修养有着极大的联系。平时我们甚至会看到公文盖章位置出错,或错别字现象,这都是书面语言不严谨的问题。

(三)秘书表情语言存在的问题

秘书所做公关工作主要是为了在公众面前沟通联系,树立组织的良好形象。不管是什么类别的秘书,都要进行公关工作,所以秘书的形象显得至关重要。在公关交际中,表情语言、服饰语言、体态语言都是秘书形象的外在表现。

一个人的眼神可以传达自身的喜怒哀乐,而整个面部器官所组成的表情语所传达出的信息更是丰富多彩的。在特定环境下,点头表示确定,摇头表示不认可,歪头表示思考或怀疑,我们将之称为“首语”;而在目光语中,说话时注视对方的眼睛表示尊重;微笑语中,微笑代表着友好。工作中常有部分工作素质不高的秘书容易被自己工作之外的情绪所影响,导致在工作时带入不良情绪,对领导或是同事不友好,在接待外来客户时态度冷淡。除此之外,个别秘书由于心理素质差,汇报工作或和领导说话时总是习惯看向地板或天花板,不能很好地将表情语运用于不同场合。表情语看似远不及口头语,实则在工作中起着十分重要的作用,是处理好各方面交际关系的关键之一。

(四)秘书服饰语、体态语存在的问题

服饰语和体态语在外界看起来与秘书工作似乎没有关联,但在实际工作中,这两种无声语言却成为秘书的“加分项”。俗话说:“佛靠金装,人靠衣装。”一个穿着优雅,体态端庄的秘书人员更容易获得领导的赏识。体态语看似十分简单,但实际上秘书工作者在这方面所出现的问题却较多。体态语直接反映了一个人的精神状态,甚至在侧面体现一个人的工作态度。如今社会上从事秘书工作者多为年轻一族,由于缺乏对“站、立、行”等体姿的了解,未能树立体态意识,部分秘书人员在工作时含胸驼背,走路习惯发出异响,在领导面前便显得精神不佳。除去秘书自身的主观原因,还应认识到我国教育仍处于重视考试与知识的学习,忽视技能和素质的培养这一阶段,所以各高校在进行专业教学时,对于体姿这一部分内容往往只是粗略带过,并没有将其单独列作一门课程,这也就造成了秘书从业后对于这一无声语言的忽视。

四、秘书工作的语言艺术

秘书这一职业朝着普遍化和职业化的方向发展。不管是在秘书从业人群的数量上，还是在秘书从业的范围领域上，都体现出了普遍性特征。从政府秘书到企业秘书再到私人秘书，从机关秘书到法律秘书再到科研秘书，每个不同的秘书种类都有自己专属的特性。现今社会对于秘书工作的要求不断提高，并且连续出台文件，这些文件使得秘书职业技能有了一个规范的标准，也是获得国家和社会的积极支持和认可的证明，代表着秘书职业登上了一个更高的台阶。

虽然秘书种类在不断地增多，但围绕着秘书工作最不可或缺的要素之一就是语言。语言作为一种符号系统，是人类社会交际或交流的主要工具。因此“秘书语言是秘书从业人员在职业环境中为完成本职工作、实现组织目标而运用书面的或口头的方式进行交际、信息传递和交流的工具。”[①]了解秘书各方面语言的特点，掌握秘书的语言艺术，是秘书人员掌握业务能力的基本要求之一。

总的来说，秘书的语言分为两大类，即有声语言和无声语言。有声语言即口头语言，而无声语言则包括书面语言、表情语言、服饰语言、体态语言等。不同的语言有其不同的特点。

（一）秘书有声语言艺术

秘书有声语言即秘书的口头语，其在秘书工作中所占比例最高。在向下级传达领导要求，向领导汇报工作、提出建议以及在机关或企业接待访客时，皆要使用口头语言进行沟通交际。因此掌握秘书口头语言艺术显得尤为重要。口头语言的主观表达者是人，说话内容是由人自身的思想所决定的。秘书的口头语言运用场景众多，极其讲求灵活性、逻辑性与多样性。灵活性对于一个好的秘书来说是一种必备的品质，要求秘书能够在不同的语境下灵活应变。如当领导正在发怒时，应讲求少言，待领导气消之后再进行建议或是

① 施晔红编:《秘书言语行为的语境特点》,《秘书之友》2007 年第 2 期。

汇报工作。在保证语言灵活性的同时还应具有原则性，秘书在说话时需要注意语言的规范性，不应逾越自身的职业角色。一个过于“能说会道”的秘书，有时不仅不能获得领导夸奖，反而适得其反，引起领导厌恶。逻辑性则体现在秘书向领导汇报工作时所需的条理性，能做到有条不紊，面面俱到，是秘书工作质量高、专业性强的表现。缺乏逻辑性的秘书在汇报工作时容易忽视上下文的顺序，忽视某一个方面的问题或是重复赘述同一个问题。而秘书口头语言的多样性是其灵活性的一个前提，这里的多样性也体现在其情感色彩的多样性上，正是因为秘书口头语言多种多样，所以秘书可以在不同场景灵活切换相适应的语言。

口头语言不同于书面语言，书面语言必须遵循应有的写作规则，更具客观性，而口头语言则是说话人主观思想的表达，因此口头语言必须体现情感性。要体现语言的情感性，说话时的声量大小、声调高低、语速快慢等都是关键因素。有的领导不仅是上级身份，也可以是朋友身份，对领导和同事表达适当的关心有利于增进自身与领导和同事的友好关系。此外，秘书人员要善于调节自己的情绪，不将负面情绪带到工作中，以此树立良好形象。

在工作中，秘书除了与领导、同事接触，还要接待客户，而不同的对象因其身份、所处环境，抑或性格的不同存在着许多个体差异。这就要求秘书工作者要细心灵活，转变对不同说话对象的心理态度，注意口头语言的对象性。与领导打交道时，应该注意时机、场所、事件的轻重缓急以及说话分寸，切忌自作聪明；与群众打交道时，平等谦虚更为重要；与同事之间则保持一种和谐友好的关系。还有一类对象是公司的客户，或是机关接待的其他领导，秘书在与客户或其他领导进行交谈时，应充分把握对方的各方面背景，以保证说话时不出错。

（二）秘书无声语言艺术

秘书无声语言艺术所涵盖的范围较广，在此先以秘书工作中较为重要的书面语言为例加以说明。书面语言与秘书工作息息相关，是秘书语言艺术的重要组成部分。在秘书工作中，我们最为熟知的书面语言就是秘书所撰写的书面报告、公文等文件。一个称职的秘书，要能够熟练撰写各类文书，同时还要避免被写作规矩禁锢的现象。“书面语言的表达既要做到‘表之于外’，又要做到‘达及他人’，可见，表达存在于表达者和理解者之间，只有做到表达与理解的统一，才能完成整个交际过程，才能达到理想的交际效果。”[①]

书面语言艺术的严肃性与准确性。秘书所撰写的公文内容一般为上级机关领导的方针政策、法规和规章，或是企业单位中的合作合同等。对于这一部分的书面表达，要求务必做到严肃性和准确性。这里的准确性，包括文体的准确性、用词的准确性以及时间日期、人名地名的准确性。公文内容不同于一般的书写文，它需要准确地传达信息，具有极强的表意性及遵命性，所以切忌秘书用自己的言语表达，或是全凭自己的主观想法书写。除了大方面的规范性要注意，还有小细节上的准确性，比如标点符号、盖章位置等，这些小细节看似不重要，实则能体现一个秘书工作者细心与否。书面语言的严肃性则是针对公文写作这一类应用文，公文不同于小说，它不能随意用词，公文的庄重性也是机关形象的一种体现。因此我们可以发现书面语言的严肃性和准确性是相互依存的。

书面语言艺术的整齐性与简洁性。公文的撰写一般会要求简洁明了。“浓缩精粹之美。通过省略、浓缩等办法，把公文用语写得十分精粹，做到言简意赅，文约事丰，简明扼要，这又是公文用语的美好之处。”[②]所以在公文中我们经常会看到数量词放置在首位，例如“一个中心、两个基本点”等。除此之外，缩略用词也是公文写作的一大特点，将复杂的形容词、副词等去除，只留下中心语句，又或是以更能表意的成语、警句取而代之，使人更加清晰明了地了解所要表达的意思。因此，书面艺术的整齐性正是来源于其简洁性，句式及成语的运用精简了文章的结构，也使得文章更富有气势。

(三)秘书有声语言与无声语言结合运用艺术——以秘书公关语言为例

“公关，全称公共关系，是指一个社会组织通过有计划、有目的的信息传播手段与公众进行双向信息交流，从而树立良好的组织形象，赢得内外公众的信任和支持，为组织发展创造最佳的社会环境的一系列公共活动。”[③]不论是机关秘书还是企业秘书，都要帮助领导接待客户、与外界搞好公共关系，而

---

① 北京四库企业管理研究中心：《实用文秘大全》（上册），中国城市出版社 2000 年版，第 151 页。

② 张保忠：《真正的大手笔——我的第一本公文书》，长江文艺出版社 2015 年版，第 47 页。

③ 王萍、张卫东：《秘书学教程》，辽宁大学出版社 2013 年版，第 130 页。

树立良好组织形象的前提是秘书先树立好自身的良好形象。

在公关交际活动中，不可能仅使用有声语言而脱离无声语言，也不会只运用无声语言而忽视有声语言，公关语言是有声语言与无声语言的结合体，可以说二者是同等重要的。上文已有解释口头语言及书面语言的特点，在此不再赘述。所以本节要说明的是无声语言在公关语言运用中所体现的其他方面，即表情语言、体态语言和服饰语言。

首先秘书在进行工作时，要有明确的"角色"意识，清楚地认识到自己的工作职责。表情语言、体态语言、服饰语言都要做到端庄、得体、大方。在工作时表情温和，不失态；服装优雅，不暴露；体态自然舒展，不弯腰驼背。古语云："坐如钟，站如松，行如风。"秘书的外在形象是个人修养的体现，也是内在气质的外露，良好的外在形象可以给公众留下更好的印象。

五、提高秘书语言艺术修养

（一）由"说"练"话"

秘书既被称为"杂家"，说明这一职业要求秘书有丰富的处事经验，"能说会道"必不可少。"秘书口才是一门学科，更是一门艺术。相对于其他职业，秘书具有自己的独特之处，那就是工作任务的多样性和复杂性。口才对于秘书而言，不是一门需要严格按照教科书来操作的技术，而是需要自己活学活用的艺术。"[①]想要提高自身的口头语言艺术，并不能通过书本生搬硬套，工作中面临的场景是多变的，所以我们可以通过以下几个方式来提升自己的口才。

一是阅读。"书中自有黄金屋"，传统秘书工作的单一性、狭隘性已经逐渐被淘汰，现代秘书应该不断丰富自身的文学知识，广泛涉猎。所选读的书籍可以是小说、诗歌，也可以是散文、社科类文章。阅读虽然对口才帮助极大，但也不可能一蹴而就。古语云："不积跬步，无以至千里。"所以，阅读贵在坚持。"腹有诗书气自华"，当阅读到了一定程度，眼界宽阔，谈吐便会上升一个层次，此时再与领导交流时便能够缩小差距，提升自己的整体水平。

---

① 周彬琳编：《秘书口才》，机械工业出版社 2009 年版，第 15 页。

二是观看。“看”的范围则比较广，想要真正提高语言素养，就需要多观看一些优秀秘书的说话实例，比如他们在会客时、汇报工作时、与群众接触时，是如何进行交谈的。模仿是人类的一种本能，将自己与他人作比较，寻找自身的不足，进而通过观看他人的说话技巧，总结出适合自己的说话方式。除了秘书工作中的说话实例，还可以观看名人演讲类视频，他们的说话之所以能打动人心，必定有其魄力和说服性，“动之以情，晓之以理”，用在秘书说话艺术中，甚是恰当。

三是讲练。想要在领导面前谈吐自如，说话时镇定自若，除了知识和技巧方面的补充，最重要的就是“多说”，但这里的“多说”并不是指在领导面前胡诌。“多说”指秘书私底下勤练说话，其方式可以是演讲练习，也可以是朗读文章，此二者可以帮助秘书工作者锻炼说话时的情感，也可增加秘书的胆量，提高心理素质。其次，秘书可以参加一些辩论活动，辩证思维在日常工作中不可缺少，秘书要面对领导的诘问，群众的疑问，锻炼自身的辩证思维可以帮助大脑灵活思考，遇到问题时也可机智应对。最后，秘书可增加自己和不同对象说话的机会，在不同的场景中领悟不同的说话技巧。

(二)由“外”而“内”

在秘书工作中，书面语言即应用文写作。“应用文写作拒绝了文学创作常用的虚拟想象、夸张渲染手法，远离了空间换行、大度跳跃的叙事方式，拒绝了意识流、蒙太奇、拼贴画的表达技巧。应用文写作，为交流信息而流通，为传送公务而运转。”①

应用文不同于其他文体，最常用的表达方式有三种：叙述、议论和说明。应用文作为传递信息的载体，要求其必须严谨，有逻辑。书面语言之所以存在艺术性，是因为其拥有书面语言自身的独特点，是不同于其他文学的。所以，秘书人员想要提高自身应用文写作水平，一要多看，二要多练。

书面语言虽不同于口头语言，但书面语言也可通过观摩借鉴的方式来学习，在工作之余，秘书可寻找一些应用文写作的优秀范文，仔细研究每一种文体的差异，进而在实际工作中能更加熟练地选择合适的文体。文体就相当于

① 李莹：《办公室秘书实务研究》，吉林大学出版社2017年版，第59页。

文章的一个外框架，一旦外框架改变，整篇文章的性质都会发生变化。当全面掌握应用文文体之后，便要仔细钻研应用文的内容。应用文多数都有模板，但不可生搬硬套，要注意其适用性。虽然外框架都是一致的，但其中的内容还需秘书根据不同的事件进行总结概括。这就考验秘书的归纳概括与总结能力。这一点，秘书平时可以多看新闻，多对新闻进行归纳概括，形成良好的阅读习惯。应用文类文章一般都有自己的专有词汇，一名优秀的秘书要做到能用最简洁却不简单的词语或语句进行写作，做好上传下达的工作，要达到这样的水平，可收集领导人讲话稿等，摘录其中的优秀词汇和语句，一点一滴积累。

新时期的秘书写作多数已经脱离笔头，各种多媒体设备的诞生使得秘书人员从纸上写作转移到了电脑写作。这就要求秘书人员能够熟练使用办公软件，运用不同的方式进行文字表达。与此同时，也不可忘记纸面书写的重要性，人们常说“字如其人”，秘书虽较少在纸上写作，并不代表秘书完全不用在纸上写作，所以练出一手好字对于自身工作也是有利无害的，字体也同文体一般，就像一个外框架，框架搭得好，领导才会带着好心情去看内容，由“外”而“内”，是秘书人员需要掌握的提高书面语言艺术的一个要点。

（三）由“无声”到“有声”

表情语言、服饰语言、体态语言都是无声之语，但却能让人从外表领悟其“有声之言”。表情语言艺术最重要的便是明白在秘书工作中每一个表情所蕴含的意义。表情语言与口头语言所针对的器官不同，口头语言所针对的器官是人的耳朵，而表情语言针对的则是人的眼睛。人们能够第一眼就通过对方的表情语言看出对方所要表达的态度，前提是对方所表现的表情语言是符合大众理解范围的。比如在一般人的脑海中，点头就是肯定的意思，但你不能将其赋予疑问等特殊含义。这就要求秘书人员在了解表情语言艺术的时候，要仔细领会每一种表情语言的普遍含义，并且了解表情语言在不同场合的运用。微笑是一种很好的表情语言，但在十分严肃的场合便不宜微笑；工作时在同事面前可以嬉笑表示亲和力，但在领导面前就绝对不允许。注重表情语言的含义和在不同场合的使用是提高表情语言修养的关键。

服饰语言。服饰包括了秘书所穿的服装以及所佩戴的饰物。秘书是领导身边的人物，一般来说，越是等级高的领导，其秘书所要接待的客户等级也会越高。穿着是一个人身份地位的体现，秘书人员的穿着也代表着领导的身份地位。为此，要提升自身的服饰语言艺术，就应该遵循一般的穿衣规则：根据自身的年龄、性别、爱好、场合以及季节的不同进行穿衣的选择。例如，女秘书穿衣应显端庄优雅，男秘书穿衣则应偏向于成熟稳重。所以秘书往往需要准备多套工作服装，来展现自己的气质。在佩戴饰物方面，则不应过于夸张，美观、大方即可。

体态语言。在社会飞速发展的背景下，越来越多的人对于自身体态给予重大关注，良好的体态代表着一个人良好的精神面貌，对于普通人来说是这样，对于秘书人员来说更是如此。我国对于秘书工作者的站姿、坐姿都有明确的要求，但现实生活中能做到的秘书却寥寥无几。想要修正自身的体态，最好的方法就是运动，适当的运动可以纠正一个人的不良体态，更可以改善一个人的精神面貌。运动带来的不仅仅是外在的改变，还有内在的进步，它可以使人在面对工作时更加富有激情。在此条件之下，秘书还应注意不同场合自身的仪态，在站立时应挺直背部，收小腹，挺胸收臀，头要摆正；腿部要并拢，脚后跟贴紧，脚尖稍向外撇。在坐立时则需要讲究“稳”，特别是坐在沙发上时，双肩应平正放松，两手自然放置于腿上或是掌心朝下并将手臂弯曲放在沙发扶手上；可以翘腿，但脚尖不可上挑。不管是男性秘书还是女性秘书，都绝对不允许抖腿。此外就是秘书在行走时的步伐大小，这一点每个人可以根据自身的身高进行调整，身高较高，步伐就可稍大些；反之，如果身高较矮，步伐就迈小些。体态语同其他语言一样，也需要日复一日地练习，方可达到所需的要求。

六、结　论

语言与人类生活息息相关，与人们的工作更是紧密相连。所以离开语言的秘书工作是不现实的，也是不存在的。“良言一句三冬暖，恶语伤人六月寒”，这句话很好地向我们展示了语言艺术的作用。

掌握秘书语言艺术不仅是职业所需，也是形势所迫。在当今社会，秘书人员已经不仅仅只是一个帮领导端茶倒水写文件的普通文员。随着时代的发展进步，社会对于秘书人员的工作水平要求越来越高。在秘书工作分类不断细化，专业化程度大大提高的前提下，秘书工作的语言艺术也必须得到其相应的提升。秘书语言艺术在秘书工作中虽然是无形的，但所起作用却是最显著的。一句恰到好处的话语胜过百句无用之言。从另一个角度看，秘书工作的专业水平皆蕴含在对秘书语言艺术的领悟及运用程度之中。

我国秘书发展的历史虽十分久远，但与发达国家相比，仍然存在较大的差距。秘书专业教学在我国还没有一个十分完善的体系。在学习秘书实务的同时也不应该忽略对于语言艺术的掌握，只有做到理论与实践相结合，虚实皆重视，才能发展更加专业化、职业化的秘书群体，并且在实际工作中，也能提高秘书工作效率，达到事半功倍的效果。

参考文献

[1] 李莹. 办公室秘书实务研究[M]. 长春：吉林大学出版社，2017.

[2] 张保忠. 真正的大手笔——我的第一本公文书[M]. 武汉：长江文艺出版社，2015.

[3] 何修猛. 现代公共关系学[M]. 上海：复旦大学出版社，2015.

[4] 王萍，张卫东. 秘书学教程[M]. 沈阳：辽宁大学出版社，2013.

[5] 范立荣. 现代秘书工作手册[M]. 北京：首都经济贸易大学出版社，2012.

[6] 周彬琳. 秘书口才[M]. 北京：机械工业出版社，2009.

[7] 徐可. 秘书语言与交际教程[M]. 杭州：浙江大学出版社，2004.

[8] 陆予圻，郭莉. 秘书礼仪[M]. 上海：复旦大学出版社，2002.

[9] 赵中利，史玉峤. 现代秘书心理学[M]. 青岛：青岛出版社，2001.

[10] 北京四库企业管理研究中心. 实用文秘大全(上册)[M]. 北京：中国城市出版社，2000.

[11] 卿成，刘智勇. 秘书语言艺术[M]. 成都：电子科技大学出版社，1997.

[12] 申臬华. 办公室实务运作全书[M]. 北京：中国物资出版社，1995.

[13] 尹杰. 浅论秘书的语言艺术[J]. 文学艺术，2012(3).

[14] 刘晓慧. 当前秘书工作存在的问题与对策[J]. 科技信息，2010(19).

[15] 施晔红. 秘书言语行为的语境特点[J]. 秘书之友，2007(2).

[16] 唐晓霞. 悟在体态语——浅论秘书的悟性[J]. 黑龙江科技信息，2007(5).

[17] 李玉芬. 现代秘书工作的职业特点与发展趋势[J]. 贵州师范大学学报，2005(4).

[18] 曾国全.秘书交际的语言艺术[J].西昌农业高等专科学校学报,2001(5).

[19] Brian J. Hurn. Body language-a minefield for international business people[J]. Industrial and Commercial Training,2014.

[20] NAOMI S. BARON. Speech, sight, and signs: The role of iconicity in language and art[J]. Semiotica,2009.

马来西亚苏丹依德理斯教育大学(UPSI)中文教育专业学生教学实践能力培养特色研究

贾建冰

摘　要:马来西亚有着近700万的华人,是除中国以外,海外保留中华传统文化较为完整的国家之一,也可以说是海外中华文化传承和发展的一个重要地区。华裔作为马来西亚的第二大种族,在教育领域及传承中华文化方面成就卓越,笔者了解到,马来西亚有超过九成的华人曾经或正在以华语作为教学语言的华校接受(过)教育,因此,华文教育工作者的教学实践能力在很大程度上能影响马来西亚华人对中华文化的传承,甚至关乎日后海外华裔整体族群文化的发展。换言之,华人在立足海外后最关心的问题就是子女教育,这既是现实需要,也是精神需要。更深远地说,华文教育事业的发展,要求华文教育工作者们需要拥有更好更强的教学实践技能,而华文教育工作者的不断进步,正是苏丹依德理斯教育大学(UPSI)中文教育系人才培养所追求的目标。

关键词:中文教育;教学实践能力;培养特色

一、引　言

(一)马来西亚华文教育相关背景

马来西亚是目前除中国外唯一拥有小学、中学及大专完整华文教育体系的国家。目前,马来西亚有华文小学1290所,华文独中60所,华文大专院校3所(南方学院、韩江学院、新纪元学院)。除此之外,还有153所国民小学提供交际华文课程，78所国民改制型中学设有华文必修课程，24所寄宿中学向马来学生提供华文课程，16所师范学院开办中小学中文教师培训课程，马来亚大学、博特拉大学、国民大学等国立大学也设有中文系，其中马来亚大学还设有中国问题研究所。这样的一套完整的教育体系，为华语在马来西亚的传播与发展提供了坚实的基础。但是由于马来西亚的特殊国情和种族政策的问题，华文教育在马来西亚的发展也并不是一件轻松的事。

(二)马来西亚苏丹伊德理斯教育大学(UPSI)简介

苏丹依德理斯教育大学(Universiti Pendidikan Sultan Idris，简称UPSI)，是马来西亚一所历史悠久且文化底蕴深厚的高等学府。UPSI隶属于马来西亚国家教育部，拥有王室背景，创立于1922年11月29日，是马来西亚唯一一所国立教育大学。UPSI位于亚洲教育强国——马来西亚的第二大州霹雳州的丹戎马林市。UPSI在课程设置上专业种类齐全，课程丰富，并根据学生实际需求，开设非教育类和教育类两个专业方向。它采用欧美教育体系与教学方法，课堂教学形式灵活多样，主要培养学生解决问题的能力、创造力及团队协作能力。就读于UPSI的当地学生毕业后，政府包分配，可直接进入政府机关、事业单位工作，UPSI的社会地位可见一斑。多年来，UPSI为社会各界培养了大批优秀人才，信手拈来的除了有文坛巨子“马来现代文学之父”札巴，还有前副首相嘉化巴巴等。

(三)本课题研究缘起

浙江越秀外国语学院是经国家教育部批准设立的全日制普通本科高校。学校坐落于中国首批历史文化名城、著名的江南水乡、鲁迅故里——浙江绍兴，始创于1981年，2008年经国家教育部批准升格为本科高校。2016年，浙江越秀外国语学院所属的中国语言文化学院与所属于马来西亚苏丹依德理斯教育大学的语言与传播学院(FBK)的中文教育系达成交流合作访学项目，马来西亚方与越秀交换14名在校的专业对口的学生互相前往参加为期一学期的访学项目。

大二初始，笔者参与了2016年至2017年马来西亚苏丹依德理斯教育大学与浙江越秀外国语学院合作的为期五个月的交换生项目，期间，我们与当地中文教育专业的华人师生朝夕相处，体会马来西亚当地国立大学 UPSI 中文教育专业学生所接受的，与国内高校特别是应用型本科院校教学模式截然不同的课程安排和授课形式；并融入当地华人家庭的日常生活中，包括参与马来西亚华族生活中各式各样的活动和仪式，以及参加“领养家庭”活动，住进当地华族家中与他们共同生活三天两夜，感受马来西亚华族与我们国内风格与众不同的生活。在交换项目最后的一个月，UPSI 还为我们安排开展了时长两周的实地进班教学实践活动，我们进入马来西亚当地不同建校背景下的小学和初中进行实习教学，和马来西亚华族的当地华文教师一起共事，使笔者切身感受到马来西亚华族对中文教育事业的专注和用心。

二、UPSI 中文教育系的宏观课程设置

（一）UPSI 中文教育系学程之创设及其近况

苏丹依德理斯教育大学（UPSI）最早曾于 2006 年开办“大学毕业生师范课程”（DPLI）中学华文班，它公开给所有符合资格的大学中文系毕业生，接受为期 1 年的培训，毕业后即可到中学执教华文，以协助解决国中华文师资不足的问题。虽说中文教育文凭课程在 2010 年后停办，但 UPSI 也在 2008 年，也就是开办中文教育文凭课程的同一年开办了中文学程，即设立了“中文暨教育学士课程”，这使得 UPSI 成为继马来亚大学和博特拉大学后第三所开办中文科系的国立大学。其创办主旨是以栽培中文师资为主，这与马来亚大学和博特拉大学有所不同，因此在课程上也有所不同——UPSI 中文教育系的学生主修中文，副修教育专业，具备中学执教中文科的专业资格，也使 UPSI 成为马来西亚唯一的一所政府中学（国中和国民型中学）中文师资的主要栽培地。此外，UPSI 也设立汉语基础课程，供异族同胞或不谙华文者选读。UPSI 分别在 2012 年及 2014 年创立中文文学及中文教育硕士学位学程，并于 2016 年开办中文博士课程，使得 UPSI 的中文学程更趋于完整。与此同时，UPSI 还为学生开设了新闻学、翻译学和涵盖管理学的融合教育课程，为学生未来的发展提供了更多的可能性。

(二)UPSI中文系课程大纲和课程设置

UPSI中文系课程共有八个学期，属于四年制的学士学位。中文主修课范围涵盖语言学、文字学、古代文学、现代文学、中国史哲及本土华人研究等。此外，UPSI还为学生开设了新闻学和翻译课，以期学生日后有更多的出路。过去UPSI也曾与中国一些大学建立合作关系，让学生到中国大学当交换生，进行学分转移。如前所述，副修课以教育专业为其核心，课程包括融合教育、"教学、技术及评估"、学习管理及马来西亚教育发展等。而大学通识课有马来西亚研究、"种族关系"、各大文明(Titas)、英语课程及课外活动等，选修课则仍是中文专业课选修(而上述的中文主修课是必修的)等。同时学校给学生安排了教学实习，并且教学实习在学生的大学课程中占有一定的学分。虽然教学实习只占有8个学分，但为期时长有16周，也就是4个月，即一个学期(安排于第七个学期)。而最后的第八个学期，也是学生本科生涯的最后一个学期，学生要完成其本科论文。

三、调查研究

(一)UPSI教师教学特色(如何培养学生的教学实践能力)

在UPSI的中文教育专业，学生所接受的教育方式与国内高校相比是截然不同的。UPSI中文教育专业对学生各方面的能力培养贯彻了整个大学本科的学习生涯，且教学方式均努力做到以学生为中心。几乎所有课程，各科教师都会保证至关重要的一个教学环节——呈堂(课堂展示)，呈堂顾名思义，即呈现课堂，是对学生实践能力培养的重要一环。同时，教师还格外重视学生与学生之间的团结协作能力，并致力于通过一系列的教学活动以提高学生的独立自主能力，使得学生在课堂上，在学习生涯中，乃至在今后的日常生活中均具备自己解决问题的能力和自主学习意识。UPSI的华文教师以"学思达"为主要的教学指导理论，以在课堂上学生和教师协同授课的方式进行教学，在四年中循序渐进逐渐提高UPSI中文教育专业学生的专业教学技能。

作为教学安排，这种理论课与实践课同步进行的授课教学方式在UPSI得到普遍发展，且教师在教学过程中倾向于以学生为学习中心，通过培养学生各方面的独立能力，为提高学生的教学实践能力打下坚实的基础。

（二）UPSI教师如何实现以学生为学习中心的教学方法

1."学思达"理论指导的教学模式

传统单项式讲述上课方式，依赖老师在教室现场口头单项式提供知识。在这种传统的教学模式下，师生之间常存在着资料上的不对等关系，例如老师讲课前都会事先准备好的备课资料，往往是抄录自教师手册、备课用书、大学专业书籍、网络资料等等，因此永远比学生的课本资料来得更多，得以在课堂上讲解和补充。然而，随着现代科技的不断进步，这样的模式越来越受到严峻的挑战。当学生随手用手机、电脑上网就能查到比老师备课用书更多的资料，甚至网络上的教学影片都开始教得比老师好，当学习行为随时随地都能发生，老师垄断知识的优势正在快速消失，甚至连学校的功能也开始遭受挑战与解构，例如全世界第一所没有实体校园的"米诺瓦大学"(Minerva school)的出现就是一个重要的趋势。这些现象都指向同一个重点：培养学生的自学能力成为当下学校教育和教师教学的当务之急。

如果老师采用整堂课都只进行单向讲述的上课方式，学生将会失去自主学习的机会。因此老师教学方式的转变与否，正是学生能否开始自学的关键。老师若愿意将全部单向讲述的教学方式，逐渐减少讲述时间，最终转向全自学的模式(称之为"学思达"教学模式——学习、思考、表达)，这样学生在课堂上才能有愈来愈多的时间和机会可以展开自学。"学思达"的上课模式，一开始都是"自学"，主轴也是自学，所有上课流程，不管是自学之首的"问题思考"，还是学生之间的"讨论""发表""教师统整"，都是为了巩固、强化和深化自学，培养出学生的自学能力，同时又不断提升自学效率、顺便培养出多元能力。

在课堂中，如果教师把"自学能力的养成"当作其教学的主要目标与核心，那么教师的教学中心就自然而然变成了学生本身。当把教学的主体从老师身上转向学生，不仅带动着老师教学方式改变，另一个关键的改变，在笔者看来就是"教师专业的改变"。要让学生在课堂上自主学习，甚至持续地(或终生的)学习,其关键在于:老师能否透过课堂重新激发学生对知识的好奇、自主学习的习惯、探索答案的内驱力、结合及运用各种学习资源的能力,以及发挥出应用知识及创造力的能力。因此,UPSI中文教育系的教师们引进并认真贯彻了"学思达"的教学方式。而"学思达"的起点,就是积极调动学生的好奇心,使其主动探索,然后再结合小组间的讨论,最后再进行同学与老师之间的共同讨论,周而复始不断回馈、刺激、重复、增强学生的自学能力,与此同时,学生的教学实践能力也在这样的教学方式中得到潜移默化的提高。

通过切身体会UPSI中文教育专业教师的教学方式,笔者将其主要的教学形式归纳为以下四点。

(1)通过提问引起好奇心

好奇心是人人共有的天性,也是驱动自主学习的关键。好奇心最简单快速被激起来的方式就是老师直接反问学生问题,好奇心很快被诱导起来。

(2)阅读资料

利用求解(渴望解答)的动力,引导学生开始阅读相关资料,让学生到资料中自行寻找解答。这里要注意的是,光靠"提问"和"补充完整的阅读资料、影片等",可能还不足以形成长期而稳定的自学动力,因此"学思达"还要加入"分组"和"正向竞争"机制,让学生的学习路上有伴且不孤单。

(3)分组和争相竞争

分组让学生更有团队合作、相互帮助、相互教导、相互讨论,甚至程度好的学生教导程度弱的同学。当然这只是理想的状况,也会是"学思达"成熟之后的实际情况。但迈向成熟之前,可能就会遭遇许多困难:部分学生不想讨论、不愿合作、不愿教,或是教不来、学不会,由此逐渐产生反弹。于是老师的事先说明、事间的应对姿态、事后的机制调整,就显得非常重要。

"竞争"又可以让学生产生另一股动力,特别的地方在于"学思达"理论可以将"竞争"与"分组"及"正向"结合在一起,让学生进入团队合作,同时也进入团队竞争,不再只是单打独斗的个人成绩恶性竞争。"学思达"希望通过分组之后的组内合作(全组分数绑在一起,个人回答代表全组分数)与组间竞争(组与组之间为竞争关系)来刺激学习,全部都以"加分"的正向激励。所有竞争都是通通有奖,口头鼓励或实质奖品都好。重点是让学生获得成就感,无论团队第一名或最后一名都能得到学习的乐趣。

(4)随机抽签上台发表

最后一个是强化学生自学的动力,就是发表——表达想法。表达想法的重要性是在于,各组努力的结果不要被埋没在大家看不到的地方,而是要让大家都看到自己努力的结果,并且由大家对这个结果给予肯定。届时,由老师根据问题的难易程度来决定要抽几个人上台发表。对学生而言,"随意抽签"意味着每个人都必须有所准备,每个人也都会产生准备发表的意愿。这是个人的自学再经由全组讨论后所产生的结果,"个人"即代表"全组",同时个人的意见又充分结合了全组的资源和想法,此时"学习的个人"就不再显得孤单无助。

对"学思达"理论而言,正是通过一个又一个环环相扣的机制来强化学生自学:好奇心—问答题设计—补强学生不懂之处(讲义或影片)—分组及正向竞争(分组活动、竞争机制的建立)—抽签上台发表(老师的主持、追问、应对能力的强化),同时又考量到学生专注的时间有限,于是通过"学思达"的五个流程(自学—思考—讨论—发表—统整),不断切换学生学习的方式,以至于学习形式能够多元化(可以自主的动眼、手脚、身体、嘴巴以及动脑),不会流于单一呆板的教学模式。

在"学思达"理论中,教师的课程设计也是尤为重要的一部分。课程设计是建立在先认清学生的现况、能力及特质基础上进行的,所有机制都可以灵活调整和变化。要注意的是,以学生为中心的教学学习是一个长期的学习过程,不可以要求得到迅速的效益体现。这需要长久的实践调查和调整,而学习的主题要宏观,要有一定的延续性,以确保学生在一定时期的自学后能够归纳出某种程度的一个知识体系,以保障学生的知识不至于流于片段和表面。

另外,学生自学或培养学生自行阅读的能力具有非常重要的意义。在现今的教育体系中,教育部都会提供教科书,但教科书并不是全世界,只是老师把一部分的世界限缩在教科书当中,而如果将学生关押在教科书的井底之下,学生就难以看到真正的世界。因此,大量的阅读,才可以被称作是比较健康的阅读和学习模式。具有大量阅读,更应该是学生在离开学校进入社会之后的真实学习状态。因此,老师要在学生进入社会之前训练学生,将学生培养出大量阅读、主动搜索及判读资料并深入理解的习惯和能力,而不是让这种能力被应试教育的测评模式破坏殆尽。"学思达"理论的迷人之处在于:学生的自学能力一旦养成,就能加速学习,实际学习的知识量往往会超越在校学习期间老师口头讲述以及教科书的内容好几倍。

通过“学思达”教学模式的多番熏陶，学生在学习上的独立自主能力得到进一步地提高，这样的培养方式也使得学生在日后就职教师行业时拥有更高的职业技能和教学水准，更好地培养下一代学生。

2. UPSI 的教学方式对教学实践技能培养的影响

学生学习的主要任务是在校的前六个学期，理论课与实践课同步发展的教学方式使得学生的自学能力和教学实践能力在逐步提高，而在随后的第七个学期，学校特地为学生安排了校外实习。学生将会被安排到愿意提供指导的国中(通常是国民型中学)进行实习，合作的校方会为实习生安排一至两位指导老师(视学校的情况而定)，学校的指导老师会为实习生进行四次的教学评估，而大学的负责讲师会到该校给实习生进行两次的教学评估。这六次评估的综合分数占实习生 90%的成绩，剩下的 10%是课外活动(实习生也需要参与并成为校内课外活动的顾问老师)；如果不及格，大学将会安排第二次的实习机会，倘若再不及格，那将会被终止学习。

UPSI 非常认真地对待教学实习，因为这是关键的一环，让学生实践课堂上所学习的知识，了解自己缺乏什么，能胜任什么，更重要的是了解到教师的责任与工作，认识到自己的内心——愿不愿意成为一名教师。往往在实习后，有的学生意识到自己不合适，而在毕业后转向其他领域，有的则意识到自己的不足，而更加努力学习，以期在毕业后能够成为一名称职的教师。而教学实习反思研讨课则将会在第八个学期进行，目的在于让在不同学校实习的学生进行交流，彼此分享实习期间所学习的知识，讨论所面对的问题及本身的不足。这样的教学安排进一步使得学生对自己有了更深刻的自我认知，在对学生教学实践能力的提升上起着至关重要的作用。

在以往的教学中，教师往往全程都是一个人操刀，很多时候学生们在一堂课里都没有说话的机会。但是，在当下的教学法中，只由教师单方面传授知识的教学模式已经不再被鼓励，学生们被要求尽可能地在课堂上积极发言，参与各种形式的教学活动。那么，教师又该如何实现以学生为中心的教学方法呢？以学生为中心，顾名思义就是要让学生最大限度地参与进教师的课堂活动。首先，教师最为喜欢以及最为普遍使用的教学方式就是让学生们进行分组讨论。通过参与分组活动，使得学生们必须进行发言，而不完全只是由教师独自在前面滔滔不绝地说。举例来说，在讨论作文大纲或要对古文进行翻译时，教师会让学生们先在组别里讨论，讨论之后再一一地上前报告讨论结果，通过这样的方式，学生们在课堂上便有了机会进行更多的发言。

再来，有些教师在进行议论文的写作指导时，已开始布置一场辩论赛，让学生们针对课题进行辩论。可以被明确的是，这种教学活动也属于以学生为中心的教学方法之一。学生们通过辩论的方式可以明确地掌握议论文中的议论方法，从而让课堂教学变得更有效。此外，在教学中，教师也会尽可能地向学生们提问，尝试抛出一些高思维的问题，让学生们能够在思考后，说出自己的意见及看法，增加学生们发言的机会，从而实现以学生为中心的教学。在一些作业的批改上，教师也实行了一种尝试让学生们相互评阅的方式，又或是在学生们上前报告某一些内容之后，让其余的学生来对该学生所讲的内容给予评语或建议。这些课堂活动都归属于“以学生作为中心”的教学方法。

总的来说，虽然教师时时刻刻都被强调一定要在教学中以学生为主，但是好多教师依然会犯下一个老毛病，那就是在授课的时候一直只顾着自己在讲，认为自己说得越多，学生们也就会吸收得更多。这其实是一种错误的观念，教师有时候说得越多，学生反而不能够吸收那过于庞大的知识量。不管怎么说，教师在设计教学时还是必须时时刻刻铭记让学生作为课堂上的主角，而自己则只是扮演一个配角的角色。

马来西亚华族中文教育专业的学生常认为，亚洲教育中老师的教学法有着老师从头到尾单向式讲述教学的特点，正是“单向讲述”“密集考试”和“教科书的误用”这三大缘由导致了这样的一个结果。因为老师选择单向讲述的教学方法后，就只能靠各式各样的考试来确认学生的学习情况和掌握程度。而长此以往，考试就会变成学生想要应付的主要“对象”，学生会产生考试分数高就等于学习好的错误想法，甚至部分学生只为了考试而学习。因此，及时改变教学方式显得十分重要，UPSI 中文教育系教师深谙此理，在“学思达”理论的基础上结合当地国情，改良出了适用的教学方式着重培养新一代师资的教学实践能力，这是中文教育系教师肩负的重中之重的责任。

（三）UPSI 学生成果反馈

在 UPSI，教师通过以“学思达”理论为主要教育指导思想的教育方式，首先让学生学会的是团队协作。“以学生为中心”的模式，主张以小组为基本单位进行合作学习。因为在学习过程中,很多时候有大量问题需要借助团队的力量去解决,而进行小组活动,使得大家可以通过合作来进行相互启发、相互借鉴和相互学习,从而达到共同进步的结果。同时小组学习还可以培养和提升学生在与人交往和沟通方面的能力,为今后走向社会打下坚实的基础。笔者在马来西亚交换学习期间,修读了一个学期的马华文选课程,对于“团队协作”,UPSI 所开设的“马华文选”课程就是最好的例子。在 UPSI 的华族教师对马华文选的教学安排中,课程前期以学习马华文化的重要理论为主,让学生了解大致的马来西亚华人历史;到了课程中期,教师安排了一次全班参与的出行,实地考察马来西亚某一华人聚集的小镇;在全班团体性的实地考察之后,老师又安排了一次分组别的实地考察。全班同学分成几个人数相当的小组,每组根据组内成员意向商定出一个组内同学共同期望前往的目的地,趁着马来西亚当地的公共假期和双休日,各小组分别去往各自商定的目的地——各个华人聚集的小镇,进行实地考察,考察的主要地点和考察期间的全部行程安排均由学生们自己相互商讨完成。这一实践教学安排,更进一步使得学生们有了自己独立的思考能力和安排能力,同时锻炼了大家的团队协作能力和团队精神。通过这一次由学生独立完成的实地考察,使得学生对马来西亚华族的整体发展有了更多深入的了解,也更使得中文教育专业的学生更加明白自己身上肩负着的对马来西亚华族未来的华文教育的责任。

其次,这样的教学模式提高了学生的语言表达能力。教师在这种教学方法下,要求学生在课堂中给其他同学呈现自己的研究方向、研究方法、主要观点和已达到的成果,并尽自己的能力去解答大家提出的疑问。与此同时,学生也要在听取别人报告后积极地提出问题,从而达到锻炼学生语言表达能力和应变能力的效果。然后,学生通过已学会的科学的研究方法,再去掌握查阅和收集文献资料的方法。在分析问题的过程中,学生会先通过查阅大量的文献资料,收集可以查到的所有的与问题相关的材料,再去尝试着解决先前的问题,这样的方法进一步培养了学生自主解决问题的能力,同时也能在过程中使得学生掌握科学的文献收集和查阅的方法,为学生日后从事研究和撰写论文等相关工作储备了一定的能力水平。这也是 UPSI 的中文教育专业教师尤其注重课程中的“呈堂”这一教学环节的理由,“呈堂”的方式既锻炼了学生各方面的能力,也拓宽了学生学习知识的广度和深度。

再次,在教学中,教师要充分了解学生的整体水平和个体差异,做到因材施教。教师要开展“以学生为中心”的教学，最重要的就是要了解学生的特点。同时，教师在平时的教学过程中主动询问学生的意见和建议，及时改进教学方法，多吸收大多数学生的共同意见，并以此作为依据去进行教学设计，真正做到以学生为中心。为此，UPSI 中文教育专业学生还自发成立了中文学程学生会。中文学程学生会宗旨：(1)协助学程推动及处理学程事务；(2)协助学程塑造学术及文学氛围；(3)代表学生利益，促进学生自治自主与学程各年级同学之关系，相互砥砺。中文学程学生会的存在，进一步培养了学生的独立精神。学生会底下有种种活动组织：文学双周、北岩读书会、讲座会、座谈会、文集编辑等都是学生自主组织、筹划和举办的。中文学程学生会希望通过这一系列的活动，培养中文学程的学生积极地独立思考，勇敢地挑战权威，并且永远具备坚持自己信念的勇气。

通过和就读于 UPSI 中文教育系的同学的谈话以及问卷调查，笔者了解到一些中文教育系的马来西亚华族同学的观点和看法：传统教育常认为，认真学习就是在班上的学生不可以说话，说话就是不专心、不认真和不学习，因而压抑了学生的自我。许多“好学生”就在这样的教育下成长，从小学到高中压抑了十多年。十多年的教学，成绩优良的好学生出了社会却不能好好地表达自我，说出自己的想法，这是几十年来教育的弊端。教育抹杀了学生(尤其是传统教育体制下的被标签为“优良”的学生)的自主意识，扭曲了人格(因为在班里安静才会被认为乖巧有礼貌品格好)、也让学生没了想法(因为填鸭式学习不需要有想法，只需要洗脑、背书、考试——每个人趋近于一模一样的标准答案)。

这样的成果反馈，也可以说是教育一直在改革和进步的原因。我们一直在寻求更理想的教育方式，“以学生为中心”是个不错的教育理念，塑造更适合人格养成的学习环境，给予适合爱讲话天性的人种种友善的环境，不让老师成为加害者。分组讨论(可以讲话)、发表(可以说出内心想法)、辩论专题报告等都是很好地让学生发声的平台，只要让学生的讲话建立在丰富的知识基底上，再经过深思熟虑，最后大方、得体、准确地讲出自己的见解，这至少能让学生少了没兴趣学习的理由。以学生为中心，让老师们更关注学生，关心学生的知识成长、心灵成长，以及健康性格的养成。

在这样的培养方式之下，UPSI 中文教育系的优秀毕业生层出不穷，绝大多数的毕业生都成为马来西亚各大华校的优秀年轻教师。此外，笔者在作为

UPSI交流学生前往雪兰莪龙邦国民型华文小学参与教学实习的过程中，曾与学校的正副校长进行访问交流，其间，笔者惊喜地发现，高副校长也是UPSI中文教育系的优秀毕业生之一。

四、对我们的借鉴作用

(一)综合大环境的不同所促使的不同的培养方式

马来西亚有近七百万的华人，是除中国以外保留中华传统文化较为完整的海外国家之一，也是海外中华文化传承和发展的一个重要地区。华裔作为马来西亚的第二大种族，在教育领域及传承中华文化方面成就卓越。笔者了解到，马来西亚有超过九成的华人曾经或正在以华语作为教学语言的华校接受(过)教育，因此，华文教育工作者的教学实践能力在很大程度上能影响马来西亚华人对中华文化的传承，甚至关乎日后海外华裔整体族群文化的发展。换言之，华人在立足海外后，除基本衣食温饱问题外，最关心的问题就是下一代的教育问题，这既是现实需要，也是精神需要。UPSI作为马来西亚唯一的一所政府中学(国中和国民型中学)中文师资的主要栽培地，在对中文教育专业学生的培养上，不仅重视实践教学，同时也十分重视对学生的文学素养的培养，所以和文学相关的课程(如:现当代文学，外国文学等)也开设得十分完整，甚至有国内部分高校中文系都不曾开设的“经史子集”等多方面课程，在UPSI中文教育专业，也均有开设。

相较于UPSI与国内高校的教学方式，有最大差别的应当是教师的授课方式。在国内，普遍的授课方式就是偏向于教师单向讲授知识，学生听讲；而作为作业，教师偶尔安排几次学生上讲台展示PPT的教学模式。而在UPSI的中文教育专业，学生所接受的教育方式是截然不同的(以学生为中心的授课方式)，从中文教育专业的新生一入学开始，学校对学生教学能力的培养就已经开始了。几乎所有课程开课的第一堂课，各科教师就会给学生布置本学期内所要完成的作业和呈堂(课堂展示)，作业包括个人小论文和PPT，并且在开学几周后就要开始学生个人呈堂(“课堂展示”在马来西亚华族的说法中称为“呈堂”)，这是每个学生都必须完成的。同时，教师还会给学生分小组，再将本学期整体的学习目标和大致内容分发给每组同学，每组选择一个课题，然后小组完成一份呈堂用的PPT，作为教学安排为同学们讲解组内成员们共同搜集到的本组课题的全部资料，然后在学生完成呈堂后，老师再就学生讲解的内容进行补充和部分纠正，达到学生和教师协同授课的效果，逐步提高UPSI中文教育专业学生的专业教学技能。

（二）注重教学实践能力的必要性

华语在马来西亚特殊的多语言环境与多元化社会特性下，在当地的传播呈现具有一定的独特性。华语是马来西亚华人的共同语，既有华人群体对民族语言强烈的保护意识，也有中国崛起所引发的经济动机推动等因素带来的发展契机。但同时华语还面临诸如方言流行、政策限制、受主流语言影响以及远离母语环境等因素所形成的巨大挑战，如华文的发展面对文化断裂的问题，这是因为华侨的迁移不是整体社会的移植，而是个人的迁徙。因此，迁移之后，必然面对文化体制（如教育制度等）与社会结构面（如缺乏知识阶层等）的缺失。在移植及重建文化及其体制的过程中，海外华人社会又欠缺结构性的文化资源支撑。因此华文教育在马来西亚，对于马来西亚华族而言都具有十分重要的意义。

如果说文化是民族的根本，那么教育就是维持这个民族特性的最好方法。由于马来西亚华人移民社会的构成是来自于众多个人的迁徙，而不是整个中国社会板块式的移植，先天性注定马来西亚华族的社会结构是断裂的，这与中国本土社会截然不同，马来西亚华族社会既不成熟又不完整，因此，保存和发展华文教育对于马来西亚华族而言就是重中之重。

马来西亚华人虽然和中国断绝了政治关系，但是国家认同的转向从来不曾使他们忘记自己身为华人的事实，主观上不愿和旧有的母体文化脱节，华文教育工作者的目标可以说代表了文化传承的最高理想。再次，语言是文化传承的载体，随着华教工作者在华文教育发展中扮演着越来越重要的角色，对于面临华文原有教学中出现的种种问题而导致的学习华文人数上的减少，间接导致华人人口萎缩的现象，华文教育工作者肩负的责任越来越重大。随着越来越多的推动力量的兴起、学习者的增加以及传播手段的不断进步，华文教育在马来西亚当地的发展会越来越受到重视，而它在华人社会乃至其他族群中的推广和被接受，必然会为发扬马来西亚中文教育事业发挥出积极的历史意义，也将吸引越来越多的华裔投身于马来西亚的中文教育。

五、结　论

在马来西亚特殊的国情之下，语文教师的身份格外特殊，语文教师即马来语、英语、华语教师，而身处中文教育系，教师的反思工作也分外重要。教师的反思就个人层面而言，即自我审视，是把自己作为客观的第三者检验自己的成长，诸如内在知识体系的建构、心理状态、生活态度、言行（咬字清晰、语调自然）等。这些内在因素与个人特性不仅与教学相关，还会对学生造成深远的潜移默化的作用，这是长久的人生教育。一般传统对于教师的理解是：教师以自己的知识影响学生，但究其根本，我们会发现深深影响学生的并非仅仅是教师的学问，而更是教师的态度。这态度包括教师在日常生活中正面积极的态度、追求学问的态度、待人处事的态度以及面对人生的态度，这更是人生的哲学。作为一位教师，对个人内在的反思就是要成为一个极富正能量的教师：言行举止都能给学生带来积极的动力，进而刺激学生乐观生活、享受生活。这样的师生关系，首先就已经使教学营造出愉快享受的氛围了，不让学生厌恶这老师或老师的这堂课。这是教师个人的、内在的修养，也是教师不仅仅应该在课后反思，也应该在生活中实践和审视自己的重要因素。

教师的反思对于课堂教学而言，是审视并检验教学绩效的一项重要方式，也是提高自己教学实践能力的重要一环。课后反思，让教师能够鉴定自己在教学能力上的不足，若是相较于大的“教育”而言，“教学”侧重的是教师的技术层面，诸如教学主题的挑选（以及背后更广大更长远的教学主题对学生较完整的知识体系的建立，如何避免学生以“片面”的眼光“管窥”广大的世界——文学界、哲学界、科学界、商业界……当然更高的修养可能是建构相互统整的知识论）、教学活动设计、学习技能的选定、教师与学生在“教”“学”方面的比重分配、学习材料的选择、评量方式、学习氛围、师生关系与学生之间关系的界定、学习主体性的发挥程度（学习自主性的问题）……老师的课后反思则是要着重在这些面向，期待的不仅仅是提高学生学习的绩效（提高学生在学习中的主体位置、学习的主动性、积极性）、适应学生个人的性格特点与发展，而内在的考量则是更长远的人生关怀。

最后要提的一点是，若将反思与一直被提倡的教育改革（“拒绝填鸭式教育”“翻转课室”）相结合，其实许多教师在教学上，本质的改革并没有前进多少，因为究其根本，现在的教师们为传统教学观念所影响，而难以彻底实现所谓的“二十一世纪教学”。不管是教学经验丰富的老教师，还是现在新一代的二十出头的年轻教师，或多或少都经受过过往“填鸭式教育”的洗礼，因而难以摆脱那一段死气沉沉的教学方式。在社会转型、教学转型的当下，教师们真的有必要审视自己，并认真思考所谓“二十一世纪教学”的内容、特质以及实行，而非将“二十一世纪教学”变成一个空洞的所指——徒有一味相袭的教学形式，其内在的理想框架皆已散失。反思，或自我审视，对教师而言，在个人方面、学生的教学方面、学生的长远成长、理想的教学与教育观方面都是极为重要的。

在现代国际化、市场化大潮中，大学为满足市场需要而渐渐将大学变成职业训练所。在经济企业思维管治大学的时候，大学教育离传统教育本质越来越远，原来的人文教育理念也遭人遗忘，而狭隘职业训练所主导的中文学程势必无法培养出视野开阔且具精深思辨能力的人才。中文学程学生会在此意义上通过一系列文学与学术活动，在营造中文学程学术氛围的同时，让同学见识种种思想的可能性，更期待同学能在这氛围中获致深刻启发，养成阅读的兴趣，叩问学问、拓阔视野，让学问走进生命，好好思考人生的意义。

参考文献

［1］邓炎昌，刘润清．语言与文化［M］．北京：外语教学与研究出版社，1994．

［2］陈烈甫．东南亚洲的华侨、华人与华裔［M］．南京：正中书局，2006．

［3］顾圣皓，金宁．华文教育教学法研究［M］．广州：暨南大学出版社，2000．

［4］周聿峨．东南亚华文教育［M］．广州：暨南大学出版社，1995．

［5］田可．中文在马来西亚［J］．留学生，2006．

［6］王乾荣．华文、华语在马来西亚［J］．群言，1994．

［7］徐丽丽．浅谈马来西亚多语环境对当地华语传播的影响［J］．赤峰学院学报（哲学社会科学版），2014．

［8］郭熙．马来西亚：多语言多文化背景下官方语言的推行与华语的拼争［J］．暨南学报（哲学社会科学版），2005．

［9］黄光成．多元文化下的马来西亚华人社会［J］．东南亚，1995（1）．

［10］叶婷婷，吴应辉．马来西亚的华语作为第二语言教学教材探析［J］．云南

师范大学学报(对外汉语教学与研究版),2010(4).
[11] 徐笑一,李宝贵.海外华文本土教师培养的新模式探索[J].新疆师范大学学报(哲学社会科学版),2018,39(1).
[12] 吕永潮.海外华文教育蓬勃升起[J].华人时刊,2002(5).
[13] 王睿欣."一带一路"战略背景下马来西亚华语教学发展的新趋势[J].2017.
[14] 唐燕儿.海外华文教育:趋势、问题与策略[J].清华大学教育研究,1999(4).
[15] 吴端阳,吴绮云.东南亚华文教育与中华文化传承[J].国家高级教育行政学院学报,2002(6).
[16] 文平强.马来西亚华人文化——传承与创新[J].东南亚纵横,2013.
[17] 耿红卫.马来西亚华文教育史简介[J].船山学刊,2007(2).
[18] 曹云华.试论东南亚华人的文化适应[J].华侨华人历史研究,1999.
[19] 肖炜蘅.从华人文化节看当代马华文化的本土化进程[J].华侨华人历史研究,1999.
[20] 张应龙.海外华文教育的典范:马来西亚华文独立中学[J].比较教育研究,2003(9).
[21] 徐云彪.从小学华文教育看马来西亚华人文化传承[J].2017.
[22] 耿红卫.海外华文教育的现状、特点及发展趋势[J].2008.
[23] 贾益民.华文教育研究的重点与方向[J].2013.
[24] 蔡丽.论华文教育专业学生教学技能的培养[J].2008.
[25] 王焕芝.文化民族主义与马来西亚华文教育[J].2010.
[26] 杨丽芬.中华文化在马来西亚的传播——中文教育和华文报纸扮演的角色[J].2017.
[27] SIA K Y. SRJK (Cina) dalam system pendidikan kebangsaan: Dilemma dan kontroversi[D]. Kuala Lumpur: University of Malaya, 2005.
[28] SEE H P. The use of folk literature in modern education: the case of Chinese language textbooks[D]. Kuala Lumpur: IIUM, 2010.
[29] SEE H P. The teaching of Chinese language in Malaysian Chinese primary schools: Subtle changes in content and objectives [J]. Malaysian Journal of Chinese Studies, 2013.
[30] SEE H P. Malaysian Chinese stories of hard work: Folklore and Chinese work values[J]. International Journal of Asia Pacific Studies, 2015.

从文化语境探析中外品牌的翻译

宋　佳

摘　要:21世纪,国际商品的交流日益频繁,品牌的竞争不仅仅是品质的竞争,而且很大程度上更取决于它们是否能被翻译成一个具有内涵和有价值的品牌名字。品牌成功的翻译可以提升一个企业的形象,目前中外品牌在翻译的过程中既有成功的,也有失败的。失败的一个重要原因是没有很好地考虑文化语境,笔者认为文化语境主要分为以下四个方面:历史文化语境、地域文化语境、习俗文化语境、宗教文化语境。从文化语境探析,笔者认为应该从以下几个方面解决:迎合地方文化,入乡随俗;异国方言变体,灵活运用;尊重宗教信仰,随机应变;顺应消费取向,投其所好。尤其是在浙江,外贸企业众多,如果能有效地借助品牌翻译来提升企业价值,这无疑对浙江的企业有重要的借鉴意义。

关键词:文化语境;品牌;翻译

品牌名作为语言的一部分,不仅包含着一个国家的历史和文化背景,而且蕴含着该国人民对人生的不同看法,体现该国人民不同的人生观、价值观和世界观。同样,品牌是企业整体的一部分,是企业文化的体现,是与消费者认知和沟通的基础。品牌翻译到位不仅能使产品畅通无阻,而且还可以提升企业形象,给企业带来更高的知名度。自各国频繁交流以来,有关品牌翻译的研究已经取得了一定的成果。论文大都集中在从品牌翻译方法、原则、文化差异等角度对品牌翻译进行解读。分析品牌翻译的文章虽多,但现有研究尚有缺陷:一是从文化差异角度分析的文章几乎都是从本土化策略入手,比较单一;二是举例以后只是单纯地说出品牌翻译的成功和失败,并没有系统地进行深入分析。本文意在以文化语境的角度来探析中外名牌翻译,这里的中外名牌基本上从饮食、化妆品、服饰、日用品中选取,从它们成功和失败的案例中总结经验，从文化语境这个角度提出解决的策略，旨在翻译正名对浙江企业产品销售的思考和启示。

一、文化语境内涵

（一）文化语境定义

文化语境指与言语交际相关的社会文化背景。根据《辞海》的解释，文化"从广泛的意义上说，指的是人类社会生产过程中所创造的物质、精神财富的总和"。文化可以分为四个层面：一是物质文化层，二是制度文化层，三是行为文化层，四是心态文化层。笔者认为可以按照上面的文化定义广泛地将文化语境理解为与文化相关的所有文化背景。

（二）文化语境分类

笔者将文化语境分为：①历史文化语境。即由特定的历史发展过程和社会历史文化遗产的沉淀所形成的文化语境。②地域文化语境。即根据所在的地域、自然条件和地理环境形成的文化语境。③习俗文化语境。即在日常的社会生活、交际活动中由民族的风俗习惯所形成的文化语境。④宗教文化语境。即根据民族的宗教信仰、信念等形成的文化语境。

由此可见，文化语境与文化一样复杂多样，品牌翻译需要符合一个国家的文化语境，所以品牌翻译就显得更加重要。

二、品牌翻译的重要性

品牌的翻译就是要结合特定的文化语境。品牌是文化的载体，未来的企业不仅是品牌的竞争，更是品牌文化之间的竞争。不同的国家有不同的历史发展进程和社会遗产沉淀，不同的日常生活和交际活动、民风民俗、宗教信仰和意识。所以，品牌的翻译不仅仅只是文字的翻译，更是文化的翻译，更需要结合特定的文化语境。

品牌翻译的重要性：1.可以提升品牌附加值。品牌翻译的成功与否在一定程度上也决定了这个品牌能走多远，能飞多高。也可以说现在企业的品牌翻译成功与否就决定了该企业之路的旅程长短。2.提高企业形象。一旦品牌名被异国的消费者所接受后，在消费者心中树立了良好形象，它会带来无穷无尽的客源。从心理学角度解释，大部分消费者都有从众的心理，即使自己本来不想买，但是看到很多人去买这个品牌以后，他就会跟着去买。到最后，顾客数量会越来越多，无穷无尽。3.文化的传承。品牌翻译也是文化翻译的过程，可以让该国的民众在生活中体验本国文化，一举两得。4.体现企业的精神。从品牌翻译词中可以看出一个企业贯彻的企业精神。

三、品牌翻译现状分析

现如今，知名的品牌翻译主要有以下的几个特点：1.音译。例如：Audi-奥迪。2.意译。例如：Apple-苹果。3.半音半意。翻译的品牌一部分来自音译，一部分来自意译。例如：化妆品品牌 Kiss Me 意译是“吻我”的意思，但是不符合中国的传统文化，于是就翻译成了半音半意“奇士美”这个名称。4.移译法。就是把外来的词语一模一样地用到目的语中，而不进行语言的转变。如：CHANEL（香奈儿）。这些都是一些国际上的知名品牌，它们之所以如此成功，跟品牌的翻译是密不可分的。基于此现状，笔者将从文化语境来探析品牌翻译的案例。

（一）从文化语境看品牌翻译成功的案例

1.符合历史文化语境的成功案例

美国的化妆品品牌 REVLON 是由 Joseph Revson，Charles Revson 兄弟创始，在民国的时候就传入中国，中文被翻译成“露华浓”这个信达雅的名称，这个灵感来自唐朝诗人李白写杨贵妃的诗句“云想衣裳花想容，春风拂槛露华浓。若非群玉山头见，曾向瑶台月下逢。”这首诗用牡丹花比贵妃的美艳。第一句用云霞比衣服，用花比容貌。第二句写花受到春风露华润泽，这犹如妃子受到君王的宠幸。在赞扬杨贵妃的美貌的同时，也颂扬了唐玄宗对于杨贵妃的宠爱之深。第三句用仙女比贵妃。第四句用嫦娥比贵妃，这样反复地打比方，生动形象地写出了杨贵妃像牡丹花一样的美，甚至于让凡人疑为天人的美貌形象。由此我们可以看出这个中文翻译不仅音意并重，引经据典，而且用唐朝最具代表的美女杨贵妃来代言自己的化妆品品牌，十分恰当，杨贵妃不仅是美女的代表，更是贵妇的代表，她当时深得唐玄宗的宠爱，说她处于一人之下，万人之上的地位，这一点也不为过。所以，这吸引了更多爱美的女性，希望用了这个品牌的化妆品以后，既可以保持美丽，又可以深受自己丈夫的喜欢，和丈夫的感情能像杨贵妃和唐玄宗一样，这不就是大多数女子最大的心愿吗？符合历史文化语境，杨贵妃和唐玄宗的爱情故事古往今来无人不知，是历史发展进程和社会遗产的沉淀所形成的文化语境。

法国的时装及奢侈品牌 Hermés 是由原籍法国的 Thierry Hermes 创始的，它的命名不仅来源于品牌创始人的姓，更结合了古希腊神话中的一位赫尔墨斯神，赫尔墨斯是宙斯和迈亚的儿子，是奥林匹克十二主神之一，他的特征就是忠诚于自己的父亲，同时他也是商业的守护神，这个品牌原先的命名可以说是一语双关。传入中国后它被翻译为“爱马仕”，Hermés 是法语，在法语中字母 h 是不发音的，所以前部分字母 er 是“爱”的音，不是字母 her“海”的音，后面三个字母 més 翻译成“马仕”，体现了音意结合的构想。“马”不仅保留了这个品牌原先是靠生产马具产品发家的，而且在中国“马”是一种吉祥的动物，在中国的成语中有关“马”的成语基本上都是褒义的，像马到成功、龙马精神等，不会让中国的消费者产生反感的心理；“仕”这个字也翻译的很到位，看到“仕”中国人普遍的认知观念中，就会想到仕途，做官的人。古时“仕”通“士”，士就是卿士，仅次于诸侯阶层，相当于现在的高官子弟，古时“仕”也通“事”，事业的意思，做大事业的人，古时做大事业的人指的就是做官的人。“爱马仕”这个中文翻译可以理解为爱马和爱仕，就是中国人既爱马，又希望做官的思维观，符合中国的历史文化，属于历史文化语境。所以，在中国很多的成功人士都会选择这个品牌的商品，这是他们身份地位的象征。

Kentucky Fried Chicken 通常被简称为 KFC，它是美国著名的快餐连锁店。它的创始人是哈伦德・山德士，从 1987 年传入中国后，到现在为止它已在中国 650 多个城市和乡镇成立了 3200 多家连锁店，遍及中国各个市、自治区，在中国成为最大的快餐连锁店，KFC 被翻译为“肯德基”传入中国，这个名字来源于它的创始人哈伦德・山德士的家乡——肯塔基州，这个第一家店就是在他的家乡美国肯塔基州成立，保留这个名字，也说明了创始人不忘本的初衷，对自己家乡的怀念之情，这个构想很容易引起中国消费者的共鸣，中国人都有恋乡情结，不管远在何方，都认为月是故乡明。而且"肯德基"这三个简短的字很符合中国的传统文化，可以理解为肯用道德来感化人回到基础的样子（即最初的样子），儒家思想作为中国传统文化重要组成部分，在中国影响最深远。该学派创始人孔子就主张"人之初，性本善"，认为人性本是善良的，我们应该有仁爱之心，刚好翻译过来的"肯德基"和孔子的主张很贴切。还有肯德基现在有句口号"We Do Chicken Right"意思是我们只做正确（正版）的鸡，颇有韵味，从正面说出了自己家的鸡肉品质好，有保障，又从侧面说它现在最大的竞争对手金拱门（麦当劳）做的是不正版的鸡，从精神上打压了它的竞争对手，一语双关。

2. 符合习俗文化语境的成功案例

美国饮料品牌 Coca Cola 原先是两种植物 Coca 和 Cola 的结合，音译为古柯树和可乐树，古柯树叶被化学提纯后产生古柯碱，也就是可卡因，一种易使人体温升高、冲动，产生幻觉、发生痉挛，突发心脏病的禁药。而可乐树结的果实叫可乐果，可乐果中含有较多的咖啡因和可可碱，具有刺激神经兴奋和抗疲劳的作用，也是一种禁药。如果 Coca Cola 直接翻译成中文"古柯树"和"可乐树"传到中国销售，肯定没有一个消费者敢去尝试，因为给人的第一印象不是兴奋剂就是毒药。美国 Coca Cola 公司也是意识到了这一点，公司请来一些著名的翻译大家，经过他们的再三斟酌，最后翻译成"可口可乐"这个品牌在中国市场销售。果不其然，由于这个品牌名，这种饮料在中国市场大受欢迎。因为它不仅保留了原先英语的音译，而且翻译的中文比英语更有蕴含。可口可乐这简短的四个字包含了饮用这款饮料的两个过程，一是喝饮料的时候让消费者感觉到"可口"，让人赞不绝口，这个可口又有两层含义：可以让口渴的消费者解渴，也可以理解为这款饮料本身口感好；二是喝完这个饮料以后消费者们"可乐"可以感觉到快乐，好像这种饮料有一种魔力，喝了以后让人忘却疲劳和烦恼，有神清气爽的感觉。它现在已成为世界第一品牌，是当之无愧的。符合消费者的消费习惯，是习俗文化语境。

3. 符合宗教文化语境的成功案例

法国 Poison 香水原来是毒药、毒物的意思。这个方式命名的反向思维符合西方女性狂野的思想，所以受到了西方多国女性的青睐。但是，如果传到中国直译为"毒药"，中国的女性长期受到中国传统文化的影响，女性本身思想就比较保守,怎么可能接受这种狂野?为了在中国市场打开销路,该品牌人员请专家通过音译把它翻译为“百爱神”,这个文化形象符合中国的文化特色。中国是一个无神而又多神的国家,只要是有用的,都可以成为他们心中信仰的神。“百爱神”就恰恰迎合了中国人心中信仰的信念。法国 Poison 企业的这个举措就是顺应了中国当地的信仰。

(二)从文化语境看品牌翻译失败的案例

1. 不遵循习俗文化语境的失败案例

我国有一种“轻身减肥片”的减肥药在国内一度受到万众瞩目,国内经营商想把该产品远销美国,一开始被我们国内翻译为“obesity reduce in table ”,本以为该产品定能在以减肥为时尚的美国市场大受欢迎,谁知道却无人问津。后来,经过专业的市场调研员细查,才发现我国对于该品牌的翻译违背了美国消费者们的心理。事实证明,在被市场调查的美国人中,他们大部分人认为看了该产品的名字,让他们联想到该产品是专门为 obesity(肥胖症)的人使用的。其实,只要设身处地地想一想,谁都不希望别人说自己有肥胖症,即使这个人真的很胖。而该产品的翻译就在“无情”地提醒那些想买该产品的消费者——你们是有肥胖症的人。所以,你们需要买该产品来治疗自己的肥胖症。这就是中国人和西方人在思维上的差异,中国人一般比较谦虚,即使自己再好,跟对方聊天的时候都会说自己的不足之处;而西方人则比较直接,他们就希望自己被夸奖,即使没有对方说的那么好,被说话的另一方夸赞了,他们也是很开心的。他们就是比较直来直往,自己心里想要什么会很直接的表现出来,不喜欢绕来绕去。最后,专家们把该产品翻译成“slimming pills”,果然市场销路马上被打开了。所以,跨国际品牌的翻译有时不能纯粹的直译,还要考虑清楚这个译名是否符合远销国的消费者们的心理,要符合当地的习俗文化语境。

2. 不遵循历史文化语境的失败案例

上海有一家品牌名为“白象”的电池企业,为了长远的打算,他们准备远销国外,寻求更大的发展市场。他们之所以取名为“白象”是因为在中国“象”是一种吉祥的动物,寓意着太平、吉祥。它性格很温顺、深受中国人的喜欢。这个观念跟舜还颇有渊源,传说中,作为五帝之一的舜是驯服野象耕田的前辈，他死后，在他的墓前出现了大象刨土、彩雀衔泥的好征兆，从此以后，象就被象征太平、吉祥之意。象的体型庞大，力大无穷，这也从另一个方面更好地说明该产品的电池像象一样有"力大无穷"的能量，很耐用，产品质量好。中国也有一句谚语"狗嘴里吐不出象牙"，这从中可以看出象牙是很珍贵的，象自然而然也是很珍贵的。为了延续该品牌名的深意，在出口的时候，该企业直接把该产品翻译为"White Elephant"。但是，中国商家万万没有料到，在英语中它不仅是白色的象的意思，而且还有另一种意思：指累赘，即浪费人力、物力，却一无是处的事物。可想而知，该产品在英语国家中能走多远，是的，几乎没有消费者光顾该产品。所以，从中也可以了解到，英语的翻译也是很灵活的，一个英语单词有时并不只有一个意思，它所包含的几层意思之间可能相差甚远，一定要进行深入了解、核实。这正是因为中国的历史文化和欧美的历史文化存在差异，不符合他们的历史文化语境。

中国上海生产的"芳芳"牌日用化妆品，曾一度受到中国消费者的青睐。因为在中国人的认知模式中，芳一般给人一种美好的形象和联想，也形容女子美丽、漂亮。在《现代汉语》字典中，芳也是指花草的香气，芳香或女子的芳龄，美好的事物等。芳一般跟香、美好的事物联系在一起，在中国文化的背景下，唇膏用"芳芳"这个芳名来形容，是多么贴切，多么的惹人喜爱。它告诉消费者这个牌子的唇膏用了以后，你将变得更加美丽动人，更有香味，更受人瞩目，其意味一看便深得人心。但是，在汉语拼音中 fang 刚好是英语单词 fang，而在英语中 fang 被定义为"a long, a sharp tooth or a snake's poison foot"。总的来说是形容那些不好的事物，如猛兽上尖锐的牙齿，有毒的。没有一个消费者愿意用这样的一种化妆品来"包装"自己，看到如此青面獠牙的化妆品品牌，大家唯恐躲闪不及，谁还敢光顾呢？不符合历史文化语境，其销售量可想而知。虽然英语属于印欧语系日尔曼语族西支，而汉语属于汉藏语系，这两个从属不同语系，却机缘巧合地撞在了一起，像这种类似的情况肯定还存在，所以，这也印证了马克思主义辩证统一的哲学思维，凡事并无绝对，应该在这之间寻找一个平衡点，就像跨国际品牌翻译一样，虽然各个国家有太多的语种，太多的文化差异，但是寻找出突破口后定能更胜一筹。

3. 不遵循地域文化语境的失败案例

中国是世界上最早发现茶树，利用中国茶叶和栽培中国茶树的国家。据说，汉族人从神农时代就开始饮茶了，自古以来，中国人饮茶就注重一个"品"

字，只要家里来客人，主人家都会泡上好茶让客人品尝，以彰显自己的待客之道。中国的茶文化一直延续至今，在国际上也颇有名气。而且随着时代的发展，社会的进步，人们生活水平的提高，人们对生活品质的追求也越来越高。为了满足消费者的需求，中国茶商也是绞尽脑汁，研发的品种也是越来越多，茶的品种不仅仅局限于单纯的茶，而是结合了多种元素，像很多花的品种就与茶混合制作出新的茶品种，统称花茶，各种花茶都有各自的功效。像其中的一款茉莉花茶就有清热解毒、和胃等作用。所以，中国的茉莉花茶也远销欧美市场，受到一致好评。但是，在东南亚却变得冷场。反差为何如此之大呢？因为翻译不符合地域文化语境。原来是茉莉(moli)的音谐了“没利”的音，犯了当地不吉利的忌讳，当地的人们很信这个，在他们的思维习惯中“没利”就是不吉利的，因为不吉利所以才没利可图。这和我们中国人的思维习惯就大相径庭，商家越是没利可图的商品，中国消费者越愿意去买，在他们的认知模式里，这个商品商家没利可图地卖给你，说明这个产品物超所值，因为中国消费者大众的心理都希望买到价廉物美的商品。这也反映出各国人们之间心理思维模式的差异。

中国作为最具销售前景的市场，是其他国家都希望进军的市场，就连独霸一方的美国也不例外，文中以西方最具代表的美国、奢侈品代表国法国为例，从他们品牌翻译成功的历程中，我们可以看出他们的用心之处，充分结合了汉语特点和源远流长的中国文化。同时也可以发现中国品牌能跨国翻译成功的少之又少，在跨国翻译方面还有很多需要向别国学习的地方。

四、如何从文化语境解决品牌翻译问题

中国品牌翻译成功的案例并不多见，探析国外品牌是如何汉译成功的，对我们中国品牌翻译的借鉴意义。由此，笔者将从以下四个方面来探讨如何解决品牌翻译问题。

(一)迎合地方文化，入乡随俗

品牌文化是离不开民族文化的，“只有民族的，才会是世界的”。随着世界经济的一体化发展，品牌营销实行“全球化思考，地方化行动”的策略，品牌

翻译也要与时俱进,入乡随俗,符合当地的文化,这是打入该国市场的第一步。上面提到的不管是化妆品品牌 REVLON(露华浓),还是法国的时装及奢侈品牌 Hermés(爱马仕)的品牌翻译都符合中国的历史文化特点。

所以,在跨国销售商品时,一定要先了解清楚当地的文化,每个国家都有自己专属的文化,这是必不可少的。企业的跨国品牌在前期的准备工作还是要充足的,有时候甚至还需要实地考察,实践是检验真理的唯一标准。此外,现在有些外商索性就在中国设立分公司或者是和当地的企业合资共同管理企业,因为有些文化内涵外来人员靠打听、了解一下是无法领会的,有些文化内涵只能意会,不能言传。而当地的民众对当地文化已深入理解,像该地区的文化禁忌等等,就可以尽量避免,这可以节约不少资源,还可以少走许多弯路。因此,两国合办企业,双方齐聚智慧,结合产品特点,权衡两国各自的文化特色,取长补短,相得益彰。人尽其才,物尽其用,这是最理想的结果,这对双方来说也是双赢的。

(二)异国方言变体,灵活运用

1.方言的定义

方言是语言的变体。根据其性质特征,可以将方言分为地域方言和社会方言。地域方言指的是语言由于地域分布的不同,最后造成语言的变体。社会方言指的是由于年龄、性别、职业、阶层不同而引起的语言变体。

2.如何灵活运用

跨国品牌在翻译的时候,既可以从地域方言不同的角度考虑,也可以从社会方言角度出发。如 Goldlion 英译是“金狮”的意思,而“狮”与中国的普通话或客家方言中的失、输、死谐音,中国这个深受传统文化影响下的民族,对于“死”这个字是最忌讳的,如果直接被翻译为狮的话,结果可想而知,而这个方言忌讳在英美或其他国家应该没有。后来该企业采用了音意结合的方式翻译为“金利来”在中国国内市场销售,销售业绩也十分可观。再比如现在在中国的市面上,可以发现这样一个规律,很多外国的化妆品品牌翻译命名很多用到了植物的名字、有关颜色或者女性特征的词语,像玉兰油(ONLY)、兰蔻(Lancome)、美宝莲(Maybelline)、雅诗兰黛(Estée Lauder)、倩碧(Clinique)等,这是因为化妆品女性用的人比较多,而且一般化妆品使用的人群,年龄大多集中分布在20—35岁之间的女性，这一年龄阶段的女性相对而言更喜欢追求时尚、追求异国风情之美，更愿意花时间、精力去打扮自己。中国自古以来，男尊女卑的思想就比较严重，不管是在称呼上还是语言上，相对于男性而言，女性的话语会比较委婉、优雅，而男性的话语就比较豪放、粗犷。鉴于这些情况，外来化妆品牌在翻译的时候，都考虑到了社会方言这一个层面，这些品牌名都给人一种优雅、舒适的感觉，它们都很符合女性的特征，顺应了这一性别的特点，受到女性消费者的青睐也是毋庸置疑的。以上的品牌在翻译的时候都考虑到了方言这个要素。

(三)尊重宗教信仰，随机应变

宗教信仰是支撑一个民族的精神力量，尤其是现在这个经济繁荣的时代，随着消费需求的日趋多样化、差异化、复杂化，现代社会进入了重视“情绪价值”胜过“机能价值”的时代。即人们对精神世界的追求远远超过对物质世界的追求，越是缺少的，就越渴望。宗教信仰是人们对神圣的对象由于崇拜而产生坚定不移的信念和全身心的皈依，是他们在这个喧嚣的时代，在心灵深处的精神寄托。各个国家的宗教信仰有所不同，每个人都有信奉宗教的自由，但是一旦成为信仰者，他们对于自己信奉的宗教都根深蒂固，无人可以动摇。要是有谁触犯了他们所崇敬的神灵，他们会奋不顾身，不惜一切代价来维护它。鉴于此，在跨国品牌翻译的时候，一定要先了解清楚该国民众的宗教信仰，以免触犯他们的神灵，到时不仅商品滞留，可能还会遭到破坏。

比如作为世界上最大的宗教——基督教，信奉基督教的教徒相信耶稣为他们的救世主，他们信奉上帝，崇尚自由。所以，我们在跨国翻译的时候千万不要犯了他们的禁忌，触犯他们的上帝；作为世界第二大宗教的伊斯兰教，忌讳的地方很多，他们在做斋月的时候，从早上开始就不能进食，只能到太阳西沉的时候，他们才可以吃饭，而且这样要持续30天，不管他们有多饿，他们都不会打破这个规矩，他们认为这样才能体现他们的虔诚；位居世界第三宗教的佛教，其信徒吃斋念佛，相信“人本善”，应该怀有一颗慈悲的心怀，只要知错能改，还是应该给予机会，佛家有云：放下屠刀，立地成佛；救人一命，胜造七级浮屠。

了解了三大宗教的信仰和禁忌，跨国品牌的翻译可以避开他们的禁忌，但也可以从顺应他们的宗教信仰这个方向考虑，这或许不失为一个好的办法，例如法国 Poison 香水就是顺应了中国当地的宗教信仰。

（四）顺应消费取向，投其所好

消费取向是不同消费者特有的消费习惯，一般这个习惯形成以后就很难改变，只会一如既往地走下去。比如中国的“茉莉茶”商品名直接被英译，远销到东南亚地区，结果就碰壁了，原因就是触碰了当地消费者的原始思想观念，moli 与“没利”谐音。而欧美国家的消费者在消费时习惯直接看商品名的关键词，所以我们在翻译的时候一定要简明扼要、直截了当，不要拐弯抹角，否则反而会产生思想上的偏差，上文中减肥药就是一个很好的证明。而且西方国家大部分消费者的消费观比较注重精神方面的享受，思想也比较前卫，所以，中国品牌在跨国翻译的时候特别要注重品牌名翻译的思想潮流先进性。因此，顺应不同消费者的消费取向，投其所好也是国际品牌翻译的良策之一。

五、翻译正名对浙江企业产品销售的思考和启示

（一）译名成功的案例

浙江是中国家族企业最多的地方，自从改革开放以后，浙商迅速崛起，成为其他地区的翘楚。从那以后，浙商在中国国内的名声也随之高涨。但是，浙江企业的发展也并没有一帆风顺。这些年，随着国内其他地区企业的发展，外资企业的引进，浙江的家族企业受到了重大的冲击，有好大部分家族企业都很难生存下来。据统计，到目前为止，能传过三代保留下来的企业也就12%左右，到第四代更是所剩无几了，这种现状让人堪忧。

浙江家族企业想要重现辉煌，在国内立足是首要任务，与此同时打开国际销售市场或许就是他们的出路。比如浙江的恒安集团，纸巾名称是“心相印”，曾经翻译成“Mind Act Upon Mind”，但是不符合简洁的原则，后来改为 Heartex，这个翻译名就很生动又简洁了，tex 是后缀，heart 是心的意思，一个

英文单词就把三个中文字涵盖了，后来也是远销欧美市场。恒安集团有现在的地位，也正是因为品牌的成功翻译。

(二)译名失误的教训

正所谓名不正，则言不顺。比如被众多权威机构评定为“全球最大的小商品批发市场”的浙江义乌，其中一个品牌名为“迪莎比利”的饰品在对外出口时并不起眼，没有引起外商的注意，主要是因为其译名“Disabili”所引起的歧义。“Disabili”后面再加上“ty”，就是“Disability”，其意思是“残疾”，因此在欧美国家销售的时候，消费者在购买此产品时很容易有其他联想，自然影响到此商品的销售。

所以，企业翻译的品牌名最好既能突出该商品的特点，又符合当地的文化习俗、思维方式、消费观等，这肯定会吸引当地的人们来光顾该产品，即使一开始顾客没有选择购买，但至少在他们的概念中知道有你这一个叫××的品牌，那他们最后肯定会来光顾你这个品牌的，这只是时间问题，产品随着时间的久远、时代的进步是需要跟进的，但是真正好的品牌名是经得起时间的考验的，它就像人的名字一样，能成为你这个人的标志，是无可取代的。

六、结　论

综上所述，我们可以充分意识到品牌翻译的重要性，它是未来各国品牌之间竞争的一个标志，这是一种必不可挡的趋势。而不得不说文化语境是品牌翻译中需要考虑的重要因素。即使我们不能阻挡将来会发生的事情，但是我们能做的是提早做好准备，想好如何应对。英语是全世界通用的语言，所以笔者主要是从英译情况来分析。从现状来看，中国品牌的英译之路还有很长一段路要走，现在大部分中国品牌翻译都没有充分考虑文化语境这个因素，而是简单地直译，或者简译。汉语品牌的翻译，应结合英语的特点，发挥英语语言的优势和潜能。在竞争日益加剧的现在，中国想借品牌之路，走向世界，创造独立品牌，打造世界一流的品牌，需要做的事情还有很多，而品牌的翻译不容小觑。虽然充满着挑战，但同样也充满机遇。笔者相信，中国品牌肯定能在国际这个交流平台中脱颖而出，创造出属于我们自己国家的品牌，在历史长河中埋下一笔。

参考文献

[1] 林大津．跨文化交际研究[M]．福州：福建人民出版社，1996．

[2] 胡开杰．试论商标名称英汉互译文化意义的转换[J]．中国科技翻译，2001(4)．

[3] 洪明．企业产品品牌跨文化传通策略研究[J]．企业活力——营销企划，2005．

[4] 王雪玉．外来品牌的含义情况及其社会文化因素[J]．西安外事学院学报，2006(3)．

[5] 洪明．重视品牌翻译策略，树立企业国际形象[J]．湖南商学院学报，2006(2)．

[6] 洪明．论品牌策略与品牌名称翻译中的文化策略[J]．湖南社会科学，2006(3)．

[7] 汤静燕．英汉商标词翻译[J]．考试周刊，2007(47)．

[8] 王远．从文化差异角度看商品品牌的翻译[J]．钦州学院学报，2007(2)．

[9] 王仲尔．从词汇学角度看上市公司翻译策略[J]．改革开放，2009(10)．

[10] 刘青，杨永和．国际品牌名称翻译的优化策略[J]．商业时代，2009(28)．

[11] 丁永红．品牌翻译中体现的文化差异[J]．考试周刊，2009(34)．

[12] 李东芹．商标翻译本土化[J]．通化师范学院学报，2010(3)．

[13] 张南峰．翻译研究[J]．学术规范与传统文化，2010．

[14] 范志慧，张成智．从奈达的翻译理论探讨中国品牌的英译之路[J]．中国成人教育，2010(12)．

[15] 贺英．国际品牌的中文翻译与市场接受度探讨[J]．商业经济研究，2010(21)．

[16] 姜妹．论外国品牌名称的中文翻译原则[J]．湖北广播电视大学学报，2010(1)．

[17] 肖海燕．浅谈服装品牌的翻译[J]．文教资料，2010．

[18] 安培．关于化妆品商标翻译的社会语言学思考[J]．学术探讨，2011(4)．

[19] 李建福，吕文丽．品牌汉译与中国文化[J]．英语广场·学术研究，2011(9)．

[20] 胥琳佳，刘建华．跨国传播中品牌名称再命名的修辞研究[J]．国际新闻界，2014(5)．

[21] Leech. English in Advertising[M]. Cambridge：Longman，1996.